개정판

현대인에게 **꼭** 필요한

생활속의 법

조만형 저

박영사

개정판 머리말

우리 주변의 평범한 시민들이 일상적인 생활 속에서 함께할 수 있는 법의 내용을 전파함으로써 다양한 분야의 법의 영역 안에서 생활하는 현대인, 특히 법의 보호가 절실하게 요구되어지는 시민에게는 스스로 법률문제를 쉽게 해결할 수 있도록 하는 한편 법학을 전공하고자 하는 학생들에게는 실제생활과 사례에 법의 일반이론을 적용하여 법적추론을 훈련시키고자 하는 취지에서 "현대인에게 꼭 필요한 생활 속의 법"을 발간한 바 있습니다.

이 책이 발간된 후 5년이 지나는 동안 관련 법령의 제·개정, 새로운 판례의 형성이나 기존 판례의 변경에 따라 대폭 보완할 필요성과 독자들의 과분한 관심과 사랑에 대한 보답을 하고자 더 유익하고 충실한 내용으로 개정판을 내놓게 되었습니다.

위와 같이 변화된 내용을 반영한 개정판의 주요 특징은 다음과 같습니다.

1. 최근 제정·개정된 법령의 반영

수사권 조정으로 인한 개정 형사소송법 규정, 경찰권의 분산과 지역 친화적인 치안서비스를 제공하기 위하여 제정한 국가경찰과 자치경찰의 조직 및 운영에 관한 법률 중 자치경찰제 규정, 국민의 눈높이에 맞추어 알기 쉬운 우리말로 변경한 개정 형법규정, 스토킹 범죄를 차단하고 스토킹 범죄로부터 피해자의 안전 확보를 위해 시행하고 있는 제정 스토킹처벌법 규정, 임차인의 권리를 한층 강화하기 위해 개정한 주택임대차보호법와 상가임대차보호법 규정, 이혼한 모의 인격권과 기본권을 침해하여 개정한 민법 제844조(남편의 친생자의 추정) 규정, 형제자매의 유류분권을 삭제하는 민법 및 가사소송법 개정법률안 법무부 입법예고 내용, 경범죄처벌법상 개정된 범칙행위 및 범칙금액 규정, 도로교통법상 음주운전자에 대한 형사처벌 및 행정처분 규정, 남녀

고용평등법 시행규칙의 직장 내 성희롱을 판단하기 위한 기준의 예시 규정, 최저임금법상 최저임금 규정, 고용보험법 시행규칙의 수급자격이 제한되지 아니하는 정당한 이직 사유 규정 등 독자들이 알아두면 도움이 될 주요 내용을 수정·보완하여 모두 반영하였습니다.

2. 최근 주요 판례의 반영

최근에 새로 선고되었거나 변경된 주요 판례를 수정 및 보완하였습니다. 특히 위헌결정이 있었던 2회 이상 음주운전 시 가중처벌 사건(헌법재판소 2021. 11. 25. 2019헌바446 등), 박근혜 대통령 탄핵심판사건(헌법재판소 2017. 3. 10. 2016헌나1) 등이 그 예입니다. 이슈가 되었던 사건에 대한 하급심판결을 정확하게 이해할 수 있도록 그 사건에 대한 사실관계를 정확히 소개하고 법률적인 해결방법을 제시하여 누구든지 그 유사한 사건이 발생시 스스로 해결할 수 있는 길잡이가 되도록 집필하였습니다. 또한 판례의 사건번호가 누락된 부분을 찾아 그 판례를 쉽게 검색할 수 있도록 선고일자와 사건번호를 자세하게 추가하였습니다.

3. 사례와 읽어보기 등 수정 및 보완

제1장의 속지주의(성폭력처벌법 위반사건), 속인주의(형법상 도박죄사건), 외교적 특권(외국 대사 부인의 옷가게 직원 등 폭행사건), 제6장 유언의 방식·유류분, 제7장 상가건물임대차보호법의 적용범위·대항력·권리금, 제8장 죄형법정주의·정당방위 등 각 사례와 읽어보기 및 참고내용 등을 최근에 보도된 뉴스나 유익한 내용으로 대체하거나 수정·보완하였습니다.

4. 내용과 오탈자의 수정 및 보완

제1장의 법의 효력·법의 적용과 해석·법률관계, 제4장의 실종선고, 제5장의 친생자, 제9장 보안처분의 사회봉사 및 수강명령, 제10장 수사의 종결, 제12장 근로자 임금체불의 방지와 임금지급의 보호 등 전반적으로 개정 법률을 반영하고 논리 체계에 따라 수정·보완하였으며, 오탈자를 바로잡았습니다.

5. 각종 서식의 정리

제5장의 입양신고서와 작성방법, 친양자 입양신고서와 작성방법, 친양자의 입양동의서, 미성년자 입양동의서와 입양승낙서, 제7장의 부동산매매계약서(예시문), 제8장 [별지 2] 가압류신청 진술서 등 이용빈도가 낮은 서식을 삭제하여 본서의 분량을 최적화하였습니다.

　　개정판이 저자가 의도했던 만큼이나 우리에게 실생활에서 실질적으로 법률적인 도움이 되어 독자들의 사랑을 받기를 기대합니다. 앞으로도 독자 여러분의 조언과 비판을 토대로 미흡한 부분들은 계속하여 보완해 나갈 생각입니다.

　　마지막으로 개정작업을 지원해주신 안상준 사장님과 편집을 담당해 주신 한두희 과장님 등 박영사 관계자 여러분께 깊이 감사드립니다.

2022년 2월 22일

저자 조 만 형

머리말

　　법은 누구를 위해서 존재해야 하는 것인가?

우리사회를 위해서 존재해야 한다는 데에 크게 이의가 없을 것입니다. 특히 누구보다도 법이 없으면 억울한 손해를 당하거나 정당하게 받을 이익을 받지 못하게 되는 사람에게 가장 필요한 것이 법이라 것은 두말할 나위가 없습니다.

　　법은 존재만으로 그 생명력이 있는 것인가?

경험적으로 볼 때 그렇지 않다고 봅니다. 법의 보호를 받아야 할 사회적 약자는 법의 일방적 지배를 받고 있는 반면에 법 위에서 군림하는 계층의 존재가 있어온 것은 공공연한 사실로 인식되어 왔습니다. 그렇다면 누가!! 법을 필요로 하는 사람들에게 법을 전달하여 그들의 생활 속에 살아 숨 쉬게 해서 법이 추구하는 목적인 정의 실현의 전도사가 될 것인지에 대한 고민의 시작점에 서있습니다.

　　법치국가라는 아름답게 포장된 사회에서 가장 많이 보호되어야 할 일반시민들의 권익을 제대로 확보하는데 조그마한 버팀목이라도 되고자 법학에 입문한지 어언 30여 년이 지난 지금에 와서 저자의 지나온 행적들을 되돌아 볼 때에 사실 법학을 위한 법학 공부의 범주를 벗어나지 못하고 있다는 것을 발견하게 되었습니다.

　　따라서 현대사회에서 제기되는 각종 개인적·사회적 문제, 특히 여성 출산·육아·경력단절, 청소년 일탈, 청년 실업, 비정규직 등의 취업구조, 다문화 가정, 산업구조의 급변, 노인복지 등 다양한 문제에 직면하고 있는 오늘날 저자의 역할에 대해서 심각한 통찰을 하지 않을 수 없었던 것입니다.

　　다행히도 저자는 대학 강의, 각종 법률상담, 민사·형사분쟁의 조정, 행정사건의 심판, 근로관계와 관련한 노사분쟁사건의 해결, 공무원 인사·징계사건의 구제 등 수

많은 사건의 해결은 물론 국회입법 활동의 지원, 실무법학·인권특강 등의 분야에서 풍부한 경험을 쌓아 왔습니다.

이러한 경험을 바탕으로 우리 주변의 평범한 시민들이 일상적인 생활 속에서 함께할 수 있는 법의 내용을 전파함으로써 다양한 분야의 법의 영역 안에서 생활하는 현대인, 특히 법의 보호가 절실하게 요구되어지는 시민에게는 스스로 법률문제를 쉽게 해결할 수 있도록 하는 한편 법학을 전공하고자 하는 학생들에게는 실제생활과 사례에 법의 일반이론을 적용하여 법적추론을 훈련시키고자 하는 취지에서 "현대인에게 꼭 필요한 생활속의 법"이라는 제목으로 이 책을 쓰게 되었습니다.

이에 따라서 다음과 같은 특징에 역점을 두고 이 책을 구성하였습니다.

1. 일상생활 속 사례들의 활용

생활 속에서 흔하게 발생할 수 있을 사례들을 법원이나 헌법재판소의 재판내용을 바탕으로 구성하여 법적인 해결을 해 봄으로써 유사한 사례에 대하여 해결 능력을 키워 나아갈 수 있도록 하였습니다.

2. 풍부한 서식의 수록

각종 서식들을 풍부하게 수록하여 기재하는 예를 제시함으로써 일반인이라면 누구나 법률전문가의 도움 없이도 각종 서식을 스스로 작성할 수 있도록 하여 실용성을 강조하였습니다.

3. 각종 절차의 도표화

복잡하고 어려운 법률문제에 대한 이해와 해결에 도움이 되도록 각종 절차의 중요한 내용을 도표화 하여 쉽게 정리하였으며, 법학 입문자에게도 법 지식을 습득하는데 시간을 단축할 수 있도록 하였습니다.

4. 색도의 다양화 및 가독성 제고

시각적인 학습을 통해 가독성을 높이기 위하여 2색도 인쇄 및 여백을 충분히 고려한 편집을 하였습니다.

이 책이 초판인 점을 감안하여 앞으로 독자 여러분의 조언과 비판을 토대로 부족한 부분을 더욱더 다듬고 보완하여 다양한 법적 문제에 직면한 현대를 살아가는 우리에게 실생활에서 실질적으로 법률적인 도움이 되어 독자들로부터 사랑을 듬뿍 받는 책으로 거듭날 수 있도록 미력하나마 혼신의 노력을 다하여 해나갈 생각입니다.

　　이 책이 법의 전 영역에 걸쳐서 있는 만큼 이 책의 출간에 많은 분들의 자문과 도움이 있었습니다만 머리말에 나열함에 그치지 않고 그 감사함을 가슴에 담아놓도록 하겠습니다. 끝으로 이 책을 출간해주신 박영사 안종만 회장님, 조성호 상무님, 이영조 차장님, 한두희 님을 비롯한 편집과 교정에 많이 애써준 박영사 관계자 여러분께 깊이 감사드립니다.

2017년 2월 7일

조 만 형 씀

차 례

제 1 장　법의 일반론

Ⅰ. 법과 질서 ─────────────────────────────── 1

　1. 법과 사회규범 1　　　　2. 법의 개념 2

Ⅱ. 법의 목적 ──────────────────────────────── 3

　1. 정 의 4　　　　　　2. 법적 안정성 4

　3. 법의 합목적성 5　　　4. 법의 목적과의 관계 6

Ⅲ. 법의 존재형식 ──────────────────────────── 7

　1. 법원의 개념 8　　　　2. 성문법과 불문법 8

Ⅳ. 법의 분류 ──────────────────────────────── 14

　1. 공법과 사법, 그리고 사회법의 등장 14

　2. 실체법과 절차법 15　　3. 일반법과 특별법 15

　4. 원칙법과 예외법 15　　5. 강행법과 임의법 16

　6. 국내법과 국제법 16

Ⅴ. 법의 효력 ──────────────────────────────── 16

　1. 법의 시간적 효력 17　　2. 법의 장소적 효력 17

　3. 법의 인적 효력 19

Ⅵ. 법의 적용과 해석 ─────────────────────────── 20
    1. 법의 적용 20   2. 법의 해석 20
Ⅶ. 법률관계(권리 · 의무) ─────────────────────── 23
    1. 권 리 24   2. 의 무 25

제 2 장   기본권 보장과 헌법재판

Ⅰ. 헌법총설 ──────────────────────────────── 27
    1. 헌법의 의의 27   2. 대한민국 헌법의 제정과 개정 28
    3. 대한민국 헌법의 구조 30   4. 대한민국 헌법이 추구하는 기본원리 31
Ⅱ. 국민의 기본권 보장 ──────────────────────── 33
    1. 기본권의 개념 33   2. 기본권의 주체 33
    3. 기본권의 효력 34
Ⅲ. 기본권의 종류 ─────────────────────────── 35
    1. 인간의 존엄과 가치 및 행복추구권 36
    2. 평등권 38   3. 자유권적 기본권 39
    4. 사회권적 기본권 41   5. 청구권적 기본권 42
    6. 참정권적 기본권 43
Ⅳ. 국민의 의무 ──────────────────────────── 44
Ⅴ. 헌법재판소 ──────────────────────────── 45
    1. 헌법재판의 의의 45   2. 위헌법률심판 47
    3. 탄핵심판 51   4. 정당해산심판 53
    5. 권한쟁의심판 57   6. 헌법소원 60

제 3 장	행정행위와 행정구제

Ⅰ. 행정법의 의의 ──────────────────────── 68

Ⅱ. 행정행위 ──────────────────────────── 69

　1. 행정행위의 개념 69　　2. 행정행위의 내용 69

　3. 행정행위의 효력 69

Ⅲ. 이의신청 ──────────────────────────── 70

Ⅳ. 행정심판 ──────────────────────────── 73

　1. 행정심판의 의의 73　　2. 행정심판의 대상 73

　3. 행정심판의 종류 74　　4. 행정심판절차 75

Ⅴ. 행정소송 ──────────────────────────── 87

　1. 행정소송의 의의 87　　2. 행정소송의 종류 88

　3. 행정소송의 특징(민사소송과의 관계) 92

　4. 행정심판과 행정소송의 관계 93　 5. 행정소송의 절차 94

Ⅵ. 행정상 손해배상 ─────────────────────── 107

　1. 행정상 손해배상의 의의 107

　2. 공무원의 위법한 직무집행행위로 인한 배상책임 107

　3. 영조물의 설치·관리의 하자로 인한 배상책임 112

　4. 국가배상청구절차 113

Ⅶ. 행정상 손실보상 ─────────────────────── 114

　1. 행정상 손실보상의 의의 114　　2. 행정상 손실보상의 요건 115

　3. 행정상 손실보상의 방법 및 절차 115

제 4 장   출생과 사망

Ⅰ. 출 생 ———————————————————————————— 121

　1. 출생의 시기　121　　　　　2. 출생신고　123

　3. 태　아　123

Ⅱ. 사 망 ———————————————————————————— 126

　1. 인정사망　126　　　　　2. 동시사망의 추정　127

　3. 실종선고　128

제 5 장   혼인과 가족

Ⅰ. 가족관계와 법 ——————————————————————— 133

Ⅱ. 가 족 ———————————————————————————— 134

　1. 자의 성과 본　134　　　2. 친생자　135

　3. 입　양　136

Ⅲ. 친족관계 ————————————————————————————— 143

Ⅳ. 약 혼 ———————————————————————————— 144

　1. 약혼의 의의　144　　　　2. 약혼의 성립　145

　3. 약혼의 효과　145　　　　4. 약혼의 해제　145

Ⅴ. 혼 인 ———————————————————————————— 147

　1. 혼인의 요건　147　　　　2. 혼인의 무효와 취소　150

　3. 혼인의 일반적 효력　151　4. 혼인의 재산적 효력　152

Ⅵ. 사실혼 ————————————————————————————— 155

Ⅶ. 이 혼 ——————————————————————————— 156
　　1. 협의 이혼　157　　　　　　　2. 재판상 이혼　158
　　3. 이혼의 효과　168

제 6 장　　상속과 유언

Ⅰ. 상 속 ——————————————————————————— 173
　　1. 상속개시의 원인　173　　　　2. 상속개시의 장소　174
　　3. 상속인의 순위　174　　　　　4. 대습상속　176
　　5. 상속인의 결격사유　177　　　6. 상속분　178
　　7. 상속의 승인과 포기　180

Ⅱ. 유 언 ——————————————————————————— 186
　　1. 유언의 의의　186　　　　　　2. 유언의 방식　187
　　3. 유언의 효력　190　　　　　　4. 유 증　190

Ⅲ. 유류분 ——————————————————————————— 191

제 7 장　　매매와 임대차보호법

Ⅰ. 민법의 기본원리 ——————————————————————— 193
　　1. 근대 민법의 기본원칙　193　　2. 민법의 수정원칙　194

Ⅱ. 계 약 ——————————————————————————— 195
　　1. 계약의 의의　195　　　　　　2. 계약의 성립　196
　　3. 제한능력자제도　199　　　　4. 대 리　203
　　5. 계약의 무효와 취소　206

Ⅲ. 부동산 매매계약 ————————————————————— 207

1. 부동산등기부 열람 207   2. 토지대장의 열람 210
3. 계약체결 211   4. 잔금의 지급과 등기서류의 교부 213
5. 소유권이전등기신청과 취·등록세의 납부 213
6. 부동산 매매계약서 작성방법 214

Ⅳ. 주택임대차 ——————————————————————————— 217

1. 주택임대차계약서의 작성방법과 주의사항 217
2. 주택임대차의 의의 220   3. 주택임대차보호법의 적용범위 220
4. 주택임대차보호법상 대항력 222   5. 주택임대차보호법상 우선변제권 223
6. 주택임대차보호법상 보증금 중 일정액의 보호(최우선변제권) 225
7. 주택임대차의 존속기간 227
8. 주택임대차보호법상 임차권등기명령 228

Ⅴ. 상가건물임대차보호법 ——————————————————— 234

1. 상가건물임대차보호법의 의의 234
2. 상가건물임대차보호법의 적용범위 234
3. 상가건물임대차보호법상 대항력 235
4. 상가건물임대차보호법의 임대차기간 236
5. 상가건물임대차보호법상 소액보증금의 최우선변제 237
6. 상가건물임대차보호법상 임차권등기명령 238
7. 상가건물임대차보호법의 권리금 238
8. 상가건물임대차보호법상 임차권등기명령제도 241

제 8 장   민사소송절차

Ⅰ. 민사법원 및 관할 ——————————————————————— 247

Ⅱ. 소송당사자 ———————————————————————————— 247

Ⅲ. 소송절차 —————————————————————————————— 248

1. 소송을 제기하기 전에 해야 할 일(보전절차) 248

2. 민사소송의 판결절차 254

Ⅳ. 강제집행절차 ─────────────────────────── 270

1. 채무명의 270　　　　　　2. 채무자의 재산 확인절차 270

3. 강제집행정지 신청 272

Ⅴ. 특별절차 ──────────────────────────── 273

1. 소액사건 심판절차 273　　　2. 독촉절차(지급명령) 273

제9장　범죄와 형벌

Ⅰ. 죄형법정주의 ─────────────────────────── 275

1. 죄형법정주의의 의의 275　　2. 죄형법정주의의 파생원칙(내용) 276

Ⅱ. 범죄의 성립 ──────────────────────────── 278

1. 구성요건해당성 278　　　　2. 위법성 279

3. 책 임 283

Ⅲ. 범죄의 형태 ──────────────────────────── 284

1. 작위범과 부작위범 284　　　2. 고의범, 과실범 285

3. 기수, 미수, 예비·음모 285　　4. 정범과 공범 286

Ⅳ. 재산범죄 ──────────────────────────── 287

1. 사기죄 287　　　　　　　　2. 컴퓨터 등 사용사기죄 288

3. 신용카드 범죄 289　　　　　4. 전자금융범죄 사기 피해(보이스피싱) 291

5. 횡령죄 294　　　　　　　　6. 배임죄 295

7. 스토킹범죄 296

Ⅴ. 형 벌 ──────────────────────────── 298

1. 형벌의 의의 298　　　　　　2. 형벌의 종류 298

3. 형의 선고유예·집행유예·가석방 299

Ⅵ. 보안처분 ───────────────────────────────── 300

1. 보안처분의 의의 300   2. 보호관찰 301

3. 사회봉사 및 수강명령 301

4. 특정 범죄자에 대한 보호관찰 및 전자장치 부착 등에 관한 법률의 보안처분 301

5. 아동·청소년의 성보호에 관한 법률과 성폭력범죄의 처벌 등에 관한 특례법의
   보안처분 302

제10장   형사소송절차

Ⅰ. 수사기관 ──────────────────────────────── 304

1. 검사 304

2. 고위공직자범죄수사처(수사처·공수처) 검사 304

3. 사법경찰관리 304

Ⅱ. 수사개시의 원인 ─────────────────────────── 309

1. 고 소 309   2. 고 발 310

Ⅲ. 수사의 방법 ──────────────────────────── 310

1. 체포와 구속 311

2. 구속전 피의자심문제도(영장실질심사제도) 314

3. 체포·구속적부심사제도 314   4. 보석제도 317

5. 압수·수색·검증 319

Ⅳ. 수사의 종결 ──────────────────────────── 321

1. 수사종결의 의의 321   2. 수사종결의 주체 321

3. 타관송치 322

Ⅴ. 불기소처분에 대한 불복 ───────────────────── 322

1. 검찰항고 322   2. 재정신청 323

3. 헌법소원 325

Ⅵ. 형사재판의 절차 ————————————————— 325

    1. 모두절차 326   2. 사실심리절차 326

    3. 판결의 선고 327

Ⅶ. 상소, 비상구제, 특별절차 ———————————— 327

    1. 상소의 종류 327   2. 비상구제 330

    3. 특별절차 334

Ⅷ. 국민참여재판 ———————————————————— 334

    1. 국민참여재판의 의의 335   2. 배심원 335

    3. 대상사건 337

제11장 기타 범죄유형

Ⅰ. 경범죄 ——————————————————————————— 339

    1. 경범죄의 의의 339   2. 경범죄유형 339

    3. 범칙금의 납부 341   4. 즉결심판절차 341

Ⅱ. 교통사고 ————————————————————————— 344

    1. 교통사고의 의의 344   2. 교통사고 발생시 대처 사항 344

    3. 교통사고 발생시의 조치 345   4. 교통사고와 형사처벌 345

    5. 12대 중과실 교통사고 346   6. 음주운전 347

Ⅲ. 성범죄 ——————————————————————————— 349

    1. 성폭력범죄 350   2. 성희롱 354

Ⅳ. 가정폭력 ————————————————————————— 360

    1. 가정폭력의 의의 360   2. 가정폭력 신고의무 등 360

    3. 가정폭력 사건 처리절차 361 4. 아동학대 362

제12장 근로자 보호

Ⅰ. 노동법의 의의와 체계 ───────────────── 364

1. 노동법의 의의 364　　　　2. 노동법의 정의 365

3. 노동기본권 366　　　　4. 근로자와 사용자 370

Ⅱ. 근로관계 ────────────────────── 371

1. 임 금 371　　　　2. 근로계약 374

3. 근로시간과 휴식 378

Ⅲ. 직장내에서의 생활관계 ────────────── 380

1. 연소자와 여성의 보호 380　　　　2. 취업규칙 381

3. 재해보상 383

Ⅳ. 노동관계의 종료와 실업 ──────────── 384

1. 해 고 384　　　　2. 부당해고의 구제 387

Ⅴ. 실업급여 ────────────────────── 392

1. 실업급여의 의의 392　　　　2. 실업급여의 청구권자 392

3. 실업급여의 신청방법 및 조건 392

4. 실업급여의 신청절차 394

찾아보기 397

서 식 차 례

[서식 1] 위헌제청신청서 ··· 50

[서식 2] 정당해산심판청구서 ·· 56

[서식 3] 권한쟁의심판청구서 ·· 58

[서식 4] 권한쟁의심판청구서 ·· 59

[서식 5] 국선대리인 선임신청서 ··· 63

[서식 6] 헌법소원심판청구서(법령) ·· 64

[서식 7] 헌법소원심판청구서(부작위) ··· 65

[서식 8] 헌법소원심판청구서(행정행위) ·· 66

[서식 9] 헌법소원심판청구서(불기소처분) ····································· 67

[서식 10] 운전면허처분 이의신청서 ·· 71

[서식 11] 과태료 결정에 대한 이의신청서 ····································· 72

[서식 12] 행정심판 청구서 ··· 77

[서식 13] 집행정지신청서 ·· 79

[서식 14] 임시처분 신청서 ··· 80

[서식 15] 답변서 ··· 82

[서식 16] 보충서면 ·· 83

[서식 17] 행정심판위원회 재결서 ··· 85

[서식 18] 소장(자동차운전면허취소처분취소 청구의 소) ·················· 95

[서식 19] 소장(행정정보공개 부작위위법 확인의 소) ······················ 96

[서식 20] 준비 서면 ··· 97

[서식 21] 행정처분 집행정지신청(자동차운전면허취소처분) ·············· 99

[서식 22] 행정처분 효력정지신청(입찰참가자격제한처분) ················· 101

[서식 23] 행정처분 효력정지신청(공매절차에 대한 속행정지) ············ 103

[서식 24] 재결신청서 ··· 119

[서식 25] 이의신청서 ··· 120

[서식 26] 출생신고서 ··· 122

[서식 27] 사망신고서 ··· 131

[서식 28] 혼인신고서 ··· 149

[서식 29] 이혼(친권자 지정)신고서 ··· 164

[서식 30] 이혼조정신청 ··· 166

[서식 31] 상속한정승인심판청구 ·· 183

[서식 32] 상속재산포기심판청구 ·· 185

[서식 33] 건물등기기록 ··· 209

[서식 34] 등기부 등본(건물) ··· 210

[서식 35] 매매 계약서 ·· 216

[서식 36] 주택임대차계약서 ·· 230

[서식 37] 주택임차권등기명령신청서 ··· 233

[서식 38] 상가건물 임대차 표준계약서 ······································· 243

[서식 39] 부동산가압류신청서(대여금) ·· 249

[서식 40] 유체동산점유이전금지 가처분신청서 ···························· 252

[서식 41] 소 장 ··· 255

[서식 42] 답변서 ··· 258

[서식 43] 준비서면 ·· 259

[서식 44] 증인신청서 ··· 261

[서식 45] 증인신문사항 ··· 262

[서식 46] 판결문 ··· 264

[서식 47] 항소장 ··· 266

[서식 48] 상고장 ··· 267

[서식 49] 재심청구서 ··· 269

[서식 50] 재산명시신청서 ··· 271

[서식 51] 강제집행정지결정 신청서 ·· 272

[서식 52] 지급명령신청서 ·· 274

[서식 53] 체포영장청구서 ·· 312

[서식 54] 구속영장청구서 ·· 313

[서식 55] 구속적부심사청구서 ··· 316

[서식 56] 보석허가청구서 ·· 318

[서식 57] 압수·수색·검증영장청구서 ······························ 320

[서식 58] 항고장 ··· 323

[서식 59] 재정신청서 ·· 324

[서식 60] 항소장 ··· 328

[서식 61] 상고장 ··· 329

[서식 62] 재심청구서 ·· 330

[서식 63] 비상상고신청서 ·· 331

[서식 64] 즉결심판청구서 ·· 332

[서식 65] 배상명령신청서 ·· 333

[서식 66] 배심원등 신변보호조치 요청서 ·························· 338

[서식 67] 범칙금 납부고지서(경범죄) ······························ 342

[서식 68] 정식재판청구서 ·· 343

[서식 69] 표준근로계약서(기간의 정함이 없는 경우) ············ 376

[서식 70] 표준근로계약서(기간의 정함이 있는 경우) ············ 377

[서식 71] 부동해고 등 구제신청서 ··································· 389

[서식 72] 부당해고 등 구제 재심 신청서 ·························· 391

제1장 법의 일반론

I. 법과 질서

1. 법과 사회규범

■ 들어가기: 법의 정의

법(法)은 질서를 유지하고 사회가 유지되기 위해 정의를 실현함을 직접 목적으로 하는 국가의 강제력을 수반하는 사회적 규범을 말한다. 넓은 뜻으로는 자연법(自然法), 헌법(憲法), 관습법(慣習法), 명령, 규칙을 포함하지만 좁은 뜻에서는 일정한 조직과 절차 밑에서 제정된 법률을 가리킨다.

인간은 사회적 동물로써 일정한 집단을 이루고 사회생활을 영위하고 있으며, 그 안에서 필요한 것이 질서이다. 인간은 사회를 평화롭게 발전시키기 위해서 질서를 유지하는 것이며, 그 유지를 위한 수단을 규범이라고 한다. 규범은 사람이 사회생활을 영위하는 데 있어서 필요한 생활의 준칙으로서 사회규범이라고 한다. 사회규범은 사람이 집단생활을 시작한 원시사회로부터 현대사회에 이르기까지 그 규범형식은 다를지라도 사회질서 유지의 수단으로 존재하고 있다. 예컨대 법, 도덕, 종교, 관습 등이 그 사회의 질서를 유지하는 역할을 하였다. 다만 국가의 형태를 갖추지 못했던 시대에서는 도덕, 종교, 관습 등이 사회규범으로서 작용하였고, 국가의 형태를 갖춘 이후에는 국가권력에 의하여 강제성을 가진 법이 사회규범으로서 역할을 하였다.

법은 사회규범을 바탕으로 형성된 것이지만, 모든 사회규범이 법규범화되는 것은 아니다. 그러나 인간이 사회생활을 영위하는 데 있어서 법규범은 질서유지의 수단으로 주요한 역할을 하고 있으므로 양자는 밀접한 관계를 맺고 있다. '사회 있는 곳에 법이 있다'는 말과 '인간은 사회적 동물이다'라는 말은 사람이 사회생활을 하는 데 있어서 규범의 필요성과 법과의 밀접불가분의 관계를 잘 표현한 말이다. 법은 법조인들만의 전유물이 아니라 현대를 살아가는 모든 사람이 알아야 하고 지켜져야 할 하나의 유물이다.

2. 법의 개념

■ 들어가기: 법의 본질

법의 본질이 규범이냐 사실이냐, 또는 정의냐 강제냐에 대해서는 여러 가지 견해가 있으나 이념과 실재, 규범과 사실과의 쌍방에 걸치는 법의 특색이 있다. 법은 이념 면에서 종교·도덕·정의·자연법과 내용적으로 관련되고, 다른 한편 실재면에서 정치(政治)·경제·역사·사회적 세력(勢力)과 관련된다. 따라서 법을 고찰할 때는 이러한 것 중의 일면이나 하나의 요소에만 편중해서는 안 되며 모든 것을 고려한 종합판단이 필요하다.

법이란 무엇인가. 그 개념에 대하여 명확하게 승인된 것은 없지만, 일반적으로 법의 개념을 국가에 의해 승인된 강제력이 있는 사회규범이라고 한다.

(1) 인간은 자연법칙을 발견하고 응용할 수 있지만, 인간의 의사와는 독립된 것으로 변경할 수 없다. '사람은 죽는다', '해는 동쪽에서 떠서 서쪽으로 진다', '물은 위에서 아래로 흐른다' 등과 같이 자연현상을 표현하는 자연법칙은 '존재(Sein)의 법칙' 또는 원인과 결과를 필연적으로 연결하는 인과법칙을 그 내용으로 한다는 점에서 '필연(Müssern)의 법칙'이라고 한다. 그러나 사회규범은 사회의 구성원에게 어떤 행위를 '하여야 한다'는 명령규범과 '하여서는 안된다'는 금지규범을 내용으로 하는 '당위'(Sollen)의 법칙이다. 법규범은 사람이 사회생활을 함에 있어서 행위의 판단기준이나 법칙 그 자체에 그치지 않고 당연히 '해야 할 것'과 '해서는 안될 것'을 가려서 행동할 것을 요구하고 있다. 규범은 이성에 따라 자신의 행동을 조종할 수 있는 사람이 자유로운 의사의 작용에 의한 위반을 예상하여 만든 당위의 법칙이다. 그러므로 사람이 규범을 위반할 것이냐 준수할 것이냐는 오직 사람의 자유의사에 달려 있는 것이다. 이런 점에서 자연

의 법칙과 다르다. 법과 사회규범은 당위의 법칙에 해당하는 것이지만, 자연법칙과 무관한 것은 아니다. 예컨대 범죄를 저지른 자에 대하여 그 제재가 따르는 것은 범죄의 발생에 대한 사회의 필연적 대응이라 할 수 있다.

(2) 그리고 법은 외부로 나타나는 사람의 행동을 규율하는 행위규범이다. 행위란 사람이 자기의 의사에 기하여 외부로 표현하는 신체의 동작이나 태도를 말하는 것으로써 주관적 요건으로 내부적 의사와 객관적 요건으로 외부적 표현인 신체의 동작이나 태도를 필요로 한다. 예컨대 사람을 살해하려는 의사를 가지고 살해하였다면 살인행위가 되지만, 단순히 마음 속으로 사람을 살해하려는 의사만으로는 살인행위라고 할 수 없는 것이다.

(3) 법은 강제규범이다. 법은 집단생활을 영위하는 데에 있어서 행위의 준칙으로 국가에 의하여 승인된 것으로 그 준칙을 위반하면 제재(sanction)가 가해지는 강제규범이다. 도덕규범을 위반하면 양심의 가책을 받으며, 종교규범을 위반하면 신의 벌을 받으며, 관습규범을 위반하면 사회적 비난을 받는 등을 받을 수 있지만 법의 위반에 따르는 형사벌과 같은 강제력은 없다. 예링(Rudolf von Jhering)이 '법적 강제가 없는 법규는 그 자체가 모순이며 타지 않는 불, 빛이 없는 등불과 같다'고 하였으며, 켈젠(Hans Kelsen)은 '법에 있어서 강제는 본질적 속성'이라고 하였다. 소크라테스가 '악법도 법'이라는 말을 남기고 독배를 마신 사건은 법에 대한 소극적 저항에 해당되는 사례이지만, 동시에 법은 폐지될 때까지 지켜져야 한다는 것을 말하고 있다.

II. 법의 목적

■ 들어가기: 법의 목적

법의 목적은 법 개념의 출발점이며 법질서를 위한 목표이다. 법의 목적 또는 이념이 무엇인가를 고찰하여야 법의 본질을 명확히 이해할 수 있다. 개개의 제정법에 있어서는 그 고유한 제정목적에 따라 규정되어 있다. 법의 이념에 대해 총체적으로 설명하는 독일의 라드부르흐(G. Radbruch)의 견해를 중심으로 파악하고 있다. 그는 법의 목적을 정의, 법적 안정성, 합목적성 등 3개의 기본가치를 들어 설명하고 있다.

1. 정 의

법은 정의의 근원에서 생기게 되며 정의를 실현하려는 목적이 있다. 정의는 실정법의 가치기준이 되며 입법자의 의도이면서 목적이다. 정의는 진·선·미와 같이 절대적 가치이므로 다른 어떠한 가치에서도 도출될 수 없는 가치이다.

그렇다면 정의란 무엇인가? 정의는 상대적인 개념으로서 시대와 사회적 배경에 따라 견해를 달리하기 때문에 이를 일률적으로 말할 수는 없다. 플라톤은 정의를 인간의 이성에서 구하려고 하였으며 그는 덕을 지혜, 용기, 절제, 정의로 나누고, 정의의 본질은 공동생활 속에서 각자가 자신의 분수를 지키는 것이라고 보았다. 코잉(H. Coing)은 정의의 개념을 평균적 정의, 배분적 정의, 보호적 정의로 구분하였다.

아리스토텔레스(Aristoteles)는 정의의 개념을 최초로 이론화하였으며 오늘날까지 정의론의 지주를 이루고 있다. 그는 윤리학적 견지에서 고찰하여 정의는 사람이 이행해야 할 최고의 덕목이며, 단순한 개인의 도덕이 아니고 각자가 다른 사람과의 관계에서 실현하여야 할 사회적인 도덕이라고 하였다. 아리스토텔레스는 정의를 평등으로 보았으며, 평등을 다시 교환적 정의와 배분적 정의로 구별하였다. 교환적 정의는 매매계약에서와 같이 서로 대등한 당사자 사이에 적용되는 정의이며, 배분적 정의는 '같은 것은 같게, 다른 것은 서로 다르게'라는 말과 같이 일정한 가치를 한 공동체내의 구성원들에게 어떻게 분배할 것인가와 관계되는 정의이다.

2. 법적 안정성

법적 안정성은 법의 기본적 가치이며 목적이다. 법적 안정성은 사회가 혼란 속에 빠지더라도 법에 의하여 질서가 유지됨으로써 안심하고 사회생활을 할 수 있다는 것을 말한다. 법은 행위규범인 동시에 재판규범이므로 법이 자주 변경되면 국민이 행동지침을 잃게 되고 사회도 안정될 수 없다. 법적 안정성을 유지하기 위해서는 다음과 같은 요건을 갖추어야 한다.

첫째, 법은 명확해야 한다. 국민이 불명확한 법에 의해 처벌을 받게 되거나 단속되는 경우가 있다면 국민은 항상 불안에 떨게 될 것이다. 둘째, 법은 실제로 집행되어야 한다. 법이 존재하면서도 법을 어긴 자에게 제재를 가하지 않는다면 법은 유명무실하게 되어 질서유지가 어려울 것이므로 사회는 안정을 잃게 될 것이다. 따라서 법적 안정성을 위해서 법의 타당성과 실효성이 요구된다. 예컨대 시효제도는 법적 안정성을 위해 어떠한 사실상태가 계속되는 경우에 그 상태를 법적 상태로 인정하는 것이다. 셋째, 법은 함부로 변경되어서는 안 된다. 법이 제정, 시행되면 일정한 기간 동안 존재함으로써 법적 안정성을 꾀할 수 있다. 법이 언제 제정되었고 언제 개정되었는지 또는 언제 개정될 것인지를 알 수 없이 바뀐다면 국민은 안심하고 생활을 할 수 없기 때문이다. 넷째, 법은 국민의 정서에 합당한 것이어야 한다. 법이 국민의 정서에 합당하지 아니하고 정의감에 반하는 경우에는 준법정신이 감소하게 되므로 실효성을 거두기 어렵다.

3. 법의 합목적성

법은 본질적으로 국가의 의사이고 국가는 법적 제도이므로 법의 목적은 국가의 목적과 직결된다. 따라서 법은 그 목적에 맞추어 제정되고 운영될 것이 요구된다. 이것이 법의 합목적성의 이념이다. 합목적성은 국가의 목적을 정하는 원리이다. 이 원리는 국가의 법질서를 어떠한 표준과 가치관에 의하여 구체적으로 제정, 시행할 것인가를 정하는 것이다. 법의 합목적성의 이념은 국가와 사회가 처해 있는 상황 속에서 지향해야 할 문제이다.

정의는 같은 것은 같게, 다른 것은 다르게 취급하는 형식적 이념이며 추상적 가치에 불과하므로 법의 내용을 구체적으로 지시하지 못한다. 따라서 같은 것과 다른 것을 구별하는 표준을 다른 곳에서 찾아야 한다는 것이다.

라드부르흐는 법이 실현해야 할 가치를 개인주의, 단체주의, 문화업적주의로 구분하였다. 첫째 개인주의는 인간의 개인적 가치가 궁극적 목적으로 지향되어 개인의 자유와 행복이 최대한 보장되도록 하는 데 있다. 따라서 국가나 단체는 개인보다 하위의 가치에 서게 되고, 모든 개인이 평등하게 존중되도록 평균적 정의가 강조된다. 둘째 단체주의는 단체를 최고의 가치로 보고 개인의 인격을 단체의 일부분이라 하여 단체의 가치를 실현하는 범위 안에서 인정되고 존중된다. 초개인주의, 전체주의, 또는 국가지상주의라고도 한다. 단체의 입장에서 개인에게 비례적 평등을 실현시키면서 배분적 정의에 중점을 두고 있다. 셋째 문화업적주의는 개인도 단체도 아닌 모든 문화 또는 작품을 최고의 가치로 신봉하는 주의로서 초인격주의라고도 한다. 즉, 사람의 목숨보다 피라미드가 위대하다고 보며, 불난집에서 아이를 구하는 것보다 미켈란젤로의 그림을 더 중요시하여 먼저 꺼낼 것을 주장하는 것이다. 문화업적주의는 배분적 정의에 의한 차별은 인정되지만 그 차별의 표준은 문화업적의 창조에 공헌하는 범위 안에서만 인정된다.

이와 같이 국가의 목적을 이루는 여러 주의는 서로 대립되고 모순되기 때문에 현실적으로 어떤 주의를 택할 것이냐는 각자의 세계관과 양심에 따라 상대적으로 정해진다고 본다. 그러나 제2차 세계대전 중 나치의 비인도적 경험을 통해서 '인간의 최소한의 존엄과 가치'는 어떠한 법질서에 의해서도 침해할 수 없는 절대적 가치가 되고 있다. 따라서 민주주의의 본질인 자유를 파괴하는 법질서는 이미 민주주의 자체를 부정하는 결과를 낳게 되므로 허용될 수 없다.

4. 법의 목적과의 관계

법의 목적인 정의, 법적 안정성, 합목적성은 독자적 이념이 아니라 본질적으로 상호 모순되는 대립적 관계를 가지면서도 상호 보완 조정을 원칙으로 하고 있다. 정의는 사람을 평등하게 대우할 것을 요구하는 일반적인 윤리를 가치관념으로 하고 있고, 합목적성은 공공복리라는 가치관념을 바탕으로 하고 있으므로 상호 모순되는 대립관계를 가진다. 또한 정의와 합목적성은 주로 법의 내용에 관한 이념이고, 법적 안정성은 주로 법의 기능에 관한 이념이다. 그러나 정의와 법적 안정성과 합목적성은 집중관계로서 법의 개념을 창출하고 법으로서의 가치를 갖게 한다. 이러한 관계는 각 목적의 작용영역에 공정한 분배, 상호 관계를 보완 조정하게 된다. 정의에 의하여 어떤 명령이 법의 개념으로 인정되고 합목정성을 척도로 하여 그 명령이 내용적으로 정당성 여부가 결정되며 법적 안정성의 정도에 따라 그 명령에 효력을 인정하여 평가받는 것이다. 법 체계면에서 보면 형법은 정의의 이념이, 행정법에서는 합목적성의 이념이, 민법이나 소송법에서는 법적 안정성의 이념이 강하게 작용하고 있다.

■ 역사속의 정의와 법적 안정성의 문제

나치범죄의 처벌을 위하여 제2차 대전이 끝난 후 헷센(Hessen)주에서 제정한 「나치범죄처벌법」은 나치지배기간 동안에 정치적·인종적차별적·반종교적인 이유 때문에 처벌되지 아니한 범죄에 대하여는 1933. 1. 30.부터 1945. 6. 15.까지의 기간 동안 공소시효의 진행이 정지된 것으로 본다고 규정하였다. 이에 대하여 독일연방헌법재판소는 나치정권이 국가권력을 장악함으로써 소추가 불가능하였던 기간 동안에는 위 법률규정에 따라 공소시효가 진행되지 않는다는 것을 확인한 것으로서 헌법의 제규정에 반하지 아니하여 합헌이라고 판시하였다. 총통인 히틀러(Hitler)의 의사를 위 구 독일형법 제69조의 법률로 보아 법률적 장애로 인한 시효의 정지를 인정한 것이다.

또한 위와 같이하여 연장된 시효기간마저도 임박하게 되자, 독일은 1964. 4. 13. 「공소시효계산법(Gesetz ber die Berechnung strafrechtlicher Verj hrungsfrist)」을 제정하여 1945. 5. 8.부터 1949. 12. 31.까지의 기간을 시효계산에서 제외하도록 규정하였다. 이에 대하여 독일연방헌법재판소는 1969. 2. 26. 결정(BVerfGE 25,269)에서 죄형법정주의, 신뢰보호의 원칙, 평등권에 위배되지 아니한다는 이유로 합헌이라고 판시하였다. 그 후 독일은 형법을 개정하여 모살죄(謀殺罪)의 시효기간을 30년으로 연장하였으며, 1979. 7. 22. 다시 형법을 개정하여 모살죄에 대한 공소시효를 없애 언제든지 나치의 학살범죄에 대한 처벌이 가능하도록 하였다. 또한 동독이 무너진 이후인 1993. 3. 26. 제정된 「동독공산당의 불법행위에 있어서의 시효정지에 관한 법률 (Gesetz ber das Ruhen der Verj hrung bei SED－Un－rechtstaten vom 26. M rz 1993)」도, "구동독의 공산당정권하에서 범하여지고 구동독의 국가 또는 당지도부의 명시적 또는 묵시적 의사에 따라 정치적 이유 또는 자유주의적 법치국가질서에 합치하지 아니하는 이유로 처벌되지 아니한 행위의 소추에 있어서는 1949. 10. 11.부터 1990. 10. 3.까지의 기간은 고려하지 아니한다. 이 기간 동안에는 공소시효가 정지된다"고 규정하고 있다(제1조). 이 경우 구동독의 국가 또는 당의 의사를 공소시효진행의 장애를 규정하고 있는 법률과 동시한 것으로 해석되고 있다. 독일에서는 위에서 살펴본 것과 같이 나치체제나 통일전 동독의 공산정권하에서 자행된 인간의 존엄성을 유린하는 불법적 범죄행위를 체험한 후 그와 같은 중대한 불법적 사례들을 법치국가적으로 청산하기 위한 여러 입법이 행하여 졌는바, 정권장악을 위한 쿠데타 등 헌정질서파괴행위 및 그 과정에서 자행된 집단적 살상행위 등의 법치국가적 처리라는 역사적 과제 앞에 서있는 우리에게 많은 시사점을 준다고 할 것이다(헌법재판소 1996. 2. 16. 96헌가2 등).

Ⅲ. 법의 존재형식

■ 들어가기: 관습헌법의 인정여부

우리나라는 성문헌법을 가진 나라로서 기본적으로 우리 헌법전(憲法典)이 헌법의 법원(法源)이 된다. 그러나 성문헌법이라고 하여도 그 속에 모든 헌법사항을 빠짐없이 완전히 규율하는 것은 불가능하고 또한 헌법은 국가의 기본법으로서 간결성과 함축성을 추구하기 때문에 형식적 헌법전에는 기재되지 아니한 사항이라도 이를 불문헌법(不文憲法) 내지 관습헌법으로 인정할 소지가 있다. 특히 헌법제정 당시 자명(自明)하거나 전제(前提)된 사항 및 보편적 헌법원리와 같은 것은 반드시 명문의 규정을 두지 아니하는 경우도 있다. 그렇다고 해서 헌법사항에 관하여 형성되는 관행 내지 관례가 전부 관습헌법이 되는 것은 아니고 강제력이 있는 헌법규범으로서 인정되려면 엄격한 요건들이 충족되어야만 하며, 이러한 요건이 충족된 관습만이 관습헌법으로서 성문의 헌법과 동일한 법적 효력을 가진다(헌법재판소 2004. 10. 21. 2004헌마554 등).

1. 법원의 개념

법원(source of law)이란 법의 연원 또는 법의 존재형식을 의미한다. 법원의 의미는 법을 형성하는 원동력 또는 법의 타당근거 및 법의 연구자료 등 여러 가지로 사용되고 있다.

2. 성문법과 불문법

법은 존재형식에 따라 성문법(written law)과 불문법(unwritten law)으로 분류된다. 성문법은 국가 및 기타 자치단체의 입법기관에 의해 제정된 법이므로 제정법(statutes)이라고도 한다. 불문법은 입법기관에 의해 문서로써 제정, 공포되어 있지 않고 그 내용이 구전에 의하여 전해지므로 비제정법이라고도 한다. 또한 법계로 구분하여 제정법이 지배적인 국가를 대륙법계(성문법주의국가)라 하며 한국, 독일, 일본 등이 해당된다. 사법기관인 법원의 판례법(case law)이 지배적인 국가를 영미법계(불문법주의국가)라 하며 영국, 미국 등이 해당된다.

(1) 성문법

성문법은 국가의 입법기관에 의하여 일정한 절차를 거쳐 만들어진 제정법이다. 성문법의 법원은 헌법, 법률, 명령 및 규칙으로 구성되어 있다. 헌법은 국가의 기본법으로서 상위규범이며 법률은 하위규범으로서 헌법이 정하는 목적에 따라 그 범위 내에서 제정될 수 있고 명령, 규칙은 관계법률의 범위 내에서 제정이 허용된다.

성문법은 국가의 제정법으로서 국가의 목적을 달성하기 위한 것이기 때문에 실정법 체계 중에서 다른 법원보다 우월하게 다루고 있다. 따라서 성문법은 입법자의 자의가 배제되고 국민과 인류의 이상을 목표로 하는 내용으로 제정되어야 할 것이다.

1) 헌 법

헌법은 국가의 기본법으로서 정부의 조직과 통치이념 및 국민의 기본적 권리와 의무 등을 규정하고 있는 최상위에 있는 단일의 법규범이며, 헌법이라는 법전으로 구성되어 있다. 우리나라의 헌법은 1948년 7월 12일에 제정되어 같은 해 7월 17일에 공포 시행한 이래 9차례에 걸쳐 개정되면서 오늘에 이르고 있다. 또한 헌법의 제정권과 개정권은 국민에게 있고, 그 절차도 매우 엄격하며 어려운 경성헌법이다.

2) 법 률

법률이란 광의와 협의의 두 가지 의미로 사용된다. 넓은 의미의 법률은 실질적 의미의 법으로 모든 법규명령을 포함한 법 일반을 말하고, 좁은 의미의 법률은 형식적 의미의 법으로 입법기관인 국회의 의결을 거쳐 제정되고 공포된 법률만을 말한다. 일반적으로 법률이란 좁은 의미의 법률을 말하므로 행정기관이나 사법기관에 의해 제정한 명령이나 규칙 등과는 구별된다. 특히 국민의 권리나 의무에 관한 사항 및 기타 중요한 사항은 법률로서 규정할 것을 헌법에서 정하고 있다.

법률은 헌법의 하위에서 명령, 규칙의 상위에서 중요한 역할을 하고 있다. 즉 법률은 그 효력상 헌법의 하위규범이므로 헌법에 위반되는 법률은 헌법재판소의 위헌심판을 거쳐 무효가 된다. 또한 명령, 규칙의 효력은 법률의 하위에 있으므로 법률에 배치되는 명령, 규칙은 무효이다.

3) 명 령

명령은 국회의 의결을 거치지 아니하고 법률의 위임을 받아 행정기관이 제정하는 성문법이다. 명령은 제정권자를 표준으로 대통령령과 총리령 및 부령 등이 있다. 대통령령은 대통령이 법률에서 구체적으로 범위를 정하여 위임받은 사항(위임명령)과 법률을 집행하기 위하여 필요한 사항에 관하여 발하는 명령이다(집행명령). 총리령은 국무총리가, 부령은 행정각부의 장이 각각 소관 사무에 관하여 법률이나 대통령령의 위임 또는 직권으로 발하는 명령이다. 대통령령의 효력은 총리령과 부령의 상위에 있고, 총리령과 부령은 동등하여 우열의 차이가 없다.

국회에서 제정한 법률에는 모든 사항을 자세하게 규정할 수 없기 때문에 세부적인 사항에 대해서는 전문적인 행정기관에 일임하고 있다. 또한 명령은 국회의 의결을 거치지 않고 제정권자가 단독으로 개정 내지 폐지할 수 있으므로 그 개폐가 탄력적이다. 명령의 효력은 법률의 하위에 있는 것이므로 헌법이나 법률을 개폐하지 못한다. 그러나 예외적으로 국가비상사태에 임하여 대통령은 법률의 효력을 제한하거나 정지시킬 수 있는 긴급명령권을 가진다.

4) 규 칙

규칙은 여러 의미를 가지고 있다. 첫째, 헌법기관인 국회, 대법원, 중앙선거관리위원회 등은 헌법의 위임을 받아 제정된 것으로 법적 성질이 명령이면서 규칙이라고 불리는 것이 있다. 둘째, 법률이나 명령에 특별한 수권규정 없이 행정기관 내부의 사항을 규율하기 위한 일반적 규범으로서 법규의 성질을 갖지 않는 행정규칙 또는 협의의 행정명령이 있다. 이러한 규칙은 보통 훈령, 일일명령, 지시, 예규, 통첩 등의 형식으로 존재하며, 행정기관 내부의 사항을 규율하는 것을 목적으로 하므로 일반권력관계나 다른 행정조직 내부에는 효력이 미치지 않는다. 셋째, 지방자치단체의 장이 제정하는 자치법규인 규칙이 있다.

5) 자치법규

지방자치단체는 주민의 복리에 관한 사무를 처리하고 재산을 관리하며 법령의 범위 안에서 자치에 관한 규정을 제정할 수 있다. 즉, 지방자치단체가 자치입법권에 의하여 제정하는 법규를 자치법규라고 하며, 여기에는 조례와 규칙이 있다. 조례는 법령의 범위 안에서 그 사무에 관하여 자치단체의 의회에서 제정하는 것이며, 규칙은 지방자치단체의 장이 법령 또는 조례가 위임하는 범위 안에서 그 권한에 속하는 사무에 관하여 제정하는 것을 말한다.

6) 조 약

조약은 문서에 의한 국가 간의 합의를 말한다. 이는 내용에 따라 그 명칭이 조약, 협약, 헌장, 규약, 규정, 협정, 규정서, 의정서, 약정, 잠정협약, 교환공문 등 다양하게 사용되고 있지만, 이는 명칭과는 상관없이 모두 조약에 해당된다. 조약은 대통령이 국무회의의 심의를 거쳐 체결되지만, 한미 FTA와 같이 국민생활에 중대한 영향을 미치거나 국내법의 개폐를 요구하는 경우에는 국회의 동의를 받은 후 대통령이 비준을 한다.

헌법에 의하여 체결, 공포된 조약과 일반적으로 승인된 국제법규는 국내법과 같은 효력을 가진다.

(2) 불문법

불문법은 법규범의 내용이 문자나 법전으로 표현되어 있지 않고, 관습법이나 법원의 판례 등에 의해서 그 실효성이 인정되는 법을 말한다.

1) 관습법

관습법(customary law)은 사회생활 속에서 관행의 형태로서 존재하는 관습이 법적 확신 내지 인식을 갖게 됨으로써 사람들의 행위규범으로 고착화된 사회규범이다. 관습법은 불문법의 전형적인 형태로 사회생활 속에서 자연적으로 이루어진 사실규범이며, 특정의 국가기관에 의해서 제정된 것이 아니다. 따라서 관습법은 사회생활 속에서 무의식적으로 동일한 행위가 오랫동안 반복적으로 행해지는 '사실인 관습'과는 다르다.

관습법이 성립하기 위해서는, 첫째 일정한 관행이 존재하여야 한다. 관행은 어떤 사항에 관하여 일정기간 동안 동일한 행위가 반복되어 행하여진다고 인정되는 상태를 말한다. 둘째 관습이 법적 가치를 가진다는 법적 확신 내지 인식이 있어야 한다. 법적 확신에 이르지 않는 관습은 사실로서의 관습에 불과하다. 셋째 관습이 선량한 풍속 기타 사회질서에 반하지 않아야 한다. 그리고 관습법이 성립되는 시기는 법원이 관습법을 인정한 때이다.

■ **참고: 관습헌법의 성립요건**

관습헌법이 성립하기 위하여서는 관습법의 성립에서 요구되는 일반적 성립 요건이 충족되어야 한다. 첫째, 기본적 헌법사항에 관하여 어떠한 관행 내지 관례가 존재하고, 둘째, 그 관행은 국민이 그 존재를 인식하고 사라지지 않을 관행이라고 인정할 만큼 충분한 기간 동안 반복 내지 계속되어야 하며(반복·계속성), 셋째, 관행은 지속성을 가져야 하는 것으로서 그 중간에 반대되는 관행이 이루어져서는 아니 되고(항상성), 넷째, 관행은 여러 가지 해석이 가능할 정도로 모호한 것이 아닌 명확한 내용을 가진 것이어야 한다(명료성). 또한 다섯째, 이러한 관행이 헌법관습으로서 국민들의 승인 내지 확신 또는 폭넓은 컨센서스를 얻어 국민이 강제력을 가진다고 믿고 있어야 한다(국민적 합의)(헌법재판소 2004. 10. 21. 2004헌마554 등).

2) 판례법

판례법(case law)은 사법기관인 법원의 판결로 존재하는 법이다. 판례는 법원이 특정한 소송사건에 대하여 법을 해석, 적용하는 판단을 말한다. 법원이 새로운 사건을 판단함에 있어서 동일한 종류의 사건에 대한 판단이 이미 존재하고 있다면 그 전의 판결 내용과 동일한 내용으로 판결을 하게 되고, 이러한 판결례가 반복되면서 확실성이 인정되면 법규로 인정하는 것이다.

판례법은 영미법의 근간을 이루는 보통법(common law)과 형평법(Equity law)에서 비롯된 것으로 최고법원의 판례는 모든 다른 법원을 구속한다. 즉 상급법원의 판례는 하급법원을 구속하게 되는데 이를 '선례구속성의 원칙'이라 한다. 다만, 이를 변경해야 할 필요성이 있는 경우에는 의회에서 이와 상이한 성문법을 제정한다.

우리나라와 같은 대륙법계 국가에서는 법관은 양심에 따라 독립적으로 심판을 할 수 있기 때문에 동급 또는 상급법원의 판결에 구속받지 않는 것이 원칙이다. 법원조직법 제8조도 대법원의 심판에서 예시한 법령의 해석은 '당해 사건에 관하여 하급심을 기속'할 뿐이라고 규정하고 있다. 그러나 법관이 심판을 함에 있어서 선례는 존중되고 있기 때문에 사실상 선례는 중대한 영향을 미치고 있다. 즉, 상급법원의 판례와 다르게 재판을 하면 상급심에서 파기되는 경우가 많으므로 사실상 대법원의 판례를 따르게 되는 것이 현실이다.

3) 조 리

조리(nature of things)는 사람의 건전한 상식으로 판단할 수 있는 자연의 이치 내지 본질적 법칙을 말한다. 이는 경험법칙, 사회통념, 공서양속, 신의성실의 원칙 등으로 표현되기도 한다. 조리는 성문법 체계에서 볼 때 조리가 법규범 자체가 아니기 때문에 법원성을 인정하기 어렵지만, 불문법 체계에서는 법원성을 인정하여 법규범으로서 인정받고 있다. 우리나라에서 법관은 성문법이나 관습법이 존재하지 않을 때 조리에 의해 재판을 할 수 있으므로 하나의 법규범으로 인정하고 있다. 특히 민법 제1조는 '… 관습법이 없으면 조리에 의한다'고 규정하여 조리의 법원성을 인정하고 있다. 따라서 민사사건이나 행정사건에 있어서 법관은 법이 없다는 이유로 재판을 거부할 수 없는 것이다. 그러나 형사사건에서는 죄형법정주의가 지배하고 있으므로 당해 사건에 적용할 실정법이 없으면 조리를 적용하는 것이 아니라 무죄판결을 해야 한다.

■ 읽어보기: 법언(법에 관한 격언)

법이 없을 때에는 격언(格言)이 이를 대신한다(legal maxim , 法諺). 법에 관한 격언이 사람들의 관심을 끌게 된 배경에는 16~17세기의 영국의 상황이 놓여있다. 그 당시 영국에서는 상업과 산업이 발달하게 되었고 그에 따라 법원이 새로운 사건을 많이 다루게 되었는데, 이런 새로운 사건을 해결함에 있어서 중세의 보통법(common law)이 별 도움이 되지 못하자 법관들은 자신들의 판결을 지지해 줄 권위 있는 원칙을 절실히 필요로 했던 것이다. 결국 이러한 원칙을 법언에서 찾고 이를 정리하여 보급하게 된 것이다. 법언은 그의 간단명료한 표현형식으로 인하여 법률가 사이의 의사소통을 원활하게 하거나 일반인에게 자신의 법적 주장의 정당성을 뒷받침하기 위하여 사용되는 경우가 많다. 법언은 그 내용의 전문성에서 일반인의 법 생활에서의 경험이나 지혜를 간단히 표현한 보통의 속담과 구별된다. 법언은 오랜 기간을 걸쳐 광범위한 지역에서 형성되어 왔다.

서양의 법언에는 "법률의 부지(不知)는 용서되지 아니한다(Ignorance of fact excuses, ignorance of law does not excuse).", "누구도 자신의 사건에 재판관이 되지 못한다(No one should be judge in his own cause).", "선량한 풍속에 반하는 계약은 무효이다(A contract against good morals is null).", "손이 손을 지킨다(Hand wahre Hand).", "눈에는 눈, 이에는 이(An eye for an eye, a tooth for a tooth).", "자기의 권리를 행사하는 사람은 어느 누구도 해하지 않는다(He who uses his legal rights harms no one)." 등이 여기에 해당한다.

우리나라의 법언에는 법생활과 관련된 지혜를 표현한 것들이 많다. "한편 말만 듣고 송사(訟事) 못한다.", "빚 보인(保人) 서는 자식은 낳지도 말라.", "빚 주고 뺨 맞는다.", "송사로 졌어도 재판은 잘하더라.", "열 사람 형리(刑吏)를 사귀지 말고 한 가지 죄를 범하지 말라.", "죄는 지은 데로 가고, 덕은 닦은 데로 간다.", "죄 지은 놈 옆에 있다가 벼락 맞는다.", "남과 송사는 말아라.", "법은 순리대로 다루어야 한다.", "법은 피도 모른다.", "목청 큰 놈이 장땅.", "주먹은 가깝고 법은 멀다.", "모난 돌이 정(釘) 맞는다.", "송사 3년에 기둥뿌리 빠진다." 등이 이에 해당한다.

법언은 고대로부터 현대에 이르기까지 어느 법문화에 있어서나 존재하며 계속적으로 형성, 발전, 소멸되는 것으로 그 사회의 법적의식을 표현한다.

IV. 법의 분류

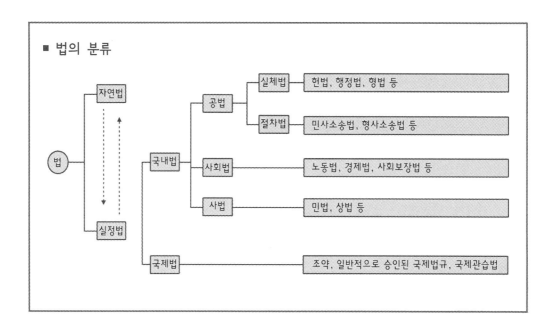

■ 법의 분류

1. 공법과 사법, 그리고 사회법의 등장

공법과 사법으로 분류하는 것은 공법에 적용되는 원리와 사법에 적용되는 원리가 다소 독자적으로 형성되었다는 점에 착안한 것으로 로마법 이래 가장 보편적인 분류방법이며, 법의 체계화와 법의 이해에 가장 용이한 방법이다. 공법과 사법의 구별기준이 무엇이냐와 관계없이 현행법상 공법은 헌법, 형법, 민사소송법, 형사소송법, 행정법, 국제법 등이며, 사법은 민법, 상법, 국제사법 및 민사특별법 등이다. 공법과 사법의 성질을 공통적으로 가지고 있는 사회법이 등장하면서 공법과 사법의 구별이 모호해졌다.

사회법은 20세기 초 자본주의의 폐해로 심화된 여러 사회문제, 예컨대 빈부격차로 인한 빈익빈부익부 현상의 초래, 사용자와 근로자의 갈등 고조, 국민의 생존권 보장 및 거래에 있어서 약자인 소비자보호 등을 위해 국가가 근대법의 원칙인 재산권절대의 원칙과 계약자유의 원칙에 대하여 공법적 제한을 가하는 등의 행정권을 강화하기 시작하면서 등장하였다. 이러한 사회법으로는 근로기준법, 경제법, 소비자기본법, 국민기초생활보장법 등이다. 이러한 사회법의 등장으로 '사법의 공법화'와 '공법의 사법화' 현상이 초래되었다.

2. 실체법과 절차법

법전의 규정내용에 따른 분류이다. 실체법(Substantive Law)은 법률관계의 실체, 즉 권리의무의 주체, 그 내용과 범위 및 종류, 권리의무의 발생·변경·소멸 등에 관한 것을 규정한 법이다. 절차법(Adjective Law)은 실체법의 내용인 권리의무를 실현하기 위한 수단과 방법을 규율하는 법이다. 권리의무의 실현은 일반적으로 소송을 통해 이루어진다. 민법, 형법, 상법 등은 실체법이고, 민사소송법, 민사소송법, 행정소송법, 부동산등기법 등은 절차법이다.

3. 일반법과 특별법

법의 효력 범위의 일반성 특수성에 따른 분류이다. 일반법은 사람, 장소, 사항 등에 관하여 보편적, 일반적으로 넓은 효력범위를 가진 법이다. 특별법은 사람, 장소, 사항 등에 대한 특수적이고 제한적인 효력범위를 가진 법이다. 즉 일반법은 대한민국 영토 내의 전 영역에 있는 일반인에게 모두 적용되는 보편적이고 비교적 넓은 범위의 사항에 적용되는 법이지만, 특별법은 일정한 신분이나 지위가 제한된 특수한 사람이나 영토 내의 한정된 일부지역 등의 한정된 사항에 대해서 적용되는 법이다. 민법과 형법 등이 일반법이며, 상법, 공무원법, 군형법, 선원법, 도시계획법 등이 특별법에 해당한다. 그러나 양자의 구별은 상대적인 것이다. 예컨대 상법은 민법에 대해 특별법이지만, 보험업법에 대해서는 일반법에 해당한다.

4. 원칙법과 예외법

법의 효력범위에 따른 분류로서 법전에 의한 구별이라기보다는 개별조항에 따른 구별이라고 할 수 있다. 원칙법은 일정한 사항에 일반적으로 적용되는 것을 원칙으로 하는 법이며, 예외법은 그 일정한 사항에 있어서 특별한 사정이 있는 경우에 그 적용을 배제하는 예외를 정한 법이다. 예외조항은 일반적으로 법령 중의 '단서'에 규정하고 있다.

5. 강행법과 임의법

법효력의 정도에 따른 분류이다. 강행법(Imperative Law)은 당사자의 의사 여하와 관계없이 그 적용이 강제되는 법이며, 임의법(Dispositive law)은 당사자의 의사표시에 따라 그 적용을 배제할 수 있는 법이다. 임의규정은 민법의 계약부분인 채권법부분과 상법 중 상행위에 관한 대부분의 조항 등이며, 공법은 주로 강행규정에 속한다.

민법 제105조의 '법률행위의 당사자가 법령 중의 선량한 풍속 기타 사회질서에 관계없는 규정과 다른 의사를 표시한 때에는 그 의사에 의한다'는 조항에서와 같이 임의 규정은 당사자의 합의에 따를 수 있지만, 강행규정을 위반하면 그 행위는 효력이 발생하지 않는다. 강행규정은 다시 그 제재의 정도에 따라 효력규정과 단속규정으로 구별할 수 있다. 효력규정은 당해 규정을 위반하여 이루어진 법률행위를 무효로 하는 것을 말하며, 단속규정은 법규 위반의 제재로서 형벌이나 행정벌을 부과하는 것에 불과할 뿐 사법상의 효력에는 영향을 미치지 않는다.

6. 국내법과 국제법

법의 지배영역에 의한 분류이다. 국내법(Domestic Law)은 국가의 단독의사에 의하여 정립되고, 국가와 개인 또는 개인 상호간의 법률관계를 중심으로 하는 여러 사항을 규율하는 것이다. 국제법(International Law)은 국가와 국가 사이의 명시적인 합의 내지 묵시적 합의에 의하여 정립되어 국제사회에서 국가와 국가와의 상호관계를 정하는 법이다.

V. 법의 효력

법의 효력은 법의 규범력을 말한다. 법의 규범력이란 법이 구속력을 가지고 인간의 상호생활을 규율하는 규범으로서 그 내용대로 실현할 수 있는 힘을 말한다. 실현되지 않는 법규범은 법으로서 존재가치를 상실하게 될 것이다. 그러나 법규범이 사실상 실현되지 않는다고 하더라도 법은 항상 타당하다는 당위성과 그 법이 실현되도록 하는 강제성이 내재되어 있다.

법의 효력을 형식적으로 판단하면, 법이 구체적인 사실에 적용되는 범위로서 시간에 관한 효력, 장소에 관한 효력, 사람에 관한 효력으로 나누어 설명한다.

1. 법의 시간적 효력

법의 효력이 언제부터 언제까지 미치느냐에 관한 문제로서 법의 시간적 범위를 말한다. 법은 시행한 날로부터 폐지된 날까지 효력을 갖는다. 이 기간을 법의 시행기간 또는 유효기간이라고 한다. 법은 시행기간 안에 발생하는 사항에 대해서만 효력을 갖는 것이 원칙이다.

법은 공시됨으로써 당연히 효력이 발생하는 것이 아니고 시행기일에 이르러서야 효력이 발생한다. 법령의 시행기일은 공포된 개개의 법령에 개별적으로 정할 수 있고, 이는 부칙에 정하는 경우가 대부분이다. 그러한 규정이 없을 경우에는 공포된 날로부터 20일이 경과함으로써 효력을 발생한다(헌법 제53조 제7항). 법령의 공시일로부터 시행일까지 일정한 기간을 두고 있는데, 이 기간을 주지기간이라고 한다.

법은 폐지에 의하여 그 효력을 상실한다. 법령이 시행기간을 미리 정해 놓고 그 시행기간의 만료로 인하여 폐지되는 경우(한시법)와 신법의 규정에 의하여 구법의 일부 또는 전부가 폐지되는 경우이다. 묵시적 폐지는 신법이 제정되면 구법은 자동적으로 효력을 잃게 되는 경우이다.

법률은 시행기간 중에 발생한 사실에 대해서만 적용되고 시행 이전에 발생한 사실에 대하여는 적용할 수 없다. 이를 법률불소급의 원칙이라고 한다. 법률의 시행 이전에 발생한 사건에 대하여도 당해 법률을 적용하게 된다면 법질서의 문란을 야기시킬 뿐만 아니라 법적 안정성을 꾀할 수 없기 때문에 소급효를 금지하는 것이다.

2. 법의 장소적 효력

법이 어떤 장소에서 적용되는가의 문제의 문제로서 법의 장소적 범위를 말한다. 법의 장소적 효력은 국가의 전 영역에 미치는 것이 원칙이므로, 그 영역 내에 있는 내외국인을 불문하고 모든 사람에게 적용된다는 것이다. 영역이란 영토, 영해, 영공을 의미한다. 우리나라를 비롯한 대부분의 국가에서는 속지주의를 원칙으로 하고, 속인주의와 보호주의를 가미하는 입법주의를 채택하고 있다.

(1) 속지주의

대한민국의 법령은 대한민국의 영역 내에 있는 내외국인을 불문하고 모두에게 적용된다는 원칙이다. 영토주권을 실현하기 위하여 국적여하를 불문하고 대한민국 영역 내에 체류중인 외국인에게도 대한민국의 법령이 적용되는 것을 말한다.

■ 읽어보기: 속지주의(성폭력처벌법 위반) 뉴스 기사

법원은 ○○국제학교에서 여학생을 수차례에 걸쳐 성추행하여 「성폭력 범죄의 처벌 등에 관한 특례법」 위반 혐의로 재판에 넘겨진 30대 미국 국적 교사인 갑에 대해 징역 3년을 선고하고, 아동·청소년 관련 기관 취업제한 10년을 명령했다. 이 교사는 위 국제학교에서 근무하던 중 한 달 동안 자신에게 문제를 물어보는 13살 미만의 학생 4명을 상대로 9차례에 걸쳐 허벅지를 손으로 쓰다듬는 등 성추행한 혐의로 재판에 넘겨졌다. 법원은 제자를 강제로 추행한 각 범행의 경위와 내용, 방법 등이 불량하고 피해자들은 상당한 성적 수치심과 정신적 고통을 받았을 것이 분명하다면서도 피해자들이 피고인 갑과 합의했고, 갑이 우리나라에 입국한 뒤 아무런 범죄전력이 없는 점 등을 고려해 이같이 선고한다고 밝혔다.

KBS NEWS 2019년 11월 13일

(2) 속인주의

대한민국 법령은 대한민국의 국적을 가지고 있는 모든 사람에게 적용된다는 원칙이다. 즉, 우리나라 국민의 행위에 대해서는 행위지 여하를 불문하고 우리나라 법령이 적용된다는 원칙이다. 예컨대, 우리나라 국민인 갑이 외국인의 출입이 허용되는 필리핀 마닐라시에 있는 A호텔 카지노에서 상습적으로 도박을 한 경우, 갑은 속인주의에 의하여 우리나라의 형법이 적용되므로 상습도박죄로 처벌된다.

■ 읽어보기: 속인주의(형법상 도박죄) 신문 기사

법원은 해외 원정도박 혐의로 정식 재판에 회부된 ○○엔터테인먼트의 전 대표인 갑에게 벌금 1,500만원을 선고했다. 법원은 "피고인은 4년여의 장기간에 걸쳐 해외 카지노에서 도박행위를 했다"며 "범행의 횟수가 적지 않고 도박자금의 합계도 4억원을 넘는다"고 판시했다. 이어 "도박행위는 개인의 일탈에 그치지 않고 사회의식과 선량한 풍속을 저해하는 것이어서 엄하게 처벌할 필요가 있다"며 "일반 대중이나 청소년들에게도 부정적 영향을 끼쳤다"며 양형 이유를 밝혔다. 이 사건은 피고인과 검찰 모두 기간 내에 항소하지 않아서 1심 선고형인 벌금 1,500이 그대로 확정되었다.

news1 뉴스 2020년 11월 27일

(3) 보호주의

우리나라 또는 우리나라 국민의 법익을 침해하는 범죄에 대해서는 누구에 의하여 어느 곳에서 발생하였는가에 관계없이 대한민국의 법령을 적용할 수 있다는 원칙이다. 전자는 국가보호주의, 후자는 국민보호주의를 의미한다. 예컨대, 외국인 甲이 외국에서 우리나라 국민인 乙을 살해한 경우, 甲은 보호주의에 의해 우리 형법 제250조 제1항이 적용되어 살인죄로 처벌된다.

3. 법의 인적 효력

법이 어떤 사람에게 적용되는가의 문제로서 법의 인적 범위를 말한다. 법은 원칙적으로 시간적·장소적으로 효력이 미치는 범위에서 모든 사람에게 적용된다. 그러나 다음과 같은 예외가 있다.

(1) 국내법상의 예외

대통령은 재직 중 불소추특권(헌법 제84조), 국회의원은 직무상 면책특권(헌법 제45조)과 회기 중 불체포특권(헌법 제44조)이 인정된다. 또한 법이 모든 국민에게 적용되지 않고 특정한 자에게만 적용되는 경우도 있다. 예컨대, 국가공무원법은 국가공무원에게만, 근로기준법은 사용자와 근로자에게만 적용되는 것이 여기에 해당한다.

(2) 국제법상의 예외

외국의 원수와 그 가족 및 대한민국의 국민이 아닌 수행자, 외국의 사절과 그 가족 및 직원은 외교적 특권을 향유하는 자로서 우리나라의 법령(과세권, 경찰권, 재판권)이 적용되지 않는다. 또한 승인받고 대한민국의 영역내에 주둔하는 외국군대와 군인에 대하여는 우리나라의 법령이 적용되지 않는다(예컨대, 한미간의 군대지위협정에 의하여 공무집행 중의 미군범죄에 대하여는 우리 형법의 적용이 배제된다).

■ 읽어보기: 외교적 특권(외국 대사 부인의 폭행사건) 뉴스 기사

　　외국 대사의 배우자인 甲女는 서울 소재 옷가게에서 직원들의 뺨을 때리는 등의 폭행 혐의로 경찰 조사를 받았는데, ○○경찰서는 폭행 혐의로 입건된 그 사건에 대하여 '공소권없음'으로 수사를 종결했다고 밝혔다. 「외교관계에 관한 빈 협약」에 따르면 외교관과 그 가족은 주재국의 재판권이 적용되지 않는데, 갑녀는 면책 특권을 유지하겠다는 입장을 경찰에 전달했다. 또한 폭행 피해자들은 대사 부인을 직접 만나 사과를 받은 뒤 처벌 불원서를 제출했는데, 반의사불벌죄인 일반폭행은 피해자가 원하지 않으면 처벌할 수 없다. 결국, 갑녀는 법적 처벌을 피하였다.

YTN NEWS 2021년 6월 23일

Ⅵ. 법의 적용과 해석

1. 법의 적용

법의 적용이란 추상적으로 규정한 법의 내용을 사회생활의 구체적 사실에 실현시키는 것을 말한다. 추상적으로 규정되어 있는 법규의 내용을 대전제로 하고, 현실적으로 발생한 구체적 사실을 소전제로 하여 법적 효과의 발생(판결)이라는 법의 적용 과정을 거쳐야 한다. 즉, 구체적 사실의 존재 여부 및 그 내용의 확정과 그 확정된 구체적 사실에 해당하는 법규를 찾아서 그 법규의 내용을 해석하여야 한다. 이러한 사실을 확정하는 문제를 사실문제라고 하며, 그 확정된 사실에 해당하는 법규를 찾아서 그 법규에 대하여 해석하는 문제를 법률문제라고 한다.

2. 법의 해석

법의 해석은 일반적, 추상적인 법규의 의미와 내용을 구체적으로 명백하게 밝히는 것을 말한다. 법의 해석은 일정한 가치판단을 전제로 하여 객관적이고 과학적이어야 하며 규제되는 사실과 규제의 결과를 고려하면서 해석해야 한다.

(1) 유권해석

유권해석은 국가의 기관에 의하여 법규의 의미 내용이 확정되고 설명하는 방법이다. 이는 구속력이 있는 해석이며 공권해석이라고도 한다. 유권해석은 다시 입법해석, 사법해석, 행정해석으로 분류된다.

입법해석은 입법기관이 입법으로서 특정의 용어에 대해서 법규정으로 해석하는 방법이다. 예컨대 민법 제98조에서 '본법에서 물건이란 함은 유체물 및 전기, 기타 관리할 수 있는 자연력을 말한다'고 규정하여 물건의 개념을 정의하고 있다. 법규 자체는 법으로서 당연히 구속력을 가지는 것이므로 실질적으로는 법의 해석이 아니라 입법이라고 할 수 있다. 따라서 입법해석은 법규해석 또는 강제해석이라고도 한다.

행정해석은 행정관청이 법규를 해석하는 방법이다. 즉, 행정관청이 법을 집행함에 있어 그 법규의 의미를 해석하거나 또는 하급관청의 법규해석에 관한 질의에 대해 상급관청의 회답 지령을 내리는 방법 및 질의 없이 내리는 훈령 등의 방법이 있다. 행정해석도 실질적으로 하급관청을 구속하게 되므로 유권해석으로 보는 것이 타당하다. 그러나 행정관청의 해석은 재판을 통한 법원의 사법해석으로 취소될 수 있기 때문에 사법해석에 우선하지 못한다.

사법해석은 법원이 판결의 형식으로 법을 해석하는 방법이다. 상급법원에 의하여 내려진 법의 해석은 사실상 하급법원을 구속하며, 당해 사건에 대한 판결은 구속력이

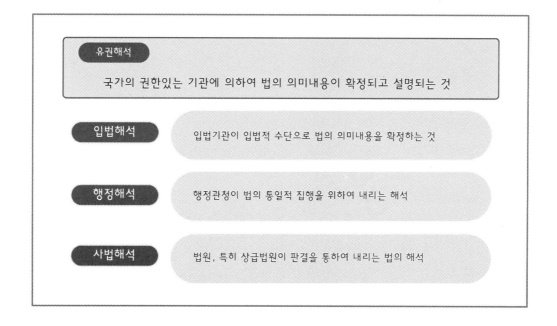

유권해석

국가의 권한있는 기관에 의하여 법의 의미내용이 확정되고 설명되는 것

입법해석 입법기관이 입법적 수단으로 법의 의미내용을 확정하는 것

행정해석 행정관청이 법의 통일적 집행을 위하여 내리는 해석

사법해석 법원, 특히 상급법원이 판결을 통하여 내리는 법의 해석

인정되어 다툼을 종국적으로 해결한다. 따라서 사법해석도 구속력이 있는 유권해석으로 볼 수 있고, 이를 '재판해석'이라고도 한다.

(2) 학리해석

학리해석은 국가의 권한 있는 해석방법이 아니고 법조문 자체와 입법취지 및 적용대상 등을 바탕으로 하여 어학적, 논리적으로 해석하는 방법이다. 어학적, 논리적으로 법규의 내용을 해석하면서 학문적 가치나 설득력을 가지기에 학설상의 해석이라고 한다. 또한 구속력이 없기 때문에 무권해석이라고도 한다.

1) 문리해석

문리해석은 법규의 자구에 나타난 보통의 의미에 따라 법규의 의미를 확정하는 해석방법이다. 법규는 문자로 표시되어 있으므로 법의 의미를 자구에 의하여 해석하여야 할 것이다. 즉, 문리해석은 법규 해석의 첫 단계이다. 그러나 동일한 용어라 하더라도 그 의미가 다르게 사용되는 경우도 있으므로 문리해석만으로는 법규 해석을 완벽하게 할 수 없다. 예컨대 살인죄에 있어서 '사람'과 명예훼손죄에 있어서 '사람'은 동일한 용어이지만, 살인죄의 경우는 자연인만을 의미하며, 명예훼손죄의 경우는 자연인과 법인을 모두 포함하는 개념이 된다.

2) 논리해석

법규의 문자나 문장의 의미에 국한하지 않고, 법 전체에 대하여 입법의 목적이나 결과 등을 고려하여 전체 문장과의 논리적 방법에 의하여 해석하는 방법이다.

① 확장해석

확장해석은 법문의 자구를 그 의미보다 확장하여 해석하는 방법이다. 예컨대 '공원의 수목을 꺾지 마시오'라는 표현은 공원 내의 화초도 포함된다는 의미이며, '마차통행금지'에는 소의 통행도 금지되는 것으로 확장하여 해석하는 방법이다.

② 축소해석

축소해석은 법문의 의미를 통상의 의미보다 축소하여 해석하는 방법이다. 예컨대 재물은 동산과 부동산을 포함하는 개념이지만, 형법상 절도죄의 객체인 재물에는 부동산을 포함하지 않고 동산만으로 제한하여 해석하는 경우이다.

③ 반대해석

반대해석은 법문에 일정한 사항이 규정되어 있는 경우에 그 규정과 반대의 의미로 해석하는 방법이다. 예컨대 민법 제800조의 '성년에 달한 자는 자유로이 약혼할 수 있다'는 규정에 대하여 반대로 해석하게 되면 성년에 달하지 않은 자는 자유롭게 '약혼할 수 없다'는 것이다.

④ 보정해석

보정해석은 법문의 용어에 명백한 착오나 오류가 있는 경우에 법문의 자구를 통상의 의미와는 달리 변경하거나 보충하여 법의 목적에 맞도록 해석하는 방법이다. 예컨대 민법 제287조의 규정 중 '청구'라는 문구를 '고지'의 뜻으로 해석하는 경우이다. 청구는 쌍방행위에서 이루어지는 행위인 반면에 고지는 상대방의 승낙이 필요없는 일방적 행위이다. 법문의 내용상 '고지'로 규정되어야 함에도 '청구'로 규정되어 있어서 이를 변경, 보완하여 법문의 의미에 맞도록 해석하는 경우이다.

⑤ 유추해석

유추해석은 어떤 특정한 사항에 관하여는 법률의 규정이 있지만 이와 유사한 다른 사항에 관해서는 규정이 없는 경우에 그 공통적 요소를 발견하여 동일한 법리를 적용하는 것이 타당하다고 판단되는 경우에 당해 법규를 적용할 수 있도록 해석하는 방법이다. 예컨대 민법 제326조는 '유치권의 행사는 채권의 소멸시효의 진행에 영향을 미치지 아니한다'는 규정을 두면서 그 성질이 유사한 질권의 경우에는 명시적인 규정을 두고 있지 않지만, 유치권의 소멸시효에 관한 규정을 유추적용하는 경우이다.

Ⅶ. 법률관계(권리·의무)

인간은 사회적 동물로서 다양한 생활관계인 애정관계, 친족관계, 호의관계 등을 형성하면서 살아간다. 이러한 생활관계 또한 다양한 사회규범인 관습, 도덕, 종교, 법률 등에 의하여 규율되고 있고, 특히 법률의 규정에 의하여 규율되는 생활관계를 법률관계라고 말한다. 즉 법의 지배를 받는 생활관계를 법률관계라 하고, 법의 지배를 받지 않는 관계를 사실관계라고 한다. 역사적으로 보면 원시사회에서는 법이 지배하는 것보다 관습, 도덕, 종교 등의 규범에 의해 지배되었으나 현대의 법치국가시대에는 사람의 생활관계의 대부분이 법의 규율을 받게 되는 법률관계인 것이다.

사람의 사회생활은 개인의 단체적 생활이며, 법은 사회 구성원의 생활을 보호 보장하려는 것이다. 법률관계를 당사자의 입장에서 볼 때 권리와 의무관계로 나타난다. 즉 법에 의하여 구속되는 자의 지위에 있으면 '의무'라고 하며, 법에 의하여 옹호되는 자의 지위에 있으면 '권리'라고 한다. 따라서 법은 당사자간의 권리의무 관계로서 결합되어 있는 생활관계로서 존재한다.

권리와 의무는 원칙적으로 상대적으로 존재한다. 즉 권리는 법에 의하여 자기의 법익을 향수할 수 있도록 주어진 구속력이며, 의무는 법에 의하여 구속을 받게 되는 상대적인 관계가 생긴다. 이는 주로 사법관계에서 볼 수 있다. 예컨대 채권자는 채무자에게 이행청구권을 행사할 수 있는 채권이 있는 반면에 채무자는 채권자에게 이행의무를 부담하는 채무가 발생한다.

권리가 존재한다고 해서 의무가 반드시 수반되는 것은 아니다. 일방 당사자의 의사표시만으로 효력이 발생하는 형성권은 권리만 존재할 뿐이며, 헌법상 납세의무 국방의무 등은 의무만 있고 권리가 수반되지 않는 경우이다. 근대 이전의 법은 주로 의무규정이 많았고, 근대에는 자유주의와 개인주의를 바탕으로 권리규정이 많았으며, 현대에는 의무본위로 발전하여 권리와 의무를 서로 조화롭게 운용하는 것을 내용으로 하는 법규가 많아지고 있다.

1. 권 리

(1) 권리의 의의

권리란 일정한 이익을 향유할 수 있도록 하기 위해 법적으로 부여된 법률상의 힘이다. '일정한 이익'이란 개인의 사회생활에서 필요한 가치 있는 것, 즉 물질적 경제적 내용을 가진 것뿐만 아니라 생명, 신체, 정조, 비밀, 자유, 명예 등과 같은 비물질적인 이익을 포함한다. 또한 '법적으로 부여된 법률상의 힘'이란 법에 의하여 인정되는 힘을 의미한다.

권리와 구별되는 용어로 권원, 권능, 권한, 반사이익 등의 개념들이 있다. 권원은 어떤 법률상 또는 사실상의 행위를 정당화하는 근거가 되는 원인을 말한다. 예컨대 타인의 토지를 이용할 수 있는 권원은 지상권, 임차권 등이다. 권능은 권리의 내용을 구성하고 있는 개개의 기능을 말한다. 소유권은 하나의 권리이지만 그 안에는 사용권, 수

익권, 처분권의 세 가지 기능이 있다. 권한은 유효하게 행사할 수 있는 일정한 행위의 범위나 자격을 말한다. 예컨대 공무원의 권한, 회사 이사의 권한, 대리인의 권한 등이다. 반사적 이익은 법률정책에 의하여 각 사람이 자동적으로 받게 되는 이익을 말한다. 예컨대 국가가 녹색환경을 추구하기 위하여 도시 인근에 근린공원을 형성하게 되면, 그 인근에 살아가는 사람들은 자동적으로 깨끗한 공기를 마시는 등의 쾌적한 환경 속에서 살아가게 되는 것이다.

(2) 권리의 종류

현대의 법은 공법, 사법, 사회법으로 구분하고 있으므로 권리도 공권, 사권, 사회권으로 나누어진다. 공권은 공법상의 권리로서 공적 정치적 국가적 생활에서의 이익을 목적으로 하는 권리이다. 사권은 사법상의 권리로서 사적·시민적·사회적 생활에서의 이익을 목적으로 하는 권리이다. 사회권은 국민이 인간다운 생활을 영위하는 데 필요한 조건의 형성을 국가에 대하여 요구할 수 있는 권리이다. 여기에서 중요한 것은 사권이다.

사권은 권리 내용의 표준에 따라 인격권, 재산권, 신분권, 사원권 등으로 구분된다. ① 인격권은 권리자 자신과 분리할 수 없는 인격적 이익을 위한 권리로서 신체권, 자유권, 명예권 등이 있다. ② 재산권은 권리자의 재산에 대한 이익을 목적으로 하는 권리로서 물권, 채권, 무체재산권 등이 있다. ③ 신분권은 권리자의 일정한 신분에 따르는 권리로서 친족권과 상속권이 해당된다. ④ 사원권은 사단법인의 구성원이 그 지위에 따라 가지는 포괄적인 권리이다. 또한 권리의 작용을 기준으로 지배권, 청구권, 형성권, 항변권 등으로 구분할 수 있다. ① 지배권은 권리의 객체를 직접 지배하는 권리로서 타인의 침해나 방해를 배제할 수 있는 배타성을 가진다. 물권·무체재산권 등이 있다. ② 청구권은 타인의 일정한 행위(작위, 부작위, 인용 등)를 요구하는 권리로서 채권 등이 대표적이다. ③ 형성권은 권리자의 일방적 의사표시에 의하여 일정한 법률효과를 발생시키는 권리로서 해제권, 해지권, 취소권, 추인권, 인지권 등이 있다. ④ 항변권은 타인의 권리를 인정하면서도 그 권리의 행사를 저지할 수 있는 권리로서 동시이행의 항변권, 보증인의 최고 검색의 항변권, 상속에 있어서 한정승인 등이 있다.

2. 의 무

의무는 자기의 의사와는 관계없이 일정한 행위를 '하여야 할'(작위) 또는 '하여서는 안 되는'(부작위) 법률상의 구속력을 말한다. 작위의무는 의무의 이행에 있어서 의무자의 적극적인 동작을 필요로 하는 적극적 의무를 말한다. 예컨대 물건의 인도, 금전의 급여 등이다. 부작위의무는 의무자가 어떤 행위를 하지 않을 것을 내용으로 하는 의무로서 법의 금지규정에 의하여 발생하는 소극적 의무이다. 부작위의무에도 일정한 행위를 하지 않을 단순한 부작위와 일정한 행위에 대하여 인용하는 인용의무가 있다. 예컨대 민법상 권리의 불가침의 의무, 상법상의 경업피지의무 등이다. 그러나 이러한 의무만으로는 법률관계가 원만하게 해결되지 않는다. 일정한 지위에 있는 당사자들 사이에 주어지는 신의성실의 원칙, 권리남용 금지의 원칙 등에 따라 신의와 성실로 의무를 다하여야 할 것이다.

권리가 있으면 의무가 있는 것이 원칙이지만, 반드시 서로 대응하여 존재하는 것은 아니다. 권리만 있고 의무가 없는 경우가 있고, 의무만 있고 권리는 없는 경우도 있다. 전자의 경우로 취소권, 추인권, 해제권 등의 형성권이 속하며, 후자의 경우로 책임능력자의 감독의무 등이 해당된다. 한편 공법상 부과되는 국방의무, 납세의무 등은 의무만 있고 권리는 수반하지 않는 경우이다.

제 2 장 기본권 보장과 헌법재판

I. 헌법총설

1. 헌법의 의의

헌법은 국가의 기본법으로서 국가의 통치조직과 통치작용의 원리를 정하고 국민의 기본권을 보장하는 최고법의 법을 말한다. 즉, 우리나라가 추구하고자 하는 헌법적 가치와 기본원리 및 국가의 존립기반이라고 할 수 있는 영토·국민·통치조직의 기초를 정한 국가의 기본법이다. 따라서 어떠한 시대, 어떠한 국가에 있어서도 헌법은 존재하는 것이다. 헌법은 국가의 통치질서를 규정하는 법이므로 개인 상호간의 관계를 규율하는 사법과는 달리 공법영역에 속한다. 헌법이 통치질서 그 자체에 관한 법이라는 점에서 마련된 통치질서내에서 국가의 행정조직과 행정작용만을 규제대상으로 하는 행정법과 구별된다. 헌법은 시대에 따라 그 개념이 여러 가지의 의미로 나누어진다.

<table>
<tr><td colspan="2"></td><td>근대입헌주의헌법</td><td>현대사회국가헌법</td></tr>
<tr><td rowspan="2">시
대</td><td>시대구분</td><td>18·19세기(근대 시민혁명을 전후하여 군주의 권력제한을 통해서 자연권인 기본권을 보장하려는 사고)</td><td>20세기(자본주의의 병폐를 시정하고, 국민의 실질적 자유를 보장하기 위하여 국가의 적극적 기능을 요청하게 되어 나타나게 됨)</td></tr>
<tr><td>최초헌법</td><td>1776년 버지니아권리장전</td><td>1919년 바이마르헌법</td></tr>
<tr><td>헌
법
의</td><td>법치주의관</td><td>형식적 법치주의
(법률의 법규창조력 + 법률유보 + 법률의 우위)</td><td>실질적 법치주의
(합법성만이 아닌 내용상의 정당성) (위헌법률 심판제도 등을 통해 법의 내용에 대한 통제)</td></tr>
</table>

이념	권력분립론	기관중심의 엄격한 권력분립 (고전적 권력분립)	행정권의 비대화에 따른 권력통합 · 기능중심의 권력통제(3권의 공화 · 협조관계)
	경제체제	자유시장경제질서 (보이지 않는 손에 의한 시장질서 형성)	사회적 시장경제질서 (사회에 대한 국가의 부분적 개입 인정; 보충성 원리)
헌법자체의 특성		① 기본권보장 ② 국민주권 ③ 권력분립 ④ 대의제원리 ⑤ 성문헌법 ⑥ 경성헌법	① 사회적 기본권 수용 ② 행정국가화 경향 ③ 국제평화주의 ④ 헌법재판제도의 활성화 ⑤ 정당제도의 법적수용

그리고 현대적 의미의 헌법은 근대 입헌주의적 헌법의 형식적 기본권보장에서 국민의 인간다운 생활의 보장을 위한 생존권적 기본권을 보장하고 경제상황에 관한 규제와 조정을 내용으로 하는 사회적 법치국가의 헌법이라고 할 수 있다. 또한 헌법은 국가기관의 구성과 운영에 대하여 규정하고 있다. 우리 헌법은 국가의 의사를 결정하고 집행하는 대의기관인 국회, 대통령을 수반으로 하는 행정부, 사법기관인 법원, 그리고 헌법재판소, 감사원, 중앙선거관리위원회 등을 규정하고 있다. 헌법재판소는 헌법을 근거로 하여 국회가 만든 법률을 심판하여 입법권을 통제하고, 행정부 수반인 대통령에 대한 탄핵심판과 공권력으로부터 국민의 기본을 보호한다.

2. 대한민국 헌법의 제정과 개정

우리나라의 헌법은 1948년 2월 27일 UN총회의 결의와 동년 3월 17일의 미군정법령 제175호에 의거한 남조선과도정부임시입법의원에서 제정한 국회의원선거법에 따라 구성된 초대국회에서 헌법기초에 착수하여 1948년 7월 17일 헌법이 공포되었다. 건국헌법은 전문, 제10장, 제103조로 구성되었다. 이후 70여 년 동안 9차에 걸쳐 개헌이 이루어졌다. 개헌과정에서 나타난 특징을 살펴보면 ① 개정의 빈도가 잦았고, ② 대통령의 임기나 선출방법에 관한 것이 주된 내용이며, ③ 절차의 위헌성이 많았고, ④ 국민투표로써 확정지었다는 점 등이 있다. 다만 현행 헌법(제9차 개정헌법)은 여 · 야간의 합의로 이룩된 헌법이란 점에서 헌정사의 큰 의의가 있다고 본다.

제1차 개헌부터 제9차 개헌까지의 주요 내용

구분 개헌횟수 (공포일)	별칭	대통령	헌법기관	특기사항
1차 개헌 1952. 7. 7	발췌개헌	직선		양원제 국회(민의원과 참의원), 개헌발의절차에서 일사부재의의 원칙을 위배한 발췌안
2차 개헌 1954. 11. 29	4捨5入	중임제한 철폐		개헌의 핵심인 초대 대통령의 중임규정에 대한 예외규정을 부칙에 설치(장기집권의 합법화)
3차 개헌 1960. 6. 15	2공화국	민·참의원 합동회의(5년 1차중임)	헌법재판소 (설치안됨)	헌법재판소가 헌법규정에도 불구하고 설치 안 됨
4차 개헌 1960. 11. 21	소급입법			부정선거주동자 공민권제한과 부정항의 살상의 책임자 처벌 및 부정축재자 재산환수 등 소급입법규정
5차 개헌 1962. 12. 26	3공화국	직선 (4년 1차중임)	대법원 탄핵심판 위원회	군사정권하에서 권위주의 대통령제 내용, 최초로 정당공천의무화와 비례대표제 설립(군사정권의 정치조작을 위한 제도조치), 인간존엄규정설치에도 불구하고 인권보장규정 약화
6차 개헌 1969. 10. 21	3선개헌	3선 허용		대통령을 3차까지 연임선출할 수 있도록 함(영구집권의 시발)
7차 개헌 1972. 12. 27	유신헌법	통일주체 국민회의 (6년 종신가능)	헌법위원회	사실상 민주헌정 폐지 대통령독재의 헌법
8차 개헌 1980. 10. 27	5공화국	선거인단 (7년 단임)		행복추구권·무죄추정·환경권·국정조사권 신설, 연좌제폐지, 구속적 부심 부활, 정당국고보조
9차 개헌 1987. 10. 29.	6공화국	직선 (5년 단임)	헌법재판소	기본권보장의 강화, 대통령의 직선제, 국회해산권 삭제, 긴급명령권, 긴급재정·경제처분권 및 명령권, 국정감사권의 부활, 회기제한의 삭제, 정기회 100일로 연장, 헌법위원회의 폐지와 헌법재판소의 설치

3. 대한민국 헌법의 구조

대한민국 현행 헌법은 전문과 본문 제10장 제130개 조문과 부칙 6개조로 구성되어 있다. 헌법전문에서는 헌법적 질서의 지표가 될 국민주권의 원리, 민족주의의 지향, 자유민주적 기본질서의 강화, 정의로운 복지사회의 실현, 조국의 평화적 통일의 추구 등을 선언하고 있다.

(1) 총 강

제1장 총강에서는 대한민국의 구성요소와 대한민국의 국가형태, 평화통일주의, 국제평화주의, 국제협력주의, 직업공무원제, 복수정당제, 문화국가주의를 선언하고 있다.

(2) 국민의 권리와 의무

제2장은 국민의 기본적 권리와 기본의무에 관하여 규정하고 있다. 헌법 제10조·제37조 등이 기본권보장의 일반원칙에 관하여 규정하고, 다른 조문에서 개별적 기본권에 관하여 규정하고 있다.

(3) 헌법기관

제3장은 국회로 입법부에 관하여 규정하고 있다. 국회의 구성, 국회의원의 지위, 국회의 회의, 국회의 권한 등에 관하여 규정하고 있다. 제4장은 정부에서는 제1절 대통령, 제2절 행정부에 관하여 규정하고 있다. 국가원수이며 행정부의 수반으로서의 대통령과 국무총리와 국무위원, 국무회의, 행정각부, 감사원에 관하여 규정하고 있다. 제5장 법원에서는 사법부에 관하여 규정하고 있다. 법원의 조직과 법원의 지위, 법원의 권한에 관하여 규정하고 있다. 제6장은 헌법보호기관으로서의 헌법재판소에 관하여 규정하고 있다. 제7장은 선거관리위원회의 조직과 선거관리에 관한 사항을 규정하고 있다. 제8장은 지방자치단체의 조직과 권한에 관하여 규정하고 있다.

(4) 경 제

제9장은 경제헌법에 관하여 규정하고 있다. 경제질서의 기본원칙과 개별적 경제조항을 두고 있다.

(5) 헌법개정

제10장은 헌법개정권자와 헌법개정의 방법에 관하여 규정하고 있다.

제128조 ① 헌법개정은 국회재적의원 과반수 또는 대통령의 발의로 제안된다.
② 대통령의 임기연장 또는 중임변경을 위한 헌법개정은 그 헌법개정 제안 당시의 대통령에 대하여는 효력이 없다.

제129조
제안된 헌법개정안은 대통령이 20일 이상의 기간 이를 공고하여야 한다.

제130조 ① 국회는 헌법개정안이 공고된 날로부터 60일 이내에 의결하여야 하며, 국회의 의결은 재적의원 3분의 2 이상의 찬성을 얻어야 한다.
② 헌법개정안은 국회가 의결한 후 30일 이내에 국민투표에 붙여 국회의원선거권자 과반수의 투표와 투표자 과반수의 찬성을 얻어야 한다.
③ 헌법개정안이 제2항의 찬성을 얻은 때에는 헌법개정은 확정되며, 대통령은 즉시 이를 공포하여야 한다.

4. 대한민국 헌법이 추구하는 기본원리

(1) 국민주권주의

우리 헌법 제1조 제2항은 "대한민국의 주권은 국민에게 있고, 모든 권력은 국민으로부터 나온다"고 규정하여 주권이 국민에게 있음을 선언하고 있고, 헌법 전문의 규정을 통하여 헌법의 제정 및 개정의 주체가 국민임을 선언하고 있다. 즉, 최고의 결정권력으로서의 주권이 대한민국 국민 전체에게 귀속된다는 원리를 선언한 것이다. 국민주권의 원리를 구현하기 위한 방법으로 대의제(대의민주주의)를 채택하고 있으며, 예외적으로 직접민주제를 가미하고 있다. 이에 따라 국민은 각종의 참정권, 대통령선거권, 국회의원의 선거권 및 국민투표권을 가지고 있다.

(2) 권력분립주의

권력분립주의는 국민의 기본권을 보장하기 위하여 국가권력을 그 성질에 따라 분리·분립시키는 통치조직에 관한 원리이다. 권력분립주의는 권력의 분리·분립과 권력

상호간의 견제와 균형에 있다. 우리 헌법도 국가권력(기능)을 입법·사법·행정으로 나누고(권력의 분리), 그 분리된 권력들을 국회·정부·법원에 귀속시키고 있다. 즉 헌법은 입법권, 행정권, 사법권을 국회, 대통령, 법원에 부여하여 행사케 하고 있다. 그리고 국회·정부·법원 사이에 서로 견제와 균형을 이루도록 기관 구성면에서, 기능면에서, 일정한 제도적 장치를 두고 있다.

(3) 기본권 존중주의

근대 입법주의헌법의 특색 중의 하나가 국민의 기본권 보장이다. 우리 헌법도 국민의 기본권을 최대한으로 보장할 것을 선언하고 있다. 헌법 전문에서 기본권 보장을 선언하고 있으며, 제10조에서 기본권 보장의 대원칙을, 그리고 제37조에서 기본권의 존중과 제한의 일반원칙을 선언하고 있다. 그리고 제2장에서는 기본권을 개별적으로 보장하고 있다.

(4) 문화국가주의

헌법전문에서 "유구한 역사와 전통에 빛나는 … 문화의 모든 영역에 있어서 각인의 기회를 균등히" 할 것을 선언하고 있으며, 민족문화의 창달을 위한 국가의무를 규정하고 있다. 그리고 대통령의 취임선서와 교육조항에서 민족문화 창달에 노력할 대통령의 책무와 평생교육을 진흥할 국가적 의무를 규정함으로써, 국가의 문화책임을 강조하고 있다.

(5) 복지국가주의

복지국가란 모든 국민이 건강하고 문화적인 생활을 하는 것이 정부의 책임인 동시에 국민의 권리로서 인정된 국가를 의미한다. 복지국가는 자본주의질서에 대한 수정을 의미하는 것으로 국민의 빈곤을 해소하는 것을 목적으로 한다. 우리 헌법은 자유권뿐만 아니라 생존권의 보장에도 중점을 두어 복지국가의 건설을 꾀하고 있다. 국민생활의 균등한 향상을 헌법 전문에서 선언하고 있으며, 국민의 인간다운 생활을 보장하고, 사회보장과 사회복지에 관한 국가의무를 규정하고 있다. 더 나아가 건강하고 쾌적한 환경에서 생활할 권리를 보장하고 있다. 또한 최저임금제의 실시, 여성의 복지와 권익의 향상, 노인과 청소년의 복지 향상, 신체장애자나 생활무능력자의 보호를 위한 복지국가주의를 더욱 공고히 하고 있다.

(6) 국제평화주의

우리 헌법은 전문에서 국제평화주의를 선언하고 있으며, 그 구체적인 표현으로 침략전쟁의 부인, 국제법존중주의, 외국인의 법적 지위의 보장을 규정하고 있다. 대한민국이 국제적인 문제뿐만 아니라 한반도 문제에 대해서도 평화주의를 채택하고 있다고 해석된다.

(7) 사회적 시장경제주의

헌법은 개인과 기업의 경제상의 자유와 창의를 존중하는 것을 기본으로 하는 경제질서의 근본원칙을 선언하고 있다. 이는 대한민국의 경제질서가 모든 국민의 인간다운 생활의 보장에 그 목적이 있음을 천명한 것이며, 우리의 경제질서의 원칙이 모든 국민의 생활의 균등한 향상을 기하려는 사회적 시장경제주의에 근거하고 있음을 보여주는 것이다. 원칙적으로 자본주의적 경제질서가 바탕을 이루고 있으나 사회경제정책에 따라 어느 정도의 계획경제가 행하여질 수 있음을 예견하고 있다.

Ⅱ. 국민의 기본권 보장

1. 기본권의 개념

헌법이 보장하는 국민의 권리를 기본권 또는 기본적 인권이라고 한다. 헌법에 "모든 국민은 인간으로서의 존엄과 가치를 가지며 이를 위하여 국가는 개인이 가지는 불가침의 기본적 인권을 확인하고 이를 보장할 의무를 진다"고 규정함으로써 법률상 권리보다 더 강력히 보호되는 것으로써 국민의 기본적 권리를 명시하고 있다. 인간이 살아가는데 기본적으로 충족되어야 하는 핵심적인 이익은 기본권이며, 이는 헌법상 보호되는 것이다. 따라서 헌법에 규정된 국민의 기본권을 평등권, 자유권, 사회권, 청구권, 참정권 등으로 나누어진다.

2. 기본권의 주체

기본권의 주체란 헌법이 보장하는 기본권의 향유자를 의미하며, 헌법 제2장에서 국민의 기본권을 보장하고 있다. 다만, 외국인과 법인이 기본권의 주체가 될 수 있느냐에 대하여는 견해의 대립이 있다. 세계시민의 관점에서, 자국민보호의 수단으로서, 우리 헌법전문의 정신에 비추어서도 외국인의 기본권주체성을 긍정하는 바람직하다고 하겠다. 또한 오늘날 법인은 자연인보다 더 큰 활동과 역할을 수행하고 있으므로 성질상 가능한 범위 내에서 법인에게도 기본권의 주체성을 인정하여야 한다고 본다.

■ 판례 소개하기: 배아의 기본권 주체성 인정여부

출생 전 형성 중의 생명에 대해서 헌법적 보호의 필요성이 크고 일정한 경우 그 기본권 주체성이 긍정된다고 하더라도, 어느 시점부터 기본권 주체성이 인정되는지, 또 어떤 기본권에 대해 기본권 주체성이 인정되는지는 생명의 근원에 대한 생물학적 인식을 비롯한 자연과학·기술 발전의 성과와 그에 터 잡은 헌법의 해석으로부터 도출되는 규범적 요청을 고려하여 판단하여야 할 것이다.

초기배아는 수정이 된 배아라는 점에서 형성 중인 생명의 첫걸음을 떼었다고 볼 여지가 있기는 하나 아직 모체에 착상되거나 원시선이 나타나지 않은 이상 현재의 자연과학적 인식 수준에서 독립된 인간과 배아 간의 개체적 연속성을 확정하기 어렵다고 봄이 일반적이라는 점, 배아의 경우 현재의 과학기술 수준에서 모태 속에서 수용될 때 비로소 독립적인 인간으로의 성장가능성을 기대할 수 있다는 점, 수정 후 착상 전의 배아가 인간으로 인식된다거나 그와 같이 취급하여야 할 필요성이 있다는 사회적 승인이 존재한다고 보기 어려운 점 등을 종합적으로 고려할 때, 기본권 주체성을 인정하기 어렵다(헌법재판소 2010. 5. 27. 2005헌마346).

3. 기본권의 효력

(1) 대국가적 효력

기본권은 모든 국가권력을 구속한다. 이에 관한 명문규정이 없더라도 기본권은 당연히 입법, 사법, 행정과 같은 국가권력을 구속하며, 헌법개정권력도 구속한다. 따라서 입법권은 기본권 보장에 반하는 입법을 제정할 수 없고, 사법권도 기본권에 반하는 판결을 내릴 수 없다.

(2) 대사인적 효력

사회가 발전함에 따라 국민의 기본권은 국가권력 이외의 세력들에 의하여도 침해되는 현상이 나타나게 되었고, 따라서 기본권의 효력이 국민의 대국가적 관계(공법관계)에 국한할 것인지 아니면 국민의 대사인적 관계(사법관계)에도 타당할 것인가가 문제되었다. 이것이 곧 기본권의 대사인적 효력의 문제이다.

(3) 기본권의 경쟁과 상충

기본권의 경쟁이란 동일한 기본권주체가 자기의 일정한 행위를 보호받기 위하여 동시에 여러 기본권을 주장한 경우 이들 기본권 상호간의 관계를 말한다. 기본권의 상충이란 서로 다른 기본권주체가 이해관계의 다툼에서 서로 다른 기본권을 주장하는 경우의 기본권 상호간의 관계를 말한다.

(4) 기본권의 제한

헌법은 인간의 존엄과 가치, 행복추구권을 비롯하여 개별적 기본권을 보장하고 있으며, 국가에게 국민의 기본권을 최대한으로 보장할 의무를 부과하고 있다. 그러나 헌법에 규정된 기본권이라 하여 아무런 제한없이 절대적으로 보장될 수는 없으며, 국가의 존립이나 헌법적 가치질서의 보호를 위하여 필요한 경우에는 기본권을 제한할 수 있는 방법을 마련해 놓고 있다. 즉, 헌법적 한계, 기본권의 내재적 한계, 법률유보에 의한 제한 등이 있다.

Ⅲ.   기본권의 종류

주체에 의한 분류	• 인간의 권리(모든 인간에 속한 권리)
	• 국민의 권리(소속 국적을 가진 자만이 누릴 수 있는 권리)
성질에 의한 분류	• 초국가적 기본권(자연법상의 권리) • 국가내적 기본권(실정법상의 권리)
	• 절대적 기본권(법률에 의하여 제한될 수 없는 기본권) • 상대적 기본권(국가질서를 위하여 제한가능한 기본권)

내용에 의한 분류	• 포괄적 기본권(인간의 존엄과 가치 · 행복추구권 · 평등권)
	• 자유권적 기본권(신체의 자유 · 사생활의 자유 · 정신적 자유 등)
	• 사회적 기본권(인간다운 생활권 · 교육의 권리 · 근로의 권리 · 근로3권 · 환경권 등)
	• 청구권적 기본권(청원권 · 재판청구권 · 국가배상청구권 · 형사보상청구권 · 범죄피해자구조청구권 등)
	• 참정권(선거권 · 공무담임권 · 국민투표권 등)
효력에 의한 분류	• 현실적 기본권과 프로그램적 기본권
	• 대국가적 기본권과 대사인적 기본권

1. 인간의 존엄과 가치 및 행복추구권

사 례

　甲은 2회에 걸쳐 4명을 살해하고 그 중 3명의 여성을 추행한 범죄사실로 구속기소되어, 1심인 광주지방법원 순천지원(2007고합143)에서 형법 제250조 제1항, '성폭력범죄의 처벌 및 피해자보호 등에 관한 법률' 제10조 제1항(강간등살인) 등이 적용되어 사형을 선고받은 후 광주고등법원에 항소하였다.

　甲은 항소심 재판 계속 중(2008노71) 형법 제250조 제1항, 사형제도를 규정한 형법 제41조 제1호 등에 대하여 위헌법률심판제청신청을 하였고(2008초기29), 광주고등법원은 2008. 9. 17. 형법 제250조 제1항(살인죄) 중 '사형, 무기의 징역에 처한다.'는 부분, '성폭력범죄의 처벌 및 피해자보호 등에 관한 법률' 제10조 제1항(강간등살인) 중 '사형 또는 무기징역에 처한다.'는 부분이 각 위헌이라고 의심할 만한 상당한 이유가 있다며 위헌법률심판제청결정을 하였다.

　과연 사형제도가 인간의 존엄과 가치를 규정한 헌법 제10조에 위반되는지, 헌법 제37조 제2항에 위반하여 생명권을 침해하는지, 그리고 형법 제250조 제1항 중 '사형, 무기의 징역에 처한다'는 부분이 비례의 원칙이나 평등원칙에 위반되는지, 또한 구 '성폭력범죄의 처벌 및 피해자보호 등에 관한 법률'(1997. 8. 22. 법률 제5343호로 개정되고 2008. 6. 13. 법률 제9110호로 개정되기 전의 것) 제10조 제1항 중 "사형 또는 무기징역에 처한다."는 부분이 비례의 원칙이나 평등원칙에 위반되는가? 따라서 사형제도가 헌법에 위배되는가?

　헌법 제10조는 「모든 국민은 인간으로서의 존엄과 가치를 가지며, 행복을 추구할 권리를 가진다」고 명시함으로써 인간의 존엄과 가치 · 행복추구권을 규정하고 있다.

인간의 존엄과 가치는 인간을 독자적인 하나의 인격체로 평가하며, 양도·포기할 수 없다. 초국가적 개념으로써 자연법 사상에 그 기초를 두고 있다. 행복추구권에 관하여는 그 개념·법적 성격·내용 등에 관하여 해석상 많은 어려움이 있다. 행복추구권을 광의로 보면 모든 기본적 인격을 포함하는 포괄적 기본권이며, 협의로 보면 인격적 생존에 불가결한 인격권으로 볼 것이다. 헌법재판소는 행복추구권을 하나의 구체적이고 독자적인 기본권으로 인정하는 입장을 취하면서도 행복추구권 속에 '일반적 행동자유권'과 '개성의 자유로운 발현권' 등이 함축되어 있으므로 포괄적인 성질을 가진다고 판시하고 있다(헌재결 1992. 4. 14, 90헌바23). 따라서 행복추구권은 모든 기본적 인권을 포함하는 포괄적 기본권이며, 인간의 생존에 불가결한 인격권으로 볼 수 있다. 그리고 여기에는 명문의 규정이 없더라도 인정되는 기본권인 알 권리, 생명권, 명예권 등의 근거가 되는 규정이라고 할 수 있다.

인간의 존엄과 가치·행복추구권은 법률로 제한될 수 있으나 그 본질적인 내용은 침해할 수 없다. 그러므로 사형제도, 인간을 실험의 대상으로 삼거나 거짓말 탐지기에 의한 자백의 강요 등은 허용될 수 없는 것이다.

사례의 해결

〔1〕 사형제도는 우리 헌법이 적어도 간접적으로나마 인정하고 있는 형벌의 한 종류일 뿐만 아니라, 사형제도가 생명권 제한에 있어서 헌법 제37조 제2항에 의한 헌법적 한계를 일탈하였다고 볼 수 없는 이상, 甲의 생명권 박탈을 내용으로 한다는 이유만으로 곧바로 인간의 존엄과 가치를 규정한 헌법 제10조에 위배된다고 할 수 없으며, 사형제도는 형벌의 경고기능을 무시하고 극악한 범죄를 저지른자에 대하여 그 중한 불법 정도와 책임에 상응하는 형벌을 부과하는 것으로서 범죄자가 스스로 선택한 잔악무도한 범죄행위의 결과인바, 범죄자를 오로지 사회방위라는 공익 추구를 위한 객체로만 취급함으로써 범죄자의 인간으로서의 존엄과 가치를 침해한 것으로 볼 수 없다.

한편 타인의 생명을 부정하는 범죄행위에 대하여(살인죄), 성폭력범죄자가 타인의 생명까지 침해한 행위에 대하여(강간등살인) 사형이나 무기징역을 규정한 것은 하나의 혹은 다수의 생명을 보호하기 위하여 필요한 수단의 선택이라고 볼 수밖에 없으므로 비례의 원칙이나 평등의 원칙에 반한다고 할 수 없다.

〔2〕 결   론

헌법재판소는 다수의 인명을 잔혹하게 살해하는 등의 극악한 범죄에 대하여 사형이라는 형벌의 부과 자체가 헌법에 위반되지 않는다고 판단하였다(헌법재판소 2010. 2. 25. 2008헌가23). 또한 대법원도 소속 부대의 간부나 동료 병사들이 자신을 따돌림 내지 괴롭힌다고 생각하고 수류탄 폭발·소총 발사로 상관 및 동료 병사 5명을 살해하고 7명에게 중상을 가한 임병장에게 사형 선고는 정당화될 수 있다며 사형을 확정하였다(대법원 2016. 2. 19. 선고 2015도12980 전원합의체 판결).

2. 평등권

사 례

甲은 1998. 2. 이화여자대학교를 졸업한 여성으로서 모두 7급 또는 9급 국가공무원 공개경쟁채용시험에 응시하기 위하여 준비중에 있으며, 乙은 연세대학교 4학년에 재학중이던 신체장애가 있는 남성으로서 역시 7급 국가공무원 공개경쟁채용시험에 응시하기 위하여 준비중에 있다. 청구인들은 제대군인이 6급 이하의 공무원 또는 공·사기업체의 채용시험에 응시한 때에 필기시험의 각 과목별 득점에 각 과목별 만점의 5퍼센트 또는 3퍼센트를 가산하도록 규정하고 있는 제대군인지원에관한법률 제8조 제1항, 제3항 및 동법시행령 제9조가 자신들의 헌법상 보장된 평등권, 공무담임권, 직업선택의 자유를 침해하고 있다고 주장하면서 1998. 10. 19. 이 사건 헌법소원심판을 청구하였다. 위 제대군인을 위한 가산점제도가 평등권에 침해되는가?

평등권이란 국가에 대하여 불평등한 취급을 받지 아니함과 동시에 또한 국가에 대하여 평등한 취급을 요구할 수 있는 공권이다. 헌법은 평등의 기본원리를 선언하여 우리 헌법의 최고 원리의 하나로써 모든 법령의 해석과 적용의 기준을 제시하고 있다. 이 외에도 교육의 기회균등, 여성근로자의 차별금지, 양성의 평등, 선거에 있어서의 평등, 지역 간의 균형있는 발전 등의 개별적 평등권을 규정하고 있다. 평등권은 기본권 실현의 방법적 기초이면서 기본권실현의 방향을 제시하는 것으로, 모든 국민에게 여러 생활영역에서 균등한 기회를 보장해 주는 것을 내용으로 한다.

외국인은 인간의 기본적인 권리로서 국제법의 규정에 따라 상호평등의 원칙에 의하여 약간의 제한이 있을 수 있으나, 법률의 적용이나 집행에 있어서는 평등권이 적용되어야 한다고 본다. 즉, 외국인에 관하여 평등권을 보장해 주는 것은 국제화시대에 우리 국민의 대외발언권과 국제법상의 지위를 그만큼 강화시켜주는 효과가 있을 뿐만 아니라 우리 국민의 기본권 신장에도 도움이 될 수가 있다.

사례의 해결

〔1〕 가산점제도는 수많은 여성들의 공직진출에의 희망에 걸림돌이 되고 있으며, 공무원채용시험의 경쟁률이 매우 치열하고 합격선도 평균 80점을 훨씬 상회하고 있으며 그 결과 불과 영점 몇 점 차이로 당락이 좌우되고 있는 현실에서 각 과목별 득점에 각 과목별 만점의 5퍼센트 또는 3퍼센트를 가산함으로써 합격여부에 결정적 영향을 미쳐 가산점을 받지 못하는 사람들을 6급 이하의 공무원 채용에 있어서 실질적으로 거의 배제하는 것과 마찬가지의 결과를 초래하고 있고, 제대군인에 대한 이러한 혜택을 몇 번이고 아무런 제한없이 부여함으로써 한 사람의 제대군인을 위하여 몇 사람의 비(非)제대군인의 기회가 박탈당할 수 있게 하는 등 차별취급을 통하여 달성하려는 입법목적의 비중에 비하여 차별로 인한 불평등의 효과가 극심하므로 가산점제도는 차별취급의 비례성을 상실하고 있다.

〔2〕 결론

위 가산점제도는 제대군인에 비하여, 여성 및 제대군인이 아닌 남성을 부당한 방법으로 지나치게 차별하는 것으로서 헌법 제11조에 위배되며, 이로 인하여 甲과 乙의 평등권이 침해된다(헌법재판소 1999. 12. 23. 98헌마363).

3. 자유권적 기본권

사 례

독실한 불교신자인 甲의 미성년자인 딸 乙은 기독교선교재단에서 설립·운영중인 사립 A고등학교에 재학 중이다. A고등학교는 채플시간을 두고 전교생이 참석하도록 강제하고 있다. 이를 통하여 甲과 乙의 기본권은 침해되는가? 만일 침해된다고 하면 어떠한 구제방안을 강구할 수 있는가?

자유권적 기본권이란 자신의 자유영역에 관하여 국가권력으로부터 간섭이나 침해를 받지 아니할 권리를 말한다. 그러나 자유권적 기본권은 국가에 대한 일정한 행위를 적극적으로 요구하는 것이 아니라 방어적인 권리를 요청할 수 있는 부작위인 소극적 권리이다. 헌법은 신체의 자유, 거주이전의 자유, 직업의 자유, 주거의 자유, 사생활의 비밀과 자유, 통신의 비밀과 자유, 양심의 자유, 종교의 자유, 표현의 자유, 학문예술의 자유 등을 규정하고 있다.

주요한 기본권을 나열하면 먼저, 신체의 자유란 신체의 보존 및 활동의 자유로써 생명권이나 불훼손권인 신체의 건강에 관한 권리까지도 포함된다. 둘째, 거주·이전의 자유는 자기가 원하는 곳에 주소나 거소를 설정하고 또 그것을 이전할 자유 및 일단 정한 주소, 거소를 그의 의사에 반하여 옮기지 아니할 자유를 말한다. 셋째, 직업의 자유는 인간의 사회적·경제적인 생활의 기초가 되는 포괄적이고 종합적인 권리이다. 넷째, 사생활의 자유란 사생활의 자유로운 형성과 전개를 방해받지 않을 권리를 의미하며, 사생활의 비밀이란 사생활의 내용을 부당하게 공개당하지 아니할 권리를 의미한다. 이와 같이 사생활의 비밀과 자유는 인간행복의 최소한의 조건이다. 다섯째, 집회·결사의 자유는 다수인이 공동의 목적을 가지고 집합하고 결합하는 자유를 의미한다. 여섯째, 학문의 자유란 진리 탐구의 자유로서 학문적 활동에 대한 어떠한 간섭이나 방해를 받지 않을 자유를 의미하며, 예술의 자유란 미를 추구할 자유를 의미하는데, 객관화 될 수 있는 주관적이고 미적 감각세계를 창조적이고 개성적으로 추구하고 표현하는 자유를 의미한다.

사례의 해결

〔1〕乙에게는 종교의 자유의 행사 능력이 있으므로 종교적 활동의 범위 안에서는 甲의 교육원이 문제되지 않고 乙의 종교의 제한만이 문제된다. 사립 A고등학교의 조치는 乙의 신앙의 자유를 제한하는 것은 아니지만 乙의 소극적 종교의 자유를 과도하게 제한하고 있다.

〔2〕따라서 乙은 관할 교육감에 이의신청을 하거나 학교법인을 상대로 학칙무효확인의 민사소송을 제기할 수 있다. 이에 대한 현실적 대안으로는 중고등학교 선택권이 보장되지 못하고 강제 배정되고 있는 현실에 비추어 볼 때, 특정재단이 설립한 학교라 할지라도 특정 종교교육을 강요하지 말고 과외활동의 일환으로 종교교육을 시키는 정도에 그쳐야 할 것이다.

〔3〕결론

위 사안의 경우에 甲과 乙은 종교의 자유가 침해되었으므로, 이의신청과 민사소송의 제기를 통하여 구제받을 수 있다.

4. 사회권적 기본권

사 례

甲은 2014. 7. 7. 서울특별시 마포구청장에게 기초연금의 지급을 신청하였으나, 마포구청장은 2014. 9. 5. 청구인의 '소득인정액'이 '2014년도 선정기준액'인 139만 2천 원을 초과한다는 이유로 청구인에 대하여 기초연금을 지급하지 아니한다는 결정을 하였다. 甲은 기초연금법 제3조 제1항 중 "기초연금은 65세 이상인 사람으로서 소득인정액이 보건복지부장관이 정하여 고시하는 금액(이하 "선정기준액"이라 한다) 이하인 사람에게 지급하도록 한 부분"이 인간다운 생활을 할 권리를 침해한다며 헌법소원심판을 청구하였다. '이 사건 소득인정액 조항'이 헌법에 위반되는가?

사회권적 기본권이란 국민의 인간다운 생활을 위한 제 조건을 국가에 대하여 청구할 수 있는 권리로써, 국가권력의 불간섭을 요청하는 자유권적 기본권과 구별된다. 생존권은 개인에게 최저한도의 생활보호를 목적으로 하는 것으로써 국가권력의 적극적인 관여로 보장되는 것이므로 현대국가에서의 생존권의 보장은 국가권력의 의무인 동시에 내용이 되고 있다. 우리 헌법은 생존권적 기본권에 관한 내용을 규정하면서, 특히, 최저임금제 · 여자 · 노인과 청소년 · 신체장애자의 권익보호 · 공무원의 근로 3권의 보장 · 쾌적한 주거의 생활 · 모성보호 등을 위한 국가의무조항 등을 신설함으로써 생존권의 내실화를 기하고 있음이 그 특징이다.

사례의 해결

〔1〕 기초연금의 수급자 범위를 '소득평가액'과 '재산의 소득환산액'을 합산한 '소득인정액'을 기준으로 제한하고 있는바, 이는 한정된 재원으로 노인의 생활을 보호하고자 하는 기초연금의 입법목적을 위한 것으로 그 합리성을 인정할 수 있으므로, 인간다운 생활을 할 권리를 침해한다고 볼 수 없다.

〔2〕 결론

기초연금법 제3조 제1항 중 "소득인정액이 보건복지부장관이 정하여 고시하는 금액 이하인 사람에게 지급하도록 한 부분"은 헌법 제34조의 인간다운 생활을 할 권리를 침해하는 것이라고는 볼 수 없으므로, 헌법에 위반되지 아니한다(헌법재판소 2016. 2. 25. 2015헌바191).

5. 청구권적 기본권

사 례

甲은 성폭력범죄의처벌등에관한특례법위반(카메라등이용촬영, 카메라등이용촬영미수)죄로 유죄 확정판결(서울중앙지방법원 2013고단7923)을 받았고, 乙은 성폭력범죄의처벌등에관한특례법위반(카메라등이용촬영)죄로 유죄 확정판결(대구지방법원 김천지원 2013고단1460)을 받아, 위 甲과 乙은 '성폭력범죄의 처벌 등에 관한 특례법' 제42조 제1항, 제45조 제1항에 의하여 20년간 신상정보 등록대상자가 되었다.

이에 위 甲과 乙은 이 사건 등록조항으로 인하여 일정한 성범죄의 유죄판결이 확정되면 곧 신상정보 등록대상자가 되기 때문에 재판청구권이 침해된다고 주장하고 있다. 甲과 乙의 주장처럼 법관에 의하여 재판받을 권리를 침해하는 것인가?

청구권적 기본권은 국가에 대하여 일정한 행위나 보호를 구할 수 있는 국민의 주권적 공권을 의미한다. 청구권은 권리 그 자체가 목적이 아니라, 다른 권리나 이익을 확보하는 것이 목적이므로 '기본권 보장을 위한 기본권'이라 불린다. 청구권은 '국가에 대한 청구'를 그 내용으로 하는 주권적 공권이며, 자기의 권리나 이익을 확보하기 위하여 일정한 행위를 국가에 요구할 수 있는 적극적인 권리이다. 청구권은 헌법의 규정만으로 구체적·현실적 권리가 발생한다.

사례의 해결

〔1〕 신상정보 등록에 관한 실체법적 근거규정으로서 권리보호절차 내지 소송절차를 규정하는 절차법적 성격을 갖고 있지 아니하기 때문에, 이 사건 등록조항에 의하여 재판청구권이 침해될 여지가 없다. 즉 이 사건 등록조항으로 인하여 일정한 성범죄의 유죄판결이 확정되면 곧 신상정보 등록대상자가 된다고 하더라도 이로 인하여 앞에서 살핀 것처럼 개인정보자기결정권의 침해 여부가 문제 될지언정, 재판청구권이 침해된다고 할 수 없다.

〔2〕 결론

신상정보 등록제도는 범죄에 대한 국가의 형벌권 실행으로서의 처벌에 해당하지 아니하므로, 법관이 신상정보 등록 여부를 별도로 정하도록 하지 아니하였다고 하더라도 법관에 의하여 재판받을 권리를 침해하는 것이라 할 수 없다(헌법재판소 2014. 7. 24. 2013헌마423).

6. 참정권적 기본권

사 례

甲은 1961. 2. 3.생으로서 강도상해등죄로 재판을 받고 2002. 2. 26. 징역 3년 6
월의 형이 확정되어 현재 영등포교도소에서 형집행중인 자인바, 지난 2002. 6. 13.
실시된 지방선거에 투표하려고 하였으나 금고 이상의 형을 선고받고 형집행 중에 있
는 자의 선거권을 부인하고 있는 공직선거및선거부정방지법(이하 "공직선거법"이라
한다) 제18조 제1항 제2호 전단(이하 "이 사건 법률조항"이라 한다) 1) 때문에 투표
하지 못했다. 이에 甲은 2002. 6. 20. 이 사건 법률조항은 헌법 제10조, 제11조, 제37
조 제2항에 위반하여 청구인은 같은 형집행자의 참정권(헌법 제24조)을 침해하는 위
헌의 법률이라며 이의 위헌확인을 구하는 이 사건 헌법소원심판을 청구하였다. 甲의
주장처럼 참정권을 침해한 것인가?

참정권이란 국민이 국가기관의 구성원으로서 국정에 참여하는 권리를 의미한다.
참정권은 민주정치하에서 국가기관을 구성하고, 국가의사를 형성하며, 국민의 의사를
국정에 반영시킬 수 있는 권리로서, 다른 기본권보다 우월한 지위를 지닌다. 참정권 행
사의 여러 가지 형태를 통하여 국가권력을 창설하는 기능과 국민의 다양한 의사가 하
나의 국가사상을 형성하며, 국민의 정치적 의사가 국정에 직접 반영됨으로써 국민에 의
한 정치가 이루어진다.

사례의 해결

〔1〕 공동체 구성원으로서의 책무를 이행하지 아니하고 오히려 그 의무에 반하여
공동체의 안전을 파괴하고 다른 구성원들의 생명·신체·재산을 위협한 사람들에게
일정한 기간 구금을 명하고 구금시설인 교도소 등의 질서와 수형자의 교화를 위하여
필요한 제한을 가하는 한편, 선거권의 행사를 위하여 필요한 정보의 제공이 현실적
으로 어려운 수형자에게 그 기간 동안 공민권의 행사를 정지시키는 것은 형벌집행의
실효성 확보와 선거의 공정성을 위하여 입법자가 일응 추구할 수 있는 것으로서 입
법목적의 정당성이나 방법의 적정성을 충족시킨다고 할 것이다.
〔2〕 결론
위 사안의 경우에 수형자인 甲에게 선거권을 행사하지 못하게 하였어도 기본권

을 침해한 것이 아니다(헌법재판소 2004. 3. 25. 2002헌마411).

〔3〕 참고

「형법」 및 「공직선거법」에 의하여 수형자 및 집행유예 중인 자의 선거권을 제한하는 것이 헌법상 과잉금지원칙에 위배된다는 헌법재판소의 헌법불합치 및 위헌 결정(헌법재판소 2014. 1. 28. 2012헌마409·510, 2013헌마167 병합)에 따라 「공직선거법」이 1년 미만의 징역 또는 금고의 집행을 선고받아 수형 중에 있는 사람과 형의 집행유예를 선고받고 유예기간 중에 있는 사람에 대하여 선거권을 부여하도록 2015. 8. 13. 개정되어 2016. 1. 1.부터 시행하고 있다.

IV. 국민의 의무

사 례

甲은 1992. 5. 7.생의 남성으로서, 2011년 여름경 징병검사를 받고 그 결과 1급 현역병 입영대상자 처분을 받은 자인바, 남성에게만 병역의무를 부과하는 병역법 제3조 제1항이 헌법에 위반된다고 주장하면서, 2011. 12. 19. 위 조항의 위헌확인을 구하는 헌법소원심판을 청구하였다. 甲의 경우와 같이 남성에게만 병역의무를 부과하는 병역법 제3조 제1항이 헌법에 위반되는가?

국민의 의무란 국민이 통치권의 대상으로서의 지위에서 부담하는 기본적 의무를 말한다. 국민의 기본의무는 각국의 헌법이념과 역사적 발전단계에 따라 구체적인 내용이 일치하지 않을 수 있으나, 우리 헌법은 납세의 의무, 국방의 의무, 재산권 행사의 공공복리 적합의 의무, 교육을 받게 할 의무, 근로의 의무, 환경보존의 의무 등을 규정하고 있다.

사례의 해결

〔1〕 우리 헌법은 제39조 제1항에서 "모든 국민은 법률이 정하는 바에 의하여 국방의 의무를 진다."고 규정하는바, 국방의 의무를 이행함에 있어서 그 의무자의 기본

권이 여러 가지 면에서 제약을 받게 된다고 하더라도, 평등권 침해 여부의 판단에 있어 엄격한 심사가 요구되는 관련 기본권에 대한 중대한 제한을 초래하는 경우라고 보기는 어렵다. 또한 징집 대상자의 범위를 정하는 문제는 그 목적이 국가안보와 직결되어 있고, 그 성질상 급변하는 국내외 정세 등에 탄력적으로 대응하면서 최적의 전투력을 유지할 수 있도록 합목적으로 정해야 하는 사항이기 때문에, 본질적으로 입법자 등의 입법형성권이 매우 광범위하게 인정되어야 하는 영역이다.

〔2〕병역법 제3조 제1항 전문 조항이 헌법이 특별히 평등을 요구하는 경우나 관련 기본권에 중대한 제한을 초래하는 경우의 차별취급을 그 내용으로 하고 있다고 보기 어려운 점, 징집대상자의 범위 결정에 관하여는 입법자의 광범위한 입법형성권이 인정되는 점에 비추어, 이 사건 법률조항이 평등권을 침해하는지 여부는 완화된 심사척도에 따라 자의금지원칙 위반 여부에 의하여 판단하였을 때, 입법자가 최적의 전투력 확보를 위하여 남성만을 징병검사의 대상이 되는 병역의무자로 정한 것이 현저히 자의적인 것이라 보기 어렵다.

〔3〕결론

대한민국 국민인 남자에 한하여 병역의무를 부과한 구 병역법 제3조 제1항 전문 조항이 성별을 기준으로 병역의무자의 범위를 정한 것이 합리적 이유 없는 차별취급으로서 자의금지원칙에 위배하여 평등권을 침해한 것이라고 볼 수 없다(헌재 2011. 6. 30. 2010헌마460).

V. 헌법재판소

1. 헌법재판의 의의

헌법은 국가의 기본이 되고 으뜸이 되는 최고규범으로 법률, 명령, 규칙 등이 헌법에 위반되어서는 아니 되며, 모든 국가기관은 헌법을 준수하여야 한다. 그런데 구체적인 사안에서 헌법에서 규정하고 있는 헌법의 내용과 절차 등을 둘러싼 분쟁이 발생할 수 있다. 이러한 다툼을 해결하고 국민의 기본권을 보호하고, 헌법에 의한 통치를 가능하게 하는 것이 헌법재판이다.

이처럼 헌법재판은 헌법의 최고규범성을 전제로 헌법을 보호하기 위한 헌법보호장치이다. 소극적으로는 헌법사항과 관련된 다툼이 생긴 경우에 헌법을 판단하고 선언함으로써 헌법질서를 유지하려는 작용을 말하지만, 적극적으로는 국가의 최고규범인 헌

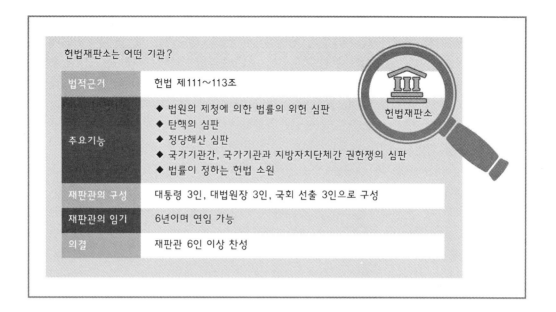

법이 통치권자나, 국가작용이나 기타 헌법의 적 등에 의해 침해되는 일이 없도록 헌법을 지키는 작용을 말한다.

우리 헌법에서는 법원으로부터 독립된 별도의 기관으로부터 헌법재판소에서 헌법재판을 담당하게 하고 있다. 헌법 제111조 제1항에서는 헌법재판소의 관장사항을 다섯 가지로 규정하고 있다. ① 법원의 제청에 의한 법률의 위헌법률심판 ② 탄핵심판 ③ 정당의 해산심판 ④ 권한쟁의에 관한 심판 ⑤ 법률이 정하는 헌법소원에 관한 심판을 규정하고 있다.

■ 헌법재판과 일반재판의 다른 점 이해하기

2007년 유명 연예인 부부의 형사고소가 화제가 된 바 있다. 남편이 부인을 간통죄로 고소한 것이다. 그 당시 형법 규정에 의하면 『제241조 ① 배우자가 있는 자가 간통한 때에는 2년 이하의 징역에 처한다. 그와 상간한 자도 같다. ② 전항의 죄는 배우자의 고소가 있어야 논한다. 단, 배우자가 간통을 종용 또는 유서한 때에는 고소할 수 없다.』고 규정하고 있었다. 남편의 가정소홀 등이 간통의 원인이었다는 것을 100프로 감안하더라도, 고소를 당한 부인은 형사상 처벌을 받지 않을 수 없었다. 그러나 이 때 형사상 처벌을 규정한 형법 제241조 간통죄에 대해 간통죄 고소를 당한 부인은 헌법재판소에 위헌법률심판 제청 신청서를 제출했다. 헌법재판소에 이 법률조항에 대한 위헌 여부를 판단하게 됨으로 일반 소송으로는 해결할 수 없는 문제점을 해결할 수 있었다.

이처럼, 헌법재판은 일상생활에서 발생하는 분쟁을 해결하는 민사·형사·행정재판과는 다른 특성을 갖는다. 민사·형사·행정재판이 우리의 생활영역에서 발생하는 법적인 분쟁을 해결하는 기술적인 소송이라면, 헌법재판은 국민의 기본권 보호와 통치 질서의 운영과 구조 등 전반적인 헌정질서와 직결되는 헌법적인 분쟁을 해결하는 헌법실현적인 소송절차이기 때문이다. 또한 헌법 자체가 정치성이 강한 법규범이므로 헌법재판은 다른 재판과는 달리 정치형성적 재판성을 가지게 된다. 헌법재판의 판결내용을 국가가 강제로 집행하기가 곤란하여 국가가 헌법재판의 실효성을 보장해 주지 못한다는 점에서 헌법재판은 강제집행력이 없는 재판으로서의 특성을 가지게 된다. 하지만, 헌법재판은 헌법을 존중하고 수호하려는 국민의 헌법수호의지를 전제로 하며, 헌법에 대한 폭넓은 국민적 공감대에 의해서만 실효성이 기대되는 재판이다. 또한 헌법재판소가 직접 국회 대신에 입법을 하거나 정부 대신에 행정입법 또는 정책의 결정·집행을 하거나 법원 대신에 구체적인 사건의 판결을 해서는 안 된다. 헌법재판소는 국회의 자율권 등 헌법이 허용하는 국가기관의 자율적 행위에 개입해서도 안 된다.

2. 위헌법률심판

(1) 의 의

위헌법률심판이란 법률이 헌법에 위반되는지의 여부를 헌법재판기관에 심판하도록 하여 위반된다고 판단되면 그 법률의 효력을 상실하도록 하는 제도이다. 위헌법률심사제도는 입법부의 자의적인 입법을 방지하는 헌법보장기능 수행은 물론 실질적 법치주의를 실현하는 헌법재판의 핵심이 된다.

(2) 심판기준과 절차

법원이 특정 사건을 재판하는 과정에서 재판에 적용할 법률의 위헌여부가 재판의 전제가 되는 경우가 발생할 수 있다. 재판에 적용할 법률의 위헌성은 재판을 수행하는 법원 스스로가 의심할 수도 있고, 소송 당사자가 주장할 수도 있다. 전자의 경우에는 당해 법원이 직권으로 제청하고, 후자의 경우에는 당해 법원이 당사자의 위헌성에 관한 주장이 이유가 있는지의 여부를 판단하여 위헌성이 있다고 결정되면 위헌여부를 심판해 줄 것을 제청한다. 제청할 때에는 대법원을 경유해야 하며, 이때, 대법원은 하급법원

위헌법률심판 흐름도

[출처] 헌법재판소

의 위헌심판제청에 대해 심리하지 못하며, 그 제청서를 반드시 헌법재판소에 송부해야 한다.

제청 법원으로서 특정 사건의 재판을 담당하는 법원이란 대법원을 비롯한 각급 법원은 물론이고 군사법원도 포함된다.

(3) 위헌결정과 그 효력

위헌심판의 제청이 있게 되면 헌법재판소는 위헌성 있는 법률 또는 법률조항에 대하여 위헌임을 선언하는 결정을 한다. 단, 개별 법률 속의 법률조항의 일부가 위헌결정으로 인하여 그 법률 전부를 시행할 수 없다고 인정될 때에는 그 전부에 대하여 위헌결정을 할 수 있다. 위헌여부를 판단하는 기준은 당연히 헌법이 되며, 이때 기준이 되는 헌법의 내용에는 '대한민국헌법'이라는 형식적 의미의 헌법뿐만 아니라, 헌법적 관습과 같은 실질적 의미의 헌법까지 포함된다. 심판 대상이 되는 법률의 위헌의 정도에 따라서 헌법재판소는 단순 '위헌 결정' 외에 '헌법불합치', '한정위헌', '한정합헌' 등의 변형된 결정도 하고 있다. 헌법재판소는 위헌 여부에 대한 결정 후에는 제청 법원이 재판의 진행을 계속할 수 있도록 결정일로부터 14일 이내에 결정서 정본을 송달할 의무를 갖는다. 위헌결정을 받은 그 법률 또는 법률의 조항은 결정이 있는 날로부터 효력을 잃게 되지만, 형벌에 관한 법률 또는 법률의 조항은 소급하여 효력을 잃도록 하고 있다. 위헌으로 결정된 법률 또는 법률의 조항에 따라 유죄의 확정판결을 받은 자라면 이미 행해진 재판에 대하여 재심을 청구할 수 있다. 헌법재판소의 법률에 대한 위헌결정은 법원은 물론이고 모든 국가기관이나 지방자치단체를 기속하게 된다.

■ 생활 속의 위헌법률심판

'윤창호 사건'을 계기로 윤창호법으로도 불리는 도로교통법 제148조의2 1항은 「음주운전 금지 규정을 2회 이상 위반한 사람은 2년 이상 5년 이하의 징역이나 1000만원 이상 2000만원 이하의 벌금에 처한다」고 규정하여 가중처벌하고 있었다. 최근 A법원은 음주운전 금지규정을 2회 이상 위반하였다는 공소사실로 기소된 피고인 甲에 대한 형사재판 계속 중 직권으로 위헌법률심판(2020헌가17)을 제청하였고, 또한 B법원에서 재판받고 있는 乙도 도로교통법 제148조의2 제1항이 위헌이라며 헌법소원심판(2019헌바446 등)을 청구하였다.

이에 대하여 헌법재판소는 지난 2021년 11월 25일 재판관 7(위헌)대 2(합헌)의 의견으로 위 조항은 헌법에 위반된다는 결정(위헌결정)을 선고함으로써 이 규정은 소급하여 무효가 되었다. 헌법재판소는 반복적 음주운전에 대한 강한 처벌이 국민일반의 법감정에 부합할 수는 있으나, 결국에는 중벌에 대한 면역성과 무감각이 생기게 되어 법의 권위를 실추시키고 법질서의 안정을 해할 수 있으므로, 재범 음주운전을 예방하기 위한 조치로서 형벌 강화는 최후의 수단이 되어야 한다. 심판대상조항은 음주치료나 음주운전 방지장치 도입과 같은 비형벌적 수단에 대한 충분한 고려 없이 과거 위반 전력 등과 관련하여 아무런 제한도 두지 않고 죄질이 비교적 가벼운 유형의 재범 음주운전 행위에 대해서까지 일률적으로 가중처벌하도록 하고 있으므로 형벌 본래의 기능에 필요한 정도를 현저히 일탈하는 과도한 법정형을 정한 것이다. 그러므로 심판대상조항은 책임과 형벌 간의 비례원칙에 위반된다고 하였다(2회 이상 음주운전 시 가중처벌 사건).

[서식 1] 위헌제청신청서

위헌법률심판제청신청

사　건: 2013가합0000　분담금

원　고: 교통안전공단

피　고: ○○해운(주)

　　　　위 사건에 관하여 피고는 아래와 같이 위헌법률심판제청을 신청합니다.

신 청 취 지

교통안전공단법 제13조 제2항 제1호 · 제2호, 제17조, 제18조, 제19조 및 제21조의 위헌 여부에 관한 심판을 제청한다.

신 청 이 유

1. 교통안전기금에 관한 교통안전공단법 관련규정의 개요

2. 재판의 전제성

　…… 따라서 위 법률의 위헌 여부는 현재 ○○지방법원 2013가합0000호로 계속 중인 분담 금 사건에서 재판의 전제가 된다고 판단됩니다.

3. 교통안전분담금제도의 위헌성에 관하여

　가. 헌법 제11조 제1항의 평등원칙 위배 여부

　나. 헌법 제23조 제1항의 재산권 침해 여부

4. 결　어

　이상의 이유로 …… 위헌이라고 판단되므로, 신청인의 소송대리인은 귀원에 위헌법률심판을 제청해줄 것을 신청하기에 이르렀습니다.

20　 .　 .　 .

위 피고　○　○　○　(인)

○○지방법원 귀중

3. 탄핵심판

　　탄핵심판제도는 고위직 공직자 또는 특수직 공무원이 직무상 위헌, 위법행위를 범한 경우에 파면하는 제도이다. 국회가 탄핵의 소추를 하고 헌법재판소가 탄핵의 심판을 한다. 대통령·국무총리·국무위원·행정각부의 장·헌법재판소 재판관·법관·중앙선거관리위원회 위원·감사원장·감사위원 기타 법률이 정한 공무원이 그 직무집행에 있어서 헌법이나 법률을 위배한 때에는 국회는 탄핵의 소추를 의결할 수 있다. 탄핵의 소추는 국회재적의원 3분의 1 이상의 발의가 있어야 하며, 그 의결은 국회재적의원 과반수의 찬성이 있어야 한다. 다만, 대통령에 대한 탄핵소추는 국회재적의원 과반수의 발의와 국회재적의원 3분의 2 이상의 찬성이 있어야 한다. 탄핵소추의 의결이 있는 때에 국회의장은 지체없이 소추의결서 정본을 소추위원인 국회법제사법위원장에게 송달한다. 소추위원은 헌법재판소에 소추의결서의 정본을 제출하여 탄핵심판을 청구하며, 심판의 변론에서 피청구인을 신문할 수 있다. 탄핵소추의 의결을 받은 자는 헌법재판소의 심판이 있을 때까지 그 권한행사가 정지된다. 헌법재판소는 당사자가 변론기일에 출석하지 아니하면 다시 기일을 정하여야 하며, 다시 정한 기일에도 당사자가 출석하지 아니하면 그의 출석 없이 심리할 수 있다. 헌법재판소는 탄핵심판 청구가 이유 있는 경우에는 피청구인을 해당 공직에서 파면하는 결정을 선고하고, 피청구인이 결정 선고 전에 해당 공직에서 파면되었을 때에는 헌법재판소는 심판청구를 기각하여야 한다. 탄핵결정에 의하여 파면된 사람은 결정 선고가 있는 날부터 5년이 지나지 아니하면 공무원이 될 수 없다. 탄핵결정은 공직으로부터 파면함에 그친다. 그러나, 이에 의하여 민사상이나 형사상의 책임이 면제되지는 아니한다.

■ 역사 속의 탄핵심판

　　한국에서는 임시정부 시절 대통령에 대한 탄핵이 처음 발의되었다. 탄핵 대상은 1919년 단일화된 대한민국 임시정부 수립 후 임시 대통령으로 임명되었던 이승만이다. 당시 이승만이 미국 대통령에게 국제연맹에 의한 한국의 위임통치를 청원한 것이 원인이었다. 임시정부 내에서 갈등이 발생했으며 1925년 3월 임시정부 의정원이 이승만을 탄핵하였다. 이승만은 대통령직에서 물러났으나 1948년 7월 국회 선거를 통해 대한민국 제1대 대통령으로 취임하였다.

• 노무현 대통령 탄핵소추와 탄핵심판

대한민국 정부 수립 후 대통령에 대한 탄핵소추는 2004년에 처음 발의되었다. 당시 노무현 대통령이 총선과 관련해 "국민이 열린우리당을 지지해줄 것을 기대한다"고 말한 것이 발단이었다. 중앙선거관리위원회는 해당 발언이 공직선거법 위반이라고 판단했으며 야당인 한나라당과 새천년민주당, 자유민주연합은 연합하여 탄핵소추를 주장하였다. 2004년 3월 9일 국회의원 159인이 탄핵소추안을 발의했다. 탄핵소추 사유는 선거 중립 위반과 측근 비리에 대한 책임 등이다. 여당이었던 열린우리당 의원들은 국회 본회의를 점거하며 표결을 저지하려 했으나 3월 12일 찬성 193표를 받아 탄핵소추안이 가결되었다. 그러나 탄핵에 반대하는 여론이 늘면서 서울 광화문에서는 탄핵안 가결에 반대하는 대규모 촛불집회가 일어났다. 4월 15일에 열린 제17대 총선에서는 열린우리당이 152석을 차지하며 국회 과반수를 얻었다. 2004년 5월 헌법재판소는 대통령(노무현)에 대한 탄핵소추안을 기각하였다. 헌법재판소는 대통령이 일부 헌법 조항과 공직선거법상 선거 중립 의무를 위반했으나 탄핵결정을 내릴 정도의 중대한 사유는 아니라고 기각 사유를 밝혔다. 대통령에 대한 파면결정은 국민이 선거를 통해 대통령에서 부여한 정당성을 다시 박탈하는 것인 만큼, 이에 상응하는 중대한 요소가 있어야만 파면결정이 정당화된다는 것이다.

• 박근혜 대통령 탄핵소추와 탄핵심판

2016년 12월 3일 우상호·박지원·노회찬 등 171명이 대통령(박근혜)에 대한 탄핵소추안을 발의하였다. 탄핵사유는 박근혜 대통령 재직 중 집무집행과 관련하여 다수의 헌법과 법률 위반 행위다. 탄핵소추안에서는 공무상 비밀 문건 누설, 최순실 등 비선실세를 통한 국가정책과 인사권 등의 권력 남용으로 주권자인 국민의 의사에 반하여 국민주권주의(헌법 제1조)와 대의민주주의(헌법 제67조 제1항)의 본질을 훼손하고 대통령의 헌법준수의무를 위배한 것 등을 대통령의 헌법 위반 행위로 설명했다. 국가적 재난과 위기상황에서 국민의 생명과 안전을 지켜야 할 의무가 있는 대통령이 세월호 참사 발생 당일 약 7시간 동안 제대로 위기관리를 하지 못하고 행적이 밝혀지지 않은 것 역시 헌법 제10조에 의해 보장되는 생명권 보호 의무를 위배한 행위로 포함되었다.

탄핵소추안에 포함된 박근혜 대통령의 법률 위반 행위로는 미르재단과 케이스포츠재단 설립 과정에서 대기업들에 출연금 명목의 돈을 받고 유리한 조치를 시행한 혐의를 바탕으로 형법상 뇌물죄(형법 제129조 제1항)와 직권남용권리행사방해죄(형법 제123조), 강요죄(형법 제324조) 등이 있다. 2016년 12월 9일 오후 3시 국회 본회의에서 대통령(박근혜) 탄핵소추안 표결이 진행되었다. 투표에 참여한 국회의원은 총 299명이며 투표 결과 찬성 234표, 반대 56표(기권 2표, 무효 7표)로 탄핵소추안이 가결되었다. 2017년 3월 10일 헌법재판소는 '대통령 박근혜를 파면한다'는 인용결정을 선고하였다. 헌법재판소는 우리 헌법의 헌법질서를 수호하고, 비선조직의 국정개입, 대통령의 권한남용, 재벌기업과의 정경유착과 같은 정치적 폐습을 타파하기 위해서라도 이 사건 심판청구를 인용하여야 한다고 하였다(헌법재판소 2017. 3. 10. 2016헌나1).

4. 정당해산심판

정당해산심판제도는 정당의 목적이나 활동이 민주적 기본질서에 위배될 때에 헌법재판소의 심판을 통해 위헌정당을 해산하는 제도이다. 정당해산심판의 권한을 헌법재판소에 부여한 것은 헌법재판소가 헌법보장기능을 수행하며, 정부의 자의적인 판단으로부터 정당을 보호하기 위함이다. 정당은 그 목적·조직과 활동이 민주적이어야 한다. 정당의 목적이나 활동이 민주적 기본질서에 위배될 때에는 정부는 국무회의의 심의를 거쳐 헌법재판소에 정당해산심판을 청구할 수 있다. 정당해산심판청구에는 해산을 요구하는 정당의 표시와 청구 이유를 기재한 정당해산심판청구서를 헌법재판소에 제출하여야 한다. 헌법재판소는 정당해산심판의 청구를 받은 때에는 직권 또는 청구인의 신청에 의하여 종국결정의 선고 시까지 피청구인의 활동을 정지하는 결정을 할 수 있다. 헌

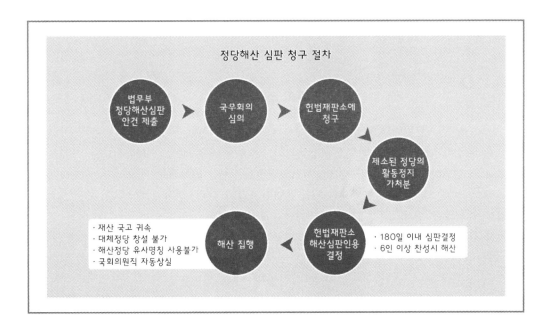

정당해산 심판 청구 절차

- 법무부 정당해산심판 안건 제출
- 국무회의 심의
- 헌법재판소에 청구
- 제소된 정당의 활동정지 가처분
- 헌법재판소 해산심판인용 결정
  - 180일 이내 심판결정
  - 6인 이상 찬성시 해산
- 해산 집행
  - 재산 국고 귀속
  - 대체정당 창설 불가
  - 해산정당 유사명칭 사용불가
  - 국회의원직 자동상실

법재판소장은 정당해산심판의 청구가 있는 때, 가처분결정을 한 때 및 그 심판이 종료한 때에는 그 사실을 국회와 중앙선거관리위원회에 통지하여야 한다. 정당해산을 명하는 결정서는 피청구인 외에 국회, 정부 및 중앙선거관리위원회에도 송달하여야 한다. 헌법재판소는 청구가 이유있는 때에는 그 정당의 해산을 명하는 결정을 선고한다. 정당의 해산을 명하는 결정이 선고된 때에는 그 정당은 해산된다. 헌법재판소의 정당해산결정은 단순한 확인적 의미가 아니고, 형성적 효력을 갖는다. 정당의 해산을 명하는 헌법재판소의 결정은 중앙선거관리위원회가「정당법」에 따라 집행한다. 중앙선거관리위원회는 그 정당의 등록을 말소하고 지체없이 그 뜻을 공고하여야 한다. 해산된 정당의 재산은 모두 국고에 귀속하고, 유사한 대체정당은 창설이 불가능하며 해산 정당과 같은 동일한 명칭을 사용하지 못한다. 헌법재판소가 정당해산결정을 한 경우에 그 정당 소속의 국회의원직이 자동상실되는 지가 문제가 된다. 이에 대하여 헌법재판소는『해산결정으로 정당이 해산되는 경우에 그 정당 소속 국회의원이 의원직을 상실하는지에 대하여 명문의 규정은 없으나, 정당해산심판제도의 본질은 민주적 기본질서에 위배되는 정당을 정치적 의사형성과정에서 배제함으로써 국민을 보호하는 데에 있는데 해산정당 소속 국회의원의 의원직을 상실시키지 않는 경우 정당해산결정의 실효성을 확보할 수 없게 되므로, 이러한 정당해산제도의 취지 등에 비추어 볼 때 헌법재판소의 정당해산결정이 있는 경우 그 정당 소속 국회의원의 의원직은 당선 방식을 불문하고 모두 상실되어야 한다.』고 하여 국회의원직의 자동상실을 인정하였다(헌법재판소 2014. 12. 19. 2013헌다1).

■ 역사 속의 정당해산심판

　　2012년 당내 비례대표 경선 과정에서의 부정선거 논란과 중앙위원회 폭력 사건으로 다수의 의원과 당원들이 탈당했다. 2013년 9월 26일 검찰은 통합진보당 이석기 의원을 형법상 내란음모 및 선동, 국가보안법상 찬양·고무죄로 기소했다. 같은 해 11월 5일에는 법무부가 헌법재판소에 통합진보당에 대한 정당해산심판을 청구했다. 검사가 기소한 형사사건에 대하여 2015년 1월 대법원은 내란음모사건에 대하여는 무죄를, 내란선동사건에 대하여는 유죄판결을 확정하였다(대법원 2015. 1. 22. 2014도 10978 전원합의체 판결). 한편 헌법재판소는 정부의 정당해산심판을 접수하고 무작위 추첨을 통해 주심재판관으로 이정미 헌법재판관을 임명했다.

2014년 12월 19일 헌법재판소는 위 위헌정당해산심판에서 재판관 8(인용): 1(기각: 반대 의견은 김이수 헌법재판관)의 의견으로, 피청구인 통합진보당을 해산하고 그 소속 국회의원 5명은 의원직을 상실한다는 결정을 선고하였다(헌법재판소 2014. 12. 19. 2013헌다1).

피청구인이 북한식 사회주의를 실현한다는 숨은 목적을 가지고 내란을 논의하는 회합을 개최하는 등 …… 활동을 한 것은 헌법상 민주적 기본질서에 위배되고, 이러한 피청구인의 실질적 해악을 끼치는 구체적 위험성을 제거하기 위해서는 정당해산 외에 다른 대안이 없으며, 피청구인에 대한 해산결정은 비례의 원칙에도 어긋나지 않고, 위헌정당의 해산을 명하는 비상상황에서는 국회의원의 국민 대표성은 희생될 수밖에 없으므로 피청구인 소속 국회의원의 의원직 상실은 위헌정당해산 제도의 본질로부터 인정되는 기본적 효력이라고 판단한 것이다.

이에 대하여 정당해산의 요건은 엄격하게 해석하고 적용하여야 하는데, 피청구인에게 은폐된 목적이 있다는 점에 대한 증거가 없고, 피청구인의 강령 등에 나타난 진보적 민주주의 등 피청구인의 목적은 민주적 기본질서에 위배되지 않으며, 경기도당 주최 행사에서 나타난 내란 관련 활동은 민주적 기본질서에 위배되지만 그 활동을 피청구인의 책임으로 귀속시킬 수 없고 그 밖의 피청구인의 활동은 민주적 기본질서에 위배되지 않는다는 재판관 김이수의 반대의견이 있었다. 결정 선고의 효력은 이날 즉시 발생했다. 통합진보당의 의원직 상실로 지역구 3곳에 대한 재보궐선거가 2015년에 치러졌다. 이 판결은 헌법재판소가 만들어진 후 처음 일어난 정당해산심판 청구이자, 정당해산 결정으로, 이 결정에 따라 통합진보당의 당명, 강령, 정책과 동일하거나 유사한 취지의 정당은 창당이 원칙적으로 금지되었다.

[서식 2] 정당해산심판청구서

정당해산심판청구서

청 구 인: 대한민국 정부
　　　　　법률상 대표자 법무부장관 　ㅇ　ㅇ　ㅇ

피청구인: ㅇ ㅇ 정당
　　　　　주소(중앙당 소재지) : 서울 영등포구 국회대로 00
　　　　　대표자 　ㅇ　ㅇ　ㅇ

청구취지
ㅇ ㅇ 정당의 해산결정을 구합니다.

청구이유
가. 사건개요
나. 정당의 목적, 활동의 민주적 기본질서 위배 내용
다. 기타 필요사항

첨부서류
각종 입증서류

20　　.　　.　　.

　　　　　　　　대한민국 정부
　　　　　　　　법률상 대표자 법무부장관 　ㅇ　ㅇ　ㅇ　(인)

헌법재판소　귀중

5. 권한쟁의심판

헌법은 헌법재판소가 '국가기관 상호간, 국가기관과 지방자치단체간 및 지방자치단체 상호간의 권한쟁의에 관한 심판'을 관장한다고 규정하고 있다(헌법 제111조 제1항 제4호). 권한쟁의심판제도는 국가기관 사이(국회, 정부, 법원 및 중앙선거관리위원회 상호간의 권한쟁의)나, 국가기관과 지방자치단체, 또는 지방자치단체 사이에 권한의 존부 또는 범위에 관하여 다툼이 발생한 경우에, 헌법재판소가 이를 심판함으로써 각 기관에게 주어진 권한을 보호함과 동시에 객관적 권한질서의 유지를 통해서 국가기능의 수행을 원활히 하고, 수평적 및 수직적 권력 상호간의 견제와 균형을 유지하려는 데 그 제도적 의의가 있다.

권한쟁의심판제도는 연혁적으로 독일에서 정부와 의회간의 다툼을 중립적 헌법수호자인 헌법재판소가 권력분립제도의 취지에 따라 해결하는 장치를 의미하였다. 이러한 의미에서 권한쟁의제도는 최고 국가기관간의 의견차이로 다툼이 발생한 경우 헌법해석을 통하여 분쟁을 해결함으로써 정치적 평화에 기여하고 정치적 통일을 확보하는 데 제도적 의의가 있었다.

권한의 존부 또는 범위에 관하여 다툼이 있는 피청구인의 처분 또는 부작위가 헌법 또는 법률에 의하여 부여받은 청구인의 권한을 침해하였거나 침해할 현저한 위험이 있는 때에 한하여 청구할 수 있다. 권한쟁의심판의 청구서에는 청구인, 피청구인, 심판대상이 되는 피청구기관의 처분 또는 부작위, 청구의 이유, 기타 필요한 사항을 기재하여야 한다. 심판청구는 사유가 있음을 안 날로부터 60일 이내에, 사유가 발생한 날로부터 180일 이내에 하여야 한다. 결정의 내용은 심판대상인 관계기관의 권한의 존부 또는 범위에 관한 것이며, 결정선고시 권한침해의 원인이 된 피청구인의 처분을 취소하거나 그 무효를 확인할 수 있고, 헌법재판소가 부작위에 대한 심판청구를 인용하는 결정을 한 때에는 피청구인은 결정취지에 따른 처분을 하여야 한다. 헌법재판소의 권한쟁의심판의 결정은 모든 국가기관과 지방자치단체를 기속한다. 그러나 국가기관 또는 지방자치단체의 처분을 취소하는 결정은 그 처분의 상대방에 대하여 이미 생긴 효력에는 영향을 미치지 아니한다. 따라서 처분의 취소로 인한 법적 혼란을 방지할 수 있게 되었다.

[서식 3] 권한쟁의심판청구서

권한쟁의심판청구서

청 구 인: 국회의원　　○　　○　　○

　　　　　　대리인 변호사　　○　　○　　○

피청구인: 국회의장

심판대상이 되는 피청구인의 처분 또는 부작위

피청구인이 20 . . . 국회 본회의에서 ○○○ 법률안을 가결처리한 행위

침해된 청구인의 권한

헌법 및 국회법에 의하여 부여된 청구인의 법률안 심의·표결권

청 구 취 지

피청구인이 20 . . . 국회 본회의에서 ○○○법률안을 가결선포한 행위가 헌법 및 국회법에 의하여 부여된 청구인의 법률안 심의·표결의 권한을 침해한 것이라는 확인을 구하며, 또한 피청구인의 위 행위가 무효임을 확인하여 줄 것을 청구합니다.

청 구 이 유

1. 헌법 또는 법률에 의하여 부여된 청구인의 권한의 유무 또는 범위
2. 권한다툼이 발생하여 심판청구에 이르게 된 경위
3. 피청구인의 행위에 의한 청구인의 권한의 침해
4. 피청구인의 처분이 취소 또는 무효로 되어야 하는 이유
5. 청구기간의 준수 여부 등

첨 부 서 류

1. 각종 입증서류
2. 소송위임장

20 . . .

청구인 대리인 변호사　　○　　○　　○　　(인)

헌법재판소 귀중

[서식 4] 권한쟁의심판청구서

권한쟁의심판청구서

청 구 인: 서울특별시 ○○구
　　　　　대표자 구청장 ○　○　○
　　　　　대리인 변호사 ○　○　○
피청구인: ○　○　○ 부 장관

심판대상이 되는 피청구인의 처분 또는 부작위
피청구인이 20 . . . 자 ○○○업무처리지침 중에서 ……라고 규정한 것

침해된 청구인의 권한
헌법 및 국회법에 의하여 부여된 청구인의 예산편성 및 집행권

청 구 취 지
피청구인이 20 . . .자 ○○○업무처리지침 중에서 ……라고 규정한 것은 헌법 및 국회법에 의하여 부여된 청구인의 ○○에 대한 예산편성 및 집행의 권한을 침해한 것이라는 확인을 구하며, 또한 피청구인의 위 행위가 무효임을 확인하여 줄 것을 구합니다.

청 구 이 유
1. 헌법 또는 법률에 의하여 부여된 청구인의 권한의 유무 또는 범위
2. 권한다툼이 발생하여 심판청구에 이르게 된 경위
3. 피청구인의 행위에 의한 청구인의 권한의 침해
4. 피청구인의 처분이 무효로 되어야 하는 이유
5. 청구기간의 준수 여부 등

첨 부 서 류
1. 각종 입증서류
2. 소송위임장

20 . . .

청구인 대리인 변호사 ○　○　○　(인)

헌법재판소 귀중

6. 헌법소원

(1) 헌법소원의 의의

헌법소원이란 헌법이 보장하는 국민의 기본권을 국가권력이 침해한 경우 기본권을 보호하는 가장 실효성 있는 권력통제장치이다. 즉, 헌법재판제도는 입법권 내지 사법권에 대한 통제의 필요성을 확보하기 위한 제도로써 심판대상이 포괄적인 헌법재판제도로서 일반성을 가진다. 그리고 헌법소원제도는 다른 법률이 규정하는 권리구제절차를 모두 거치고 난 이후에 그 사각지대를 방지하기 위한 최후의 구제수단이다. 다만, 사전에 기본권 구제절차를 거치는 것을 기대하기 어려운 사정이 있는 경우에는 예외적으로 바로 헌법소원을 청구하는 것이 허용되는 경우도 있다. 헌법소원의 청구권자는 기본권을 보장받는 모든 국민이 주체가 된다. 즉, 대한민국 국민이면 누구나 주체가 되며, 또한 국민과 유사한 지위에 있는 외국인과 사법인이 기본권의 주체라 할 것이다. 국가나 국가기관 또는 국가조직의 일부나 공법인은 원칙적으로 기본권의 수범자(Adressat)이므로 헌법소원을 제기할 수 없으며, 지방자치단체나 그 기관인 지방자치단체의 장이나 지방의회도 기본권의 주체가 될 수 없다.

헌법소원 심판절차 흐름도

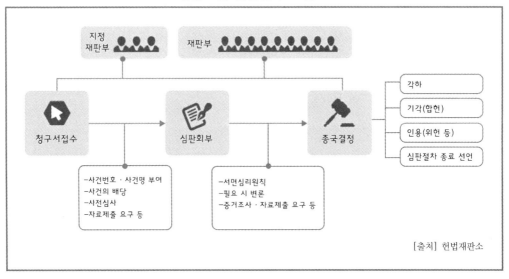

[출처] 헌법재판소

(2) 헌법소원의 요건

헌법소원을 청구하기 위해서는 헌법재판소법에는 보충성의 원칙만을 명시하고 있지만, 그 이외의 적법요건으로서 자기관련성과 현재성 그리고 직접성 요건은 물론 권리보호성까지 충족할 것을 요구하고 있다. 이것은 헌법소원이 사실상 민중소송이나 추상적 규범통제로 변질되는 것을 방지하기 위한 요건이라고 할 수 있다. 헌법소원을 제기하고자 하는 사람은 기본권의 침해가 있음을 안 날부터 90일 이내에, 혹은 기본권의 침해가 있는 날부터 1년 이내에 헌법소원심판청구서를 헌법재판소에 제출하여야 한다. 법령에 의하여 직접 기본권이 침해되었음을 이유로 하는 때에는 법령의 시행일이 위청구기간의 기산일이 되어, 법령이 시행된 사실을 안 날부터 90일 이내에, 법령이 시행된 날부터 1년 이내에 청구하여야 하며, 법령이 시행된 후에 비로소 그 법령에 해당하는 사유가 발생하여 기본권이 침해를 받게 된 때에는 시행일이 아니라 그 사유가 발생하였음을 안 날부터 90일 이내에, 그 사유가 발생한 날부터 1년 이내에 청구하여야 한다. 한편, 다른 법률에 의한 구제절차를 거치고 헌법소원을 청구하는 경우에는 그 구제절차에서 내린 최종결정을 통지받은 날부터 30일 이내에 청구하여야 한다.

그러나 헌법소원은 일반적인 법원소송과는 달리 변호사강제주의를 채택하고 있으므로 헌법소원을 제기하는 사람은 스스로 변호사이거나 대리인으로 변호사를 선임하여 제기하여야 한다. 변호사를 선임할 능력이 없는 경우에는 증명서류를 첨부하여 헌법재판소에 국선대리인을 선임하여 줄 것을 신청할 수 있다.

(3) 심판의 대상 : 공권력 행사 · 불행사

헌법재판소법 제68조 제1항은 "공권력의 행사 또는 불행사로 인하여 기본권을 침해받은 자는 헌법소원의 심판을 청구할 수 있다"고 규정하고 있다.

1) 입법작용

입법작용도 국회입법인 법률 그 자체와 행정입법으로서 명령 · 규칙, 사법부의 자율적 입법권인 대법원규칙, 그리고 자치입법인 조례가 직접적으로 기본권을 침해하는 경우에는 헌법소원의 대상이 된다. 그리고 헌법에서 기본권보장을 위하여 입법을 위임하였음에도 입법자인 국회 또는 행정부가 입법을 하지 않거나 헌법해석상 특정인에게 구체적인 기본권이 발생하여 국가가 이를 보호하기 위한 입법을 하여야 함에도 입법자가 아무런 입법행위를 하지 않는 입법부작위에 대한 헌법소원도 인정된다. 헌법규정 자체에 대한 헌법소원심판은 인정되지 아니하지만, 기타 국회가 동의한 조약이나 개인의 기본권을 침해하는 내용의 일반의안에 대한 결의는 헌법소원의 대상이 된다고 할 수 있다. 그리고 국회의 심의·확정한 예산에 대해서는 헌법소원의 대상에서 제외된다.

2) 행정작용

행정소송의 대상이 되지 않는 행정작용에 의한 기본권 침해의 경우는 주로 불복절차가 없는 경우로서 헌법소원심판의 대상이 된다. 즉, 헌법소원의 보충성 요건과 재판에 대한 헌법소원의 금지규정 때문이다.

행정작용으로써 헌법소원이 인정되는 것으로는 행정처분에 관한 법원재판이 소원의 대상이 되어 취소되는 경우, 대외적인 구속력을 획득한 경우 행정규칙이나 행정명령, 검사의 자의적인 불기소처분 등이다.

3) 사법작용

헌법재판소법은 법원의 재판은 헌법소원의 대상이 되지 아니한다고 규정하고 있다. 다만 헌법재판소는 예외적으로 헌재결정에 위반되어 국민의 기본권을 침해하는 법원 재판에 대해서는 소원대상성을 인정한다.

[서식 5] 국선대리인 선임신청서

국선대리인 선임신청서

사   건:
신 청 인 (성 명)
          (주 소)
          (전 화)

  신청인은 변호사를 대리인으로 선임할 자력이 없으므로 아래와 같이 국선대리인의 선임을 신청합
니다.

1. 무자력 내역(해당란에 V표 하십시오)
   □ 월 평균수입이 230만원 미만인 자
   □ 국민기초생활보장법에 의한 수급자
   □ 국가유공자 등 예우 및 지원에 관한 법률에 의한 국가유공자와 그 유족 또는 가족
   □ 위 각호에는 해당하지 아니하나, 청구인이 시각 · 청각 · 언어 · 정신 등 신체적 · 정신적
     장애가 있는지 여부 또는 청구인이나 그 가족의 경제능력 등 제반사정에 비추어 보아 변호사
     를 대리인으로 선임하는 것을 기대하기 어려운 경우

2. 소명자료(해당란에 V표 하고 소명자료를 신청서에 첨부하십시오. 해당란이 없는 경우에는 '기타'
   에 V표 하신 뒤 소명자료의 명칭을 기재하고 소명자료를 신청서에 첨부하십시오)
   □ 봉급액확인서, 근로소득원천징수영수증 등
   □ 수급자증명서(국민기초생활보장법시행규칙 제40조)
   □ 국가유공자와 그 유족 또는 가족증명서
   □ 기타(장애인증명서, 지방세 세목별 과세증명서 등) ;

3. 국선대리인 선정 희망지역(해당란에 V표를 하십시오)
   □ 서울   □ 부산   □ 대구   □ 인천   □ 광주   □ 대전   □ 울산
   □ 의정부   □ 수원   □ 강원   □ 충북   □ 전북   □ 경남   □ 제주

4. 헌법소원심판청구사유(헌법재판소법 제71조에 규정된 침해된 권리, 침해의 원인이 되는 공권력
   의 행사 또는 불행사, 청구이유 및 그 밖에 필요한 사항을 간단 명료하게 별지에 기재하여 신청
   서에 첨부하십시오. 다만, 이 사건과 관련하여 이미 헌법소원심판청구를 한 경우에는 첨부하지
   아니하여도 무방합니다.)

                    2 0   .   .   .

                              신 청 인   (인)

헌법재판소   귀중

[서식 6] 헌법소원심판청구서(법령)

헌법소원심판청구서

청 구 인: ○ ○ ○
　　　　　서울 성북구 ○○로 ○○, ○○○호(○○동)
　　　　　대리인 변호사 ○ ○ ○
　　　　　서울 서초구 ○○로 ○○, ○○○호(○○동)

청 구 취 지

"구 ○○법(2004. 12. 31. 법률 제7291호로 개정되고, 2011. 4. 5. 법률 제10551호로 개정되기 전의 것) 제○○조 제○항 제○호는 헌법에 위반된다."라는 결정을 구합니다.

침 해 된 권 리

헌법 제11조 평등권, 제15조 직업선택의 자유

침 해 의 원 인

구 ○○법 (2004. 12. 31. 법률 제7291호로 개정되고, 2011. 4. 5. 법률 제10551호로 개정되기 전의 것) 제○○조 제○항 제○호

청 구 이 유

1. 사건개요
2. 위 규정의 위헌성
3. 심판청구에 이르게 된 경위
4. 청구기간의 준수 여부 등

첨 부 서 류

1. 각종 입증서류
2. 소송위임장(소속변호사회 경유)

20 .   .   .

청구인 대리인 변호사 ○ ○ ○ (인)

헌법재판소 귀중

[서식 7] 헌법소원심판청구서(부작위)

헌법소원심판청구서

청 구 인: ○ ○ ○
　　　　서울 성북구 ○○로 ○○, ○○○호(○○동)
　　　　대리인 변호사 ○ ○ ○
　　　　서울 서초구 ○○로 ○○, ○○○호(○○동)
피청구인: 고용노동부장관

청 구 취 지

"피청구인이 ○○법 제○○조 및 ○○법 시행령 제○○조가 정하는 경우에 관하여 평균임금을 정하여 고시하지 아니한 부작위는 청구인의 재산권을 침해한 것이므로 위헌임을 확인한다."라는 결정을 구합니다.

침 해 된 권 리

헌법 제23조 재산권

침 해 의 원 인

피청구인이 ○○법 제○○조 및 ○○법 시행령 제○○조가 정하는 경우에 관하여 평균임금을 정하여 고시하지 아니한 부작위

청 구 이 유

1. 사건개요
2. 위 부작위의 위헌성
3. 심판청구에 이르게 된 경위

첨 부 서 류

1. 각종 입증서류
2. 소송위임장(소속변호사회 경유)

20 . . .

청구인 대리인 변호사 ○ ○ ○ (인)

헌법재판소 귀중

[서식 8] 헌법소원심판청구서(행정행위)

헌법소원심판청구서

청 구 인: ○ ○ ○
　　　　서울 성북구 ○○로 ○○, ○○○호(○○동)
　　　　대리인 변호사 ○ ○ ○
　　　　서울 서초구 ○○로 ○○, ○○○호(○○동)
피청구인: 공정거래위원회

청 구 취 지
"피청구인이 20 ．　．　．○○회사에 대하여 한 무혐의결정은 청구인의 평등권 및 재판절차진술권을 침해한 것이므로 이를 취소한다."라는 결정을 구합니다.

침 해 된 권 리
헌법 제11조 제1항 평등권
헌법 제27조 제5항 재판절차에서의 진술권

침 해 의 원 인
피청구인의 20 ．　．　．자 ○○회사에 대한 무혐의 결정

청 구 이 유
1. 사건개요
2. 위 처분의 위헌성
3. 심판청구에 이르게 된 경위
4. 청구기간의 준수 여부 등

첨 부 서 류
1. 각종 입증서류
2. 소송위임장(소속변호사회 경유)

20 ．　．　．

청구인 대리인 변호사　○　○　○　(인)

헌법재판소　귀중

[서식 9] 헌법소원심판청구서(불기소처분)

헌법소원심판청구서

청 구 인   ○　○　○
　　　　　　　　　　서울 성북구 ○○로 ○○, ○○○호(○○동)
　　　　　　　　　　대리인 변호사　○　○　○
　　　　　　　　　　서울 서초구 ○○로 ○○, ○○○호(○○동)
피청구인   ○○지방검찰청　○○지청 검사

청 구 취 지

"피청구인이 20 ． ． ． ○○지방검찰청 ○○지청 2014년 형제0000호 사건에 있어서 청구인에 대하여 한 기소유예처분은 청구인의 평등권 및 행복추구권을 침해한 것이므로 이를 취소한다."라는 결정을 구합니다.

침 해 된 권 리

헌법 제11조 제1항 평등권
헌법 제10조 행복추구권

침 해 의 원 인

피청구인의 20 ． ． ． ○○지방검찰청 ○○지청 2014년 형제0000호 사건의 청구인에 대한 기소유예처분

청 구 이 유

1. 사건개요
2. 위 불기소처분의 위헌성
3. 심판청구에 이르게 된 경위(기소유예처분 등 약술)
4. 청구기간의 준수 여부 등

첨 부 서 류

1. 각종 입증서류
2. 소송위임장(소속변호사회 경유)

20 ．　．　．

청구인 대리인 변호사　○　○　○　(인)

헌법재판소　귀중

제 3 장 행정행위와 행정구제

I. 행정법의 의의

　　행정법은 '행정을 규율하는 법'으로써 행정을 전제로 한다. 행정이란 정부라는 행정부에서 국가의 목적과 공익실현을 달성하기 위하여 행하는 여러 가지 활동 및 내부적 관리를 말한다. 행정은 국가통치작용 중 입법부와 사법부의 작용을 제외한 국가작용을 말한다. 즉, 전통적이고 권력적인 행위인 국방·치안·교정·조세 등으로부터 물가·도시계획·교육·주택·토지수용·고용보험·생활보호 등의 다양한 분야에 걸쳐서 이루어지고 있다.

　　행정법은 행정에 관한 개개의 법규나 행정에 관한 모든 법규의 전체를 의미하는 것이 아니고, 행정에 관하여 독자성과 고유성을 가진 국내공법 또는 행정의 조직, 작용 및 구제에 관한 국내공법을 말한다. 국가의 권한인 행정권도 법의 기속을 받고 법을 준수하여야 하며, 위법한 행정작용으로 국민의 권익이 침해받았다면 사법심사 등을 통한 구제제도가 마련되어 있어야 한다. 국민의 자유와 권리를 제한하거나 새로운 의무를 부과하는 경우에는 반드시 의회가 제정한 '법률'에 의하여야 한다. 이를 법치행정의 원리라고 한다. 또한 국민이 최소한의 인간다운 생활을 영위할 수 있도록 국가가 적극적으로 노력해야 한다(복지행정의 원리).

II. 행정행위

1. 행정행위의 개념

행정행위란 강학상 용어로써, 일반적으로 행정주체가 법률에 의해 구체적 사실에 관한 법집행으로 행하는 권력적 단독행위인 공법행위를 의미하는 것으로 간주된다(협의의 행정행위). 이는 법령상에서 사용되는 행정처분과 유사하게 용어이다. 실정법상으로 허가·인가·면허·특허·확인·면제·결정·재결 등의 여러 명칭으로 쓰이며, 실무상으로 처분 또는 행정처분이라는 용어가 주로 사용된다.

2. 행정행위의 내용

행정행위의 내용은 그 구별기준에 따라 여러 가지로 구분하여 사용할 수 있다. 명령적 행정행위는 상대방에게 일정한 의무를 부과하거나 이미 부과된 의무를 해제하는 것을 내용으로 하는 행정행위이다. 상대방에 대하여 일정한 의무를 부과하여 자유를 제한하는 하명과 이미 부과된 의무를 해제하여 자유를 회복하는 허가·면제로 나뉜다. 그리고 형성적 행정행위란 국민에게 특정한 권리·능력·포괄적 법률관계 기타의 법률상 힘을 발생·변경·소멸시키는 행정행위를 말한다. 준법률행위적 행정행위는 행정청의 의사표시 이외의 정신작용을 구성요소로 하고 그 법적 효과는 법률의 규정에 의하여 발생하는 행정행위이다.

여기에서 허가란 법령에 의한 일반적·상대적 금지를 특정한 경우에 해제하여 적법하게 일정한 행위를 할 수 있게 하여 주는 행정행위를 말한다. 인가는 제3자의 법률행위에 동의를 부여하여 이를 보충함으로써 그 법률상 효력을 완성시켜 주는 행위를 말한다. 그리고 공증은 특정한 사실관계 또는 법률관계의 존부를 공적 권위로써 형식적으로 증명하는 행위를 말한다. 공증은 의문 또는 다툼이 없는 사항, 이미 확인된 사항을 대상으로 한다.

3. 행정행위의 효력

행정행위가 유효하게 성립하여 존재하면 일정한 효력을 가지게 되지만, 이를 결여하면 행정행위의 부존재가 된다. 행정행위의 효력은 먼저, 구속력을 가지게 된다. 구속력이란 행정행위가 그 내용에 따라 일정한 법적 효과를 발생하고 그에 따라 관계행정청, 상대방 및 관계인을 구속하는 힘을 말한다. 예컨대 甲에게 조세부과처분을 하였다면 甲은 정해진 기일까지 조세를 납부하여야 한다. 구속력은 모든 행정행위에 당연히 인정되는 실체법적 효력이다. 둘째, 공정력으로서 행정행위에 하자가 있더라도 그 하자가 중대하고 명백하여 당연무효인 경우를 제외하고는 권한 있는 기관에 의해서 취소되기 전까지는 유효한 행위로 통용되는 효력을 말한다. 셋째, 구성요건적 효력으로서 유효한 행정행위가 존재하는 이상 비록 하자가 있는 행위일지라도 국가기관은 그 행위의 유효한 존속을 스스로의 판단 기초 내지는 구성요건으로 삼아야 하는 효력을 말한다. 넷째, 확정력으로서 법적 안정성을 추구하기 위하여 일정한 경우에 그 행정행위의 효력을 다툴 수 없게 하거나, 행정청 자신의 행위라도 취소나 변경을 제한하는 효력을 말한다(불가쟁력, 불가변력). 다섯째, 강제력으로서 행정행위에 의해 부과된 의무를 상대방이 이행하지 않는 경우에 법원의 판결에 의하지 않고, 행정청이 스스로 그 의무를 실현시킬 수 있는 효력을 말한다.

Ⅲ. 이의신청

행정처분에 대한 이의신청은 각 개별법에서 인정되는 절차이다. 즉, 개별법에서 특별히 이의신청을 인정하는 처분에 대하여 권익이 침해당한 자가 청구하는 경우에 처분행정청 스스로 재심사하는 것을 말한다. 실정법상 이의신청, 재심사청구, 재결신청, 재조사청구 등으로 표현된다. 예컨대, 도로교통법상 운전면허의 취소처분 또는 정지처분이나 연습운전면허 취소처분에 대하여 이의가 있는 사람은 그 처분을 받은 날부터 60일 이내에 운전면허처분 이의신청서에 운전면허처분서를 첨부하여 지방경찰청장에게 이의를 신청할 수 있다.

행정심판은 모든 위법 또는 부당한 처분이 대상이 되지만, 이의신청은 각 개별법에서 인정하는 처분이 그 대상이 된다. 또한 행정심판은 그 판단기관이 원칙적으로 행정심판위원회이지만, 이의신청은 당해 처분청 스스로 판단기관이 된다. 동일한 처분에 대해 이의신청과 행정심판이 함께 인정되고 있는 경우 양자를 전·후심으로 할 수 있다. 다만, 양자 중 택일하도록 하고 있는 경우도 있다.

　　행정심판이 아닌 이의신청에 대해 원처분을 그대로 유지하는 결정은 아무런 법적 효력이 없지만, 원처분을 변경하는 결정은 새로운 처분으로서 원처분을 대체하는 것으로 보아야 한다. 이의신청에 따른 취소는 직권취소에 해당한다.

　　이의신청을 제기해야 할 사람이 처분청에 표제를 '행정심판청구서'로 한 서류를 제출한 경우, 서류의 내용에 이의신청 요건에 맞는 불복취지와 사유가 충분히 기재되어 있다면 이를 처분에 대한 이의신청으로 볼 수 있다.

[서식 10] 운전면허처분 이의신청서

운전면허처분 이의신청서

접수번호		접수일자		처리기간	30일(30일 연장가능)
신청인	성 명		주민등록번호		
	주 소 　　(전화번호 :　　　　　　　　)				

면허종별 및 번호	지방경찰청		종별		번호

이의신청 사유	

「도로교통법」제94조제1항 및 같은 법 시행규칙 제95조에 따라 위와 같이 운전면허처분 이의신청을 합니다.

년　　　　월　　　　일

신청인　　　　　　　　　　　　　　　　　(서명 또는 인)

○○지방경찰청장　　귀하

첨부서류	운전면허처분서		수수료 없음

처리절차						
신청서 작성	→	민원실 접수	→	심의위원회 결정	→	심의결과 통지
(신청인)		(지방경찰청장)		(지방경찰청장)		(신청인)

210㎜×297㎜[백상지 80g/㎡(재활용품)]

[서식 11] 과태료 결정에 대한 이의신청서

과태료 결정에 대한 이의신청서

사건번호

위 반 자 (이 름)   (주민등록번호   –   )
          (주 소)
          (연락처)

위 사건에 관하여 위반자는 귀원의 과태료 처분 결정문을 20 .   .   .에 수령하였으나, 본인은 불복하므로 이의를 신청합니다.

<u>이의신청사유</u>

20 .   .   .

신청인   (날인 또는 서명)

○○지방법원 귀중

Ⅳ. 행정심판

1. 행정심판의 의의

행정심판이란 행정청의 위법 또는 부당한 처분이나 부작위로 침해된 국민의 권리 또는 이익을 구제하기 위하여 행정기관이 판단하는 준사법적 절차를 말한다. 일반법원에서 정식의 소송절차에 의하여 위법성만을 분쟁의 대상으로 하는 행정소송과는 달리 권리 및 이익을 침해 받은 국민이 행정기관에 의하여 간편하게 법적으로 구제받을 수 있도록 한 약식쟁송이다. 행정심판은 비용이 무료이고, 절차가 간편하며, 신속하게 처리된다는 장점이 있다.

행정상의 문제를 법원이 다루기 전에 행정기관이 스스로 판단하여 시정할 수 있는 기회를 주어 행정의 자율성을 확보하고, 행정청의 전문지식 활용과 소송경제의 확보 등을 통하여 사법적 기능의 결함을 보충하는 효과 등이 있다. 헌법은 재판의 전심절차로서 행정심판을 제기할 수 있고, 그 절차는 법률로 정하며, 사법절차가 준용되어야 한다고 하여 국민의 권리구제수단임을 천명하고 있다.

2. 행정심판의 대상

행정심판은 국민들이 행정청의 위법·부당한 처분이나 부작위로 인하여 피해를 입은 경우에 제기할 수 있다. 여기에서 처분이란 행정청의 공법상 행위로서 법규에 의하여 국민에게 특정한 권리를 설정하여 주거나 의무의 부담을 명하는 것과 국민의 권리의무에 직접적으로 관계되는 행정행위를 말한다. 예컨대 운전면허 정지나 취소처분, 면허자격정지나 취소처분, 영업정지 처분, 과징금 부과, 각종 국가시험 불합격처분, 정보공개거부처분 등이다. 그리고 부작위란 행정청이 당사자의 신청에 대하여 상당한 기간 내에 일정한 처분을 하여야 할 법률상 의무가 있음에도 불구하고 이를 하지 않는 것을 말한다.

3. 행정심판의 종류

행정심판법은 행정청의 행위 유형 및 하자의 정도에 따라 다투는 방법을 달리 정해 놓고 있다. 부작위와 거부행위에 대하여는 '의무이행심판'을, 작위행위 가운데 중대·명백한 잘못이 있는 행위에 대하여는 '무효등확인심판'을, 중대·명백한 잘못에 까지는 이르지 않는 행위에 대하여는 '취소심판'을 통해 구제받도록 규정하고 있다.

(1) 취소심판

취소심판이란 행정청의 위법 또는 부당한 처분 등으로 권리를 침해당한 자가 그 처분의 취소 또는 변경을 구하는 심판을 말한다. 가장 전형적인 행정심판으로서 영업정지처분취소청구, 운전면허취소청구, 불허가처분취소청구 등이 있다.

(2) 무효등확인심판

무효등확인심판이란 행정청의 처분의 효력유무 또는 존재여부를 확인하는 행정심판이다. 즉, 유·무효확인심판, 실효확인심판, (부)존재확인심판 등 처분의 효력유무 또는 존재여부에 관한 확인을 구하는 심판이다. 행정심판청구기간이 경과된 후에 주로 무효등확인심판으로 제기되는 사례가 많지만, 취소사유로는 부족하고 그 하자가 중대하고 명백한 경우에 한하여 무효로 인용된다.

(3) 의무이행심판

의무이행심판이란 당사자의 신청에 대한 행정청의 위법 또는 부당한 거부처분이나 부작위에 대하여 일정한 처분을 하도록 하는 행정심판을 말한다. 취소심판의 경우는 잘못된 거부처분의 효력을 상실하게 하는 효과밖에 없으나, 의무이행심판으로 다투게 되면 적극적 행위를 재결할 수 있다는 실익이 있다.

4. 행정심판절차

개 요

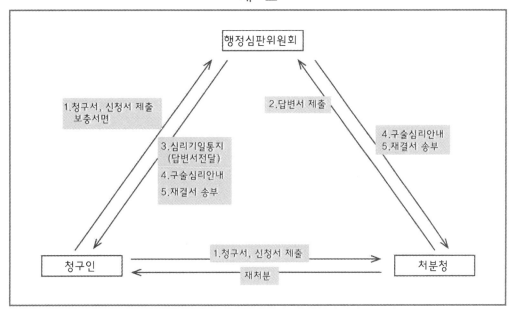

(1) 청구서, 신청서 제출

사 례

1997. 12. 26. 피고가 원고에 대하여 개발부담금의 납부고지서를 송부하여 관할 우체국은 같은 달 27. 이를 원고의 중앙우체국 사서함에 투입하였고, 원고로부터 우편물 배달업무를 위임받은 소외 A주식회사 소속 직원인 소외 甲은 같은 날 10:30경 이 사건 납부고지서를 수령하여 원고에게 우송된 다른 우편물과 함께 같은 날 11:30경 원고의 주소지 건물 21층에 있는 문서실로 운반하였다. 마침 그 날은 마침 토요일이라 원고 직원들은 11:00경 퇴근하여 문서실에 근무하는 아르바이트 직원 乙이 甲으로부터 납부고지서를 다른 우편물과 함께 수령한 후 퇴근하였다. 그리고 납부고지서는 월요일인 같은 해 12. 29. 원고의 담당부서인 부동산팀에 전달되었다. 이 경우 언제 처분이 있음을 알았다고 할 것인가?

행정심판은 심판청구기간 내에 심판청구서, 집행정지 신청서 등을 청구인 또는 대리인이 서면 또는 온라인으로 제출하여야 한다. 서면으로 행정심판을 청구하는 경우에는 행정심판청구서를 2부 작성(피청구인의 수만큼)하여 처분청(처분을 한 행정기관)이나 소관 행정심판위원회로 제출하여야 한다. 온라인으로 행정심판을 청구하는 경우에는 홈페이지에서 인증서를 이용하여 로그인을 하면 가능하며, 입증자료는 총 100MB 이내로 첨부 가능하며, 입증자료가 많아 첨부하기 곤란한 경우에는 온라인으로 심판청구서를 제출한 후 지체 없이 2부를 작성하여 청구서를 제출한 기관에 제출하면 된다. 청구인이 아닌 대리인이 온라인으로 심판청구를 하는 경우에는 심판청구서의 대리인란에 필요사항을 기재하고, 대리인의 자격 증빙자료를 같이 제출하여야 한다.

심판청구는 처분이 있음을 알게 된 날부터 90일 이내, 처분이 있었던 날부터 180일 이내에 제기하여야 한다. 처분이 있음을 알게 된 날이란 처분의 위법 있음을 안 날을 의미하는 것이 아니라, 통지·공고 등으로 처분이 있었음을 현실적으로 안 날을 의미하는 것으로 그 기간인 90일 이내는 불변기간이다. 행정심판이 두 가지의 청구기간 중 어느 하나라도 기간이 지나면 부적법한 심판청구가 된다.

타인이 행정처분에 관한 배달물을 수령할 경우 본인이 행정처분이 있음을 알았는지의 여부에 관하여 법원은 세입자, 이웃집 주민, 세입자가 수령하였으나 20일이 지난 후에 전달, 7세의 미성년인 딸이 수령한 경우, 청구인이 교도소 수감중 통지서 반송, 이사한 이후 전주소지의 아파트 경비원이 수령한 경우 등은 도달하지 않은 것으로 판단하였다.

사례의 해결

〔1〕심판청구기간 기산점인 '처분이 있음을 안 날'이란 당사자가 통지·공고 기타의 방법에 의하여 당해 처분이 있었다는 사실을 현실적으로 안 날을 의미하고, 추상적으로 알 수 있었던 날을 의미하는 것은 아니다. 그러나 처분에 관한 서류가 당사자의 주소지에 송달되는 등 사회통념상 처분이 있음을 당사자가 알 수 있는 상태에 놓여진 때에는 반증이 없는 한 그 처분이 있음을 알았다고 추정할 수 있다(대법원 1995. 11. 24. 선고 95누11535 판결).

〔2〕결론

위 사안의 경우에 원고의 주소지에서 아르바이트 직원 乙이 납부고지서를 수령한 이상, 원고로서는 담당부서에 전달된 1997. 12. 29. 처분이 있음을 알 수 있는 상태에 있었다고 볼 수 있고, 따라서 원고는 그 때 처분이 있음을 알았다고 추정함이 상당하다(대법원 1999. 12. 28. 선고 99두9742 판결).

[서식 12] 행정심판 청구서

행정심판 청구서

접수번호	접수일	

청구인	성명	
	주소	
	주민등록번호(외국인등록번호)	
	전화번호	
[ ] 대표자 [ ] 관리인 [ ] 선정대표자 [ ] 대리인	성명	
	주소	
	주민등록번호(외국인등록번호)	
	전화번호	
피청구인		
소관 행정심판위원회	[ ] 중앙행정심판위원회 [ ] ○○시·도행정심판위원회 [ ] 기타	

처분 내용 또는 부작위 내용	
처분이 있음을 안 날	
청구 취지 및 청구 이유	별지로 작성
처분청의 불복절차 고지 유무	
처분청의 불복절차 고지 내용	
증거 서류	

「행정심판법」 제28조 및 같은 법 시행령 제20조에 따라 위와 같이 행정심판을 청구합니다.

년   월   일

청구인   (서명 또는 인)

○○행정심판위원회 귀중

첨부서류	1. 대표자, 관리인, 선정대표자 또는 대리인의 자격을 소명하는 서류(대표자, 관리인, 선정대표자 또는 대리인을 선임하는 경우에만 제출합니다.) 2. 주장을 뒷받침하는 증거서류나 증거물	수수료 없음

처 리 절 차

청구서 작성	→	접수	→	재결	→	송달
청구인		○○행정심판위원회		○○행정심판위원회		

210mm×297mm[백상지 80g/㎡]

□ 집행정지신청

행정심판을 청구하여도 심판의 대상이 되는 처분의 효력이나 집행은 원칙적으로 정지되지 않는다. 따라서 처분, 처분의 집행 또는 절차의 속행 때문에 중대한 손해가 생기는 것을 예방할 필요성 때문에 집행을 정지하고자 하는 경우, 행정심판청구와 함께 별도로 집행정지 신청을 하여야 한다. 집행정지 신청에 대한 인용결정이 있게 되면, 행정심판의 대상이 되는 처분 등은 행정심판의 재결이 있을 때까지 그 집행이 정지된다. 다음은 집행정지신청서의 예이다.

□ 임시처분신청

임시처분이란 처분 또는 부작위가 위법·부당하다고 상당히 의심되는 경우로서 처분 또는 부작위 때문에 당사자가 받을 우려가 있는 중대한 불이익이나 당사자에게 생길 급박한 위험을 막기 위하여 임시지위를 정하여야 할 필요가 있는 경우에 직권 또는 당사자의 신청에 의하여 행하는 가구제 수단이다. 임시처분제도는 현행법상 집행정지를 통해서 구제할 수 없는 권리에 있어서 임시적 구제제도를 도입함으로써 그동안 거부처분이나 부작위에 대한 임시적 구제제도의 제도적 공백상태를 해소하여 청구인의 권리를 두텁게 보호할 수 있게 되었다. 예컨대 국가시험 1차 시험에서 불합격된 자가 행정심판을 청구한 경우 일단 2차 시험을 볼 수 있는 자격을 임시로 부여한 후 1차 시험 불합격처분의 위법 여부를 판단하는 것이다. 다음은 임시처분신청서의 예이다.

[서식 13] 집행정지신청서

집행정지신청서

접수번호		접수일	
사건명			
신청인		성명	
		주소	
피신청인			
신청 취지			
신청 원인			
소명 방법			

「행정심판법」 제30조제5항 및 같은 법 시행령 제22조제1항에 따라 위와 같이 집행정지를 신청합니다.

년   월   일

신청인   (서명 또는 인)

○○행정심판위원회 귀중

[서식 14] 임시처분 신청서

임시처분 신청서

접수번호		접수일	
사건명			
신청인		성명	
		주소	
피신청인			
신청 취지			
신청 원인			
소명 방법			

「행정심판법」 제31조제2항에 따라 위와 같이 임시처분을 신청합니다.

년   월   일

신청인   (서명 또는 인)

○○행정심판위원회 귀중

(2) 답변서 작성

청구인이 심판청구를 취하하는 경우를 제외하고는 피청구인인 행정청이 심판청구서를 접수하거나 송부받으면 10일 이내에 심판청구서와 답변서를 행정심판위원회에 보내야 한다. 피청구인(처분청)의 답변서는 우편송달 및 온라인 행정심판 포탈의 웹사이트를 통하여 확인이 가능하다. 청구인은 처분청인 행정기관의 주장이 기재된 답변서를 온라인으로 열람하고, 피청구인의 답변내용에 대한 반박을 하거나 이전의 주장을 보완하고자 할 경우에는 보충서면을 작성하여 제출하면 된다. 보충서면도 온라인으로 제출할 수 있으며, 심리기일 전까지 횟수에 제한없이 제출할 수 있다. 보충서면이 제출되면 그 부본을 다시 피청구인에게 송달하여 보충서면을 제출할 수 있도록 하여야 하므로, 보충서면을 심리기일에 임박하여 제출하는 경우 그 내용을 심도있게 검토하지 못하는 문제가 발생할 수 있다. 다음은 답변서의 예이다.

[서식 15] 답변서

답 변 서

○ 사 건 명:
○ 청 구 인:
○ 피청구인: (담당자: 000, 전화번호)
○ 심판청구서 접수일: (처분일:)
○ 심판청구의 대상이 되는 처분의 내용(또는 부작위의 전제가 되는 신청인의 내용):
○ 고지의 유무 및 내용:

답변취지
----------라는 재결을 구함

답변이유
1. 사건 개요
2. 청구인 주장
3. 본안 전 항변(이 사건 청구의 부적법성)

　 · 제기기간 도과, 처분 또는 부작위가 아님, 법률상 이익 없음 등
4. 본안에 대한 답변(이 사건 처분의 적법 · 타당성)
　　 가. 처분의 근거(관계법령)
　　 나. 처분의 이유

증거서류 또는 증거물
1. 을 제1호증 : 0000처분서 사본 1부
2. 을 제2호증 :
3. 을 제3호증 :

2011.　　 .　　 .
○ ○ ○ 시장 (인), ○ ○ ○ 도지사 (인)

○ ○ ○ 행정심판위원회　 귀하

---

(3) 보충서면 및 추가증거의 제출

추가로 제출할 내용이 있으면 '보충서면'이란 제목으로 제출하면 되고, 증거도 추가로 제출하면 된다. 다음은 보충서면의 예이다.

[서식 16] 보충서면

보충서면

접수번호   접수-2015-○○
사건명   정보공개거부처분취소청구
청구인   ○ ○ ○
피청구인   ○ ○ ○

위 당사자간 행정심판 청구사건에 대하여 청구인은 다음과 같이 보충서면을 제출하고자 합니다.

다음

1. 피청구인의 주장

   피청구인은 … 라는 이유로 이 사건 처분이 적법하다고 주장합니다.

2. 반박

   가. 그러나, …

   나. 따라서 피청구인의 위 주장은 이유 없습니다.

3. 결론

   결국, 2015. ○. ○. 피청구인에 의한 정보비공개결정 처분은 ○○○한 위법·부당한 처분이라고 할 것입니다.

입증방법

1. 소을 제5호증 ○○○
2. 소을 제6호증 ○○○

첨부서류

1. 위 입증방법 ○○○

2015. ○. ○.

청구인 ○ ○ ○ 인

○○ 행정심판위원회 귀중

(4) 심리기일안내

행정심판의 심리란 재결의 기초가 되는 사실 또는 법률관계를 명백히 하기 위하여 당사자 및 이해관계인이 공격과 방어의 방법으로 제출한 주장 등을 통해 증거나 기타의 자료를 수집·조사하는 일련의 절차를 말한다. 행정심판의 심리는 행정심판위원회에서 행해진다.

청구인은 행정심판위원회가 지정한 심판청구사건에 대한 심리·의결일을 열람한다. 심리기일이란 사건에 대한 검토가 완료되어 행정심판위원회가 심판의 대상이 된 처분 등에 대하여 위법·부당여부를 판단하는 기일을 말한다. 심리기일이 정해지면 청구인에게 우편으로 통지를 하며, 온라인으로 행정심판을 청구한 경우에는 홈페이지와 E-mail, 휴대전화 SMS 등으로 통지가 이루어진다.

(5) 구술심리안내

행정심판의 심리는 구술심리나 서면심리로 한다. 따라서 청구인이 위원회에 직접 출석하여 진술을 하고자 하는 경우에는 구술심리를 신청할 수 있으며, 행정심판위원회는 구술심리 여부를 결정하여 신청인에게 통지하여야 한다. 다만, 당사자가 구술심리를 신청하더라도 이미 제출된 자료만으로도 충분한 판단이 가능하다고 인정되는 경우에는 서면심리만으로 결정할 수 있다. 구술심리 신청은 행정심판 청구 시 또는 행정심판 진행 중에 할 수 있다.

(6) 심리 및 재결

행정심판위원회는 심판청구가 그 제기요건을 갖추고 있는지 여부를 미리 심리(요건심리)하고, 심판청구가 제기요건을 갖추지 못한 부적법한 것일 때에는 행정심판위원회는 이를 각하 재결하게 된다.

요건심리의 결과 심판청구가 적법한 것이라고 판단한 경우에 그 심판청구의 본안에 대하여 실체적으로 심리(본안심리)한 결과 처분 또는 부작위가 위법·부당하면 심판청구의 취지를 인용, 위법·부당하지 않으면 기각재결을 하게 된다.

행정심판위원회는 그 재결내용을 지체 없이 청구인과 피청구인에게 재결서의 정본을 송달하여야 하고, 재결서의 등본을 지체 없이 참가인에게 송달하여야 한다. 행정심판위원회의 재결은 행정심판청구사건에 대한 심리의 결과를 판단하여 대외적으로 청구인과 피청구인에게 알리는 것이다. 즉, 행정심판에 대한 재결청의 종국적 판단으로 그 효력은 재결서가 송달되어야 발생한다. 다음은 재결서의 예이다.

[서식 17] 행정심판위원회 재결서

○○○ 행정심판위원회 재결서

① 사 건	행심 심판청구사건		
청 구 인	② 이름		
	③ 주소		
선정대표자 · 관리인 · 대리인	④ 이름		
	⑤ 주소		
⑥ 피청구인		⑦ 참가인	
⑧ 주 문			
⑨ 청구 취지			
⑩ 이 유	별지에 적은 내용과 같음		
⑪ 근거 법조문	「행정심판법」 제46조		

위 사건에 대하여 주문과 같이 재결합니다.

. . .

○○○ 행정심판위원회 (인)

(7) 재결의 효력

재결이란 서면에 의하는 요식행위이고 심판청구사건에 대한 위원회의 종국적인 판단으로서 준법률행위적 행정행위 중 확인행위이며 준사법적 행위로서, 재결의 효력으로 다음의 내용을 적시할 수 있다. ① 기속력(구속력)으로서 재결이 피청구인인 행정청과 그 밖의 관계행정청에게 재결의 취지에 따르도록 구속하는 효력인데, 인용재결에만 인정되며 각하재결·기각재결에는 인정되지 않는다. 기속력의 내용으로는 ㉠ 반복금지효: 처분의 취소·무효등확인재결이 있으면 동일한 사정하에서 동일한 이유로 동일인에게 동일한 내용의 처분을 반복하지 못하게 하는 효력이다(소극적 의무). ㉡ 재처분 의무: 의무이행재결(당사자의 신청을 거부하거나 부작위로 방치한 처분의 이행을 명하는 재결)이 있으면 행정청은 지체 없이 이전의 신청에 대하여 재결의 취지에 따라 처분을 하여야 한다(적극적 의무). 이 경우 위원회는 피청구인이 처분을 하지 아니하는 경우에는 당사자가 신청하면 기간을 정하여 서면으로 시정을 명하고 그 기간에 이행하지 아니하면 직접 처분을 할 수 있다(행정심판법 제50조 제2항). ㉢ 결과제거의무: 결과제거의무 또는 원상회복의무에 대하여는 법령에 명문의 규정이 없다. 그러나 재결에 의하여 처분이 취소되거나 무효로 되면, 행정청은 위법 또는 부당으로 판명된 처분에 의하여 형성된 상태를 제거하여야 할 의무가 있다고 할 것이다. ② 형성력으로서 취소재결이 확정되면 당해 처분이 소급하여 소멸됨으로써 기존의 법률관계에 변동을 가져오는 효력을 말한다. 형성적 재결이 있은 경우에는 그 대상이 된 행정처분은 재결 자체에 의하여 당연히 취소되어 소멸된다. 당사자는 물론 제3자에게도 효력이 미치는 대세적 효력이다. 모든 인용재결에 형성력이 발생하는 것은 아니고, 인용재결 중에서 처분재결이나 처분취소재결에 형성력이 발생한다. 인용재결 중에서 처분취소명령재결, 처분변경명령재결, 처분명령재결 등에는 형성력이 발생하는 것이 아니라 기속력이 발생한다. ③ 불가쟁력으로서 재결 자체에 고유한 위법이 있는 경우에 행정소송을 제기할 수 있지만, 제소기간이 경과하면 더 이상 효력을 다툴 수 없게 되는 효력을 말한다. ④ 불가변력으로서 확인의 성질을 갖는 판단행위인 재결은 위원회 스스로도 이를 취소 또는 변경할 수 없는 효력을 말한다.

Ⅴ. 행정소송

1. 행정소송의 의의

사 례

甲은 허리디스크가 심한 상태에서 징병검사를 받았는데, 신체등위 1급 판정을 받고 현역병 입영 대상자가 되었다. 이러한 징병검사 결과에 대하여 甲은 행정소송을 제기하고 싶다. 甲은 징병검사 신체등급판정을 가지고 행정소송을 제기할 수 있는가?

행정소송은 공법상의 법률관계에 관한 분쟁에 대하여 하는 재판절차 즉, 행정청의 위법한 처분 그 밖의 공권력의 행사, 불행사 등으로 인한 국민의 권리 또는 이익의 침해를 구제하고 공법상의 권리관계 또는 법적용에 관한 분쟁을 해결하는 재판절차로서, 국가 형벌권의 발동에 관한 소송인 형사소송이나 사법상의 법률관계에 관한 다툼을 심판하는 민사소송과 구별되고 재판기관인 법원에 의한 재판이라는 점에서 행정기관이 하는 행정심판과 구별된다.

사례의 해결

〔1〕 행정소송법상 항고소송은 국민의 권리나 이익 구제를 위한 것이므로, 어떤 행정청의 행위가 국민의 권리의무에 직접 영향을 미치는 행위라면 항고소송의 대상이 되는 행정처분에 해당한다(대법원 2005. 2. 17. 선고 2003두10312 판결).

〔2〕 그리고 병역법상 신체등위판정은 행정청이 아닌 군의관에 의해서 행해지고 있고, 그 자체만으로 병역법상의 권리의무가 정해지는 것이 아니라 지방병무청장의 병역처분에 의하여 비로소 병역의무의 종류가 정해지는 것이므로 항고소송의 대상이 되는 행정처분이라 보기 어렵다(대법원 1993. 8. 27. 선고 93누3356 판결).

〔3〕 결론

위 사안에서 甲은 군의관이 한 신체등급판정에 대하여는 행정소송을 제기할 수 없고, 병무청장이 행한 현역병입영대상자 처분을 대상으로 취소소송 등을 제기하여야 한다.

2. 행정소송의 종류

주관적 소송 중 항고소송으로는 취소소송, 무효확인소송, 부작위위법확인소송이 있으며, 당사자소송으로는 형식적 당사자소송(개별법에서 특별한 규정이 있는 경우에만 허용하는 소송), 실질적 당사자소송(대립하는 대등 당사자간의 공법상의 권리 또는 법률관계 그 자체를 소송물로 하는 소송)이 있다.

객관적 소송 중 민중소송으로는 국민투표무효소송, 선거무효소송, 당선무효소송이 있으며, 기관소송으로는 지방의회나 교육위원회의 의결무효소송, 주무부장관이나 상급 지방자치단체장의 감독처분에 대한 이의소송 등이 있다.

(1) 항고소송

▷ 항고소송은 행정청이 우월한 의사의 주체로서 행한 행정작용에 대한 불복의 소송을 총칭하는 것으로 행정청의 위법한 처분 등(처분 및 행정심판에 대한 재결)이나 부작위로 인하여 권리·이익을 침해받은 자가 그 위법을 다투기 위하여 제기하는 소송으로 행정소송법상 취소소송, 무효등확인소송, 부작위위법확인소송의 3유형이 있다.

▷ 항고소송의 대상으로서의 행정처분은 ① 행정청의 행위이어야 한다. 따라서 시장, 군수, 구청장이 대상이며, 국가나 지방자치단체는 대상이 안 된다. ② 공권력적 행위이어야 한다. 따라서 공법상계약이나 사법행위는 제외된다. ③ 구체적 사실에 대한 법집행 행위이어야 한다. ④ 국민의 권리·의무에 직접 영향이 있는 법적 행위이어야 한다. 단순한 행정청 내부의 중간처분, 의견, 질의답변 또는 내부적 사무처리 절차, 알선, 권유, 행정지도 등 비권력적 사실행위 등은 항고대상이 아니다. ⑤ 행정처분으로서 외형을 갖춘 것이어야 한다. ⑥ 불복절차나 불복할 것을 예정하고 있지 않아야 한다. 과태료처분, 통고처분 등은 비송사건절차법 또는 즉결심판법으로 판단을 받아야 하며, 검사의 처분, 검사의 기소유예 및 불기소처분, 공탁공무원처분과 등기관의 처분에 대하여도 관련법에 의하여 불복하여야 하며 행정소송 대상이 아니다.

1) 취소소송

사 례

甲은 1977. 12. 5. 제1종 보통 운전면허를 1984. 5. 24. 제1종 특수 운전면허를 각 취득하였고 1990. 2. 28. 이래 개인택시운송사업에 종사하여 왔다. 1995. 7. 30. 휴무일을 이용하여 친목계원들과 관악산에 등산하기로 하여 그 소유의 개인택시를 운전하여 모이기로 한 장소로 가서 주차를 하였다. 그리고 계원들을 기다리면서 소주를 1병 정도 마신 후, 위 택시를 제대로 주차시키기 위하여 같은 날 19 : 00경 음주상태(혈중 알콜농도 0.23%)로 후진운전하다가 2대의 승용차를 각 충돌하였다. 이 사고로 인하여 甲은 제1종 보통 및 제1종 특수 자동차 운전면허가 취소되었고, 이에 위 운전면허 취소처분은 재량권의 범위를 일탈한 것이라고 주장하였다. 타당한 주장인가?

취소소송이란 행정청의 위법한 처분 등을 취소 또는 변경하는 소송으로 항고소송의 대표적인 소송형태이다. 취소소송의 대상은 행정청의 '처분 등'으로 행정청의 처분과 행정심판에 대한 재결을 말한다. 여기에서 "처분 등"이란 행정청이 행하는 구체적 사실에 관한 법집행으로서의 공권력의 행사 또는 그 거부와 그 밖에 이에 준하는 행정작용 즉 행정청의 공법상의 행위로서 특정사항에 대하여 국민의 구체적 권리 의무에 직접적인 변동을 초래하는 행위 및 행정심판에 대한 재결을 말한다.

취소소송을 제기하기 위해서는 ① 처분 등의 취소·변경을 구할 법률상 이익이 있는 자가(원고적격), ② 처분 등을 행한 행정청을 피고로 하여(피고적격), ③ 행정청의 위법한 처분 등에 대하여(대상적격), ④ 취소소송을 할 현실적 필요성이 있는 경우에(협의의 소익), 소장을 작성하여 처분 등이 있음을 안 날부터 90일, 처분 등이 있은 날부터 1년 이내에 관할법원에 제기하여야 한다. 90일의 기간은 불변기간이다. 소송요건의 존부를 판단하는 시기는 사실심 변론종결시이므로 소송요건에 하자가 있더라도 그때까지 소송요건을 구비하면 하자는 치유가 된다.

사례의 해결

〔1〕 한 사람이 여러 종류의 자동차운전면허를 취득하는 경우뿐 아니라 이를 취소 또는 정지함에 있어서도 서로 별개의 것으로 취급하는 것이 원칙이다. 그러나 그 취소나 정지의 사유가 특정의 면허에 관한 것이 아니고 다른 면허와 공통된 것이거나 운전면허를 받은 사람에 관한 경우에는 여러 운전면허 전부를 취소 또는 정지할 수도 있다.

〔2〕 도로교통법시행규칙 별표에 제1종 특수면허로 운전할 수 있는 차량의 한 종

류로 규정된 '제2종 보통면허'로 운전할 수 있는 차량이란 제2종 보통면허로 운전할 수 있는 차량으로 규정된 '승용자동차, 승차정원 9인 이하 승합자동차, 적재중량 4톤 이하 화물자동차, 원동기장치자전거' 등을 의미하는 것일 뿐 비사업용자동차를 의미 하는 것은 아니라 할 것이다. 특수면허가 제1종 운전면허의 하나인 이상 특수면허 소지자는 승용자동차로서 사업용자동차인 택시를 운전할 수 있다. 따라서 택시의 운 전은 제1종 보통면허 및 특수면허 모두로 운전한 것이 되므로 택시의 음주운전을 이 유로 위 두 가지 운전면허 모두를 취소할 수 있다(대법원 1996. 6. 28. 선고 96누 4992 판결).

〔3〕 결론

위 사안에서 서울특별시 지방경찰청장이 갑의 제1종 보통 및 특수 자동차 운전 면허를 취소한 처분에 대하여 재량권을 일탈하였거나 남용한 위법이 있다고 할 수 없으므로 갑의 주장은 타당한 것이 아니다.

2) 무효등 확인소송

무효등 확인소송은 행정청의 처분등의 효력 유무 또는 존재여부를 확인하는 소송 이다. 이를 인정하는 이유는 외형상 행정처분이 존재하고 그 처분의 성질상 유효한 효 력이 지속하는 것으로 오인되어 집행될 우려가 있는 것에 대하여 무효인 처분의 상대 방이나 이해관계인은 재판에 의하여 그 처분의 효력을 부정할 필요가 있기 때문이다. 무효등확인소송의 대상은 취소소송의 경우와 같이 '처분 등'이다.

무효등확인소송을 제기하기 위해서는 ① 처분 등의 효력유무 또는 존재여부의 확 인을 구할 법률상 이익이 있는 자가(원고적격), ② 처분 등을 행한 행정청을 피고로 하 여(피고적격), ③ 위법한 처분 등에 대하여(대상적격), ④ 재판제도를 이용할 현실적 필요 성이 있는 경우에(협의의 소익), 소장을 작성하여 관할법원에 제기하여야 한다. 무효등확 인소송의 경우에는 제소기간의 제한이 없다.

3) 부작위위법확인소송

부작위위법확인소송은 행정청의 부작위가 위법하다는 것을 확인하는 소송이다. 즉, 행정청이 당사자의 신청에 대하여 상당한 기간 내에 일정한 처분을 하여야 할 법률 상 의무가 있음에도 이를 하지 아니한 경우에 그 위법확인을 구하는 소송이다. 즉, 행 정청이 인용 또는 거부라는 아무런 응답을 하지 않는 것이 위법하다는 확인을 구하는 것이지 원고의 신청을 인용하지 않는 것이 위법하다는 확인을 구하는 소송이 아니다.

부작위위법확인소송은 ① 처분의 신청을 한 자로서 부작위의 위법확인을 구할 법률상 이익이 있는 자가(원고적격), ② 부작위를 한 행정청을 피고로 하여(피고적격), ③ 위법한 부작위에 대하여(대상적격), ④ 재판제도를 이용할 현실적 필요성이 있는 경우에 (협의의 소익), ⑤ 개별법에서 행정심판을 거치도록 규정하고 있는 경우에는 행정심판을 거쳐(예외적인 행정심판전치), 소장을 작성하여 취소소송의 경우와 같은 기간 내에 관할법원에 제기하여야 한다.

(2) 당사자소송

> ### 사 례
>
> 도시정비법상의 주택재건축정비사업조합인 乙의 조합원 甲이 乙을 상대로 관리처분계획변경안에 대한 총회결의의 무효확인을 구하는 소송을 제기하면서 그 보전처분으로 총회결의의 효력을 본안소송 판결 확정시까지 정지하는 결정을 신청하고자 한다. 甲은 乙을 상대로 행정소송을 제기하여야 하는가? 아니면 민사소송을 제기하여야 하는가?

당사자소송이란 행정청의 처분 등을 원인으로 하는 법률관계에 관한 소송 그 밖에 공법상의 법률관계에 관한 소송으로서 그 법률관계의 한쪽 당사자를 피고로 하는 소송을 말한다. 따라서 반드시 처분을 전제로 하거나 처분을 다툴 필요 없이 행정청의 처분 등으로 인하여 생긴 개인의 권리나 의무를 다투는 소송이다. 당사자소송은 처분 자체를 대상으로 하지 않고 법률관계를 대상으로 하는 점에서 항고소송과 구별된다. 예컨대 공무원이 비위사실로 면직처분을 당한 경우, 면직이 무효라고 주장하면서 국가를 상대로 여전히 공무원으로서 권리·의무를 지니고 있다는 공무원의 지위확인을 구하는 소송이 이에 해당한다.

당사자소송은 국가·공공단체 그 밖의 권리주체를 피고로 한다. 즉, 피고가 국가인 경우에는 법무부장관이 국가를 대표하고, 지방자치단체인 경우에는 해당 지방자치단체의 장이 대표한다. 재판관할은 피고의 소재지를 관할하는 행정법원이며, 피고가 국가 또는 공공단체인 경우에는 관계행정청의 소재지를 피고의 소재지로 본다. 당사자소송에 관하여 법령에 제소기간이 정하여져 있는 경우를 제외하고는 제소기간의 제한이 없다. 제소기간은 불변기간이다.

사례의 해결

〔1〕 도시 및 주거환경정비법상 행정주체인 주택재건축정비사업조합을 상대로 관리처분계획안에 대한 조합 총회결의의 효력을 다투는 소송은 행정처분에 이르는 절차적 요건의 존부나 효력 유무에 관한 소송으로서 소송결과에 따라 행정처분의 위법 여부에 직접 영향을 미치는 공법상 법률관계에 관한 것이므로, 이는 행정소송법상 당사자소송에 해당한다. 따라서 甲은 乙을 상대로 행정소송을 제기하여야 한다.

〔2〕 다만, 이러한 당사자소송에 대하여는 행정소송법 제23조 제2항의 집행정지에 관한 규정이 준용되지 아니하므로(행정소송법 제44조 제1항 참조), 이를 본안으로 하는 가처분에 대하여는 행정소송법 제8조 제2항에 따라 민사집행법상 가처분에 관한 규정이 준용되어야 한다(대법원 2015. 8. 21. 자 2015무26 결정).

〔3〕 결론

위 사안의 경우는 행정소송법상 당사자소송에 해당하므로, 甲은 乙을 상대로 행정소송을 제기하여야 한다.

(3) 민중소송

민중소송이란 국가 또는 공공단체의 기관이 법률에 위반되는 행위를 한 때에 직접 자기의 법률상 이익과 관계없이 그 시정을 구하기 위하여 제기하는 소송이다. 예컨대, 대통령·국회의원 선거의 효력에 이의가 있는 선거인은 선거일로부터 30일 이내에, 국민투표의 효력에 관하여 이의가 있는 투표인은 투표인 10만인 이상의 찬성을 얻어 중앙선거관리위원회 위원장을 피고로 하여 투표일로부터 20일 이내에 대법원에 제소할 수 있다.

(4) 기관소송

기관소송은 국가 또는 공공단체의 기관상호간에 있어서의 권한의 존부 또는 그 행사에 관한 다툼이 있을 때에 이에 대하여 제기하는 소송이다. 기관소송은 동일한 법인격주체에 속하는 내부기관 상호간의 권한다툼에 관한 소송이므로 서로 상이한 행정주체에 속하는 기관간의 소송은 제외된다.

3. 행정소송의 특징(민사소송과의 관계)

(1) 행정소송도 행정소송법에 특별한 규정이 없는 한 민사소송법을 준용(행정소송

법 제8조 제2항)하나 취소소송에 관하여는 민사소송과는 다른 특칙 즉, 재판관할, 원고적격, 피고적격, 피고의 경정, 행정심판전치주의, 제소기간, 직권증거조사, 사정판결, 집행정지 등에 관한 특칙을 두고 있다. 따라서 민사소송에서 준용되는 당사자처분권주의, 부제소특약, 자백의 구속력, 화해, 인낙, 청구의 포기 등은 인정되지 않으며, 직권소송참가, 사정판결 등을 할 수 있다.

(2) 행정소송은 그 대상이 국가나 공공단체가 당사자의 일방 또는 쌍방인 법률관계이고, 민사소송은 사법상의 법률관계를 그 대상으로 한다는 점에서 구분된다. 예컨대 사립학교 교직원의 징계처분에 대하여는 사립학교 법인을 상대로 민사소송을 제기하여야 하고, 국·공립학교 교직원은 행정소송으로 제기해야 한다. 그러나 국가 또는 공공단체가 순수한 사경제적 지위에서 행한 법률관계는 사법상의 법률관계에 속하므로 민사소송에 해당한다.

4. 행정심판과 행정소송의 관계

(1) 행정심판전치주의

행정심판전치주의란 처분에 대하여 법령이 행정심판을 인정하고 있는 경우에 행정심판을 거치는 것을, 행정소송의 제기를 위한 필요적인 전심절차로 하는 제도를 말한다. 행정심판전치주의를 채택할지의 여부는 입법정책의 문제이다.

행정소송법 제18조 제1항은 "취소소송은 법령의 규정에 의하여 당해 처분에 대한 행정심판을 제기할 수 있는 경우에도 이를 거치지 아니하고 제기할 수 있다. 다만, 다른 법률에 당해 처분에 대한 행정심판의 재결을 거치지 아니하면 취소소송을 제기할 수 없다는 규정이 있는 때에는 그러하지 아니하다"라고 규정하여, 현재 우리나라는 행정심판의 임의적 전치주의를 채택하고 있다.

행정심판전치주의가 적용되는 소송은 취소소송, 무효선언을 구하는 의미에서의 취소소송, 부작위위법확인소송이다(행정소송법 제18조 제1항, 제38조 제2항). 따라서 개별법에서 행정심판전치주의를 규정하고 있어도 행정심판절차를 거치지 않고 무효등확인소송을 제기할 수는 있다.

(2) 필요적 행정심판전치주의가 적용되는 처분

1) 국세기본법과 관세법상의 처분
이의신청(임의적) ⇨ 심사청구 또는 심판청구 ⇨ 행정소송

2) **공무원의 징계처분 등**(국가공무원법, 지방공무원법)

소청심사청구 ⇨ 행정소송

3) **교원의 징계처분 등**(교원지위향상을 위한 특별법)

교원징계위원회에 재심청구 ⇨ 행정소송

4) **노동위원회의 결정 등**(노동위원회법, 노동조합 및 노동관계조정법)

중앙노동위원회에 재심신청 ⇨ 행정소송

5) **운전면허의 취소 · 정지처분 등**(도로교통법)

행정심판 ⇨ 행정소송

6) **지방자치단체의 사용료 · 수수료 · 분담금의 부과 · 징수처분 등**(지방자치법)

이의신청 ⇨ 행정소송

5. 행정소송의 절차

(1) 소장 접수 및 답변서 제출

행정소송을 제기하려면 먼저 소장을 작성하여 법원에 제출하여야 한다. 행정소송은 대체적으로 행정청의 처분이 위법한지 여부가 쟁점이므로 행정청의 처분이 어떠한 점에서 위법한지를 구체적으로 기재하여야 한다. 소장의 기재할 사항은 ① 원·피고 당사자의 성명, 명칭 또는 상호와 주소, 주민등록번호, ② 대리인이 있는 경우 대리인의 성명과 주소, ③ 일과중 연락가능한 전화번호, 팩스번호, E-Mail 주소, ④ 청구취지(청구의 내용 및 범위), ⑤ 청구원인(원고가 구하는 소의 결론을 이끌어내는 근거가 되는 사실관계와 법률관계의 성립원인 사실), ⑥ 소장에 첨부하는 증거서류 등 부속서류의 표시, ⑦ 작성 연월일, ⑧ 법원의 표시, ⑨ 작성자의 기명날인 및 간인 등이다.

피고가 원고의 청구를 다투는 때에는 소장부본을 송달받은 날로부터 30일 안에 답변서를 제출하여야 한다. 청구취지에 대한 답변(예컨대 원고의 청구를 기각한다), 청구원인에 대한 구체적인 답변(원고가 주장하는 사실 중 인정하는 부분과 인정하지 아니하는 부분, 인정하지 아니하는 사실에 대하여는 그 사유), 증거관계에 기재된 주장을 증명하기 위한 증거방법(서류, 증인, 감정, 사실조회 등)과 상대방이 제출한 서류 등에 관한 의견을 제시한다.

피고가 행정청인 경우에는 행정처분사유, 행정처분의 근거 법률과 시행령 등의 해당조문 내용을 구체적으로 기재하여야 한다. 그리고 소송의 대상이 된 처분을 한 서면, 원고의 신청서, 신청서 제출 후 처분 과정에서 작성된 서류 등 행정처분과 관련된 서류를 답변서 제출단계에서 함께 제출하는 것이 바람직하다. 다음은 소장의 예이다.

[서식 18] 소장(자동차운전면허취소처분취소 청구의 소)

소 장

원 고   ○ ○ ○ (주민등록번호)

서울 서초구 서초동 1701의 1

(전화 000-000, 팩스 000-000)

피 고   서울특별시 지방경찰청장

자동차운전면허취소처분취소 청구의 소

소 가	50,000,000원
첩부할인액	230,000원
	(소가×0.0045+5,000원)
송 달 료	71,000원
	3,550원×10회×당사자수

청 구 취 지

1. 피고가 20○○. ○. ○○. 원고에 대하여 한 자동차운전면허취소처분을 취소한다.
2. 소송비용은 피고의 부담으로 한다.

라는 판결을 구합니다.

청 구 원 인

(원고가 피고를 상대로 위 청구취지와 같은 청구를 하게 된 원인을 구체적으로 기재)

입 증 방 법

1. 갑 제1호증 운전면허취소처분 통지서

첨 부 서 류

1. 위 각 입증방법 각 1부.
1. 송달료 납부서   1부.

20 .   .   .

위 원고 ○ ○ ○ (서명 또는 날인)

○○법원 귀중

[서식 19] 소장(행정정보공개 부작위위법 확인의 소)

소 장

원 고   ○○시민연대
　　　　○○시 ○○구 ○○길 ○○ (우편번호 ○○○ ─ ○○○)
　　　　대표 ○ ○ ○

피 고   △△광역시 △△구청장
　　　　○○시 ○○구 ○○길 ○○ (우편번호 ○○○ ─ ○○○)

행정정보공개부작위위법 확인의 소

청 구 취 지

1. 피고가 원고의 별지목록기재 사항에 대한 행정정보를 공개하지 않은 것이 위법임을 확인한다.
2. 소송비용은 피고의 부담으로 한다
라는 판결을 구합니다.

청 구 원 인

1. 원고는 ○○지역에서 지방자치제도의 활성화와 주민들의 지방자치참여를 목적으로 하여 결성된 시민운동단체로서 법인격 없는 사단입니다.
2. 원고는 20○○. ○. ○. 공공기관의정보공개에관한법률에 따라 피고를 상대로 행정감시를 사용 목적으로 하여 별지목록기재 사항의 행정정보공개청구를 하였습니다. 그러나 피고는 아직까지 아무런 결정을 하지 않았습니다.
3. 그러나 위 법률 제9조 제1항은 8가지 사유에 해당되지 아니한 경우에는 모든 공공기관의 정보는 공개되어야 한다고 규정하고 있는데 원고가 피고에게 정보공개를 요청한 내용은 위 8가지 사유가 해당되지 아니함에도 피고는 위법하게도 아무런 결정을 하고 있지 아니한 것입니다.
4. 따라서 피고가 아무런 결정을 하지 않은 것에 대해서 위법함을 확인하기 위하여 이 사건 청구에 이르게 된 것입니다.

첨 부 서 류

1. 소장부본　　　　　　　　1통
1. 납부서　　　　　　　　　1통

2017년　○월　○일

원 고 ○ ○ ○ (인)

○ ○ 행 정 법 원 귀 중

별 지 목 록

1. 1998, 1999년도 기지출된 판공비의 내역(일자 내역 액수 별로 정리)
2. 1998, 1999년도 기지출된 판공비의 지출결의서, 영수증 등 제반 증빙서류
3. 2000년도 각 피고의 판공비 예산총액 및 기관별 총액. 끝.

[서식 20] 준비 서면

준 비 서 면

사건번호   20   구합(구단)

원   고

피   고

위 사건에 관하여 원(피)고는 다음과 같이 변론을 준비합니다.

다   음

1.
2.

입증방법

1.
1.

20 .   .   .

원(피)고   (날인 또는 서명)

서울행정법원 제   부(단독)   귀중

□ **집행정지신청**

집행정지원칙이냐 집행부정지원칙이냐는 입법정책의 문제라고 할 수 있겠는데, 우리 행정소송법은 행정처분이 위법한 것임을 전제로 취소소송이 제기되었다 하더라도 권한 있는 기관에 의하여 취소되지 않는 한 집행이 정지되지 않는다(행정소송법 제23조 제1항)는 집행부정지원칙을 취하고 있다.

그러나 집행부정지의 원칙을 획일적으로 적용하게 되면 원고가 후일 승소하는 경우에도 이미 집행이 종료되어 회복할 수 없는 손해를 입게 되는 부당한 결과를 초래할 수 있으므로 이를 예방하기 위하여, 행정소송의 시작단계에서 집행정지신청을 통해 집행정지결정을 미리 받아 확정판결이 있을 때까지 원고의 권리를 잠정적으로 보전하여 권리회복이 불가능하게 되는 사태가 발생하는 것을 방지하려는 제도이다. 또한 부담적 처분에 대한 원고의 권익구제를 위하여 처분 등의 효력이나 그 집행 또는 절차의 속행의 전부 또는 일부를 일시 정지하는 소극적·현상유지적 성격의 가구제제도이다(행정소송법 제23조 제2항~제6항).

취소소송과 무효등확인소송이 제기된 경우에 집행정지 가능(행정소송법 제23조 제2항, 제38조 제1항)하나, 부작위위법확인소송의 경우에는 인정되지 않는다. 또한 거부처분에 대하여는 실익이 없다고 할 수 있다.

[서식 21] 행정처분 집행정지신청(자동차운전면허취소처분)

행정처분 집행정지신청

신 청 인   홍   길   동(주민등록번호)

　　　　　서울 ○○구 ○○동 123의 45

　　　　　(전화 000-000, 팩스 000-000)

첨 부 할 인 지 액	2,000원
송 달 료	원

(3,550원×2회×당사자수)

피신청인   서울특별시 지방경찰청장

신 청 취 지

피신청인이 2014. ○. ○○. 신청인에 대하여 한 자동차운전면허취소처분은 귀원 2014구단123호 자동차운전면허취소처분취소 청구사건의 판결 선고시까지 그 집행을 정지한다.
라는 결정을 구합니다.

신 청 이 유

생략(신청취지와 같은 신청을 하는 이유를 구체적으로 기재)

휴대전화를 통한 정보수신 신청

　위 사건에 관한 재판의 종국내역(인용, 기각, 각하, 일부인용, 이송)에 관한 정보를 예납의무자가 납부한 송달료 잔액 범위 내에서 아래 휴대전화를 통하여 알려주실 것을 신청합니다.

◼ 휴대전화 번호 :

2014.　　.　　.

　　　신청인　　　　　　　(날인 또는 서명)

※ 재판의 종국내역(인용, 기각, 각하, 일부인용, 이송)이 법원재판사무시스템에 입력되는 당일 위 휴대전화로 문자메시지가 발송됩니다.

※ 문자메시지 서비스 이용금액은 메시지 1건당 17원씩 납부된 송달료에서 지급됩니다(송달료가 부족하면 문자메시지가 발송되지 않습니다).

※ 추후 서비스 대상 정보, 이용금액 등이 변동될 수 있습니다.

소명방법 및 첨부서류

1. 소갑 제 1호증 자동차운전면허취소통지서
1. 소갑 제 2호증 운전경력증명서
1. 송달료 납부서

2014.   .   .

위 신청인   홍   길   동   서명 또는 날인

○○법원   귀중

□ **효력정지신청**

[서식 22] 행정처분 효력정지신청(입찰참가자격제한처분)

행정처분 효력정지신청

신 청 인   주식회사유비개발

서울 ○○구 ○○동 123의 45

대표이사 홍 길 동

(전화 000-000, 팩스 000-000)

첨 부 할 인 지 액	2,000원
송 달 료	원

(3,550원×2회×당사자수)

피신청인   국회사무총장

신 청 취 지

피신청인이 2014. ○. ○○. 신청인에 대하여 한 입찰참가자격제한처분은 이 법원 2014구합 12345호 입찰참가자격제한처분취소 청구사건의 판결 선고시까지 그 효력을 정지한다.
라는 결정을 구합니다.

신 청 이 유

생략(신청취지와 같은 신청을 하는 이유를 구체적으로 기재)

소 명 방 법

1. 소갑 제 1호증 입찰참가신청서

휴대전화를 통한 정보수신 신청

위 사건에 관한 재판의 종국내역(인용, 기각, 각하, 일부인용, 이송)에 관한 정보를 예납의무자 가 납부한 송달료 잔액 범위 내에서 아래 휴대전화를 통하여 알려주실 것을 신청합니다.

■ 휴대전화 번호 :

2014. . .

신청인   (날인 또는 서명)

※ 재판의 종국내역(인용, 기각, 각하, 일부인용, 이송)이 법원재판사무시스템에 입력되는 당일 위 휴대전화로 문자메시지가 발송됩니다.

※ 문자메시지 서비스 이용금액은 메시지 1건당 17원씩 납부된 송달료에서 지급됩니다(송달료가 부족하면 문자메시지가 발송되지 않습니다).

※ 추후 서비스 대상 정보, 이용금액 등이 변동될 수 있습니다.

첨 부 서 류

1. 위 각 소명방법 각 1부.
1. 송달료 납부서   1부.

2014. . .

위 신청인 홍   길   동 서명 또는 날인

○○법원   귀중

□ 속행정지신청

[서식 23] 행정처분 효력정지신청(공매절차에 대한 속행정지)

행정처분 효력정지신청

신 청 인   홍 길 동(주민등록번호)

서울 ○○구 ○○동 123의 45

(전화 000-000, 팩스 000-000)

첨 부 할 인 지 액	2,000원
송 달 료	(3,550원×2회×당사자수)

피신청인   한국자산관리공사

사장 0 0 0

신 청 취 지

신청외 강남세무서장이 200 . ○. ○. 한 증여세부과처분에 기하여 서울 서초구 서초동 1701 대 1100㎡에 대하여 피신청인이 진행 중인 공매절차는 이 법원 200○구합12345호 증여세부과처분취소 사건의 판결 선고시까지 그 속행을 정지한다.
라는 결정을 구합니다.

신 청 이 유

생략(신청취지와 같은 신청을 하는 이유를 구체적으로 기재)

소 명 방 법

1. 소갑 제 1호증 공매처분통지서

휴대전화를 통한 정보수신 신청

위 사건에 관한 재판의 종국내역(인용, 기각, 각하, 일부인용, 이송)에 관한 정보를 예납의무자 가 납부한 송달료 잔액 범위 내에서 아래 휴대전화를 통하여 알려주실 것을 신청합니다.

■ 휴대전화 번호 :

20 . . .

신청인   (날인 또는 서명)

※ 재판의 종국내역(인용, 기각, 각하, 일부인용, 이송)이 법원재판사무시스템에 입력되는 당일
위 휴대전화로 문자메시지가 발송됩니다.
※ 문자메시지 서비스 이용금액은 메시지 1건당 17원씩 납부된 송달료에서 지급됩니다(송달료가
부족하면 문자메시지가 발송되지 않습니다).
※ 추후 서비스 대상 정보, 이용금액 등이 변동될 수 있습니다.

첨 부 서 류

1. 위 각 소명방법 각 1부.
1. 송달료 납부서   1부.
1. 신청서 부본   1부.

20 .   .   .

위 신청인 홍   길   동 서명 또는 날인

○○법원   귀중

(2) 변론준비기일

① 재판장이 진행을 담당하지만, 합의사건의 경우 재판장이 합의부원을 수명법관
으로 지정하여 그 진행을 담당하게 할 수도 있다. 쟁점정리기일은 1회 진행하는 것이
원칙이나, 부득이한 경우에는 기일을 속행할 수 있다. 쟁점정리를 위한 준비기일에는
소장, 답변서, 준비서면 진술, 쟁점 정리, 출석한 당사자본인 진술 청취, 입증계획을 수
립하는 등의 절차가 이루어진다.

② 당사자 본인은 대리인이 있는 경우 반드시 출석할 필요는 없다. 그러나 언제
든지 출석할 수 있고, 사건의 사실관계 등에 관하여 진술할 수 있는 기회가 보장되어
있다.

③ 변론준비기일에 원고가 청구의 근거로 삼고 있는 사실관계와 피고가 항변하는
사실관계에 관하여 쟁점정리하고, 다툼이 있는 사실 가운데 증인신문 등에 의한 입증이
필요한 사항을 정리하는 등의 절차가 진행된다.

④ 변론준비기일에는 쌍방의 주장과 함께 증거관계도 정리한다. 변론준비기일 이
전에 증거채택 여부를 결정하지 않았거나, 변론준비기일에 추가로 제기된 증거신청에
대한 채택 여부를 결정한다. 그리고 기존에 채택하여 실시된 검증, 사실조회, 감정촉탁

등의 결과에 대하여 고지하고 그 내용을 확인하며, 서증에 대한 조사를 시행하는 등 증거조사도 시행한다.

⑤ 변론준비기일에 제출하지 아니한 공격방어방법은 그 제출로 인하여 소송을 현저히 지연시키지 않는 경우, 중대한 과실 없이 변론준비절차에서 제출하지 못하였다는 것을 소명한 경우, 법원이 직권으로 조사할 사항인 경우에 해당하여야만 변론에서 제출할 수 있다.

(3) 변론기일

1) 변론기일의 운영

변론기일은 재판장이 진행을 담당하고, 공개법정에서 진행된다. 변론준비기일이 먼저 행해진 경우 변론기일에서는 증인 및 당사자에 대한 신문을 한 기일에 집중하여 실시하는 것을 원칙으로 한다(집중증거조사기일). 변론준비기일을 거치지 않은 경우에는 주장의 진술, 증거신청, 증거조사 등의 모든 과정이 변론기일에 이루어진다.

2) 준비기일 결과의 변론상정, 증인조사 등

변론기일 전에 변론준비기일을 거친 경우에는 준비기일에서 정리되었던 당사자의 주장, 쟁점에 관한 사항, 증거조사의 결과 등을 설명·확인하는 과정(변론상정)을 거치게 된다. 증인을 조사하는 방법은 첫째, 증인진술서 제출방식으로 재판장의 명령이 있는 경우 당사자가 증인으로부터 증언할 내용을 시간적 경과에 따라 기재한 진술서(증인진술서)를 제출받아 미리 법원에 제출하고, 법정에서는 주로 반대신문에 집중하는 방법이다. 둘째, 증인신문사항 제출방식으로 증인을 신청한 당사자가 재판장이 정한 기한 내에 미리 증인신문사항을 적은 서면을 제출하고, 법원에서는 이를 상대편 당사자에게 송달하여 반대신문을 준비하게 한 후, 법정에서 증인에 대해 주신문 및 반대신문을 시행하는 방식이다. 셋째, 서면에 의한 증언으로 법정에서의 출석·증언에 갈음하여 증언할 내용을 사건 진행의 시간적 경과에 따라 기재하고, 서명날인한 서면을 제출하는 것인데, 법원은 증인진술서가 제출된 후 상대방의 이의가 있거나 필요하다고 인정되는 때에는 증인으로 하여금 출석하여 증언하게 할 수 있다.

(4) 변론종결

재판장은 주장의 진술, 증거신청, 증거조사 등의 모든 과정이 종결되고 나면 변론을 종결하고 선고기일을 지정한다. 변론종결 이후에는 당사자가 준비서면을 제출하거나 서류에 번호를 매겨 제출하더라도 이는 변론에 현출되지 아니한 것이기 때문에 재판결과에 반영되지 못한다. 따라서 그러한 자료를 재판결과에 반영시키기 위해서는 변론 재개를 신청하여 변론기일에 진술, 제출하여야 한다.

(5) 판결선고

판결은 재판장이 판결원본에 따라 주문을 읽는 방식으로 선고하고, 필요한 때에는 이유를 간략히 설명할 수 있다. 판결은 당사자가 출석하지 않아도 선고할 수 있고, 선고에 의해 판결의 효력이 발생한다. 판결에 불복이 있는 당사자는 판결서가 송달된 날부터 2주 이내에 항소장을 1심 법원에 제출하는 방식으로 항소할 수 있다.

(6) 행정소송 판결의 효력

판결이 확정되면 더 이상 재판을 통하여 그 당부를 다툴 수 없게 되고(형식적 확정력), 법원도 더 이상 그 내용을 변경하거나 그와 다른 판결을 할 수가 없을 뿐만 아니라 당사자 또한 확정된 권리관계에 관하여 다른 내용의 권리를 주장할 수 없게 된다(실질적 확정력, 기판력).

취소소송에서 인용판결이 확정되면 관계행정청은 동일한 사실관계 아래서 동일한 당사자에게 동일한 내용의 처분을 반복하여서는 안 된다(반복금지효).

거부처분을 행한 행정청은 판결의 취지에 따라 원래의 신청에 대한 처분을 하도록 재처분의무를 규정(행정소송법 제30조 제2항, 제38조 제2항)하고 있다.

처분 등을 취소하는 확정판결은 그 사건에 관하여 당사자인 행정청과 그 밖의 관계행정청을 기속한다.

(7) 판결내용에 위반한 행정청의 처분

기속력은 법원이 판단한 동일한 이유에 기하여 동일한 내용의 처분을 하는 것을 금하고, 별도의 이유에 기하여 동일한 내용의 처분은 가능하다. 예컨대 공무원의 징계처분취소판결이 있은 뒤에 그 징계처분 사유 설명서의 기재사유 이외의 사유를 들어 다시 징계처분을 할 수는 있다. 즉 사실관계에 변동이 있을 때에는 판결의 기속력이 인정되지 않는다. 따라서 기속력에 위반하여 한 행정행위는 위법한 것으로서 무효사유에 해당한다.

VI. 행정상 손해배상

1. 행정상 손해배상의 의의

국가나 지방자치단체는 공무원 또는 공무를 위탁받은 사인이 직무를 집행하면서 고의 또는 과실로 법령을 위반하여 타인에게 손해를 입히거나, 자동차손해배상 보장법에 따라 손해배상의 책임이 있을 때에는 그 손해를 배상하여야 한다. 이를 국가배상이라고 한다. 행정상 손해배상은 공무원의 위법한 직무집행행위 및 국가 또는 공공단체가 설치·관리하는 영조물의 하자로 인하여 국민에게 손해를 가한 경우에 국가 등 행정주체가 그 손해를 배상하는 제도이다.

헌법 제29조에서 "공무원의 직무상 불법행위로 손해를 받은 국민은 법률이 정하는 바에 의하여 국가 또는 공공단체에 정당한 배상을 청구할 수 있다"고 규정하여 국가배상청구권을 국민의 청구권적 기본권의 하나로 보장한다. 이에 기초하여 국가배상책임에 관한 일반법으로「국가배상법」이 제정되어 있다. 따라서 국가배상에 관하여 특별법이 있으면 특별법이 먼저 적용되고, 특별법이 없는 경우에는「국가배상법」이 적용되며, 국가배상법에 규정이 없는 사항에 대하여는「민법」이 적용된다.

2. 공무원의 위법한 직무집행행위로 인한 배상책임

국가배상법상 공무원의 위법한 직무집행위로 인한 배상책임이 성립하기 위해서는 ① 공무원의 행위이어야 한다. 공무원은 넓은 의미의 공무원으로써 국가공무원법이나 지방공무원법에 의해 공무원의 신분을 가진 자뿐만 아니라 공무원의 신분을 갖지 않더라도 널리 공무를 위탁받아 종사하는 자가 모두 공무원의 범위에 포함된다.

사 례

甲은 2006. 3.경 국가 乙로부터 의뢰받아 2007. 5.경 도라산역사 내 벽면 및 기둥들에 포토콜라주 기법을 활용하여 14점의 벽화를 제작·설치하였다. 벽화들은 반복·재현이 사실상 불가능하고 도라산역 내에 '첩부벽화'의 형태로 설치되어 벽체로부터의 분리도 용이하지 않은 미술저작물로써, 통일 염원을 상징하는 대표적인 의미가 있어서 수많은 관광객이 찾는다. 그런데 乙은 작품 설치일로부터 채 3년도 지나지 않은 2010. 2. 3. 이 사건 벽화의 교체를 추진하는 계획안을 수립한 다음 같은 해 5. 6. 이 사건 벽화를 철거하기로 결정하였고, 이후 그 원형에 대한 손상을 최소화하는 방법으로 이 사건 벽화를 철거할 수 있는지에 관하여 전문가의 조언을 구하거나 원고에게 통보하여 의사를 확인하는 등의 노력도 기울이지 않은 채 같은 달 18일 그 철거를 완료하였으며, 그 과정에 이 사건 벽화를 크게 손상시켰다. 甲은 乙을 상대로 국가배상청구권을 행사할 수 있는가?

공무를 위탁받은 사인 관련한 '교통할아버지' 사건

서울특별시 강서구의 '교통할아버지 봉사활동' 계획에 따라 '교통할아버지' 봉사원으로 선정된 김○○○이라는 사인이 지정된 시간 중에 강서구로부터 위탁받은 업무 범위를 넘어 교차로 중앙에서 교통정리를 하다가 교통사고를 발생시키자 동부화재해상보험 주식회사가 보험금을 지급하고 강서구에 구상금을 청구한 사건에서, 원심이 강서구가 '교통할아버지 봉사활동' 계획을 수립한 다음 관할 동장으로 하여금 '교통할아버지' 봉사원을 선정하게 하여 그들에게 활동시간과 장소까지 지정해 주면서 그 활동시간에 비례한 수당을 지급하고 그 활동에 필요한 모자, 완장 등 물품을 공급함으로써, 피고의 복지행정업무에 해당하는 어린이 보호, 교통안내, 거리질서 확립 등의 공무를 위탁하여 이를 집행하게 하였다고 보아, 소외 김○○○은 '교통할아버지' 활동을 하는 범위 내에서는 국가배상법 제2조에 규정된 지방자치단체의 '공무원'이라고 봄이 상당하다고 판단한 것은 법리오해 등의 위법은 없다(대법원 2001. 1. 5. 선고 98다39060 판결).

② 공무원의 직무집행행위로써 직무행위가 법령에 위반하여야 한다. 직무집행행위는 직접 공무원의 직무집행행위이거나 그와 밀접한 관계에 있는 행위를 포함한다. 법령위반은 엄격한 의미의 법령에 위반하는 것만을 의미하는 것이 아니라 성문법과 불문법뿐만 아니라 인권존중, 권리남용금지, 신의성실의 원칙, 공서양속 등을 포함하고, 널리 행위가 객관적으로 정당성을 결여하고 있는 것을 의미한다.

직무의 사익보호성 관련한 성폭력범죄 조사사건

성폭력범죄의 담당 경찰관이 성폭력범죄의 피해자인 나이 어린 학생의 피해사실 및 인적사항이 기재된 서류를 유출하여 언론에 보도하는 등으로 이들이 겪은 정신적 고통에 대한 손해배상청구소송에서, 성폭력범죄의 처벌 및 피해자보호 등에 관한 법률 제21조는 성폭력범죄의 수사 또는 재판을 담당하거나 이에 관여하는 공무원에 대하여 피해자의 인적사항과 사생활의 비밀을 엄수할 직무상 의무를 부과하고 있고, 이는 주로 성폭력범죄 피해자의 명예와 사생활의 평온을 보호하기 위한 것이므로, 성폭력범죄의 수사를 담당하거나 수사에 관여하는 경찰관이 위와 같은 직무상 의무에 반하여 피해자의 인적사항 등을 공개 또는 누설하였다면 국가는 그로 인하여 피해자가 입은 손해를 배상하여야 한다(대법원 2008. 6. 12. 선고 2007다64365 판결).

법령에 위반 관련한 성폭력범죄 조사사건

성폭력범죄의 담당 경찰관이 성폭력범죄의 피해자인 나이 어린 학생의 피해사실 및 인적사항이 기재된 서류를 유출하여 언론에 보도하는 등으로 이들이 겪은 정신적 고통에 대한 손해배상청구소송에서, 국가배상책임에 있어 공무원의 가해행위는 법령을 위반한 것이어야 하고, 법령을 위반하였다 함은 엄격한 의미의 법령 위반뿐 아니라 인권존중, 권력남용금지, 신의성실과 같이 공무원으로서 마땅히 지켜야 할 준칙이나 규범을 지키지 아니하고 위반한 경우를 포함하여 널리 그 행위가 객관적인 정당성을 결여하고 있음을 뜻하는 것이므로, 경찰관이 범죄수사를 함에 있어 경찰관으로서 의당 지켜야 할 법규상 또는 조리상의 한계를 위반하였다면 이는 법령을 위반한 경우에 해당한다(대법원 2008. 6. 12. 선고 2007다64365 판결).

③ 공무원에게 고의·과실이 있어야 한다. 국가배상법상 고의·과실의 유무는 공무원을 선임·감독함에 있어서의 국가의 고의·과실을 말하는 것이 아니라 당해 공무원을 기준으로 판단한다.

> **국·공립대학의 교원에 대한 재임용거부처분이 불법행위가 됨을**
> **이유로 임용권자에게 재산적 손해배상을 묻기 위한 요건**
> **(고의 또는 과실)과 그 판단 기준**
>
> 재임용심사에서 탈락한 국립대학 교원이 위 판결 선고 후 '대학교원 기간임용제
> 탈락자 구제를 위한 특별법'에 의하여 교원소청심사특별위원회에 재심사를 청구하여
> 재임용거부처분취소결정을 받고 복직한 다음 재임용거부로 입은 손해에 대하여 국
> 가배상청구를 한 사안에서, 국·공립대학 교원에 대한 <u>재임용거부처분이 재량권을</u>
> <u>일탈·남용한 것으로 평가되어 그것이 불법행위가 됨을 이유로 국·공립대학 교원</u>
> <u>임용권자에게 손해배상책임을 묻기 위해서는</u> 당해 재임용거부가 국·공립대학 교원
> <u>임용권자의 고의 또는 과실로 인한 것이라는 점이 인정되어야</u> 한다. 그리고 위와 같
> <u>은 고의·과실이 인정되려면 국·공립대학 교원 임용권자가 객관적 주의의무를 결하</u>
> <u>여 그 재임용거부처분이 객관적 정당성을 상실하였다고 인정될 정도에 이르러야 한</u>
> <u>다</u>(대법원 2011. 1. 27. 선고 2009다30946 판결).

④ 타인에게 손해가 발생하여야 한다. 타인이란 가해자인 공무원과 그에 가담한
자 이외의 모든 자를 의미하며, 손해란 피해자가 입은 모든 손해로써 적극적·소극적
손해, 재산적·비재산적 손해 등이 모두 포함된다.

⑤ 손해와 공무원의 직무행위 사이에 상당인과관계가 있어야 한다.

> **상당인과관계 관련한 충무 유람선 극동호 화재사건**
>
> 충무 유람선화재로 유람선에 타고 있던 이○○ 등 36명을 물에 빠져 익사 또는
> 소사하자 유족들이 대한민국을 상대로 손해배상을 청구한 사건에서, 상당인과관계의
> 유무를 판단함에 있어서는 일반적인 결과발생의 개연성은 물론 직무상 의무를 부과
> 하는 법령 기타 행동규범의 목적이나 가해행위의 태양 및 피해의 정도 등을 종합적
> 으로 고려하여야 할 것이다. 관할 충무시장은 유선 및 도선업법 제5조 제3호의 규정
> 에 의하여 유선의 수선, 사용 및 운항의 제한 또는 금지를 명하여야 할 직무상 의무
> 가 있음에도 불구하고 이를 이행하지 아니하여 <u>위 직무상 의무를 위반하였다고 할</u>
> 것이다. <u>선박안전법이나 유선 및 도선업법의 각 규정은 공공의 안전 외에 일반인의</u>
> <u>인명과 재화의 안전보장도 그 목적으로 하는 것이라고 할 것이므로, 피고 대한민국</u>
> <u>의 선박검사관이나 피고 충무시 소속 공무원들이 위와 같은 직무상 의무를 위반하여</u>
> <u>시설이 불량한 이 사건 유람선에 대하여 선박중간검사에 합격하였다 하여 선박검사</u>

증서를 발급하고, 해당법규에 규정된 조치를 취함이 없이 계속 운항하게 함으로써 이 사건 화재사고가 발생한 것이라고 볼 수 있는 것이라면, 위 유람선 화재사고와 피고들 소속 공무원들의 직무상 의무위반행위와의 사이에는 상당인과관계가 있고, 따라서 피고들은 그로 인한 손해배상책임을 부담하여야 한다고 할 것이다(대법원 1993. 2. 12. 선고 91다43466 판결).

사례의 해결

〔1〕 예술작품이 공공장소에 전시되어 일반대중에게 상당한 인지도를 얻는 등 예술작품의 종류와 성격 등에 따라서는 저작자로서도 자신의 예술작품이 공공장소에 전시·보존될 것이라는 점에 대하여 정당한 이익을 가질 수 있으므로, 저작물의 종류와 성격, 이용의 목적 및 형태, 저작물 설치 장소의 개방성과 공공성의 정도, 국가가 이를 선정하여 설치하게 된 경위, 폐기의 이유와 폐기 결정에 이른 과정 및 폐기 방법 등을 종합적으로 고려하여 볼 때 국가 소속 공무원의 해당 저작물의 폐기 행위가 현저하게 합리성을 잃고 저작자로서의 명예감정 및 사회적 신용과 명성 등을 침해하는 방식으로 이루어진 경우에는 객관적 정당성을 결여한 행위로서 위법하다.

〔2〕 따라서 甲이 국가 乙의 의뢰로 도라산역사 내 벽면 및 기둥들에 벽화를 제작·설치하였는데, 국가가 작품 설치일로부터 약 3년 만에 벽화를 철거하여 소각한 사안에서, 甲은 특별한 역사적, 시대적 의미를 가지고 있는 도라산역이라는 공공장소에 국가의 의뢰로 설치된 벽화가 상당 기간 전시되고 보존되리라고 기대하였고, 국가도 단기간에 이를 철거할 경우 갑이 예술창작자로서 갖는 명예감정 및 사회적 신용이나 명성 등이 침해될 것을 예상할 수 있었음에도, 국가가 벽화 설치 이전에 이미 알고 있었던 사유를 들어 적법한 절차를 거치지 아니한 채 철거를 결정하고 원형을 크게 손상시키는 방법으로 철거 후 소각한 행위는 현저하게 합리성을 잃은 행위로서 객관적 정당성을 결여하여 위법하므로, 국가 乙은 국가배상법에 따라 甲에게 위자료를 지급할 의무가 있다(대법원 2015. 8. 27. 선고 2012다204587 판결).

〔3〕 결론

위 사안에서 乙의 이러한 이 사건 벽화 폐기행위로 인하여 갑이 정신적 고통을 겪었을 것임은 경험칙상 분명하므로, 甲은 乙을 상대로 국가배상법 제2조 제1항에 따라 위자료 지급청구를 할 수 있다.

3. 영조물의 설치·관리의 하자로 인한 배상책임

사 례

국가가 1989. 10. 경 도로(편도 1차선의 46번 국도)를 신설하였는데, 이 사건 교통사고가 일어난 지점의 부근은 산중턱을 깎아 도로의 부지를 조성하였으므로, 비가 많이 올 때 등에 대비하여 깎아내린 산비탈부분이 무너지지 않도록 배수로를 제대로 설치하고 격자블록 등의 견고한 보호시설을 갖추어야 됨에도 불구하고, 이를 게을리 한 잘못으로 위 산비탈부분이 1991. 7. 25. 내린 약 308.5㎜의 집중호우에 견디지 못하고 위 도로 위로 무너져 내려 차량의 통행을 방해함으로써 교통사고가 일어나 주식회사 진흥여객 A가 피해를 당했다. 이런 경우에 어떤 보상을 받을 수 있는가?

도로·하천 기타 공공의 영조물의 설치 또는 관리에 하자가 있기 때문에 타인에게 손해를 발생하게 하였을 때에는 국가 또는 지방자치단체는 그 손해를 배상하여야 한다. 배상책임을 인정하기 위해서는 ① 공공의 영조물이어야 한다. 국가배상법상 영조물은 행정주체가 직접 행정목적에 제공한 유체물로 민법의 공작물보다 넓은 개념이다. 즉, 도로, 다리, 상하수도, 가로수, 맨홀, 철도시설물, 공중변소, 하천, 하천의 제방, 호수, 배수로의 제방, 전신주, 관용자동차, 군용견, 경찰견, 관청의 청사, 공중전화 등은 모두 영조물에 해당한다. 그러나 국·공유재산이라 하더라도 공물을 제외한 일반재산은 여기의 영조물에 포함되지 않는다. ② 설치 또는 관리의 하자가 있어야 한다. 설치 또는 관리상 하자란 사회통념상 일반적으로 갖추어야 할 안정성을 갖추지 못한 상태를 말한다. ③ 타인에게 손해가 발생하여야 한다. 타인에는 일반인은 물론 영조물을 관리하는 공무원도 포함되며, 영조물의 설치·관리의 하자와 상당인과관계가 있는 피해자의 모든 손해가 포함된다. 그러나 사회통념상 일반적으로 갖추어야 할 안전성을 갖추어 설치·관리의 하자가 없는 데도 불구하고 천재지변 등 불가항력에 의하여 발생한 손해에 대해서 국가배상책임이 면책된다. 그러나 국가·지방자치단체의 재정상 제약으로 인하여 영조물이 갖추어야 할 안정성을 확보하지 못한 경우에는 배상책임이 면제되지 않는다.

사례의 해결

〔1〕A는 국가의 도로에 대한 설치 또는 관리상의 하자로 인하여 피해를 입은 것이며, 이해 관한 국가배상의 청구에 관하여 검토한다.

첫째, 도로는 영조물에 해당한다.

둘째, 매년 비가 많이 오는 장마철을 겪고 있는 우리나라와 같은 기후의 여건 하에서 위와 같은 집중호우가 내렸다고 하여 전혀 예측할 수 없는 천재지변이라고 보기는 어렵기 때문에 관리자의 설치 또는 관리상의 하자가 있다 할 것이다.

셋째, A가 손해를 입은 것은 집중호우로 국도변 산비탈이 무너져 내려 차량의 통행을 방해함으로써 일어난 교통사고로 인한 것이 명백하므로 손해발생 및 영조물의 설치·관리의 하자와 상당인과관계도 인정된다고 할 것이다.

〔2〕결론

위 사안에서 A는 국가배상법 제5조 제1항에 따라 영조물의 설치·관리의 하자로 인한 손해배상을 청구할 수 있다(대법원 1993. 6. 8. 선고 93다11678 판결).

4. 국가배상청구절차

국가배상법상 손해배상의 소송은 배상심의회에 배상신청을 하지 아니하고도 이를 제기할 수 있다고 하여 임의적 결정전치주의를 채택하고 있다. 즉, 손해를 입은 국민은 자신의 선택에 따라 배상심의회에의 배상신청을 하거나 직접 법원에 국가배상소송을 제기할 수도 있다.

국가배상법에 따라 배상금을 지급받으려는 자는 그 주소지·소재지 또는 배상원인 발생지를 관할하는 지구심의회에 배상신청을 하여야 한다. 손해배상의 원인을 발생하게 한 공무원의 소속 기관의 장은 피해자나 유족을 위하여 지구심의회의 신청을 권장하여야 한다.

지구심의회는 배상신청을 받으면 지체 없이 증인신문·감정·검증 등 증거조사를 한 후 그 심의를 거쳐 4주일 이내에 배상금 지급결정, 기각결정 또는 각하결정을 하여야 한다. 지구심의회는 긴급한 사유가 있다고 인정할 때에는 장례비·요양비 및 수리비의 일부를 사전에 지급하도록 결정할 수 있다. 사전에 지급을 한 경우에는 배상결정 후 배상금을 지급할 때에 그 금액을 빼야 한다.

심의회는 배상결정을 하면 그 결정을 한 날부터 1주일 이내에 그 결정정본을 신청인에게 송달하여야 한다. 배상결정을 받은 신청인은 지체 없이 그 결정에 대한 동의서를 첨부하여 국가나 지방자치단체에 배상금 지급을 청구하여야 한다. 그러나 지구심의회에서 배상신청이 기각(일부기각된 경우를 포함한다) 또는 각하된 신청인은 결정정본이 송달된 날부터 2주일 이내에 그 심의회를 거쳐 본부심의회나 특별심의회에 재심을 신청할 수 있다.

Ⅶ. 행정상 손실보상

사 례

대구광역시는 공익사업(도로 개설)을 시행하기 위하여 법률의 절차에 따라 甲 소유의 토지(畓) 중 일부를 수용하였다. 수용 전의 위 토지는 모두 도로에 접한 폭 9m의 길쭉한 토지였는데, 도로에 접한 부분이 수용됨으로써 수용에서 제외된 잔여지는 폭이 7.5m 정도에 불과하게 되었다.

이 경우 대구광역시는 갑으로부터 수용한 토지뿐만 아니라 잔여지 가격의 감소에 따른 손실보상도 하여야 하는가?

1. 행정상 손실보상의 의의

행정상 손실보상이란 공공필요에 의한 적법한 공권력행사로 인하여 사인에게 가해진 재산상의 특별한 희생에 대하여 재산권의 보장과 공평부담의 견지에서 행정주체가 행하는 조절적인 보상을 말한다.

행정상 손실보상은 적법한 공권력 행사로 인해 손실의 보상이라는 점에서 불법행위로 인한 행정상 손해배상과 다르고, 상대방의 특별한 희생에 대한 보상이라는 점에서 손해를 감수해야 하는 벌금이나 조세와도 다르다. 또한 특별한 희생에 대한 보상인 점에서, 재산권 자체에 내재하는 사회적 제약의 범위 내의 것인 때에는 손실보상의 문제는 생기지 않는다.

2. 행정상 손실보상의 요건

손실보상이 이루어지기 위해서는 첫째, 손실보상의 원인으로서의 개인의 재산권에 대한 침해는 법률의 근거에 의한 적법한 공권력 행사이어야 한다. 둘째, 공용침해, 즉 공공필요에 의한 재산권의 수용·사용·제한에 대한 보상이어야 한다. 셋째, 공권력의 행사로 인하여 개인의 재산권에 가해진 특별한 희생이 손실보상의 대상이 된다. 손실보상의 대상이 되는 재산권이란 소유권뿐만 아니라 법에 의해 보호되고 있는 모든 재산적 가치가 있는 권리를 말하고, 이에는 사법상의 권리뿐만 아니라 공법상의 권리도 포함된다. 넷째, 특별한 희생이어야 한다. 특별한 희생이란 재산권의 내재적 제약을 넘는 손실을 말하는 것으로 재산권의 침해정도가 재산권의 사회적 제약의 범위 내인 경우에는 손실보상의 문제는 발생하지 않는다.

3. 행정상 손실보상의 방법 및 절차

(1) 행정상 손실보상의 방법

행정상 손실보상은 금전보상을 원칙으로 하므로 법률에 특별한 규정이 있는 경우를 제외하고는 현금으로 지급하여야 한다. 그러나 공용침해의 대가로서 현금 대신에 일정한 시설물이나 다른 토지를 제공하는 방법에 의한다(현물보상). 예컨대, 재개발사업의 경우에 일정한 시설물이나 대지를 분양하고 도시개발사업의 경우에 환지를 교부하는 것 등이다. 이외에도 채권으로 손실보상을 지급하거나 물건에 대한 이용제한에 따라 종래의 이용목적대로 물건을 사용하기가 곤란하게 된 경우에 상대방에게 그 물건의 매수청구권을 인정하고 그에 따라 그 물건을 매수함으로써 실질적으로 보상하는 매수보상이 있다.

(2) 행정상 손실보상액의 결정

손실보상액에 관한 당사자 사이의 협의는 행정청의 일방적 결정의 전단계로서 행해지며, 그 성질은 사법상 계약이다. 당사자 사이에 협의가 이루어지지 않는 경우에는 행정청의 재결·결정에 의해 보상액이 정해지는데, ① 토지수용위원회와 같은 의결기관의 재결에 의한 경우, ② 자문기관의 심의를 거쳐 행정청이 결정하는 경우, ③ 행정청이 일방적으로 결정하는 경우 등이 있다. 그리고 법률이 손실보상에 대한 규정을 두고 있으나 보상액 결정방법에 대해 규정을 두지 않는 예외적인 경우에 당사자는 처음부터 법원에 보상금지급소송을 제기할 수 있다.

(3) 손실보상액 결정에 대한 불복

재결의 내용이 보상액만의 결정인 경우에는 보상금 증액 또는 감액청구를 공법상 당사자소송으로 제기할 수 있다. 재결의 내용이 수용과 그에 대한 보상액 결정인 경우에는 중앙토지수용위원회에 이의신청을 할 수 있으며, 이의신청이 있는 경우 중앙토지수용위원회는 재결의 전부 또는 일부를 취소할 수도 있고, 재결을 취소하지 않고 보상액만의 증감을 결정할 수도 있다.

토지수용위원회의 재결에 대하여 불복이 있는 때에는 재결서를 받은 날부터 60일 이내에, 이의신청을 거친 때에는 이의신청에 대한 재결서를 받은 날부터 30일 이내에 각각 행정소송을 제기할 수 있다. 임의적 전치주의를 취하고 있어 이의신청을 거쳐 행정소송을 제기할 수 있고, 이의신청을 거치지 않고 바로 행정소송을 제기할 수도 있다. 토지수용위원회의 재결 중 보상금만에 대해 불복할 수도 있다.

사례의 해결

〔1〕 도로개설을 위해서 개인소유의 토지를 수용한 행위는 공공필요에 의한 재산권의 수용, 즉 공용침해에 해당하고, 법률의 절차에 따라 하였으므로 달리 대구광역시나 그 소속공무원에게 고의·과실이나 위법성이 발견되지 않는 적법한 공권력 행사라고 할 수 있겠다. 다만 토지소유자인 개인이 공동체의 구성원으로서 수인하여야 하는 범위를 벗어나는 것으로서 개인의 재산권에 가해진 특별한 희생이라고 할 수 있는바, 수용된 토지에 대한 손실보상을 하여야 할 것이다.

〔2〕 일단의 토지를 일부 수용함으로써 잔여지의 가격이 감소되었다고 인정되는 한, 잔여지를 종래의 목적에 사용하는 것이 현저히 곤란한 사정이 인정되지 않는 경우에도 그에 대한 손실보상을 부정할 근거가 없다는 것이 판례(대판 97누4623)의 태도인 바, 도로에 접한 폭 9m의 길쭉한 토지가 수용으로 인해서 남은 잔여지는 폭이 7.5m 정도에 불과하게 되어서 그 이용가치에 큰 차이가 있을 것으로 예상함이 당연할 것이다.

〔3〕 결론

이 사안에서 대구광역시는 갑으로부터 수용한 토지뿐만 아니라 잔여지 가격의 감소에 따른 손실보상도 하여야 할 것이다.

□ 토지수용절차

토지수용을 하기 위하여 사업시행자는 먼저 공익사업 편입 토지소유자와 보상에 관하여 협의를 하여야 하고 협의가 이루어지지 않을 때에 비로소 수용을 할 수 있으며, 2003년도에 종전의 공공용지의취득및손실보상에관한특례법(약칭: 공특법)과 토지수용법을 통합하여 공익사업을 위한 토지 등의 취득 및 보상에 관한 법률(약칭: 토지보상법)이 제정·시행되면서 이원화된 절차가 다음과 같이 일원화 되었다.

토지수용절차

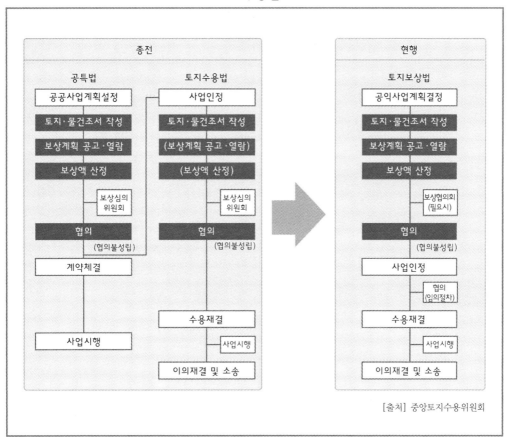

[출처] 중앙토지수용위원회

□ 이의신청절차

토지수용위원회에 수용재결이 신청되면 다음과 같은 절차를 밟아 수용재결이 이루어진다.

이의신청절차절차

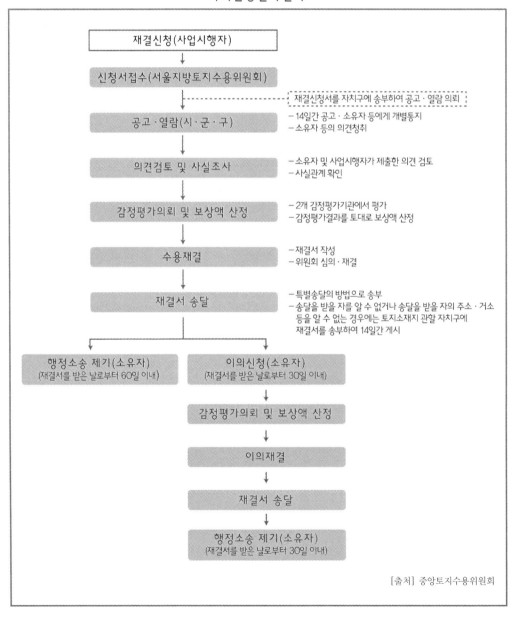

[출처] 중앙토지수용위원회

[서식 24] 재결신청서

재결신청서

(앞쪽)

접수번호		접수일
신청인 (사업시행자)	성명 또는 명칭	
	주소	

공익사업의 종류 및 명칭		
사업인정의 근거 및 고시일		
수용하거나 사용할 토지등		
수용할 토지에 있는 물건		
보상액 및 그 명세		
사용하려는 경우	사용의 방법	
	사용의 기간	
토지소유자	성명 또는 명칭	
	주 소	
관계인	성명 또는 명칭	
	주 소	
수용 또는 사용의 개시예정일		
재결신청의 청구	청구일	
	청구인의 성명 또는 명칭	
	청구인의 주소	

「공익사업을 위한 토지 등의 취득 및 보상에 관한 법률」 제28조제1항·제30조제2항 및 같은 법 시행령 제12조제1항에 따라 위와 같이 재결을 신청합니다.

년   월   일

신청인(사업시행자)   (인)

중앙토지수용위원회 위원장   귀하

[서식 25] 이의신청서

이의신청서

(앞쪽)

접수번호		접수일	
신청인	성명 또는 명칭		
	주소		
상대방	성명 또는 명칭		
	주소		

이의신청 대상 토지 및 물건

이의신청의 요지

이의신청의 이유

재결일	재결서 수령일

「공익사업을 위한 토지 등의 취득 및 보상에 관한 법률」 제83조 및 같은 법 시행령 제45조 제1항에 따라 토지수용위원회의 재결에 대하여 위와 같이 이의를 신청합니다.

년   월   일

신청인   (서명 또는 인)

중앙토지수용위원회 위원장   귀하

제 4 장 출생과 사망

I. 출 생

자연인은 출생에 의하여 권리능력을 취득한다. 따라서 권리능력의 시기는 출생시이므로 태아는 원칙적으로 권리능력이 없다.

1. 출생의 시기

민법상 태아가 출생 후에 죽었느냐 사산이냐에 따라 상속의 순위가 달라지는 일이 있으므로, 어느 정도가 모체에서 나온 때를 출생이라 할 것인가 하는 출생의 표준시기가 문제된다. 민법상으로는 일반적으로 태아가 살아서 모체로부터 전부 노출한 때에 출생으로 보는 전부노출설이 통설이다.

형법상 살인죄와 낙태죄를 구별하기 위하여, 또 과실치사죄는 있어도 과실낙태죄는 없기 때문에 출생시기가 역시 문제된다. 형법상 분만이 개시된 때, 즉 진통이 시작된 때에 출생이라 보는 진통설이 통설과 판례의 견해이다. 따라서 분만이 개시된 후에 살해하면 살인죄가, 과실로 사망에 이르게 하였다면 과실치사죄나 업무상 과실치사죄가 성립한다.

[서식 26] 출생신고서

	출 생 신 고 서 (년 월 일)						※ 뒷면의 작성방법을 읽고 기재하시되, 선택항목은 해당번호에 "○"으로 표시하여 주시기 바랍니다.		
① 출 생 자	성명	*한글	(성) / (명)	본 (한자)		*성별	① 남 ② 여	*① 혼인중의 출생자 *② 혼인외의 출생자	
		한자	(성) / (명)						
	*출생일시		년 월 일 시 분(출생지 시각: 24시각제)						
	*출생장소		① 자택 ② 병원 ③ 기타						
	부모가 정한 등록기준지								
	*주소					세대주 및 관계			의
	자녀가 복수국적자인 경우 그 사실 및 취득한 외국 국적								
② 부 모	부	성명	(한자:)	본(한자)			*주민등록번호		–
	모	성명	(한자:)	본(한자)			*주민등록번호		–
	*부의 등록기준지								
	*모의 등록기준지								
	*혼인신고시 자녀의 성·본을 모의 성·본으로 하는 협의서를 제출하였습니까? 예☐ 아니요☐								
③ 친생자관계 부존재확인판결 등에 따른 가족관계등록부 폐쇄 후 다시 출생신고하는 경우									
폐쇄등록부상 특정사항		성 명			주민등록번호			–	
		등록기준지							
④ 기타사항									
⑤ 신 고 인	*성 명			㉑ 또는 서명	주민등록번호			–	
	*자 격		① 부 ② 모 ③ 동거친족 ④ 기타(자격:)						
	주 소								
	*전 화			이메일					
⑥ 제출인		성 명			주민등록번호			–	

※ 타인의 서명 또는 인장을 도용하여 허위의 신고서를 제출하거나, 허위신고를 하여 가족관계등록부에 실제와 다른 사실을 기록하게 하는 경우에는 **형법에 의하여 처벌**받을 수 있으며, ***표시 자료는** 인구동 향조사 목적으로 통계청에서도 수집하고 있는 자료임을 알려드립니다.

※ 아래 사항은 통계청의 인구동향조사를 위한 것으로, 「통계법」 제32조 및 제33조에 의하여 성실응답의 무가 있으며 개인의 비밀사항이 철저히 보호되므로 사실대로 기입하여 주시기 바랍니다.

2. 출생신고

사람이 출생하였을 때에는 가족관계의 등록등에 관한 법률(약칭: 가족관계등록법)에 정한 바에 의하여 출생 후 1개월 이내에, 원칙적으로 출생지에서 신고하여야 하며, 이를 게을리한 때에는 일정한 제재를 받게 된다. 혼인중의 출생자에 대해서는 부 또는 모가 출생신고를 하고, 혼인 외의 출생자에 대하여는 모가 신고를 하여야 한다.

신고하여야 할 부모가 신고를 할 수 없는 때에는 동거하는 친족, 분만에 관여한 의사·조산사 또는 기타의 순으로 신고하여야 한다. 출생신고에 의한 가족관계등록부의 기재는 혼인 등의 신고와는 달리 절차상의 것이므로 보고적 의미를 가지는 데 지나지 않으며, 사람의 출생이라는 사실에 입각하여 민법상 권리능력을 취득한다는 실체상의 관계는 이에 의하여 좌우되지 않는다(판례). 사람의 출생 또는 일정한 시기에 있어서의 출생을 전제로 하여 이에 의한 법적 효과를 주장하려는 사람은 이 사실을 증명하는 책임을 지게 되는데, 이때에 가족관계등록부의 기재는 단순히 유력한 하나의 거증자료에 지나지 않는다. 따라서 의사·조산사 등의 증언 및 기타의 자료에 의하여 이를 번복할 수 있다.

3. 태 아

사 례

甲은 아내 乙과 아버지 丙을 모시고 살고 있다. 어느 날 甲은 신호등이 없는 횡단보도를 건너다 A가 운전하는 자동차에 치어 사망하였다. 갑의 사망 당시에 乙은 丁을 포태하고 있었다. 甲의 재산에 대하여 태아인 丁은 상속받을 수 있는가? 그리고 가해자 A에 대하여 불법행위로 인한 손해배상을 청구할 수 있는가?

태아는 수태시부터 출생시까지의 자연인을 말한다. 그런데 사람은 출생한 때로부터 권리능력을 취득하게 되므로, 아직 출생하지 않은 태아에게는 권리능력이 없다. 그러나 이 원칙을 관철하게 되면, 태아는 실질적으로 인간으로서의 존엄과 가치를 가지는 미래의 자연인임에도 불구하고 사법상 권리능력을 취득하지 못함으로써 태아에게 불공평한 결과를 발생시키게 된다. 따라서 민법은 태아에게 일정한 권리범위에서 권리능력을 인정하여 태아를 보호하고 있다.

(1) 불법행위로 인한 손해배상청구권

민법은 태아에게 불법행위로 인한 손해배상청구권에 대해서는 권리능력을 인정하여 주고 있다. 이로써 태아는 타인의 불법행위로 인하여 '직접적'으로 피해를 입은 경우에 권리능력이 인정되어 가해자에게 손해배상청구권을 행사할 수 있다. 그런데 일반적으로 사람이 입는 손해에는 재산적 손해 및 정신적 고통에 따른 손해로 나눌 수 있다. 그러므로 태아는 타인의 불법행위로 인하여 입은 재산상의 손해와 정신적 고통에 따른 위자료를 청구할 수 있다.

(2) 상 속

상속에서 태아는 이미 출생한 것으로 의제된다. 따라서 태아는 상속권을 취득하게 된다. 태아가 상속권을 가질 수 있는 이상 대습상속권이나 유류분청구권도 가지게 된다.

(3) 유 증

유증은 유언으로 재산을 타인에게 무상으로 주는 단독행위이다. 이러한 유증에 관해서 상속에서의 태아의 권리능력에 관한 규정이 준용되므로, 태아는 유증에 대해서도 권리능력을 갖게 된다. 이에 따라 유언자의 사망 시에 모체의 뱃속에 있는 태아에 대하여 행한 유증은 유효하다.

(4) 인 지

인지란 혼인 외의 자에 대해 생부 또는 생모가 자기의 자로서 승인하여 법률상 친자관계를 생기게 하는 단독행위를 말한다. 이에 따라 포태 중에 있는 子인 태아에 대하여 생부는 인지할 수 있다. 따라서 부는 혼인 외의 태아를 자기의 태아(자식)로 승인하여 살아서 출생할 것을 조건으로 하여 친자관계를 발생시킬 수 있다. 이처럼 태아는 부로부터 인지를 받을 수 있는 피인지권이 있지만, 태아가 모체 안에 있는 상태에서 생부에 대한 인지청구권을 갖지는 못한다.

(5) 사인증여

유증에 대하여 태아에게 권리능력이 인정된 이상, 사인증여에 대해서도 태아에게 권리능력이 인정될 수 있는지에 관하여 학설의 대립이 있다. 그러나 사인증여는 본질이 증여계약이고 다만 그 효력발생이 증여자의 사망을 원인으로 하고 있을 뿐이다. 따라서 계약이 본질인 사인증여는 증여자와 수증자 사이에 청약과 승낙이라는 의사표시의 합치를 요건으로 한다. 그러나 모체 안에 있는 태아로서는 증여자의 청약에 대하여 승낙할 수 없으므로 사인증여의 '계약'을 체결할 방법이 없다. 논리적으로 사인증여와 관련하여서는 태아의 권리능력을 인정할 수 없다. 판례도 사인증여에 대하여는 부정적 입장을 취하고 있다.

(6) 태아의 법적 지위

민법이 태아에게 예외적으로 권리능력을 인정하려는 입법 취지는 상대방 또는 제3자의 권리보호보다는 태아의 이익을 더 보호하고자 함에 있다. 그러므로 태아보호에 철저한 해제조건설이 정지조건설 보다 입법취지에 충실하다. 그러나 태아의 재산을 관리할 재산관리인에 관한 명문의 규정이 없는 우리 민법 하에서 태아에 대한 母의 법정대리권을 인정한다는 것은 무리이다. 왜냐하면 태아와 母가 동시에 상속인인 경우에 재산상속의 분할협의에 대하여 母와 태아는 서로 이익상반의 관계에 있으므로 태아를 위하여 특별대리인을 선임해야 하는 복잡한 문제가 발생한다. 이러한 점에서 판례도 "태아가 권리를 취득하더라도 현행법상 이를 대행할 기관이 없으니 태아로 있는 동안은 권리능력을 취득할 수 없고 살아서 출생한 때에 출생시기가 문제의 시기까지 소급하여 그 때에 태아가 출생한 것 같이 법률상 보아준다고 해석함이 상당하다"고 하여 법정정지조건설 또는 인격소급설을 취하고 있다(대법원 1976. 9. 14. 선고 76다1365 판결).

사례의 해결

〔1〕 태아 T은 아직 출생하지 않았으므로 원칙적으로 권리능력이 없다. 그러나 우리 민법은 태아에게도 중요한 법률관계에서만 예외적·개별적으로 권리능력을 인정하고 있다(개별적 보호주의).

〔2〕 태아의 상속 여부

태아 T은 상속순위에 관하여 이미 출생한 것으로 보므로(민법 제1000조 제3항), 甲의 직계비속으로서 甲의 배우자 乙과 함께 공동으로 상속받을 권리가 있다. 다만, 배우자 乙은 직계비속 T의 상속분보다 5할을 가산하여 상속받게 된다(동법 제1009조 제2항).

〔3〕 태아의 손해배상청구권 인정 여부

태아 T은 손해배상의 청구권에 관하여는 이미 출생한 것으로 보므로(제762조),

丁은 甲의 생명을 침해한 A에 대하여 불법행위로 인한 손해배상청구권을 행사할 수 있다.

丁은 A에 대하여 甲의 병원치료비, 장의비 등 적극적 손해, 일실 수입(장래 얻을 수 있는 수입의 상실액) 등 소극적 손해 및 정신적 손해(위자료)의 배상을 청구할 수 있다. 또한 丁은 아버지 甲의 사망에 따른 정신적 고통을 입었으므로, 丁 자신의 위자료도 청구할 수 있다.

〔4〕 결론

위 사안에서 태아 丁은 사망한 甲의 재산을 상속받을 수 있고, 甲을 사망케 한 A에 대하여 불법행위로 인한 손해배상을 청구할 수도 있다.

II. 사 망

자연인은 사망으로 자신의 권리능력을 상실한다. 사람의 사망의 시점과 관련하여, 심장의 기능이 회복불능한 상태로 정지된 때(맥박종지설·심장고동종지설)와 뇌의 기능이 회복불능한 상태로 정지된 때(뇌사설)를 사망의 시기로 보는 견해의 차이가 있다. 민법에서는 사람의 사망과 상속·유언의 효력발생·잔존배우자의 재혼·보험금이나 연금청구 등이 관련되어 있다. 이러한 관점에서 볼 때, 사망의 시점은 사망으로 판단가능한 시점 중에서 가장 확정적인 시기로 결정하는 것이 타당하다. 왜냐하면 사망의 효과가 발생한 후에 다시 소생하게 되면 원상으로 회복하는 법률관계가 복잡하여지기 때문이다. 이러한 점에서 사망으로 판단할 수 있는 최후의 시점인 심장의 박동이 정지된 때(맥박종지설·심장고동종지설)로 보는 것이 타당하다.

사망의 인정은 통상 가족관계등록부의 기재에 의한다. 가족관계등록부의 기재사항은 사실상의 '추정의 효력'을 가질 뿐이므로, 만일 사망의 실제사정과 가족관계등록의 기재가 서로 다른 경우 이에 대한 반증을 통하여 가족관계등록부의 기재사항을 정정할 수 있다.

1. 인정사망

인정사망은 민법에는 규정이 없고 가족관계등 등록에 관한 법률 제87조에 규정되

어 있다. 가족관계등록부에 사망을 기재하려면 의사의 진단서 또는 시체검안서를 첨부
하여야 한다. 그러나 수난, 화재 기타의 사변(전쟁) 등으로 인하여 사망한 것이 확실한
데에도 불구하고 시체가 발견되지 않는 경우에는 사망의 증명을 할 수 없으므로 가족
관계등록부에 사망의 등재를 할 수 없게 된다. 그런데 사망의 개연성이 높은 데도 불구
하고 시체를 발견할 수 없어 가족관계등록부의 기재를 할 수 없다면 등록부는 실제의
사실을 반영하기 어렵게 되는 문제가 발생한다. 이를 해결하기 위하여 가족관계등록법
은 절차적 특례를 두어 사망의 추정적 효과를 인정해 주고 있다. 즉 가족관계등록법은
재난을 조사한 관공서의 사망보고에 기초하여 호적상 사망의 기재를 할 수 있게 하여
주고 있다. 이를 「인정사망」이라 한다.

인정사망은 사망의 개연성이라는 점에서 특별실종과 공통되지만, 그 효력이 사망
신고에 기인하는 호적기재와 마찬가지로 '추정력'이 주어지는데 지나지 않는다. 이 점에
서 인정사망은 특별실종과는 달리, 반증에 의하여 그 사망의 추정력이 즉시 상실된다.

2. 동시사망의 추정

사 례

甲은 乙과 결혼하여 미혼의 子인 丙을 슬하에 두고 있다. 甲의 父인 丁이 생존
해 있다. 그러던 중 甲과 丙이 비행기로 여행을 하다가 추락하여 모두 사망하였다면,
甲의 재산은 어떻게 처리되어야만 할 것인가?

동시사망의 추정이란 2명 이상이 동일한 위난으로 사망한 경우에는 동시에 사망한
것으로 추정하는 것을 말한다. 2명 이상이 동일한 위난으로 사망한 경우에 누가 먼저
사망하였는가를 입증하는 것은 대단히 어렵다. 우리 민법은 이러한 경우에 동시에 사망
으로 것으로 보아 그 입증의 어려움을 입법적으로 해결하고 있다. 따라서 다수의 사람
이 동일한 위난으로 사망한 경우에는 그 사망시기가 불분명한 경우에 그들은 동시에
사망한 것으로 추정하여 사망한 사람들 사이에는 상속·대습상속이나 유증이 발생하지
않는다.

사례의 해결

　〔1〕乙·丁간의 상속관계는 甲·丙의 사망의 선후에 따라 달라진다. ① 만일 甲이 丙보다 먼저 사망하였다고 하면, 우선 乙과 丙이 공동상속하고, 다시 乙은 丙의 사망으로 丙이 상속한 재산을 상속하게 된다. ② 만일 丙이 甲보다 먼저 사망하였다면, 甲의 父 丁과 乙이 공동상속하게 된다(제1003조 제1항). 이처럼 수인이 동일 위난으로 사망한 경우에 상속과 관련하여 그 수인의 사망자들 사이에 사망 시기의 선후가 문제된다.

　〔2〕결론

　甲과 丙은 동시에 사망한 것으로 추정되므로, 甲과 丙 사이에는 아무런 상속이 일어나지 않는다. 따라서 甲과 丙의 동시에 사망하지 않았다는 반증이 없는 한, 甲의 재산은 乙·丁이 공동으로 상속하게 된다.

3. 실종선고

사　례

　甲은 선박침몰사고로 실종된 남편 乙이 7년이 경과하여도 돌아오지 않자 가정법원에 실종선고를 신청하여 실종선고를 받은 후, 이러한 사정을 모르는 丙과 재혼을 하였다. 그런데 얼마 후 전 남편 乙이 살아서 돌아 왔고, 이 경우 甲과 丙의 재혼은 취소되는가?

(1) 실종선고의 의의

　실종선고란 부재자의 생사불분명 상태가 일정기간 계속된 경우에 일정한 절차에 따라 법원의 실종선고를 통해 그를 사망한 것으로 간주하는 제도를 말한다.

　부재자의 생사불명상태가 오래 지속되면 그를 중심으로 한 법률관계가 불확정한 상태로 방치되어 이해관계인과 잔존배우자나 상속인에게 불이익을 주게 될 우려가 있기 때문에 법원이 그 부재자에 대해 실종선고를 하여 법률관계의 조속한 안정을 꾀하고자 하는 것이다.

(2) 실종선고의 요건

실종선고를 하기 위해서는 첫째, 부재자의 생사가 불분명하여야 한다. 생사 불분명이란 생존의 증명도 사망의 증명도 할 수 없는 상태를 말하며, 이는 실종선고 청구권자와 법원에 대한 관계에서 분명하지 않으면 된다. 둘째, 실종기간이 경과하여야 한다. 보통실종은 부재자의 생존을 증명할 수 있는 최후의 소식이 있었던 때를 기준으로 5년이며, 특별실종은 전지에 임한 자는 전쟁종지 후, 침몰한 선박 중에 있던 자는 선박침몰후, 추락한 항공기에 있던 자는 항공기 추락 후, 기타 사망의 원인이 될 위난을 당한 자는 위난이 종료한 후 1년이다.

구 분		기산점	실종기간
보통실종		부재자의 생존을 증명할 수 있는 최후의 소식이 있었던 때	5년
특별실종	전지에 임한 자(전쟁실종)	전쟁종지 후	1년
	침몰하는 선박 중에 있던 자(선박실종)	선박의 침몰	
	추락한 항공기 중에 있던 자(항공기 실종)	항공기의 추락	
	기타 사망의 원인이 될 위난을 당한 자(위난실종)	위난이 종료한 후	

셋째, 이해관계인 또는 검사 등의 청구권자에 의한 청구가 있어야 하며, 청구기간의 제한은 없다. 이해관계인이란 부재자가 실종선고를 받음으로써 직접 권리를 얻거나의무를 면하는 자, 즉 법률상의 이해관계인만을 의미하고 사실상의 이해관계인은 포함되지 않는다.

넷째, 실종선고의 절차는 사건 본인의 주소지 가정법원의 전속관할에 속한다. 법원이 6개월 이상의 기간을 정하여 공시최고절차를 하고, 공시최고 기일이 지나도록 신고가 없는 때에는 법원은 반드시 실종선고를 하여야 한다.

(3) 실종선고의 효과

우리 민법은 실종선고를 사망으로 간주(의제)하고 있기 때문에 반증을 들어 실종선고의 효과를 다투지 못하며, 실종선고가 취소되지 않는 한 사망의 효과는 그대로 존속

실종선고의 절차

- 부재자의 생사불분명상태(기산점) : 2016년 1월 2일

⇩

- 실종기간의 경과(만료점) : 보통실종의 경우 2021년 1월 2일

⇩

- 청구권자의 실종선고청구와 법원의 공시최고절차

⇩

- 법원의 실종선고 : 2021년 7월 30일(공시최고기간 6개월경과)

⇩

- 실종기간 만료시 사망간주(사망효과의 소급) : 2016년 1월 2일

한다. 사망으로 보는 시기는 민법이 "실종기간이 만료한 때에 사망한 것으로 본다"고 규정하고 있으므로 사망시기는 실종선고만료일이다. 실종선고에 의해 사망의 효과가 생기는 범위는 실종자의 종래의 주소지를 중심으로 하는 사법적 법률관계에 한정되므로 실종자가 다른 지역에서 형성한 법률관계에는 영향을 미치지 않는다.

(4) 실종선고의 취소

민법은 실종선고의 효과로 사망한 것으로 간주하므로 단순한 반증만으로는 그 효과를 뒤집을 수 없으며 그 효과를 뒤집기 위해서는 가정법원의 실종선고취소심판절차를 거쳐야 한다.

실종선고의 취소가 있으면 처음부터 실종선고가 없었던 것으로 되므로 실종선고로 인해 발생한 법률관계는 소급적으로 무효가 된다. 즉, 실종자의 생존을 이유로 하여 실종선고가 취소된 경우에는 재산관계와 가족관계는 실종선고 이전의 상태로 회복된다. 따라서 실종선고를 기초로 하여 새로운 법률관계를 맺은 배우자, 상속인, 기타 이해관계인은 예측하지 못한 불이익을 받을 수 있기 때문에 일정한 경우에는 소급효를 제한하고 있다. 예컨대, 실종선고 후 취소 전에 선의로 한 행위에 대해서는 영향을 미치지 않으므로 종전의 법률관계는 회복되지 않는다. 여기에서는 선의는 매매계약의 당사자, 즉 상속인과 그 거래 상대방인 매수인도 선의이어야 한다.

사례의 해결

〔1〕 실종선고로 인하여 사망으로 간주되던 자가 살아서 돌아오게 되면 소급하여 부활되는 것이 원칙이므로 甲과 丙의 혼인은 취소되고, 甲과 乙의 혼인이 부활된다. 그러나 혼인행위의 당사자인 甲과 丙이 乙이 생존해 있다는 사실을 모른 상태에서 한 혼인을 취소하는 것은 가혹하므로 전혼이 부활하지 않는다. 민법 제29조 제1항 단서에서 『실종선고후 그 취소전에 선의로 한 행위의 효력에 영향을 미치지 아니한다.』고 규정하고 있다.

〔2〕 결론

위 사안에서 甲은 乙의 생존하고 있다는 사실을 알지 못한 상태(선의)에서 재혼한 것이고, 현재의 남편인 丙도 乙의 생존사실을 몰랐던 것(선의)으로 보여지므로, 甲과 丙간의 혼인은 취소되지 않는다. 즉, 甲과 丙의 쌍방이 선의이므로 후혼(재혼)은 유효하다고 할 것이다.

[서식 27] 사망신고서

사 망 신 고 서
(년 월 일)

※ 뒷면의 작성방법을 읽고 기재하시되 선택항목은 해당번호에 "○"으로 표시하여 주시기 바랍니다.

① 사 망 자	성명	한글		성 별	주민등록 번 호	–
		한자		① 남 ② 여		
	등록기준지					
	주소				세대주·관계	의
	사망일시	년 월 일 시 분(사망지 시각: 24시각제로 기재)				
	사망장소	장소	시(도) 구(군) 동(읍,면) 리 번지			
		구분	① 주택내 ② 의료기관 ③ 시설기관(양로원, 고아원 등) ④ 산업장 ⑤ D.O.A(병원이송 중 사망) ⑥ 공로(도로, 차도) ⑦ 기 타( )			
② 기타사항						
③ 신고인	성명		㉑ 또는 서명	주민등록번호	–	
	자격	① 동거친족 ② 비동거친족 ③ 동거자 ④ 기타(자격 :)				
	주소			전화	이메일	
④ 제출인	성 명			주민등록번호	–	

※ 다음은 국가의 인구정책 수립에 필요한 자료로「통계법」제32조 및 제33조에 의하여 성실응답의무가
 있으며 개인의 비밀사항이 철저히 보호되므로 사실대로 기입하여 주시기 바랍니다.

⑤ 사 망 종 류	① 병사 ② 사고사 ⇒ ③ 기타	⑥ 사 고	종류	① 교통사고 ② 자살 ③ 추락사고 ④ 익사사고 ⑤ 타살 ⑥ 기타( )		
			발생 지역	① 현주소지와 같은 시군구 ② 다른 시군구(시도, 시군구) ③ 기타( )		
			발생 장소	① 주택 ② 공공장소(학교, 병원 등) ③ 도로 ④ 상업·서비스시설(상점, 호텔 등) ⑤ 산업·건설현장 ⑥ 농장(논밭, 축사, 양식장 등) ⑦ 기타( )		
⑦ 사 망 원 인	㉮ 직접 사인			⇒	발병부터 사망까지 기간	
	㉯ ㉮의 원인			⇒		
	㉰ ㉯의 원인			⇒		
	㉱ ㉰의 원인			⇒		
	기타의 신체상황			진단자	① 의사 ② 한의사 ③ 기타	
⑧ 사 망 자	국적		① 한국인 ② 귀화한 한국인(이전국적:)			
	최종졸업학교		① 무학 ② 초등학교 ③ 중학교 ④ 고등학교 ⑤ 대학(교) ⑥ 대학원 이상			
	발병(사고)당시 직업			혼인 상태	① 미혼 ② 배우자 있음 ③ 이혼 ④ 사별	

제 5 장 혼인과 가족

I. 가족관계와 법

가족법은 인간의 생활관계 중에서 혼인과 친족, 상속 등의 가족관계를 규율하는 법이다. 사람은 홀로 고립되어 생활할 수 없으며, 다른 사람과 직·간접적인 관련을 맺으면서 재화를 획득하고 지배하는 생활관계와 혼인과 혈연을 중심으로 발생하는 생활관계를 유지한다. 후자가 가족관계이며, 이는 다시 친족집단에서의 생활관계와 친족적 집단의 재산의 승계에 대한 생활관계로 나누어 볼 수 있다.

재산관계를 규율하는 법을 재산법이라고 하고, 가족관계를 규율하는 법을 가족법이라고 한다. 현행 민법 속에서 물권편과 채권편을 재산법이라고 하고, 친족편과 상속편을 가족법 또는 신분법이라고 한다.

가족법은 부부관계·친자관계 등과 같이 자연적·애정적·필연적·혈연적 법률관계를 규율하는 법이므로, 경제생활의 유지 또는 이윤추구라는 타산적 생활관계를 규율하는 재산법과는 다른 특질을 갖는다. 가족법은 관습이나 풍속 따위의 전통적인 힘에 의하여 지배되는 경향이 강하므로 일반적으로 보수적인 경향과 민족적인 경향이 강하다. 그리고 가족법은 혼인이나 친자관계 등에서 보는 바와 같이 자연적·감정적·혈연적 관계를 규율하는 법이기 때문에 일반적으로 초타산적·비합리적인 성격을 가진다. 또한 가족관계는 선량한 풍속과 공공질서에 영향이 있을 뿐만 아니라 공익적인 성격을 가지는 것이 보통이므로 가족법의 대부분의 규정은 강행법규성을 띠고 있다.

Ⅱ. 가 족

현행 민법은 최근 다종·다양하게 변화하고 가족관계의 변화, 예컨대, 대가족에서 핵가족으로 변하고 있는 점, 호주제폐지에 따른 가족의 해체 등을 고려하여 가족의 범위를 정하고 있다. 민법상 가족은 배우자, 직계혈족 및 형제자매, 그리고 생계를 같이하는 경우에 한하여 직계혈족의 배우자와 배우자의 직계혈족 및 배우자의 형제자매 등이다. 따라서 배우자, 부모, 형제자매, 자식, 손자 등은 동거여부와 관계없이 자기의 가족이 되지만, 인척이라도 자기의 며느리나 사위, 시부모나 장인·장모, 시동생·시누이 등은 생계를 같이 하지 않는 경우 가족으로 인정되지 않는다.

1. 자의 성과 본

성(姓)이란 출생의 계통을 표시하는 표식이며, 본(本)이란 소속시조의 발상지명의 표시이다. 부부의 성과 본은 성불변의 원칙이 적용되지만, 자의 경우에는 개별적인 경우마다 다르게 적용된다.

① 친생자의 성과 본은 부의 성과 본을 따르는 것이 원칙이지만, 부부가 혼인신고시 모의 성과 본을 따르기로 협의한 경우에는 그에 의한다. 그러나 자의 복리를 위하여 자의 성과 본을 변경할 필요가 있을 때에는 부, 모 또는 자의 청구에 의하여 법원의 허가를 받아 이를 변경할 수 있다.

② 부가 외국인인 경우에는 모의 성과 본을 따를 수 있으며, 부를 알 수 없는 자는 모의 성과 본을 따른다.

③ 부모를 알 수 없는 기아나 고아는 법원의 허가를 받아 성과 본을 창설한다. 다만, 성과 본을 창설한 후 부 또는 모를 알게 된 때에는 부 또는 모의 성과 본을 따를 수 있다.

④ 혼인외의 출생자가 인지된 경우 자는 부모의 협의에 따라 종전의 성과 본을 계속 사용할 수 있다. 다만, 부모가 협의할 수 없거나 협의가 이루어지지 아니한 경우에는 자는 법원의 허가를 받아 종전의 성과 본을 계속 사용할 수 있다.

2. 친생자

부모와 자녀의 관계가 혈연에 기초하고 있는 친생친자관계와 당사자의 의사에 기초하는 법정친자관계가 있다. 친생자는 다시 부모의 혼인관계 중에 출생한 혼인 중의 출생자와 혼인관계가 존재하지 않는 부모로부터 출생한 혼인외의 출생자로 구분된다.

(1) 혼인 중의 출생자

법률상 혼인관계에 있는 남녀 사이에서 출생한 자를 말한다. 즉, 아내가 혼인 중에 임신하여 출산한 남편의 자식이 친생자이다. 혼인 중의 출생자에는 생래의 혼인 중의 출생자와 준정에 의한 혼인 중의 출생자가 있다. 첫째, 다음의 세 가지는 남편의 친생자로 추정된다(민법 제844조). ① 아내가 혼인 중에 임신한 자녀는 남편의 자녀로 추정한다. ② 혼인이 성립한 날부터 200일 후에 출생한 자녀는 혼인 중에 임신한 것으로 추정한다. ③ 혼인관계가 종료된 날부터 300일 이내에 출생한 자녀는 혼인 중에 임신한 것으로 추정한다. 둘째, 혼인외의 출생자는 그 부모가 혼인한 때에는 그때로부터 혼인 중의 출생자로 보는데, 이를 준정이라고 한다.

(2) 혼인 외의 출생자

혼인 외의 출생자는 법률혼의 배우자가 아닌 남녀 사이에서 출생한 자를 말한다. 사통 또는 첩관계에서 출생한 자, 무효인 혼인관계에서 출생한 자가 여기에 해당한다. 혼인 외의 출생자는 출산이라는 사실에 의하여 출생과 동시에 모와 친자관계가 발생하지만, 생부와의 사이에서는 인지절차를 거쳐야 친자관계가 발생한다.

인지란 혼인 외의 출생자를 그 생부나 생모가 자기의 자라고 인정하는 단독의 요식행위이다. 생부가 인지를 함으로써 혼인 외의 출생자와 친생자관계가 확인되거나 형성된다. 인지에는 임의인지와 강제인지가 있다. 임의인지는 생부 또는 생모가 스스로 인지의 의사표시를 하는 것으로 가족관계의 등록 등에 관한 법률에 따라 자신의 자녀로 신고를 하면 그의 친생자가 된다. 강제인지는 인지권자가 스스로 의사표시를 하지 아니할 때 혼인 외의 출생자가 생부 또는 생모를 상대로 소송에 의하여 친생자관계를 확정하는 것을 말한다. 인지의 효력은 자의 출생시에 소급하여 발생한다.

(3) 인공수정자, 체외수정자

1) 인공수정

인공수정이란 남녀간의 자연적 성교섭에 의하지 않고, 인공적으로 기구를 사용하여 정액을 여성의 채내에 주입함으로써 수태케 하는 것을 말한다. 인공수정에는 부의 정액을 사용하여 시술하는 방법(AIH)과 제3자의 정액을 사용하는 방법(AID)이 있다. 전자의 경우에는 친생자추정과 관련하여 통상의 경우와 같이 취급하더라도 별 문제가 없다. 그러나 후자의 경우에는 부의 동의여부에 따라 달리 판단된다. 부의 동의가 있는 경우에는 혼인 중의 자로 인정하는 것이 출생자의 법적 지위의 보호에도 합당할 것이다. 부의 동의가 없는 인공수정자에 대해서는 부가 친생부인의 소를 제기할 수 있고, 친생추정을 받지 않거나 친생추정이 미치지 않으면 이해관계인도 친생자관계부존재확인의 소를 제기할 수 있을 것이다. 그러나 처의 이러한 행위는 이혼사유에 해당하지 않는다. 미혼여성이 인공수정받은 경우에는 혼인 외의 출생자가 된다.

2) 체외수정자

처의 난자와 부의 정자를 체외에서 수정시킨 후 다시 처의 자궁에 착상시켜 출산하는 방식이다. 체외수정이 배우자간에 이루어지면 법적으로 문제가 없지만, 체외수정의 상태에서 부가 사망한 경우에는 문제가 발생한다.

3) 대리모

부와 처 사이의 체외수정란을 자궁의 상태가 불완전한 처를 대신하여 제3자의 여성 자궁에 착상시켜서 출산시키는 것을 대리모관계라고 하며, 제3자인 여성을 대리모라고 한다. 종래부터 우리 민법은 씨받이계약은 선량한 풍속 기타 사회질서에 어긋나는 것으로 무효가 된다고 보고 있기 때문에 그와 유사한 대리모계약 또한 무효라고 보아야 할 것이다.

3. 입 양

사례 1

甲과 乙은 법률상 부부이나 자식이 없는 상태이다. 그러던 중 남편 甲이 처 乙의

의사를 묻지도 않고 일방적으로 양자 丙을 들인 사실을 알게 되었다. 이 경우에 乙과 丙의 관계는 어떻게 되는가?

사례 2

　　甲은 乙남과 丙녀의 양자로 입양되었는데, 乙남과 丙녀가 성격차이로 이혼을 하게 되었다. 이 경우 甲과 丙녀의 양친자관계는 어떻게 되는가?

사례 3

　　甲은 일시 동거했던 乙과의 사이에 丙을 낳아 혼인 외의 자로 출생신고를 하고 키워오던 중 丁을 만나 결혼하게 되었다. 甲은 결혼을 한 후 혼인 외의 자인 미성년자 丙을 丁의 양자로 하고자 한다. 이 경우 甲이 친생모로서 입양승낙을 하면 유효하게 입양을 할 수 있는가?

　　양자제도는 생래적 혈연관계가 없는 자를 법률상 혈연관계가 있는 것처럼 의제함으로써 부모가 없거나 부모가 있더라도 더 이상 보호할 수 없는 아동들이 안정된 가정 내에서 생활할 수 있도록 친자관계를 형성해 주는 제도이다. 우리 민법상 양자제도는 보통양자제도와 2015년 3월 31일 개정 민법에서 신설한 친양자제도의 두 가지가 있다.

(1) 보통양자제도

1) 입양의 요건

　　입양이 성립되기 위해서는 실질적 요건과 형식적 요건이 구비되어야 한다. 실질적 요건으로는 먼저, 입양을 하려는 자와 입양이 되는 자 사이에 입양의 합의가 있어야 한다. 입양의 의사는 입양당사자의 자유의사로써 이루어져야 하며 입양신고서면을 작성할 때와 신고가 수리될 당시에 모두 존재하여야 한다. 피성년후견인은 성년후견인의 동의를 얻어 당사자가 될 수 있다.

　　둘째, 양부모는 성년자이어야 한다. 성년의제의 경우 입양권은 인정되지 않는다.

　　셋째, 미성년자를 입양하려는 사람은 가정법원의 허가를 받아야 한다. 가정법원은 양자가 될 미성년자의 복리를 위하여 그 양육 상황, 입양의 동기, 양부모의 양육능력, 그 밖의 사정을 고려하여 입양의 허가를 결정한다. 가정법원의 허가는 성년자에게는 적용되지 않는다.

　　넷째, 입양은 신분행위로 당사자가 스스로 의사표시를 하여야 하지만, 의사능력이 없는 13세 미만인 자는 스스로 의사표시를 하기 곤란하므로 법정대리인이 갈음하여 입양의 승낙을 하여야 한다(대락입양). 그리고 피성년후견인은 성년후견인의 동의를 받아 입양을 할 수 있고 양자가 될 수 있다.

다섯째, 양자가 될 자는 성년자이든 미성년자이든 부모의 동의를 받아야 한다. 배우자 있는 자가 양자를 할 때에는 배우자와 공동으로 양자를 하여야 하며, 양자가 될 때에는 그 배우자의 동의를 받아야만 양자가 될 수 있다(부부공동입양의 원칙).

여섯째, 양친의 존속 또는 연장자는 양자가 될 수 없다. 존속은 직계와 방계를 모두 포함하며, 연장자만 아니면 되기 때문에 하루라도 일찍 태어난 동갑은 양자로 할 수 있다.

일곱째, 형식적 요건으로서 가족관계의 등록 등에 관한 법률이 정하는 바에 따라 입양신고서를 작성하여 양자가 13세 미만인 경우에는 입양을 승낙한 법정대리인이 미성년자 또는 피성년후견인이 입양을 하거나 양자가 되는 경우에는 가정법원의 허가서를 첨부하여 신고하여야 한다.

2) 입양의 무효와 취소

입양의 실질적 요건이나 형식적 요건에 있어서 하자가 있는 경우에는 입양이 무효 내지 취소될 수 있다. 입양이 무효가 되는 경우로는 당사자 사이에 입양의 합의가 없는 경우, 미성년자의 입양에 대한 가정법원의 허가가 없는 경우, 존속이나 연장자를 입양한 경우 등이다.

입양이 취소되는 경우로는 미성년자가 입양하는 경우, 양자가 될 자가 부모의 등의 동의를 얻지 않고 입양된 경우, 부부공동입양의 원칙에 위반한 경우, 입양 당시 양부모와 양자 중 어느 한쪽에게 악질이나 그 밖에 중대한 사유가 있음을 알지 못한 경우, 사기 또는 강박으로 인하여 입양의 의사표시를 한 경우 등이다.

입양취소의 효과는 소급하여 소멸하지 않고, 취소권자가 가정법원에 소송을 제기하여 입양취소의 판결이 확정된 때부터 발생한다. 따라서 입양의 무효나 취소에 의하여 친족관계는 소멸하고, 친생부모의 친권이 부활한다. 입양의 무효 또는 취소가 된 경우에는 약혼해제와 같이 당사자일방은 과실있는 상대방에 대하여 손해배상을 청구할 수 있다.

3) 입양의 효과

입양신고를 하게 되면 양친과 양자 사이에는 입양한 때로부터(입양신고일) 법정혈족관계가 발생하며, 양친의 혈족과 인척 사이에도 친족관계가 발생한다. 그리고 양자는 양부모의 친권에 복종하게 된다. 그러나 입양은 종전의 친족관계에 영향을 미치지 않기 때문에 양자의 성과 본은 변경되지 않는다.

4) 파 양

파양은 양친자관계를 인위적으로 해소하는 것을 말한다. 양친자관계는 입양당사자의 파양에 의해서만 해소되며, 협의파양과 재판상 파양이 있다. 즉, 양친자는 협의에 의하여 파양할 수 있다. 양친자가 입양당사자이며, 입양당사자가 아니었던 배우자 등은 당사자가 될 수 없다. 파양의사는 파양신고서를 작성할 때뿐만 아니라 신고가 수리될 때까지 존재하여야 한다. 수리 이전에 일방당사자는 파양의사를 철회할 수 있고, 사기 또는 강박에 의한 파양은 취소할 수 있다. 협의파양은 가족관계의 등록 등에 관한 법률이 정한 바에 따라 신고함으로써 효력이 발생한다.

재판상 파양은 법률상 정해진 파양원인에 의하여 재판상 청구되는 파양을 말한다. 그 원인으로는 ① 양부모가 양자를 학대 또는 유기하거나 그 밖에 양자의 복리를 현저히 해친 경우, ② 양부모가 양자로부터 심히 부당한 대우를 받은 경우, ③ 양부모나 양자의 생사가 3년 이상 분명하지 아니한 경우, ④ 그 밖에 양친자관계를 계속하기 어려운 중대한 사유가 있는 경우 등이다.

사례 1의 해결

〔1〕 민법은 부부의 공동입양 원칙을 취하고 있기 때문에 처 乙과 양자 丙 사이에는 입양의 효력이 없으며, 남편 甲과 양자 丙 사이에서는 일단 유효한 입양으로 인정되지만, 처 乙이 그 입양의 취소를 청구할 수 있다.

〔2〕 판례도 "입양이 개인 간의 법률행위임에 비추어 보면 부부의 공동입양이라고 하여도 부부 각자에 대하여 별개의 입양행위가 존재하여 부부 각자와 양자 사이에 각각 양친자관계가 성립한다고 할 것이므로, 부부의 공동입양에 있어서도 부부 각자가 양자와의 사이에 민법이 규정한 입양의 일반 요건을 갖추는 외에 나아가 위와 같은 부부 공동입양의 요건을 갖추어야 하는 것으로 풀이함이 상당하므로, 처가 있는 자가 입양을 함에 있어서 혼자만의 의사로 부부 쌍방 명의의 입양신고를 하여 수리된 경우, 처의 부재 기타 사유로 인하여 공동으로 할 수 없는 때에 해당하는 경우를 제외하고는, 처와 양자가 될 자 사이에서는 입양의 일반요건 중 하나인 당사자 간의 입양합의가 없으므로 입양이 무효가 되고, 한편 처가 있는 자와 양자가 될 자 사이에서는 입양의 일반 요건을 모두 갖추었어도 부부 공동입양의 요건을 갖추지 못하였으므로 처가 그 입양의 취소를 청구할 수 있으나, 그 취소가 이루어지지 않는 한 그들 사이의 입양은 유효하게 존속한다."고 판시하고 있다(대법원 1998. 5. 26. 선고 97므25 판결).

〔3〕 결론

乙이 민법 규정에 따라 적법한 기간 내에 취소권을 행사하지 않은 이상 甲과의 입양은 유효하나, 甲이 丙을 출생신고한 것만으로 친생자관계에 있다고 할 수 없다. 따라서 乙은 丙과의 친생자관계를 부인하기 위해서는 법원에 친생자관계부존재확인 청구의 소를 제기하면 된다.

사례 2의 해결

乙남과 丙녀가 성격차이로 이혼하였더라도 양자 甲과 양부모와의 양친자관계는 입양취소 또는 파양의 사유가 없다면 소멸되지 않고 그대로 유지된다.

사례 3의 해결

〔1〕 입양은 부부공동으로 하여야 한다. 그런데 위 사안은 양모로 되어야 할 자가 양자될 자의 친생모이므로, 친생모도 양모될 자의 자격으로서 공동입양당사자가 되는지 문제된다.

〔2〕 배우자관계에 있는 어느 일방과 이미 생부 내지는 생모관계가 성립되어 있는 사람을 입양하는 경우에는 타방 배우자가 그 생부 또는 생모의 동의를 얻어 단독으로 입양할 수 있다고 보아야 한다. 자신의 친생자를 입양할 수 있는지에 관하여 입양은 혼인 중의 출생자와 같은 신분을 취득하게 하는 창설적 신분행위이므로 자신의 친생자라도 혼인 외의 자에 대하여는 입양할 수 있지만, 혼인 중의 자에 대하여는 신분관계를 새롭게 창설할 필요가 없으므로 이혼한 모가 전혼 중에 발생한 혼인 중의 자를 입양할 수는 없다.

〔3〕 그리고 입양승낙 또는 동의에 관하여는 입양당사자인 부부의 일방인 처와 미성년자의 생모는 비록 동일인이라 할지라도 그 지위는 별개의 입장에 있는 것이므로, 친생모가 미성년자에 대한 입양의 승낙(13세 미만) 또는 동의(13세 이상)를 행하는 것은 친권자와 그 자 사이의 이해상반행위에 포함되지 않으므로 특별대리인을 선임할 필요가 없다. 즉, 丁이 甲의 자 丙을 입양하는데 甲은 丙의 생모로서 입양을 승낙 또는 동의하면 될 것이다. 다만, 미성년자를 입양하려는 사람은 예외없이 가정법원의 허가를 받아야 한다는 규정에 의하여 丁은 가정법원의 허가를 받아야 甲의 아들 丙을 입양할 수 있다.

〔4〕 결론

위 사안의 경우에 미성년자 丙이 甲의 혼인 외의 자이므로 甲은 丁과 공동으로 丙을 입양할 수도 있고, 丁이 丙을 입양하는 데에 甲은 丙의 생모로서 입양을 승낙 또는 동의하면 될 것이다.

(2) 친양자제도

남편 甲과 처 乙은 서로 합의하에 양자 丙을 들였지만, 丙을 다른 가정에서 친양자로 입양하려고 한다. 이때 친양자 입양에 대한 동의는 현재의 양부모인 甲과 乙이 해야 하는 것인가, 아니면 친생부모가 해야 하는 것인가?

보통양자제도가 가를 위한 양자 또는 어버이를 위한 양자제도로써 불완전한 양자제도였다면, 친양자제도는 양자의 복리를 위하여 양자를 혼인중의 출생자로 보는 완전한 양자제도의 개념이다. 2015년 3월 31일 개정민법에서 종전 양자제도를 그대로 유지하면서 양자의 복리를 더욱 증진시키기 위하여, 양친과 양자를 친생자관계로 보아 종전의 친족관계를 종료시키고 양친과의 친족관계만을 인정하며 양친의 성과 본을 따르도록 하는 친양자제도를 신설하였다(제908조의2 내지 제908조의8).

1) 친양자 입양의 요건

친양자를 입양하려는 사람은 첫째, 3년 이상 혼인 중인 부부로서 공동으로 입양하여야 한다. 재혼한 부부의 경우에도 3년이 지나야 하며, 보통양자의 경우와는 달리 혼인 중의 부부만이 가능하다. 또한 혼인중인 부부의 공동입양이 원칙이므로 독신자는 친양자를 입양할 수 없다. 그러나 혼인 중인 부부의 한쪽이 그 배우자의 친생자를 친양자로 하는 경우에는 1년 이상이면 가능하다.

둘째, 친양자가 될 사람이 미성년자이어야 한다. 친양자의 입양이 유아기 때에 대부분 이루어진다는 점을 고려하여 나이 제한을 폐지한 것이다.

셋째, 친양자가 될 사람의 친생부모가 친양자 입양에 동의하여야 한다. 동의권자는 친생부모에 한정되므로 법정대리인이나 직계존속은 동의권이 없다. 부모가 이혼한 경우에도 부모 쌍방의 동의가 필요하다. 그러나 부모가 친권상실의 선고를 받거나 소재를 알 수 없거나 그 밖의 사유로 동의할 수 없는 경우에는 일방만의 동의로도 가능하다.

넷째, 친양자가 될 사람이 13세 이상인 경우에는 법정대리인의 동의를 받아 입양을 승낙하여야 한다.

다섯째, 친양자가 될 사람이 13세 미만인 경우에는 법정대리인이 그를 갈음하여 입양을 승낙하여야 한다. 보통양자의 경우에 적용되는 대락입양이 친양자 입양의 경우에도 그대로 적용된다.

여섯째, 가정법원의 허가를 받아야 한다. 친양자 입양의 청구권자는 양친으로 부부가 공동으로 청구하여야 한다. 가정법원은 친양자가 될 사람의 복리를 위하여 그 양육상황, 친양자 입양의 동기, 양부모의 양육능력, 그 밖의 사정을 고려하여 친양자 입양이 적당하지 아니하다고 인정하는 경우에는 청구를 기각할 수 있다.

양친의 친양자 입양의 청구가 있은 다음 법원의 허가 판결에 의하여 신분관계가 변동된다고 볼 수 있으나 보통양자의 규정을 준용하기 때문에 입양신고에 의하여 신분관계 변동의 효력이 발생한다고 보아야 한다.

2) 친양자 입양의 효과

친양자는 부부의 혼인중 출생자로 인정되므로 양부모의 성과 본을 따른다. 그러나 양친과의 친자관계의 소급효는 인정하지 않고 있다. 그리고 친양자 입양 전의 친족관계는 친양자 입양청구가 확정된 때에 종료한다. 따라서 심판확정시까지 종전의 친족관계로 인하여 생긴 부양·상속·증여 등의 권리관계는 영향을 받지 않는다. 한편 부부의 일방이 그 배우자의 친생자를 단독으로 입양하는 경우에는 배우자 및 그 친족과 친생자 간의 친족관계는 종료하지 않는다.

3) 친양자 입양의 취소

친양자 입양이 성립되기 위해서는 친양자로 될 자의 친생부모가 이에 동의해야 함에도 불구하고, 그 친생부모의 책임이 없는 사유로 인하여 친양자 입양의 동의를 할 수 없었던 경우에는 친양자 입양의 사실을 안 날로부터 6월 내에 가정법원에 친양자 입양의 취소를 청구할 수 있다. 즉, 친생부모의 동의요건을 보다 강화하고 있다. 그리고 친양자 입양의 경우에는 보통양자 입양의 무효원인 및 취소원인에 관한 규정을 적용하지 않는다.

4) 친양자 입양의 파양

친양자는 양친의 친생자의 지위가 인정되므로 친생부모와 자녀의 관계는 천륜으로 그 관계를 임의로 파기할 수 없는 것과 마찬가지로 친양자의 경우에도 협의파양은 인정하지 않고 재판상 파양만을 인정하면서 그 사유를 엄격히 제한하고 있다. 양친이 친양자를 학대 또는 유기하거나 그 밖에 친양자의 복리를 현저히 해하는 때, 친양자의 양친에 대한 패륜행위로 인하여 친양자관계를 유지시킬 수 없게 된 때에만 파양할 수 있다.

청구권자는 양친, 친양자, 친생의 부 또는 모나 검사이다. 공익의 대표자로서 검사에게도 파양청구권을 인정하고 있다. 친양자관계가 취소되거나 파양된 때에는 그 판결이 확정된 때부터 양친자관계가 종료되고 종전의 친족관계는 부활된다. 성과 본도 회복하며 친생부모의 친권이 부활한다.

Ⅲ. 친족관계

사례의 해결

〔1〕 민법은 친양자가 될 사람의 친생부모가 친양자 입양에 동의할 것이라고 하여 친양자 입양에 있어서 친생부모의 입양 동의를 요하고 있다. 다만, 부모의 친권이 상실되거나 사망 그 밖의 사유로 동의할 수 없는 경우에는 그러하지 아니하다. 양자는 입양된 때부터 양부모의 친생자와 같은 지위를 가지면서 양부모의 혈족, 인척과도 친족관계가 발생한다. 이 경우 양자의 입양 전의 친족관계가 그대로 존속하므로, 친양자 입양에 필요한 부모의 동의는 친생부모의 동의와 양부모의 동의가 모두 필요한 것으로 해석하는 것이 타당하다.

〔2〕 하급심판결에서도 어떤 부모의 친생자가 다른 부부에게 양자로 입양된 후 다시 다른 부부에게 친양자로 입양되려면 친생부모의 동의와 양부모의 동의가 모두 필요하다고 해석된다고 판단하였다(대구지방법원 2009. 12. 4. 2009느단496).

〔3〕 결론

위 사안의 경우 원칙적으로 친생부모 및 양부모의 동의를 모두 필요로 할 것이나, 친권상실의 선고를 받거나 소재를 알 수 없거나 그 밖의 사유로 동의할 수 없는 경우에는 예외적으로 친생부모의 동의가 없어도 가능하다고 할 것이다.

일정한 범위의 혈족관계나 혼인관계에 있는 자 상호간에 신분상의 법률관계를 친족관계라고 하며, 이러한 관계에 있는 사람 상호간을 친족이라고 한다. 혼인과 혈연을 매개로 하는 친족의 범위는 무한히 확대될 수 있고, 다변하는 현대 사회에 있어서 친족의 범위를 획일적으로 정하는 것보다는 구체적인 관계에 부합하도록 친족관계를 규율하는 것이 바람직하다. 따라서 법률상 친족이란 일정한 권리와 의무를 인정하여 설정한 일정한 혈연적 범위를 말한다.

민법은 친족을 배우자, 8촌 이내의 혈족 및 4촌 이내의 인척으로 정하고 있다. 배우자는 혼인에 의하여 결합된 부부관계를 말하지만, 배우자의 사망이나 이혼 등으로 인하여 소멸할 수 있다. 그러나 혼인이외 사유, 즉 약혼이나 사실혼 관계의 배우자, 첩은 배우자가 될 수 없다. 다만, 사실혼관계에 있는 배우자는 특별법이나 판례에 의하여 보호되는 경우가 있다. 배우자는 친족이지만, 혈족이 아니므로 촌수가 없다.

혈족은 혈연관계가 있는 친족으로써 자연혈족과 법정혈족이 있다. 자연혈족이란 출생에 의하여 발생하는 것이 원칙이다. 즉, 출생에 의한 혈연으로 연결되어 부모와 자, 형제자매, 할아버지와 손자 등의 관계를 말한다. 그리고 자기의 직계존속과 직계비속을 직계혈족이라 하고 자기의 형제자매와 형제자매의 직계비속, 직계존속의 형제자매 및 그 형제자매의 직계비속을 방계혈족이라 한다. 법정혈족이란 혈연관계는 존재하지 않지만, 법률의 규정에 의해서 혈족관계가 인정되는 관계이다. 1990년 민법개정으로 계모자관계와 적모서자관계는 인척관계로 전환되었기 때문에, 법정혈족관계는 출생이 아닌 입양에 의하여 발생하는 양친자관계만을 인정한다.

인척은 혈족의 배우자, 배우자의 혈족, 배우자 혈족의 배우자를 말한다. 인척관계는 혼인으로 인하여 발생하며, 혼인의 취소·무효 또는 해소로 소멸하게 된다.

Ⅳ. 약 혼

사 례

甲은 약혼당시 상대방 乙로부터 다이아몬드 반지를 받았고, 甲은 乙에게 시계를 선물하였다. 그런데 파혼을 하게 되었는데 위 약혼예물은 어떻게 해야 하는가?

1. 약혼의 의의

약혼은 장차 혼인을 체결하려는 당사자 사이의 신분상 계약이며, 낙성·쌍무·불요식계약이다. 혼인예약 또는 혼약이라고도 한다. 약혼은 장래 혼인할 것을 약속한 것에 지나지 않기 때문에 동거를 수반하는 혼인과 구별되고, 사실상 부부관계이면서도 혼인신고를 하지 않고 살아가는 사실혼과 다르며, 남녀 양가의 부모(주혼자)들이 자녀를 혼인시키기로 약속하는 정혼과도 구별된다. 그러나 약혼이나 사실혼 및 정혼은 모두 혼인 전의 행위라는 점에서 공통점이 있다.

2. 약혼의 성립

첫째, 약혼은 혼인하려는 당사자의 합의로 성립한다. 합의는 양당사자간에 직접 이루어져야 하므로 제3자의 대리는 허용되지 않으며, 또한 제3자에 의해서 합의가 이루어지는 정혼은 무효이다.

둘째, 약혼은 성년에 달한 자는 자유로이 할 수 있다. 18세가 된 사람은 부모 또는 미성년 후견인의 동의를 얻어서, 피성년후견인은 부모나 성년후견인의 동의를 얻어 약혼할 수 있다. 부모 등의 동의를 얻지 아니한 미성년자나 피성년후견인의 약혼은 당사자나 법정대리인이 취소할 수 있다.

셋째, 이중약혼은 원칙적으로 허용되지 않으므로 이미 약혼한 자와의 약혼이나 배우자있는 사람이 약혼하는 경우 무효이다.

넷째, 금혼 범위 내의 근친자 사이의 혼인은 무효사유에 해당하므로, 이들 간의 약혼은 불능을 목적으로 하는 것이므로 무효이다.

3. 약혼의 효과

약혼은 강제이행을 청구하지 못한다. 혼인의 자주성과 독립성을 유지하기 위해서는 당사자의 자유로운 의사에 의해야 하기 때문이다. 약혼에 의하여 당사자는 서로 성실하게 교제하고 가까운 시기에 혼인할 의무를 부담한다. 약혼자 사이에는 친족관계가 발생하지 않으며, 약혼 중에 출생한 자는 혼인외의 자가 되고, 부모의 혼인에 의한 준정으로 혼인 중의 자가 된다.

4. 약혼의 해제

약혼은 강제이행을 청구할 수 없는 것이고, 혼인의 성립이 불가능한 약혼을 무한정 존속시키는 것은 무의미하다. 따라서 정당한 사유가 있거나 또는 당사자 일방의 의사표시로 언제든지 해제할 수 있다. 그러나 정당한 사유없이 약혼해제를 하는 경우에는 당사자 일방은 과실 있는 상대방에 대하여 손해배상을 청구할 수 있다. 또한 혼인할 때

흔히 교환하는 예물은 혼인의 성립을 예정하고 주는 것인데, 혼인이 성립하지 않는 경우에 혼인의 불성립을 해제조건으로 하는 증여로써 약혼예물의 반환청구가 있다.

민법이 규정하고 있는 약혼해제 사유가 있는 경우에는 상대방은 약혼을 해제할 수 있다.

① 약혼 후 자격정지 이상의 형을 선고받은 경우

② 약혼 후 성년후견개시나 한정후견개시의 심판을 받은 경우

③ 성병, 불치의 정신병, 그 밖의 불치의 병질이 있는 경우

④ 약혼 후 다른 사람과 약혼이나 혼인을 한 경우

⑤ 약혼 후 다른 사람과 간음한 경우

⑥ 약혼 후 1년 이상 생사가 불명한 경우

⑦ 정당한 이유 없이 혼인을 거절하거나 그 시기를 늦추는 경우

⑧ 그 밖에 중대한 사유가 있는 경우

사례의 해결

〔1〕 약혼예물은 약혼을 증명하는 증표의 기능을 하는 것으로 그 법적 성질은 혼인불성립을 해제조건으로 하는 증여와 유사한 성질의 것이다. 따라서 혼인이 성립하지 않으면 상대방에게 반환하여 주어야 하지만, 혼인이 성립되어 상당 기간 혼인상태가 유지되었다면 약혼예물을 받은 자의 소유로 귀속된다.

〔2〕 그러나 약혼예물의 반환과 관련하여 판례는 "약혼의 해제에 관하여 과실이 있는 유책자로서는 그가 제공한 약혼예물은 이를 적극적으로 반환을 청구할 권리가 없다"고 하여 유책자에게는 교부한 예물의 반환청구권을 인정하지 않고, 잘못이 없는 상대방에게만 인정하고 있다(대법원 76므41 판결).

〔3〕 결론

위 사안의 경우, 귀책사유에 대한 내용이 없기 때문에 혼인이 성립되지 않은 것으로 보아 서로 상대방에게 약혼예물을 반환하여야 한다. 즉, 甲은 乙에게 다이몬드 반지를 반환하여야 하고, 乙은 甲에게 시계를 반환하여야 한다.

V. 혼 인

사 례

　甲은 처 乙이 3년 전에 교통사고로 사망하였고, 乙이 사망한 후 처제 丙이 어린 조카들을 돌보아 왔다. 그런데 처제 병이 다른 사람과 결혼하는 것보다 甲과 결혼하여 조카들을 키우고 싶다고 한다. 이 경우 甲과 丙의 혼인이 가능한가?

　혼인은 남녀간의 영속적인 공동생활을 목적으로 하는 전인격적 결합관계이다. 남녀의 결합이 혼인으로 존중받기 위해서는 그 사회의 법률, 관습, 종교 등에 의하여 정당한 것이어야 한다. 우리나라는 인간의 존엄과 남녀평등의 입장에서 혼인에 있어서 일부일처제를 가족법상 대원칙으로 인정하고 있으며, 혼인의 자주성을 명백히 하고 있다. 따라서 혼인이 성립되기 위해서는 민법이 요구하고 있는 실질적·형식적 요건을 갖추어야 한다.

1. 혼인의 요건

　혼인이 유효하게 성립하기 위하여서는 실질적으로 당사자 사이에 혼인장애사유가 없어야 하고, 형식적으로 혼인신고가 있어야 한다.

　첫째, 당사자간에 혼인의 합의가 있어야 한다. 혼인의 합의란 법률혼주의하에서는 유효한 혼인을 성립케 하는 합의를 말하는 것이므로 양성간 정신적·육체적 관계를 맺는 의사만으로는 혼인의 합의가 있다고 할 수 없다. 그리고 혼인의사란 그 사회의 통념에 따라 정신적·육체적 결합을 전제로 하는 부부공동생활관계를 성립시킬 의사를 말한다. 당사자간의 혼인의사는 자유로운 의사에 의한 합의이므로 일방 당사자 또는 제3자의 임의적인 혼인신고의 경우에는 혼인의사의 흠결로 원칙적으로 무효이며, 사기·강박에 의한 혼인은 취소할 수 있다. 또한 혼인의사는 조건부·기한부일 수 없으며, 혼인신고형식의 배제를 전제로 할 수 없다.

　둘째, 혼인적령에 달하여야 한다. 남자와 여자 모두 만 18세에 달하여야 한다. 이러한 연령제한은 조혼의 폐습을 방지하기 위한 것이다. 그러나 미성년자가 19세에 도달하거나 혼인 중 포태한 경우에는 취소권은 제한된다.

셋째, 부모 등의 동의가 있어야 한다. 미성년자의 경솔한 혼인결정을 방지하기 위하여 부모 등의 동의를 요하는 것이다. 미성년자가 혼인을 하는 경우에는 부모의 동의를 받아야 하며, 부모 중 한쪽이 동의권을 행사할 수 없을 때에는 다른 한쪽의 동의를 받아야 하고, 부모가 모두 동의권을 행사할 수 없을 때에는 미성년후견인의 동의를 받아야 한다. 피성년후견인은 부모나 성년후견인의 동의를 받아 혼인할 수 있다.

넷째, 근친자 사이의 혼인이 아니어야 한다. 즉, 8촌 이내의 혈족 사이에서는 혼인하지 못한다. 친양자제도는 양자와 친생부모와의 친족관계를 단절시키지만, 자연혈족에 해당하므로 우생학적인 측면에서 입양 전에 8촌 이내의 혈족과 혼인은 금지된다고 할 것이다. 그리고 6촌 이내의 혈족의 배우자, 배우자의 6촌 이내의 혈족, 배우자의 4촌 이내의 혈족의 배우자인 인척이거나 이러한 인척이었던 자 사이에서는 혼인하지 못한다. 또한 6촌 이내의 양부모계의 혈족이었던 자와 4촌 이내의 양부모계의 인척이었던 자 사이에서는 혼인하지 못한다.

다섯째, 중혼이 아니어야 한다. 우리 민법은 일부일처제를 취하고 있기 때문에 배우자있는 자는 다시 혼인하지 못한다. 여기에서의 혼인은 법률혼만을 의미하므로 사실혼관계에 있는 자가 다시 혼인하는 경우에는 중혼에 해당하지 않는다.

여섯째, 혼인신고를 하여야 한다. 혼인은 가족관계의 등록 등에 관한 법률이 정하는 일정한 사실을 기재하여 신고함으로써 그 효력이 생긴다. 혼인신고는 당사자쌍방과 성년자인 증인 2인이 연서한 서면(혼인신고서)으로 하여야 한다. 혼인신고는 본인의 등록기준지 또는 신고인의 주소지나 현재지에서 할 수 있다.

사례의 해결

〔1〕 민법은 근친자 사이의 혼인을 금지하고 있다. 즉, 8촌 이내의 혈족 사이의 혼인은 무효이며, 6촌 이내의 혈족의 배우자, 배우자의 6촌 이내의 혈족, 배우자의 4촌 이내의 혈족의 배우자인 인척이거나 이러한 인척이었던 자 사이에서의 혼인은 취소할 수 있다.

〔2〕 결론

위 사안에서 甲과 丙은 형부와 처제사이로 2촌의 인척관계에 해당하므로, 법적으로 혼인을 할 수가 없다. 만약 甲과 丙이 혼인을 하게 되면 당사자, 그 직계존속 또는 4촌 이내의 방계혈족이 그 취소를 청구할 수 있다.

[서식 28] 혼인신고서

<table>
<tr><td colspan="3" rowspan="2">혼 인 신 고 서
(년   월   일)</td><td colspan="4">※ 뒷면의 작성방법을 읽고 기재하시되, 선택항목은 해당번호에 "○"으로 표시하여 주시기 바랍니다.</td></tr>
<tr></tr>
<tr><td colspan="2">구 분</td><td></td><td colspan="2">남   편(부)</td><td colspan="2">아   내(처)</td></tr>
<tr><td rowspan="10">① 혼인당사자 〜 (신고인)</td><td rowspan="2">성명</td><td>한글</td><td>*(성)   / (명)</td><td rowspan="2">㊞ 또는 서명</td><td>*(성)   / (명)</td><td rowspan="2">㊞ 또는 서명</td></tr>
<tr><td>한자</td><td>(성)   / (명)</td><td>(성)   / (명)</td></tr>
<tr><td colspan="2">본(한자)</td><td></td><td>전화</td><td></td><td>전화</td></tr>
<tr><td colspan="2">출생연월일</td><td colspan="2"></td><td colspan="2"></td></tr>
<tr><td colspan="2">*주민등록번호</td><td colspan="2">   −   </td><td colspan="2">   −   </td></tr>
<tr><td colspan="2">*등록기준지</td><td colspan="2"></td><td colspan="2"></td></tr>
<tr><td colspan="2">*주소</td><td colspan="2"></td><td colspan="2"></td></tr>
<tr><td rowspan="6">② 부모 〜 (양부모)</td><td colspan="2">부 성명</td><td colspan="2"></td><td colspan="2"></td></tr>
<tr><td colspan="2">주민등록번호</td><td colspan="2">   −   </td><td colspan="2">   −   </td></tr>
<tr><td colspan="2">등록기준지</td><td colspan="2"></td><td colspan="2"></td></tr>
<tr><td colspan="2">모 성명</td><td colspan="2"></td><td colspan="2"></td></tr>
<tr><td colspan="2">주민등록번호</td><td colspan="2">   −   </td><td colspan="2">   −   </td></tr>
<tr><td colspan="2">등록기준지</td><td colspan="2"></td><td colspan="2"></td></tr>
<tr><td colspan="2">③ 외국방식에 의한 혼인성립일자</td><td colspan="4">년   월   일</td></tr>
<tr><td colspan="2">*④ 성·본의 협의</td><td colspan="4">자녀의 성·본을 모의 성·본으로 하는 협의를 하였습니까? 예 ☐   아니요 ☐</td></tr>
<tr><td colspan="2">⑤ 근친혼 여부</td><td colspan="4">혼인당사자들이 8촌이내의 혈족사이에 해당됩니까?
예 ☐   아니요 ☐</td></tr>
<tr><td colspan="2">⑥ 기타사항</td><td colspan="4"></td></tr>
<tr><td rowspan="4">⑦ 증인</td><td colspan="2">성 명</td><td>㊞ 또는 서명</td><td>주민등록번호</td><td colspan="2">   −   </td></tr>
<tr><td colspan="2">주 소</td><td colspan="4"></td></tr>
<tr><td colspan="2">성 명</td><td>㊞ 또는 서명</td><td>주민등록번호</td><td colspan="2">   −   </td></tr>
<tr><td colspan="2">주 소</td><td colspan="4"></td></tr>
<tr><td rowspan="4">⑧ 동의자</td><td rowspan="2">남편</td><td>부 성명</td><td>㊞ 또는 서명</td><td rowspan="4">후견인</td><td>성명</td><td>㊞ 또는 서명</td></tr>
<tr><td>모 성명</td><td>㊞ 또는 서명</td><td>주민등록번호</td><td></td></tr>
<tr><td rowspan="2">아내</td><td>부 성명</td><td>㊞ 또는 서명</td><td>성명</td><td>㊞ 또는 서명</td></tr>
<tr><td>모 성명</td><td>㊞ 또는 서명</td><td>주민등록번호</td><td></td></tr>
<tr><td colspan="2">⑨ 제출인</td><td>성명</td><td></td><td>주민등록번호</td><td colspan="2">   −   </td></tr>
</table>

2. 혼인의 무효와 취소

혼인의 무효와 취소는 혼인신고가 된 후의 문제이다. 즉, 혼인신고가 되기 이전에는 사실혼의 문제에 불과하다. 혼인무효사유는 당연무효라고 보지만, 취소혼의 경우는 취소되기 전까지는 유효한 혼인이 된다.

(1) 혼인의 무효

혼인이 무효가 되는 경우로는 다음과 같다.
① 당사자간에 혼인의 합의가 없는 때
② 혼인이 제809조제1항의 규정을 위반한 때
③ 당사자간에 직계인척관계가 있거나 있었던 때
④ 당사자간에 양부모계의 직계혈족관계가 있었던 때

혼인이 무효가 되면 혼인으로서의 어떠한 효과도 발생하지 않는다. 따라서 무효인 혼인관계에서 태어난 자녀는 혼인 외의 출생자가 되며, 상속 등의 권리변동도 무효가 된다. 혼인이 무효가 되면 당사자의 일방은 과실 있는 상대방에 대하여 손해배상을 청구할 수 있으며, 이 경우 조정전치주의가 적용된다.

(2) 혼인의 취소

혼인의 취소는 혼인신고는 되어 있지만 그 혼인에 위법한 사유가 존재하여 혼인의 효력을 소멸시키는 제도이다. 취소혼은 재산법상의 취소와는 달리 소급효를 인정하지 않는다. 혼인이 취소가 되는 경우로는 다음과 같다.
① 혼인할 수 있는 연령에 도달하지 않은 경우이다. 즉, 혼인당사자의 연령이 18세 미만인 경우에는 당사자 또는 그 법정대리인이 취소할 수 있다
② 동의를 요하는 혼인에서 부모 등의 동의를 얻지 않은 미성년자와 피성년후견인의 혼인은 당사자 또는 그 법정대리인이 취소할 수 있다. 그러나 혼인당사자가 19세가 된 후 또는 성년후견종료의 심판이 있은 후 3개월이 지나거나 혼인 중에 임신한 경우에는 그 취소를 청구하지 못한다.
③ 무효혼 이외의 근친간의 혼인이다. 즉, 6촌 이내의 혈족의 배우자, 배우자의 6촌 이내의 혈족, 배우자의 4촌 이내의 혈족의 배우자인 인척이거나 인척이었던 자, 6촌 이내의 양부모계의 혈족이었던 자, 4촌 이내의 양부모계의 인척이었던 자 사이에서의 혼인은 취소할 수 있다.

④ 배우자 있는 자가 이중으로 혼인한 경우이다. 중혼은 우리 사회에서 허용되지 않기 때문에 그 제소기간은 중혼이 존속하는 동안에는 언제든지 그 취소를 청구할 수 있다. 전·후혼의 배우자는 모두 재판상 이혼청구권을 행사할 수 있고, 또한 중혼자가 취소 전에 사망하면 상속인이 된다.

⑤ 혼인 당시 배우자 일방에게 부부생활을 계속할 수 없는 악질 기타 중대한 사유가 있음을 알지 못한 때에는 취소할 수 있다.

⑥ 혼인 당사자 중 일방 배우자 또는 제3자의 사기 또는 강박으로 인하여 혼인한 경우에는 사기를 안 날 또는 강박을 면한 날로부터 3월 이내에 그 취소를 청구할 수 있다.

취소혼은 무효혼과는 달리 취소권자가 취소권을 행사할 때까지는 그 효력이 인정된다. 혼인취소의 효과는 소급하지 않으며 장래에 관해서만 효력을 갖기 때문에 취소된 때로부터 부부가 아닌 것으로 된다. 취소된 혼인에 의하여 출생한 자는 혼인 중의 출생자로서의 지위를 상실하지 않으므로 상속이 행해지더라도 그대로 유효하므로 부당이득이 되지 않는다. 혼인이 취소된 후에 자의 양육문제와 면접교섭권에 대해서는 이혼의 경우와 유사하므로 이를 준용하고 있다.

3. 혼인의 일반적 효력

(1) 친족관계의 발생

혼인에 의하여 당사자인 남녀는 서로 배우자인 신분을 가지는 동시에 친족이 되며, 상대방의 4촌 이내의 혈족과 4촌 이내의 혈족의 배우자 사이에 서로 인척관계가 발생한다.

(2) 동거 · 협조 · 부양의무

부부는 동거하며 서로 부양하고 협조하여야 할 의무가 있다. 이 의무는 개별적인 의무가 아니라 서로 불가분의 관계에 있는 것으로 법률혼 뿐만 아니라 사실혼 배우자에게도 적용되며, 이를 위반하게 되면 재판상 이혼사유인 악의의 유기에 해당할 수 있다.

동거의무는 부부가 동일한 거소에서 공동생활을 하는 것을 말한다. 그러나 정당한 이유로 일시적으로 동거를 하지 않는 경우는 허용된다. 동거장소는 부부의 협의에 따라 정하는 것이 원칙이다.

부부 사이의 부양은 미성년 자녀의 부양을 포함하는 것으로 공동생활에 필요한 경제적 · 신체적 · 정신적 부양을 일체를 말한다. 따라서 부부의 공동생활에 필요한 비용의 부담은 당사자 사이에 특별한 약정이 없으면 공동으로 부담하여야 한다. 여기에서 공동의 의미는 절대적인 개념이 아니고 부양능력에 따라 부양능력이 있는 자가 부담하게 될 것이다.

협조의무는 분업에 기초한 가족공동생활의 유지를 위한 협력을 말하는 것으로 부부간 서로 합의에 의하여 정하는 것이 바람직하다. 예컨대 부부 각자의 소득활동, 직업 등의 제반사항을 고려하여 정하여야 한다.

(3) 정조의무

부부는 서로 정조를 지켜야 할 의무가 있다. 민법은 명문규정을 두고 있지 않지만, 재판상 이혼사유에 배우자의 부정한 행위부부가 평등하게 이혼원인으로 인정하고 있다.

(4) 성년의제

미성년자가 혼인을 하면 성년자로 의제된다. 즉, 혼인적령에 이른 미성년자가 부모 등의 동의를 얻어 혼인을 하면 성년자와 동일한 행위능력을 갖는다. 성년의제는 혼인생활의 자주성 및 독립성을 유지하기 위하여 인정된 것이지만, 민법 이외의 다른 법분야에는 적용되지 아니한다. 성년의제된 미성년자는 자기의 자에 대한 친권을 행사할 수 있고, 금전거래 등 단독으로 유효한 법률행위를 할 수 있다. 또한 유언의 증인이나 유언집행자가 될 수 있고, 유효한 소송행위를 할 수 있다. 그러나 입양권은 인정되지 않는다.

4. 혼인의 재산적 효력

부부재산제란 부부간의 재산관계를 규율하는 제도이다. 부부재산관계는 부부관계가 평화롭게 유지될 때는 특별한 경우를 제외하고는 부부간에 재산을 구분할 필요가 없지만, 혼인관계가 해소되는 경우에는 문제가 발생할 수 있다. 현행 민법은 부부재산제를 혼인당사자가 혼인하기 전 계약으로서 자유롭게 재산관계를 정하는 부부재산계약과 이를 체결하지 않았거나 불완전한 경우에는 법정재산제(부부별산제)에 의하도록 이원적으로 규정하고 있다.

(1) 부부재산계약

부부재산계약이란 혼인의사를 가진 남녀가 혼인 중에 형성되는 재산에 대한 법률관계를 혼인 성립 전에 미리 자유의사에 의하여 약정하는 계약을 말한다. 부부재산계약이 체결되면 부부간에는 계약의 내용에 한하여 재산의 귀속·관리·사용·처분 등에 관하여 법정재산재가 배제되며, 생활비용에 대한 약정이 있으면 그에 의한다.

부부가 혼인성립 전에 부부재산계약을 체결한 때에는 혼인중 이를 변경하지 못하는 것이 원칙이지만, 정당한 사유가 있는 때에는 법원의 허가를 얻어 변경할 수 있다. 부부재산계약에 의하여 부부의 일방이 다른 일방의 재산을 관리하는 경우에 부적당한 관리로 인하여 그 재산을 위태하게 한 때에는 다른 일방은 자기가 관리할 것을 법원에 청구할 수 있고 그 재산이 부부의 공유인 때에는 그 분할을 청구할 수 있다. 그리고 부부가 그 재산에 관하여 따로 약정을 한 때에는 혼인성립까지 또는 관리자를 변경하거나 공유재산을 분할하였을 때에는 그 등기를 하지 아니하면 부부의 승계인 또는 제3자에게 대항하지 못한다.

부부재산계약은 혼인이 성립되지 않으면 효력이 발생하지 않으며, 혼인 중 재산계약이 종료되거나 배우자 일방의 사망, 이혼, 혼인취소 등이 발생하면 종료한다. 부부재산계약이 효력을 잃더라도 소급효는 없다.

(2) 법정재산제

부부가 혼인 성립 전에 부부재산계약을 체결하였다면 그에 따르지만, 계약을 체결하지 않은 경우에는 법정재산제에 따른다. 우리 민법은 법정재산제를 부부 각자가 재산을 소유하며 관리하는 별산제를 채택하면서, 제3자에 대하여 일정한 범위 내에서 연대책임을 인정하고 있다. 부부별산제는 부부간 재산분배의 기준으로써 혼인해소시에 실질적인 의미를 가진다.

1) 특유재산

부부의 일방이 혼인 전부터 소유한 고유재산과 혼인 중에 자기 명의로 취득한 재산은 그 특유재산이 된다. 특유재산은 혼인 전부터 부부 각자가 소유한 고유재산, 혼인 중 부부의 일방이 제3자로부터 증여나 상속 등을 받은 것 또는 그러한 재산으로부터 생긴 수익 등이다. 특유재산은 부부 각자가 사용·수익·관리·처분할 수 있는 것으로 상속의 대상은 되지만, 이혼시 재산분할의 대상이 되지 않는다.

2) 공유재산

공유재산은 부부의 공동생활을 위해 혼인 중 취득한 재산으로써, 예컨대 부부가 협력하여 구입한 가정용품 기타 재산 등이다. 그리고 부부의 누구에게 속한 것인지 분명하지 아니한 재산은 부부의 공유로 추정한다. 공유재산은 이혼 시 재산분할의 대상이 되어 그 지분을 청구할 수 있으며, 상속 시에는 기여분을 주장할 수 있다.

　　부부의 일방이 혼인중에 자기 명의로 취득한 재산이더라도 다른 일방이 취득재산의 대가를 일부 부담한 것이 증명되거나 소유권추정이 번복되어 묵시적인 명의신탁 합의가 있었던 것으로 인정되면 다른 일방의 소유이거나 실질적 공유재산이라고 보게 된다. 예컨대, 혼인 중에 부부가 협력하여 취득한 재산으로써 남편 명의의 가옥이나 토지 등의 부동산, 공동생활을 위한 예금 등이 해당할 것이다. 특유재산은 재산분할의 대상이 되지 않지만, 특유재산으로부터 발생한 소득에 있어서 상대 배우자가 그 재산의 유지 및 감소를 방지하였거나 증식에 협력하였다고 인정되는 경우 재산분할의 대상이 될 수 있다.

3) 공동생활비용

　　부부의 공동생활에 필요한 비용의 부담비율은 먼저 당사자간에 협의로 정하고, 특별한 약정이 없으면 부부가 공동으로 부담한다. 공동생활에 필요한 비용은 의식주에 필요한 비용, 의료비, 교제비, 출산비, 미성숙자녀에 대한 양육비, 교육비 등이 해당된다. 별거 중에도 부양의무는 존재하므로 생활에 대한 비용을 부담하여야 한다. 공동으로 부담한다는 의미는 산술적으로 균분한다는 것이 아니라 부부 각자의 경제적 능력에 따라 부담한다는 것으로, 예컨대 처가 전업주부라면 부가 전적으로 부담하여야 할 것이다.

4) 일상가사대리권과 연대책임

　　일상가사대리권이란 혼인공동생활에 필요한 통상의 사무에 해당하는 일사가사 관하여 부부는 서로 다른 일방을 위한 대리행위를 할 수 있는 권리이다. 일상가사대리권은 부부평등의 원칙에 기초하여 혼인생활의 안정과 평온 및 거래의 편의, 거래의 상대방을 보호하기 위한 제도이다. 민법은 일상가사의 범위에 대하여 열거하고 있지 않으므로 일상가사의 내용, 정도 및 범위는 부부공동체의 사회적 지위·계급·직업·재산 등 경제적 생활상태를 고려하여 당해 법률행위가 일상가사에 해당하는지의 여부를 판단하여야 한다. 예컨대, 부인이 교회에의 건축 헌금, 가게의 인수대금, 장남의 교회 및 주택 임대차보증금의 보조금, 거액의 대출금에 대한 이자 지급 등의 명목으로 금원을 차용한 행위는 일상 가사에 속한다고 볼 수 없다.

　　그리고 부부의 일방이 일상의 가사에 관하여 제3자와 법률행위를 한 때에는 다른 일방은 이로 인한 채무에 대하여 연대책임이 있다. 이처럼 부부 사이에는 일사가사대리로 인한 연대책임을 인정하고 있기 때문에 통상의 대리와는 달리 현명주의가 엄격하게 요구되지 않기 때문에 어떤 법률행위가 일상가사에 속한 것이라고 표시할 필요도 없고, 부부 누구의 이름으로 법률행위를 하더라도 효력을 갖는다. 그러나 이미 제3자에 대하여 다른 일방의 책임없음을 명시한 때에는 그러하지 아니하다. 즉, 부부 중 일방의 무절제한 소비로 타방 배우자가 불이익을 입을 수 있을 수 있으므로 대리권에 제한을 가할 수 있다.

한편, 부부의 일방이 장기부재나 의식불명 등의 상태에 있는 경우에 일상가사의 처리는 물론 비상가사사무의 처리와 재산의 관리를 타방 배우자가 행사할 수 있는가? 이를 비상가사대리권이라고 한다. 판례는 이러한 부부공동체에 긴급상황이라 하더라도 사회통념상 대리관계를 인정할 필요가 있다는 사정만으로는 부부간에 모든 법률행위에 관한 대리권을 갖는다고 볼 수는 없다고 하여 부정하고 있다.

VI. 사실혼

사 례

乙은 사립학교 교원이었던 甲과 혼인하였으나 서로 바쁜 관계로 혼인신고를 하지 못한 상태로 약 3년 정도 동거하고 있던 중에 甲이 갑자기 교통사고로 사망하였다. 이 경우 甲의 사실상 배우자로서 乙은 사립학교교원연금수령권을 취득할 수 있는가?

사실혼이라 함은 사실상 혼인생활을 하고 있으면서 혼인신고가 없기 때문에 법률상 혼인으로서 인정되지 않는 부부관계이다. 이는 법률혼주의의 부산물로 나타난 것이다. 학설과 판례는 사실혼을 준혼으로 인정하고 가능한 한 법률혼에 준하여 보호하고 있다. 사실혼은 혼인신고가 없다는 점만 제외하면 실질적 혼인생활을 하고 있으므로 법률혼과 다를 바가 없기 때문에 동거·부양·협조의 의무, 정조의 의무 등은 인정된다. 그러나 사실혼에는 혼인신고를 전제로 하는 효과는 발생하지 않는다. 즉 가족관계등록부상 변동이 일어나지 않는다. 따라서 친족관계도 발생하지 않으며, 사실혼 중에 출생한 자는 혼인외의 子가 된다. 그리고 사실혼부부간에는 상속권이 없다. 그러나 사실혼부부도 공무원 연금법, 근로기준법, 군인 연금법 등의 특별법에서는 법률상의 부부와 동일하게 보호되는 경우가 있다.

사례의 해결

〔1〕 갑과 을은 혼인신고를 하지 않았기 때문에 상속권이 인정되지 않지만, 사립학교교직원연금법이나 국민연금법 등에서는 사실상 혼인관계에 있던 자도 보호하고 있다.

〔2〕 사립학교교직원연금법 제2조 제1항 제2호 가목에서 배우자는 재직 당시에 혼인관계에 있던 사람으로 한정하며, 사실상 혼인관계에 있던 사람을 포함한다고 규정하고 있다.

〔3〕 결론

위 사안에서 乙은 甲의 사실상 혼인관계에 있었던 자로서 사립학교교원연금법에 의한 유족보상금을 수령할 수 있다.

Ⅶ. 이 혼

혼인은 부부의 영속적인 공동생활을 전제로 하는 것이지만, 부부공동체를 도저히 계속할 수 없는 사정이 생긴 경우에는 부부관계를 해소시켜 주는 것이 더 큰 피해와 비극을 방지할 수 있는 것이다. 이혼은 부부가 서로 협의하거나 재판에 의하여 혼인관계를 종료하는 것이다.

사 례

甲은 전처 乙과 협의이혼신고를 하였으나, 실질적으로는 혼인생활을 유지하며 자녀들을 함께 양육하면서 살아가고 있었다. 甲 소유의 자동차 역시 전처 乙이 운행자로서 운행하고 있었다. 어느날 甲 소유의 자동차를 아들 丙이 운전하였고, 전처 乙이 동승하였는데 丙의 과실로 사고가 발생하였다. 이 경우 이혼한 전처 乙이 자동차손해배상보장법 제3조의 "타인"임을 주장하여 甲에게 손해배상을 청구하였다. 甲은 그 손해를 배상할 책임이 있는 것인가?

1. 협의 이혼

부부는 협의에 의하여 이혼할 수 있다. 협의이혼이 성립되기 위해서는 가장 먼저 당사자 사이에 이혼의사의 합치가 있어야 한다. 최근 대법원은 실질적으로 혼인을 해소할 의사가 없더라도 이혼신고를 할 의사가 있다면 그 이혼은 유효하다고 판단하고 있다. 피성년후견인은 부모나 성년후견인의 동의를 받아 이혼할 수 있다. 또한 부모의 협의로 친권자를 정하여야 하고, 협의할 수 없거나 협의가 이루어지지 아니하는 경우에는 가정법원은 직권으로 또는 당사자의 청구에 따라 친권자를 지정하여야 한다. 친권자로 정하여진 부모의 일방이 사망한 경우 생존하는 부 또는 모, 미성년자, 미성년자의 친족은 그 사실을 안 날부터 1개월, 사망한 날부터 6개월 내에 가정법원에 생존하는 부 또는 모를 친권자로 지정할 것을 청구할 수 있다.

협의이혼을 하려는 자는 가정법원이 제공하는 이혼에 관한 안내를 받아야 하고, 가정법원은 필요한 경우 당사자에게 상담에 관하여 전문적인 지식과 경험을 갖춘 전문상담인의 상담을 받을 것을 권고할 수 있다. 신청자는 안내를 받은 날부터 양육하여야 할 자(포태중인 자 포함)가 있는 경우에는 3개월, 그 이외에는 1개월의 이혼숙려기간이 지난 후에 이혼의사의 확인을 받을 수 있다. 그리고 양육하여야 할 자가 있는 경우 당사자는 자의 양육책임에 관한 내용과 자의 친권자결정에 관한 협의서 또는 가정법원의 심판정본을 제출하여야 한다.

이혼당사자는 양육자의 결정, 양육비용의 부담, 면접교섭권의 행사 여부 및 그 방법 등이 포함된 자의 양육에 관한 사항을 협의에 의하여 정하여야 하며 가정법원은 당사자가 협의한 양육비부담에 관한 내용을 확인하는 양육비부담조서를 작성하여야 한다.

협의이혼은 가정법원의 확인을 받아 가족관계의 등록 등에 관한 법률의 정한 바에 의하여 당사자 쌍방과 성년자인 증인 2인의 연서한 서면으로 신고함으로써 그 효력이 생긴다.

사례의 해결

〔1〕 자동차손해배상보장법 제3조의 "다른 사람"이란 자기를 위하여 자동차를 운행하는 자 및 당해 자동차의 운전자를 제외한 그 이외의 자를 지칭하는 것이므로,

동일한 자동차에 대하여 복수로 존재하는 운행자 중 1인이 당해 자동차의 사고로 피해를 입은 경우에도 사고를 당한 그 운행자는 다른 운행자에 대하여 타인임을 주장할 수 없는 것이 원칙이다. 다만 사고를 당한 운행자의 운행지배 및 운행이익에 비하여 상대방의 보다 주도적이거나 직접적이고 구체적으로 나타나 있어 상대방이 용이하게 사고의 발생을 방지할 수 있었다고 보여지는 경우에 한하여 비로소 자신이 타인임을 주장할 수 있을 뿐이다(대법원 2000. 10. 6. 선고 2000다32840 판결).

〔2〕 대법원도 법률상 이혼하였으나 실질적으로 혼인 생활을 유지하여 온 전 남편과 전처가 공동으로 운행하여 온 사실, 전처가 술을 많이 마신 관계로 아들이 전처 대신에 이 사건 차량을 운전하다가 이 사건 사고가 발생하여 동승한 전처가 사망하게 된 사실을 각 인정하고 나서, 전처는 이 사건 차량에 대하여 실질적으로 운행지배와 운행이익을 가진다고 할 것이어서 자배법 제3조의 '다른 사람'에 해당한다고 볼 수 없어 그 법에 의한 책임보험금의 지급을 구할 수 없다고 판시하였다(대법원 2002. 12. 10. 선고 2002다51654 판결).

〔3〕 결론

위 사안의 경우에 甲은 손해배상책임이 없다. 즉, 乙은 자동차손해배상보장법 제3조의 "타인"에 해당하지 않아, 자동차 소유자인 갑에게 손해배상을 청구할 수 없다.

2. 재판상 이혼

재판상 이혼은 부부의 합의가 없더라도 법률이 정하고 있는 일정한 사유를 원인으로 하여 부부의 일방이 가정법원에 이혼을 구하는 재판을 청구하여 그 판결로 이혼하는 것을 말한다. 재판상 이혼은 상대방 배우자의 의사와는 관계없이 법원을 통하여 일방적으로 부부관계를 소멸시킬 수 있는 것이므로 반드시 법률에 규정된 사유가 있는 경우에 한해서만 허용된다.

(1) 재판상 이혼사유

재판상 이혼사유에 관한 내용은 각호 사유마다 각 별개의 독립된 이혼사유를 구성하는 것이고, 이혼청구를 구하면서 각호 소정의 수개의 사유를 주장하는 경우 법원은 그 중 어느 하나를 받아들여 청구를 인용할 수 있다.

1) 배우자의 부정한 행위

사 례

甲은 법률상 배우자 있는 丙과 사귀게 되었다. 丙은 甲에게 자기의 처 乙이 가출하여 장기간 행방불명되었기 때문에 수개월 내에 乙과의 혼인관계를 정리한 후 甲과 혼인하겠다는 말을 하자 甲은 丙과 7년간 동거생활을 하게 하였다. 그러나 丙은 최근에 다른 여자 丁과 부정행위를 하면서 甲을 폭행하기도 하였다. 결국, 甲은 丙과 헤어지게 되었는데, 丙의 부정한 행위로 인한 귀책사유에 의하여 丙을 상대로 손해배상 및 재산분할을 청구를 할 수 있는가?

부정행위란 배우자로서 정조의무에 충실치 못한 일체의 행위를 포함하며, 간통보다 넓은 개념이다. 부정한 행위인지의 여부는 각 구체적 사안에 따라 그 정도와 상황을 참작하여 평가하여야 할 것이다. 부정행위는 계속적일 필요는 없기 때문에 1회에 그치건 계속적이건 묻지 않는다.

부정행위는 단순히 이성과 같은 방에서 하루 밤을 보내거나 부 또는 처가 성병에 걸린 경우, 매춘부의 집을 드나드는 경우, 고령이고 중풍으로 정교능력이 없어 실제로 정교를 갖지는 못하였다 하더라도 배우자 아닌 자와 동거한 행위 등은 정조의무를 저버린 부정한 행위에 해당한다.

배우자의 부정행위에 대하여 상대 배우자가 사전에 동의하거나 사후에 용서를 한 경우에는 이혼을 청구하지 못한다. 사전동의는 상대 배우자로부터 이의제기가 없었다는 사실을 명백하고 적극적으로 표시되어야 한다. 사후용서는 혼인관계를 지속시킬 의사를 갖고 그 행위에 대한 책임을 묻지 않겠다는 일방 배우자의 행위를 말한다. 이들 표시의 방법에는 제한이 없다. 또한 부부 간에 이혼의사의 합치가 있고 별거하여 사실상 이혼의 상태에 있다면 부정행위에 대한 사전동의가 있는 것으로 파악할 수 있다. 그러나 선량한 풍속에 반하는 첩관계는 처가 동의하였다 하더라도 무효가 되므로 이혼청구권은 소멸하지 않는다.

사례의 해결

〔1〕 사실혼이 성립하기 위해서는 당사자 사이에 혼인의사의 합치가 있고, 부부공동생활이라고 인정할 만한 혼인생활의 실체가 존재하여야 한다. 사실혼의 경우에도 일방이 부정행위 등으로 사실혼을 파탄시킬 경우 타방은 사실혼파기로 인한 손해배상청구를 할 수 있고, 사실혼기간에 형성된 재산의 분할청구도 할 수 있다. 이 사안은 甲이 丙과 乙의 법률혼관계가 청산되지 못한 상태에서 丙과 동거한 경우인데, 이 경우에도 사실혼으로 보호될 수 있는가의 문제이다.

〔2〕 판례는 "법률상의 혼인을 한 부부의 어느 한쪽이 집을 나가 장기간 돌아오지 아니하고 있는 상태에서 부부의 다른 한쪽이 제3자와 혼인의 의사로 실질적인 혼인생활을 하고 있다고 하더라도, 특별한 사정이 없는 한, 이를 사실혼으로 인정하여 법률혼에 준하는 보호를 할 수는 없으며, 이 경우 사실혼관계해소에 따른 손해배상청구나 재산분할청구는 허용될 수 없다."고 하였으며(대법원 1996. 9. 20. 선고 96므530 판결), 또한, "중혼적 사실혼관계일지라도 법률혼인 전 혼인이 사실상 이혼상태에 있다는 등의 특별한 사정이 있는 경우, 법률혼에 준하는 보호를 할 필요가 있다."라고 하였는바(대법원 2009. 12. 24. 선고 2009다64161 판결), 그와 같은 특별한 사정이 없는 한 사실혼으로 보호받기는 어렵다고 할 것이다.

〔3〕 결론

이 사안의 경우에 甲은 丙을 상대로 손해배상청구권 및 재산분할청구권을 행사하기가 어렵다고 할 것이다.

2) 배우자가 악의로 다른 일방을 유기한 때

사 례

甲은 乙과 법률상 혼인관계에 있으나, 혼인신고 이후 곧바로 미국으로 유학을 떠나 별거를 하게 되었다. 그러나 甲은 박사학위를 취득하지 못하였고, 그 동안 경제활동을 전혀 하지 못하다가 귀국 후 집을 나갔다. 乙은 甲의 부모님과 함께 생활하게 되었다. 그런데 甲의 부모님은 단지 乙의 임신을 위해 잠시 甲이 있는 미국에 갔다오는 것을 허락하였을 뿐 乙의 자유를 구속하였다. 이 경우에 乙은 甲을 상대로 재판상 이혼청구를 하려고 하는데, 이혼사유에 해당하는가?

악의의 유기란 일방의 배우자가 정당한 이유없이 동거·부양·협조의무를 이행하지 않는 것을 말한다. 정당한 이유는 당사자가 부부공동생활을 유지할 의사가 있느냐의 여부를 가지고 판단하여야 한다. 예컨대 부부가 합의하여 별거하거나 상대방의 폭행을 피하기 위하여 가출한 경우 등은 악의의 유기라 할 수 없을 것이다.

악의의 유기가 인정되려면 어느 정도의 기간동안 유기하여야 하는가. 이에 대한 명문의 규정이 없지만, 상당기간의 계속이 없다면 유기라고 볼 수 없을 것이다. 즉, 부정행위는 1회만 하더라도 이혼청구권은 인정되지만, 악의의 유기는 상당한 기간을 필요로 한다.

사례의 해결

〔1〕 민법 제840조는 재판상 이혼사유를 열거하고 있는데, 제2호에서는 "배우자가 악의로 다른 일방을 유기한 때"를, 제3호에서는 "배우자 또는 그 직계존속으로부터 심히 부당한 대우를 받았을 때"를, 제6호에서는 "기타 혼인을 계속하기 어려운 중대한 사유가 있을 때"를 각 규정하고 있습니다.

〔2〕 위 사례에서 甲은 16년간의 유학생활에도 불구하고 박사학위를 취득하지 못하였고, 그 기간동안 경제활동을 전혀 하지 못하였을 뿐만 아니라, 혼인신고 이후 한번도 귀국하지 않아 국내에서 자녀들을 홀로 양육하며 외롭게 생활을 한 乙의 甲에 대한 애정과 신뢰를 무너뜨렸고, 귀국한 이후에도 특별한 사유 없이 집을 나간 甲의 행동은 재판상 이혼사유에 해당한다고 할 수 있다.

〔3〕 결론

위 사안에서 재판상 이혼사유인 제840조 제2호, 제3조, 제6호에 해당한다고 할 것이므로, 을은 갑을 상대로 가정법원에 이혼의 소를 제기하면 된다.

3) 배우자 또는 그 직계존속으로부터 심히 부당한 대우를 받았을 때

배우자로부터 심히 부당한 대우를 받았을 때라 함은 혼인 당사자의 일방이 배우자로부터 혼인관계의 지속을 강요하는 것이 가혹하다고 여겨질 정도의 폭행이나 학대 또는 중대한 모욕을 받았을 경우를 말한다. 신체적·정신적 학대를 포함한다. 처가 남편이 직장인으로서의 본분을 다할 수 없게끔 하는 경우, 시부와 부로부터 평계·이언·이행 등을 당하여 자살을 기획한 사실이 있으며 강제적으로 친정에 가출당한 경우 등은 부당한 대우에 해당한다.

4) 자기의 직계존속이 배우자로부터 심히 부당한 대우를 받았을 때

일방 배우자의 직계존속을 타방 배우자가 부당한 대우를 한 경우에는 이혼청구를 할 수 있다. 사위가 장모를 폭행죄로 허위고소한 경우 등이 이에 해당할 것이다. 그러나 이는 제3호의 규정과 같이 봉건적 가족제도의 유물로 규정된 것으로 타당하지 않은 규정이라 할 수 있다.

5) 배우자의 생사가 3년 이상 분명하지 아니한 때

배우자 일방에 대한 생사를 알 수 없는 상태가 현재까지 3년 이상 분명하지 아니한 경우에는 생사불명의 원인, 이유, 과실유무, 책임소재 등을 불문하고 그 기간이 만 3년 이상이면 생존배우자는 이혼을 청구할 수 있다. 다만, 생존은 확인되나 가출하여 부재인 경우는 악의의 유기가 문제된다. 참고로 실종선고는 사망으로 보아 상속이 개시되며 또한 실종선고가 취소되는 경우에는 전혼이 부활되지만, 재판상 이혼에 있어서는 전혼이 부활되지 않으며 재산분할이 문제될 뿐이다.

6) 기타 혼인을 계속하기 어려운 중대한 사유가 있을 때

사 례

甲은 乙과 약 15년간 별거를 하였고, 그 사이에 甲은 丙과 동거하면서 두 명의 자녀를 낳았다. 甲과 乙은 별거기간 중 생활비 등을 위한 경우를 제외하고는 별다른 연락 없이 지내면서 관계 회복을 위한 노력을 전혀 하지 않았다. 이 경우 유책배우자인 甲의 재판상 이혼청구가 가능한가?

혼인을 계속하기 어려운 중대한 사유는 추상적 · 상대적 이혼사유로써 부부간의 애정과 신뢰가 바탕이 되어야 할 혼인의 본질에 상응하는 부부공동생활관계가 회복할 수 없을 정도로 파탄되고 그 혼인생활의 계속을 강제하는 것이 일방 배우자에게 참을 수 없는 고통이 되는 경우를 말한다. 이 사유의 판단은 파탄의 정도, 혼인계속의사의 유무, 당사자의 연령, 이혼 후의 생활보장 등 혼인관계의 제반사정을 종합적으로 고려하여 판단하여야 할 것이다. 혼인파탄에 있어 유책성은 혼인파탄의 원인이 된 사실에 기초하여 평가할 일이며 혼인관계가 완전히 파탄된 뒤에 있은 일을 가지고 따질 것은 아니다.

사례의 해결

〔1〕대법원은 혼인생활의 파탄에 대하여 주된 책임이 있는 배우자는 원칙적으로 그 파탄을 사유로 하여 이혼을 청구할 수 없으므로, 원칙적으로 유책 배우자는 이혼을 청구할 수 없다(대법원 1993. 4. 23. 선고 92므1078판결 참조).

〔2〕그러나 유책배우자의 이혼 청구를 허용하지 아니하는 것은 혼인제도가 요구하는 도덕성에 배치되고 신의성실의 원칙에 반하는 결과를 방지하려는 데 있으므로, 혼인제도가 추구하는 이상과 신의성실의 원칙에 비추어 보더라도 그 책임이 반드시 이혼 청구를 배척해야 할 정도로 남아 있지 아니한 경우에는 그러한 배우자의 이혼 청구는 혼인과 가족제도를 형해화할 우려가 없고 사회의 도덕관·윤리관에도 반하지 아니한다고 할 것이므로 예외적으로 허용될 수 있다고 보는 판례도 있다(대법원 2015. 9. 15. 선고 2013므568 판결 참조).

〔3〕결론

위 사안의 경우에 유책배우자인 甲도 乙을 상대로 이혼청구의 소를 제기할 수 있다고 본다.

[서식 29] 이혼(친권자 지정)신고서

<table>
<tr><td colspan="3" rowspan="2">**이혼(친권자 지정)신고서**
(년 월 일)</td><td colspan="4">※ 뒷면의 작성방법을 읽고 기재하시되, 선택항목은 해당번호
에 "○"으로 표시하여 주시기 바랍니다.</td></tr>
<tr></tr>
<tr><td colspan="3">구 분</td><td colspan="2">남 편(부)</td><td colspan="2">아 내(처)</td></tr>
<tr><td rowspan="8">①
이혼신고
당사자</td><td rowspan="2">성 명</td><td>한글</td><td>* (성 / (명)</td><td rowspan="2">㉑ 또는 서명</td><td>* (성 / (명)</td><td rowspan="2">㉑ 또는 서명</td></tr>
<tr><td>한자</td><td>(성 / (명)</td><td>(성 / (명)</td></tr>
<tr><td colspan="2">본(한자)</td><td>전화</td><td>본(한자)</td><td>전화</td></tr>
<tr><td colspan="2">* 주민등록번호</td><td colspan="2">－</td><td colspan="2">－</td></tr>
<tr><td colspan="2">출생연월일</td><td colspan="2"></td><td colspan="2"></td></tr>
<tr><td colspan="2">* 등록기준지</td><td colspan="2"></td><td colspan="2"></td></tr>
<tr><td colspan="2">* 주 소</td><td colspan="2"></td><td colspan="2"></td></tr>
<tr><td colspan="6"></td></tr>
<tr><td rowspan="4">②
부양부모모</td><td colspan="2">부(양부)성명</td><td colspan="2"></td><td colspan="2"></td></tr>
<tr><td colspan="2">주민등록번호</td><td colspan="2">－</td><td colspan="2">－</td></tr>
<tr><td colspan="2">모(양모)성명</td><td colspan="2"></td><td colspan="2"></td></tr>
<tr><td colspan="2">주민등록번호</td><td colspan="2">－</td><td colspan="2">－</td></tr>
<tr><td colspan="3">③ 기 타 사 항</td><td colspan="4"></td></tr>
<tr><td colspan="3">④ 재판확정일자
( )</td><td colspan="2">년 월 일 법원명</td><td colspan="2">법원</td></tr>
<tr><td colspan="7">아래 친권자란은 협의이혼 시에는 법원의 협의이혼의사확인 후에 기재합니다.</td></tr>
<tr><td rowspan="8">⑤
친권자지정</td><td colspan="2">미성년인 자의
성명</td><td colspan="5"></td></tr>
<tr><td colspan="2">주민등록번호</td><td colspan="2">－</td><td colspan="3">－</td></tr>
<tr><td colspan="2" rowspan="2">친권자</td><td>① 부
② 모
③ 부모</td><td>효력
발생일</td><td>년 월 일</td><td>① 부
② 모
③ 부모</td><td>효력
발생일 년 월 일</td></tr>
<tr><td></td><td>원인</td><td>① 협의 ② 재판</td><td></td><td>원인 ① 협의 ② 재판</td></tr>
<tr><td colspan="2">미성년인 자의
성명</td><td colspan="5"></td></tr>
<tr><td colspan="2">주민등록번호</td><td colspan="2">－</td><td colspan="3">－</td></tr>
<tr><td colspan="2" rowspan="2">친권자</td><td>① 부
② 모
③ 부모</td><td>효력
발생일</td><td>년 월 일</td><td>① 부
② 모
③ 부모</td><td>효력
발생일 년 월 일</td></tr>
<tr><td></td><td>원인</td><td>① 협의 ② 재판</td><td></td><td>원인 ① 협의 ② 재판</td></tr>
<tr><td colspan="3">⑥ 신고인출석여부</td><td colspan="4">① 남편(夫) ② 아내(婦)</td></tr>
<tr><td colspan="2">⑦ 제출인</td><td>성 명</td><td></td><td>주민등록번호</td><td colspan="2">－</td></tr>
</table>

※ 타인의 서명 또는 인장을 도용하여 허위의 신고서를 제출하거나, 허위신고를 하여 가족관계등록부에 실제와 다른 사실을 기록하게 하는 경우에는 **형법에 의하여 처벌**받을 수 있으며, ***표시 자료는** 인구동향조사 목적으로 통계청에서도 수집하고 있는 자료임을 알려드립니다.

※ 아래 사항은 통계청의 인구동향조사를 위한 것으로,「통계법」제32조 및 제33조에 의하여 성실응답의 무가 있으며 개인의 비밀사항이 철저히 보호되므로 사실대로 기입하여 주시기 바랍니다.

⑧ 실제결혼(동거) 생활 시작일		년 월 일부터	⑨ 실제이혼연월일		년 월 일부터
⑩ 19세 미만 자녀 수		명	⑪ 이혼의 종류		① 협의이혼 ② 재판에 의한 이혼
⑫ 이혼사유(택일)		① 배우자 부정 ② 정신적·육체적 학대 ③ 가족간 불화 ④ 경제문제 ⑤ 성격차이 ⑥ 건강문제 ⑦ 기타			
⑬ 국 적	남편	① 대한민국(출생 시 국적취득) ② 대한민국[귀화(수반포함)·인지 국적취득, 이전국적 :] ③ 외국 (국적)	처	① 대한민국(출생 시 국적취득) ② 대한민국[귀화(수반포함)·인지 국적취득, 이전국적 :] ③ 외국(국적)	
⑭ 최종 졸업학교	남편	① 무학 ② 초등학교 ③ 중학교 ④ 고등학교 ⑤ 대학(교) ⑥ 대학원 이상	처	① 무학 ② 초등학교 ③ 중학교 ④ 고등학교 ⑤ 대학(교) ⑥ 대학원 이상	
⑮ 직 업	남편	① 관리자 ② 전문가 및 관련종사자 ③ 사무종사자 ④ 서비스종사자 ⑤ 판매종사자 ⑥ 농림어업 숙련 종사자 ⑦ 기능원 및 관련 기능 종사자 ⑧ 장치·기계 조작 및 조립 종사자 ⑨ 단순노무 종사자 ⑩ 학생 ⑪ 가사 ⑫ 군인 ⑬ 무직	처	① 관리자 ② 전문가 및 관련종사자 ③ 사무종사자 ④ 서비스종사자 ⑤ 판매종사자 ⑥ 농림어업 숙련 종사자 ⑦ 기능원 및 관련 기능 종사자 ⑧ 장치·기계 조작 및 조립 종사자 ⑨ 단순노무 종사자 ⑩ 학생 ⑪ 가사 ⑫ 군인 ⑬ 무직	

[서식 30] 이혼조정신청

이 혼 조 정 신 청

신 청 인   ○ ○ ○ (주민등록번호)
　　　　주소   ○○시 ○○구 ○○길 ○○(우편번호)
　　　　전화   ○○○ - ○○○○
　　　　등록기준지   ○○시 ○○구 ○○길 ○○

피 신 청 인   △ △ △ (주민등록번호)
　　　　주소   ○○시 ○○구 ○○길 ○○(우편번호)
　　　　전화   ○○○ - ○○○○
　　　　등록기준지   ○○시 ○○구 ○○길 ○○

신 청 취 지

신청인과 피신청인은 이혼한다.
라는 조정을 구합니다.

신 청 원 인

1. 결혼한 경위

　가. 신청인과 피신청인은 1980. ○. 초순경 결혼식을 올리고 1980. ○. ○. 혼인신고를 한 법률상 부부로서 슬하에는 1녀 □□(여, 만14세), 1남 □□(남, 만12세)을 두고 근 15년간 결혼생활을 해왔습니다.

　나. 신청인은 1980. ○. ○○대학을 졸업하였으나, 졸업과 동시에 1980. ○. 하순 경 ○○은행에 취직하여 서울 중구 서소문동 소재 동 은행본점 영업부에서 근무하게 되었는바, 같은 직장내에서 피신청인을 알게 되었고, 피신청인은 1980년 ○○대학교 경제학과를 졸업, 1980○년 군대를 제대한 후 동 회사에 입사하였고 신청인과 피신청인은 입사동기로 3년여를 교제하였습니다.

2. 피신청인의 이상성격과 폭력

　가. 피신청인은 3년간이나 신청인과 교제하면서 보이지 않던 행동을, 신혼 여행을 다녀오자마자 사소한 일에 생트집을 잡는 등 하지 않던 행동과 시댁에 소홀히 한다면서 시댁식구들이 보는 앞에서 쌍소리를 하며 무시하였습니다.

　나. 신청인은 피신청인이 폭력을 일삼는 등 이상성격의 소유자임을 뒤늦게 알았지만 자식을 낳고 살면서 시간이 지나면 좀 성격이 달라질 것으로 믿었습니다. 그러나 피신청인은 같이 직장생활을 한다고 월급은 한푼도 생활비로 내어놓지 아니하고 술과 도박으로 밤을 낮으로 삼고 외박이 잦으며

신청인에게 툭하면 "개", "쌍년"이란 말을 섞어 넣어 가면서 장소를 불문하고 못된 욕지거리와 폭력을 가하였고, 특히 결혼 후인 198○. ○. 초순 경 시동생 결혼식 피로연에서 특별한 이유도 없이 피신청인은 신청인의 머리채를 잡고 때리면서 상스런 욕설을 하여 여러 친지들 앞에서 망신을 준 사실도 있습니다.

　다. 198○. ○월 신청인은 둘째 아이를 낳으면서 직장을 그만두었는데 생활비는 월 ○○○원씩만 지급하면서 피신청인은 승용차를 구입하여 출·퇴근을 하는 등 가족들의 생계에는 전혀 신경을 쓰지 않았습니다.

　라. 199○. ○. 초순경부터는 설상가상으로 낯모르는 여자한테 번갈아 전화가 걸려오고 피신청인의 직장에도 어떤 여자와 피신청인이 바람을 피운다는 소문이 파다하게 퍼졌습니다.

3. 신청인은 위와 같은 사정으로 이제 더 이상 견딜 수 없어 부득이 조정신청에 이르게 된 것이므로 신청취지와 같은 조정을 내려 주시기 바랍니다.

첨 부 서 류

1. 혼인관계증명서　　　　　　　　1통
1. 가족관계증명서　　　　　　　　1통
1. 주민등록등본　　　　　　　　　1통

200○년　○월　○일

위 청구인　○　○　○　(인)

○ ○ 가 정 법 원 귀중

(2) 재판상 이혼절차

　재판상 이혼을 하고자 하는 당사자는 먼저 가정법원에 조정을 신청하여야 한다. 조정을 신청하지 않고 이혼소송을 제기한 경우에는 가정법원은 그 사건을 조정에 회부한다. 이혼의 합의가 이루어져 이를 조서에 기재한 때에는 재판상 화해와 동일한 효력이 생겨 이혼은 성립하며, 조정조서를 첨부하여 1월 이내에 이혼신고를 하여야 한다.

　조정이 성립되지 않거나 조정에 갈음하는 결정 등은 2주일 이내에 이의신청을 제기할 수 있고, 이 경우에는 조정신청을 제기한 때에 소가 제기된 것으로 본다. 상대방 배우자의 위자료지급이나 재산분할청구를 피하기 위하여 자신의 재산을 빼돌리거나 처분하는 경우가 발생하므로 미리 가압류나 가처분을 신청함으로써 재산이 사라지는 것을 방지하기 위한 잠정조치를 해 두어야 한다. 이혼판결이 확정되면 혼인은 해소되며, 그 효력은 제3자에게도 미친다. 판결이 확정된 날로부터 1월 이내에 판결의 등본과 그 확정증명서를 첨부하여 이혼신고를 하여야 한다.

3. 이혼의 효과

(1) 친족관계의 소멸

이혼을 하면 배우자 관계는 소멸하므로 혼인으로 인하여 발생한 동거, 부양, 협조, 및 정조의무 등의 모든 권리의무가 소멸될 뿐만 아니라 배우자의 혈족과의 사이에 생긴 인척관계도 당연히 소멸한다. 이혼한 당사자들은 재혼도 할 수 있지만, 인척관계가 소멸되기 전 6촌 이내의 혈족의 배우자, 배우자의 6촌 이내의 혈족 및 배우자의 4촌 이내의 혈족의 배우자와는 재혼하지 못한다.

(2) 자에 대한 효과

1) 양육권자의 지정

양육권이란 부모공동체 내에서 자녀를 보호하고 교육할 권리의무를 말한다. 그러나 부모의 이혼에 의하여 부모와 자의 공동생활이 파괴되므로 자의 양육에 관한 문제가 발생한다. 민법은 자의 양육자와 양육에 관한 필요한 사항은 부모의 협의에 의하여 정하고 협의가 되지 않거나 협의를 할 수 없을 경우에는 가정법원은 직권으로 또는 당사자의 청구에 의하여 양육에 필요한 사항을 정한다. 그리고 가정법원은 양육에 관한 협의가 자의 복리에 반하는 경우에는 가정법원은 보정을 명하거나 직권으로 그 자의 의사·연령과 부모의 재산상황, 그 밖의 사정을 참작하여 양육에 필요한 사항을 정한다. 또한 자의 복리를 위하여 필요하다고 인정하는 경우에는 부·모·자 및 검사의 청구 또는 직권으로 자의 양육에 관한 사항을 변경하거나 다른 적당한 처분을 할 수 있다.

양육권은 친권과 구별되는 것으로써, 원칙적으로 아이를 보호하고 교육할 권리의무만을 의미할 뿐이다. 반면에 친권은 자녀의 신분에 관한 권리(대리권, 동의권), 재산에 관한 권리(재산관리 등), 양육에 관한 권리의무 등을 포함하는 개념이다. 친권자와 양육자는 동일인이 될 수도 있고, 서로 다를 수 있다. 친권과 양육권이 충돌하는 경우에는 친권의 내용 중 양육에 관한 사항에 대한 친권자의 권한은 제한되며, 친권자가 임의로 변경할 수 없다.

양육권과 양육에 필요한 비용부담은 별개의 문제이다. 즉 양육에 필요한 비용의 부담은 양육권에 포함되지 않는다. 양육자가 부모 중 일방일 때에는 다른 일방에 대해서, 양육자가 제3자일 때에는 부모 쌍방에 대해서 성년이 될 때까지 장래의 양육비를 지급하라고 청구할 수 있다. 뿐만 아니라 과거의 양육비에 관하여도 상대방이 분담함이 상당하다고 인정된다면 일정 범위 내에서 그 상환을 청구할 수 있다. 그리고 부모가 이혼하더라도 자의 신분관계는 아무런 영향을 받지 아니한다. 즉 子의 부계와 모계의 친족관계는 부모가 이혼을 하더라도 아무런 변경을 가져오지 않는다.

2) 면접교섭권

사 례

부부인 甲과 乙이 이혼하면서 자녀 丙은 甲이, 자녀 丁은 乙이 각각 친권자와 양육권자로 지정되었다. 이 경우 丙과 丁은 서로에 대해 면접교섭권을 가질 수 있는가?

면접교섭권이란 부모가 이혼 후에 양육권자가 아닌 친권자인 부 또는 모가 자와 직접 만나거나 서신교환·방문·숙박·전화연락 등으로 자녀와 접촉할 수 있는 권리를 말한다.

2016년 12월 2일 개정 민법에서는 『자(子)를 직접 양육하지 아니하는 부모 일방의 직계존속은 그 부모 일방이 사망하였거나 질병, 외국거주, 그 밖에 불가피한 사정으로 자(子)를 면접교섭할 수 없는 경우 가정법원에 자(子)와의 면접교섭을 청구할 수 있다. 이 경우 가정법원은 자(子)의 의사(意思), 면접교섭을 청구한 사람과 자(子)의 관계, 청구의 동기, 그 밖의 사정을 참작하여야 한다(제837조의2 제2항).』는 규정을 신설하여 자(子)를 직접 양육하지 아니하는 부모 일방의 직계존속도 면접교섭권을 가질 수 있다고 하였다.

면접교섭권은 양도할 수 없는 일신전속적인 성질을 가지며, 영속적 성질을 가지는 권리로서 합의에 의한 일시적인 정지는 가능하나 포기할 수 없는 권리이다. 그러나 친권과는 달리 반드시 행사하여야 하는 의무를 포함하는 것은 아니고, 무제한적인 권리도 아니다. 예컨대 알코올 중독, 상습적인 범죄행태를 가지고 있는 부모의 경우 자녀의 안전이나 건강 등을 해칠 수 있기 때문에 자녀 복리를 위해서 제한될 수 있다. 민법 제837조의2 제3항에서는 『가정법원은 자의 복리를 위하여 필요한 때에는 당사자의 청구 또는 직권에 의하여 면접교섭을 제한·배제·변경할 수 있다.』는 규정을 두고 있다.

사례의 해결

〔1〕 2008년 이전 개정 민법은 면접교섭권을 부모에게만 인정하였으나, 2008년부터는 자녀에게도 면접교섭권을 인정하고 있으며, 2017년 6월 3일부터는 자(子)를 직접 양육하지 아니하는 부모 일방의 직계존속도 면접교섭권을 가질 수 있게 되었다.

〔2〕 그러나 민법상 명문규정으로 형제에 대한 면접교섭권을 인정하고 있지 않으나, 형제에 대한 면접교섭권은 헌법상 행복추구권 또는 헌법 제36조 제1항에서 규정한 개인의 존엄을 기반으로 하는 가족생활에서 도출되는 헌법상의 권리로서 특별한 사정이 없는 한 부모가 이혼한 전 배우자에 대한 적대적인 감정을 이유로 자녀들이 서로 면접 교섭하는 것을 막는 것은 부모의 권리남용이 된다.

〔3〕 결론

위 사안에서 丙과 丁이 서로 정기적으로 면접교섭하는 것을 원하는 경우, 이는 헌법상의 권리로서 상대방에 대하여 면접교섭권을 가진다고 본다.

(3) 재산분할청구권

사 례

甲의 남편 乙은 공무원으로 재직한 지 25년이 지났다. 甲은 乙과 성격차이로 이혼하고자 한다. 갑은 을이 장래 받게될 퇴직금에 대해서도 재산분할을 청구할 수 있는가?

재산분할청구권이라 함은 혼인관계가 해소됨에 따라 이혼을 한 당사자의 일방이 다른 일방에 대하여 재산의 분할을 청구하는 것을 말한다. 부부가 이혼을 하게 되면 부부의 생활공동체는 해체되고, 부부가 공동으로 운영하던 경제생활은 종료되기 때문에 부부의 협력으로 이루어진 공동재산은 청산단계에 들어가게 된다. 이혼을 한 당사자에게 인정되는 권리로써 이혼과 동시에 또는 2년 이내에 청구할 수 있다. 재산분할청구권에 관한 규정은 협의상 이혼의 경우에 적용되는 것이지만, 재판상 이혼·혼인 취소의 경우나 그 밖에 사실혼 해소의 경우에도 유추적용된다. 그러나 사실혼관계 중 일방 배우자가 사망한 경우에는 재산분할청구를 인정할 수 없다.

재산분할의 대상이 되는 것은 부부가 혼인 중에 노력하여 형성한 공동재산이다. 따라서 부부의 일방이 혼인 전부터 가지고 있던 고유재산 또는 제3자로부터 상속 또는 증여받은 재산 등의 특유재산은 원칙적으로 분할대상이 되지 않는다. 다만, 일방 배우자의 명의로 되어 있는 특유재산이라도 그 재산형성에 대한 타방 배우자가 기여한 부분이 있거나, 그 재산의 유지와 증가에 기여하였다면 재산분할의 대상이 될 수 있다. 판례도 부부 중 일방이 상속받은 재산이거나 이미 처분한 상속재산을 기초로 형성된 부동산이더라도 이를 취득하고 유지함에 있어 상대방의 가사노동 등이 직·간접으로 기여한 것이라면 재산분할의 대상이 된다고 판시하였다(대법원 1998. 4. 10. 선고 96므1434 판결).

그리고 부부별산제하에서 부부의 일방이 혼인 중 제3자에 대하여 부담한 채무는 일상가사에 관한 부분을 제외하고는 원칙적으로 개인채무로써 재산분할의 대상이 되지 않지만, 부부공동재산의 형성·유지에 수반한 경우에는 청산의 대상이 된다.

퇴직금은 혼인중에 제공한 근로에 대한 대가가 유예된 것이므로 부부의 혼인중 재산의 일부가 된다. 따라서 이미 수령하여 소지하고 있는 퇴직금은 부부의 공동재산으로써 재산분할의 대상이 된다. 그러나 가까운 장래에 퇴직하여 퇴직금을 받을 수 있는 개연성이 높은 경우에 퇴직금청구권을 재산분할의 대상에 포함시킬 수 있는가가 문제될 수 있다. 퇴직금과 관련하여 종래의 판례는 퇴직금은 혼인 중에 제공한 근로에 대한 대가가 유예된 것이므로 부부의 혼인 중 재산의 일부가 되며, 부부 중 일방이 직장에서 일하다가 이혼 당시에 이미 퇴직금 등의 금원을 수령하여 소지하고 있는 경우에는 이를 청산의 대상으로 삼을 수 있다고 하였으나, 아직 퇴직금을 수령하기 전이라면 그가 장차 퇴직금을 받을 개연성이 있다는 사정만으로 그 장래의 퇴직금을 청산의 대상이 되는 재산에 포함시킬 수 없고, 장래 퇴직금을 받을 개연성이 있다는 사정은 재산분할의 액수와 방법을 정하는 데 필요한 기타 사정으로 참작되면 족하다고 판시하였다. 그러나 최근의 판례는 퇴직급여채권은 퇴직이라는 급여의 사유가 발생함으로써 현실화되는 것이므로, 이혼 시점에서는 어느 정도의 불확실성이나 변동가능성을 지닐 수밖에 없다. 그러나 그렇다고 하여 퇴직급여채권을 재산분할의 대상에서 제외하고 단지 장래의 수령가능성을 재산분할의 액수와 방법을 정하는 데 필요한 기타 사정으로만 참작하는 것은 부부가 혼인 중 형성한 재산관계를 이혼에 즈음하여 청산·분배하는 것을 본질로 하는 재산분할제도의 취지에 맞지 않고, 당사자 사이의 실질적 공평에도 반하여 부당하다. 따라서 재산분할제도의 취지 및 여러 사정들에 비추어 볼 때, 비록 이혼 당시 부부

일방이 아직 재직 중이어서 실제 퇴직급여를 수령하지 않았더라도 이혼소송의 사실심 변론종결 시에 이미 잠재적으로 존재하여 경제적 가치의 현실적 평가가 가능한 재산인 퇴직급여채권은 재산분할의 대상에 포함시킬 수 있으며, 구체적으로는 이혼소송의 사실심 변론종결 시를 기준으로 그 시점에서 퇴직할 경우 수령할 수 있을 것으로 예상되는 퇴직급여 상당액의 채권이 그 대상이 된다(대법원 2014. 7. 16. 선고 2013므2250 전원합의체 판결).

사례의 해결

〔1〕 퇴직급여는 사회보장적 급여로서의 성격 외에 임금의 후불적 성격과 성실한 근무에 대한 공로보상적 성격도 지닌다. 그리고 이러한 퇴직급여를 수령하기 위하여는 일정기간 근무할 것이 요구되는바, 그와 같이 근무함에 있어 상대방 배우자의 협력이 기여한 것으로 인정된다면 그 퇴직급여 역시 부부 쌍방의 협력으로 이룩한 재산으로서 재산분할의 대상이 될 수 있다.

〔2〕 재산분할제도의 취지 및 여러 사정들에 비추어 볼 때, 乙이 현재 퇴직금을 수령하지 않았더라도 이혼소송의 사실심 변론종결 시에 이미 잠재적으로 존재하여 경제적 가치의 현실적 평가가 가능한 상태라면 재산분할의 대상에 포함시킬 수 있을 것이다.

〔3〕 결론

甲은 이혼 당시 乙이 아직 퇴직하지 아니한 채 직장에 근무하고 있는 경우, 乙이 장래에 받게 될 퇴직금에 대해서도 재산분할을 청구할 수 있다.

제 6 장   상속과 유언

I. 상 속

상속이란 사람이 사망하였을 때 그의 재산이 법률이나 사망자의 의사에 의하여 특정인에게 승계되는 것을 말한다. 당사자의 의사와 상관없이 상속인으로 될 자의 범위와 순위를 법률의 규정에 따라 정하는 제도를 법정상속이라 하고, 피상속인의 자유의사에 의거하는 유언을 통하여 상속인이 결정되는 제도를 유언상속이라 한다.

상속의 유형 있어 1990년 민법개정 전에는 호주상속과 재산의 두 가지가 인정되었으나 현행 민법에서는 호주상속제도가 없어졌으므로 법률상 재산상속제도만 인정되고 있다.

1. 상속개시의 원인

상속은 사망으로 인하여 개시되며, 생전상속은 인정되지 않는다. 상속은 피상속인의 호흡과 심장이 종지된 때, 즉 사망시에 개시된다. 피상속인의 사망여부를 알았는지의 여부, 상속신고와 상속등기, 사망신고 등을 한 때에 상속이 개시되는 것도 아니다. 실종선고를 받은 자도 사망으로 의제되기 때문에 실종기간이 만료한 때에 사망한 것으로 보아 상속이 개시된다.

2. 상속개시의 장소

상속개시의 시기를 확정하는 것은 상속인의 자격, 동시사망의 경우에 상속능력의 결정, 상속의 효력발생, 유류분산정 등의 여러 문제를 해결하기 위한 기준이 된다. 그리고 상속은 피상속인의 주소지에서 개시한다. 상속사건이 발생하였을 때 재판관할을 확정 및 상속세의 부과와 징수의 경우 가액을 평가하는 표준이 되기 때문이다. 상속에 관한 비용은 상속재산중에서 지급한다.

3. 상속인의 순위

사 례

甲은 큰 아버지 丙이 자식이 없자 아버지의 乙의 권유로 丙의 양자로 입양되었다. 그런데 생부 乙이 사망하면서 많은 재산을 남겼는데, 甲은 乙의 상속인으로 상속을 받을 수 있는가?

상속인이 1인이라면 상속순위는 문제가 되지 않지만, 상속인이 수인이라면 그들 사이의 순위를 정해야 할 필요가 있다. 민법상 상속은 다음 순위로 상속인이 된다. 1순위와 2순위가 동시에 상속인이 되는 경우는 없다. 예컨대, 할아버지와 손자가 상속을 받는 경우는 없는 것이다. 1순위자가 존재하는 경우에는 2순위자는 상속인이 될 수 없다.

1. 제1순위는 피상속인의 직계비속
2. 제2순위는 직계존속
3. 제3순위는 피상속인의 형제자매
4. 제4순위는 피상속인의 4촌 이내의 방계혈족

(1) 1순위의 상속인은 피상속인의 직계비속이다. 예컨대 자녀, 손자녀 등 피상속인의 직계비속이면 모두 해당된다. 양자도 친생자와 동등하게 상속권이 인정되므로 양부모와 생부모에 대하여 양쪽으로 제1순위의 상속인이 된다. 대습상속이 인정되며, 태아의 상속순위에 관해서는 이미 출생한 것으로 본다. 그리고 혼인 중의 출생자와 혼인 외

의 출생자의 차별, 남녀의 차별 등이 없다. 그러나 모든 직계비속이 상속인이 되는 것은 아니다. 즉, 제1순위자가 수인인 때에는 최근친자가 선순위의 상속인이 되고, 동일한 촌수의 상속인이 수인인 때에는 공동상속인이 된다.

(2) 제2순위의 상속인은 피상속인의 직계존속이다. 직계존속은 부·모계 또는 양가·생가를 불문하여, 이혼한 부모도 상속권이 있다. 자가 사망한 경우 친생부모와 양부모가 함께 있을 때에는 동순위의 상속인이 되지만, 친양자의 경우에는 생가와 단절되므로 인정되지 아니한다. 직계존속의 경우에는 대습상속이 인정되지 않는다.

(3) 제3순위의 상속인은 피상속인의 형제자매이다. 1순위와 2순위의 상속인이 없을 때에는 형제자매가 상속인이 된다. 부모를 같이 하거나 부 또는 모의 어느 한쪽만을 같이 하는 경우에도 형제자매이며, 양자녀와 친생자녀의 사이도 형제자매이다. 3순위에서도 대습상속이 인정된다.

(4) 제4순위의 상속인은 피상속인의 4촌 이내의 방계혈족이다. 촌수가 서로 다른 경우에는 선순위자인 3촌 이내의 방계혈족이 상속인이 되며, 촌수가 같으면 공동상속인이 된다.

(5) 배우자가 사망한 경우에는 생존배우자가 그 직계비속과 동순위로 공동상속인이 되고, 직계비속이 없는 경우에는 피상속인의 직계존속과 동순위로 공동상속인이 된다. 1순위와 2순위자가 없는 경우에는 단독상속인이 된다.

(6) 이상에서 살펴본 상속인이 없는 경우에는 가정법원은 피상속인과 생계를 같이하고 있던 자, 피상속인의 요양간호를 한 자, 기타 피상속인과 특별한 연고가 있던 자의 청구에 의하여 상속 재산의 전부 또는 일부를 분여할 수 있다. 특별연고자의 분여청구가 없거나 분여하고 남은 상속재산이 있는 때에는 국가에 귀속된다.

사례의 해결

〔1〕상속의 제1순위는 피상속인의 직계비속이다. 직계비속에는 자연혈족이든 법정혈족이든 차별이 없다. 양자도 입양의 요건을 갖추어 입양의 효력이 인정되면 양부모와 법정혈족관계가 인정되므로 피상속인의 다른 친생자와 동등하게 상속받을 권리가 있다.

〔2〕결론

甲은 양부모와 친생부모 모두에 대하여 제1순위 상속권자가 되므로, 생부 乙이 사망하면서 남긴 재산에 대하여 당연히 상속권이 인정된다.

4. 대습상속

사 례

피상속인 甲에게 처 乙, 모 丙, 자 A·B·C가 있고, A에게는 자 X·Y, B에게는 자 Z가 있고, 乙에게는 자 丁(甲의 자가 아님)이 있습니다. 이 때 甲과 A가 동시사망한 경우, 재산상속 비율 관계는 어떻게 되는가?

대습상속이란 상속인이 될 직계비속 또는 형제자매가 상속개시 전에 사망하거나 또는 결격사유로 인하여 상속권을 상실한 경우에 그에게 직계비속이 있는 때에는 그 직계비속이 사망 또는 결격된 자의 순위에 갈음하여 상속인이 되는 것을 말한다. 상속개시 전에 사망 또는 결격된 자의 배우자도 그 직계비속과 함께 공동상속인이 되고 그 상속인이 없는 때에는 단독상속인이 된다. 그리고 대습상속인이 될 자에게 다시 대습원인이 존재하는 경우에도 다시 대습상속이 인정될 것인가. 이를 재대습상속이라고 한다.

대습상속제도는 상속에 대한 기대를 보호하고, 상속인의 지위에 갈음하여 동순위로 상속시키는 것이 공평 내지 형평의 이념에 합당하며, 생존자의 생계를 보장할 수 있다는 점 등에서 인정되고 있다. 대습상속에 의하여 대습자는 피대습자의 지위에 갈음하여 피대습자에게 예정되어 있는 상속분을 상속하게 된다.

사례의 해결

〔1〕민법은 상속순위, 상속분, 배우자의 상속분, 대습상속 등에 관하여 규정하고 있다. 동시사망으로 추정되는 경우 대습상속이 가능한가에 대하여 판례는 "민법 제1001조의 '상속인이 될 직계비속이 상속개시 전에 사망한 경우'에는 '상속인이 될 직계비속이 상속개시와 동시에 사망한 것으로 추정되는 경우'도 포함하는 것으로 합목적적으로 해석함이 상당하다"고 판시하였다(대법원 2001. 3. 9. 선고 99다13157 판결).

〔2〕결론

위 사안의 경우에 X, Y는 대습상속을 할 수 있고, 甲의 재산은 乙과 B·C 및 X·Y가 각각 3/9, 2/9, 2/9, 1/9, 1/9의 비율로 상속한다.

5. 상속인의 결격사유

사 례

甲은 임신 중 남편 乙이 사망하자 양육할 능력이 없다고 판단하여 낙태하였다. 그런데 乙명의의 임야 5,000평이 발견되자 그 상속문제와 관련하여 乙의 형제들은 甲이 낙태를 하였다고 상속결격사유에 해당하여 상속권이 없다고 주장한다. 타당한 주장인가?

상속으로 부정한 이득을 얻으려고 부도덕한 행위를 하는 자에게 상속권을 인정하는 것은 도의적이나 법 감정에 부합되지 않으므로 상속권을 박탈시키는 것이 합리적이다. 즉, 어떤 상속인이 고의로 피상속인이나 다른 상속인에 대하여 어떤 범죄행위를 하거나 상속에 관한 유언에 대한 부정행위를 한 경우에는 상속인의 자격을 박탈한다. 이를 상속의 결격이라고 한다. 따라서 다음의 어느 하나에 해당한 자는 상속인이 되지 못한다.

1. 고의로 직계존속, 피상속인, 그 배우자 또는 상속의 선순위나 동순위에 있는 자를 살해하거나 살해하려한 자
2. 고의로 직계존속, 피상속인과 그 배우자에게 상해를 가하여 사망에 이르게 한 자
3. 사기 또는 강박으로 피상속인의 상속에 관한 유언 또는 유언의 철회를 방해한 자
4. 사기 또는 강박으로 피상속인의 상속에 관한 유언을 하게 한 자
5. 피상속인의 상속에 관한 유언서를 위조·변조·파기 또는 은닉한 자

사례의 해결

〔1〕 태아의 상속순위는 원칙적으로 이미 출생한 것으로 보기 때문에 태아는 甲과 공동상속인이 될 수 있었으나, 갑이 낙태하였다. 민법상 상속인의 결격사유 중 하나로 '고의로 직계존속, 피상속인, 그 배우자 또는 상속의 선순위나 동순위에 있는 자를 살해하거나 살해하려 한 자'를 규정하고 있다. 상속결격의 효과는 상속개시 전에 결격사유가 생기면 후일 상속이 개시되더라도 그 상속인은 상속을 받을 수 없고,

상속개시 후에 결격사유가 생기면 유효하게 개시된 상속도 개시시에 소급하여 무효가 된다.

〔2〕 甲이 태아를 낙태한 것이 위 규정의 상속결격사유에 해당될 것인지의 여부는 상속결격사유로서 '살해의 고의'와 '상속에 유리하다는 인식'을 필요로 하느냐에 달라진다. 민법에는 고의로 살해하면 상속결격자에 해당한다고만 규정하고 있을 뿐 '상속에 유리하다는 인식'에 대해서는 규정하고 있지 않다. 그리고 상속결격 사유에 '피상속인 또는 재산상속의 선순위나 동순위에 있는 자' 이외에 '직계존속'도 피해자에 포함하고 있고, 위 '직계존속'은 가해자보다도 상속순위가 후순위일 경우가 있는바, 민법이 굳이 동인을 살해한 경우에도 그 가해자를 상속결격자에 해당한다고 규정한 이유는, 상속결격요건으로서 '살해의 고의' 이외에 '상속에 유리하다는 인식'을 요구하지 않는다고 해석할 수밖에 없다(대법원 1992. 5. 22. 선고 92다2127 판결).

〔3〕 결론

위 사안의 경우에 甲이 비록 상속에 있어서 유리하다는 인식을 하지 않은 상태에서 오로지 장차 태어날 아기의 장래에 대한 우려 등에 기인하여 낙태한 경우라도 甲은 상속결격자에 해당하여 상속인의 지위를 상실할 수도 있다.

6. 상속분

사례 1

甲은 장남으로 아버지 乙의 사업을 도와 아버지의 사업을 확장하는 데 기여를 해왔다. 그런데 얼마 전 아버지가 사망하였는바, 이 경우 甲은 다른 형제들보다 상속분 산정할 때 가산하여 받을 수 있는가?

사례 2

8,500만원의 재산을 남기고 부가 사망하였다. 유족으로 처, 장남, 장녀, 차남이 있습니다. 부는 생전에 장남에게 혼인을 위한 증여로서 500만원을, 분가한 차남에게 유증으로 900만원을 각각 주었을 경우, 장남의 구체적인 상속액은 얼마인가?

상속분이라는 것은 공동상속의 경우에 상속재산 전체에 대한 각 공동상속인의 몫의 비율을 가리킨다. 상속분에 관하여 법률의 규정에 의하여 결정되는 법정상속분과 피상속인이 유증을 하는 경우와 같이 피상속인의 의사에 의하여 결정되는 지정상속분이 있다. 피상속인은 유언에 의하여 법정상속분에 우선하여 수유자로 하여금 상속재산을 취득하게 할 수 있으나, 민법은 이에 대하여 유류분제도를 인정하여 피상속인이 유언에 의하여 유류분에 반하는 지정을 한 때에는 침해를 당한 유류분 권리자는 그 반환을 청구할 수 있다.

법정상속분에 관하여는 동순위의 상속인이 수인 있는 때에는 그 상속분은 균분으로 하며, 피상속인의 배우자의 상속분은 직계비속과 공동으로 상속하는 경우에는 직계비속의 상속분의 5할을 가산하고, 직계존속과 공동으로 상속하는 경우에는 직계존속의 상속분의 5할을 가산한다. 그리고 상속분 계산에 있어서 특별수익자가 있는 경우와 기여분권자가 있는 경우 이를 고려하여야 한다.

공동상속인 중에 피상속인으로부터 재산의 증여 또는 유증을 받은 자(특별수익자)가 있는 경우에 그 수증재산이 자기의 상속분에 달하지 못한 때에는 그 부족한 부분의 한도에서 상속분이 있다. 상속분을 산정하면서 특별수익자가 피상속인으로부터 받은 증여 또는 유증을 상속분의 선급금으로 보고, 그 가액을 상속분의 일부 또는 전부로서 산정하여 공동상속인들 사이의 공평을 꾀하고자 하는 것이다. 기여분이란 공동상속인 중에 상당한 기간 동안 동거·간호 그 밖의 방법으로 피상속인을 특별히 부양하거나 피상속인의 재산의 유지 또는 증가에 관하여 특별히 기여한 자가 있을 때에는 상속개시 당시의 피상속인의 재산가액에서 공동상속인의 협의로 정한 그 자의 기여분을 공제한 것을 상속재산으로 보고 산정한 상속분에 기여분을 가산한 액으로써 그 자의 상속분으로 하는 제도이다.

사례 1의 해결

〔1〕 원칙적으로 직계비속의 상속분은 남녀, 혼인 여부 등에 상관없이 모두 동일하다. 다만 공동상속인 중에서 피상속인재산의 유지 또는 증가에 관하여 특별히 기여하였거나 피상속인을 특별히 부양하는 자가 있을 경우에는 이를 상속분의 산정에 고려하도록 하고 있다(기여분제도). 기여의 정도는 통상의 기여가 아니라 특별한 기여로써, 본래의 상속분에 따라 분할하는 것이 기여자에게 불공평한 것으로 명백히 인식되는 경우이어야 한다. 기여분의 결정은 공동상속인 상호간의 협의 또는 가정법원의 심판에 의해 결정된다. 기여분은 상속이 개시된 때의 피상속인의 재산가액에서 유증의 액수를 공제한 액을 넘지 못한다.

〔2〕결론

甲은 장남으로 아버지를 도와 사업을 확장하여 재산증가에 기여를 하였기 때문에 상속분의 산정에 있어 가산하여 상속액을 더 받을 수 있다.

사례 2의 해결

〔1〕 공동상속인 중에 생전증여나 유증과 같은 특별수익자가 있었을 경우 구체적 상속분의 산정은 (현존하는 상속재산의 가액 + 생전증여) × 공동상속인의 상속비율 - 특별수익자의 생전증여와 유증의 가액 = 상속재산분배액(= 구체적 상속분)으로 계산된다. 여기에 증여 또는 유증을 받은 자의 경우, 그 증여 또는 유증을 받은 가액을 더한 것이 상속으로 인하여 실제로 받는 상속이익이 된다.

〔2〕결론

위 사안의 경우 법정상속비율은 처 : 장남 : 장녀 : 차남 = 1.5 : 1 : 1 : 1이다. 장남의 상속분은 (8,500 + 500) × 2/9 - 500 = 1,500이다. 결국, 장남은 상속액은 미리 받은 500만원을 제외하고 1,500만원을 받을 수 있다.

7. 상속의 승인과 포기

사례 1

채무자 A는 채권자 B로부터 1천만원을 빌렸고, 甲은 물상보증인이다. 변제기 도래 후 채무자 A가 사망하였고, 그 상속인 C는 한정승인을 하였다. 한정승인으로 인한 물상보증인 甲의 책임은 영향을 받는가?

사례 2

乙은 남편 甲과 이혼하여 별거하였으므로 미성년자인 자 丙은 甲이 친권자로서 양육하여 왔다. 그런데 甲이 질병으로 사망하였고, 사망 후 1년이 지난 시점에 甲의 채권자들이 미성년자인 丙에게 채무변제를 독촉하고 있음을 알게 되었다. 이 경우에 乙이 아들 丙을 보호할 수 있는 방법은 무엇인가?

상속은 상속인의 의사와 관계없이 상속이 상속개시되었다는 사실 자체로 법률상 당연히 효력이 발생한다. 이 경우 상속재산에 상속채무가 많은 경우에는 오히려 상속이 부담될 수 있기 때문에 상속인을 보호하고자 상속의 승인과 포기제도를 두고 있다. 상속인은 상속개시있음을 안 날로부터 3월내에 단순승인이나 한정승인 또는 포기를 할 수 있다. 상속개시 있음을 안 날이란 상속인이 상속개시의 사실과 자기가 상속인이 된 사실을 인식한 날이다.

(1) 단순승인

상속의 승인이란 상속 개시에 의하여 피상속인에게 속하였던 재산상의 모든 권리 의무를 상속인이 거부하지 않고 승계하겠다는 선언을 말한다. 이처럼 권리의무의 승계를 무제한, 무조건적으로 승인하는 것을 단순승인이라고 한다. 상속인이 단순승인을 하면 상속재산이 상속채무를 초과하여 그 전부를 변제할 수 없을 때에는 자기의 고유재산으로 변제하여야 하는 무한책임을 부담한다. 그리고 상속인이 한정승인이나 포기를 하지 않은 상태에서 법률이 정하고 있는 일정한 행위를 한 경우에는 단순승인으로 본다. 이를 법정단순승인이라고 한다. 법정단순승인으로 간주되는 경우로는 ① 상속인이 상속재산에 대한 처분행위를 한 때, ②, 상속인이 제1019조 제1항의 기간내에 한정승인 또는 포기를 하지 아니한 때, ③ 상속인이 한정승인 또는 포기를 한 후에 상속재산을 은닉하거나 부정소비하거나 고의로 재산목록에 기입하지 아니한 때 등이다.

(2) 한정승인

한정승인은 상속인이 상속으로 인하여 취득하게 될 재산의 한도 내에서 피상속인의 채무와 유증을 변제할 것을 조건으로 하여 제한적으로 승인하는 것을 말한다. 상속인이 수인인 때에는 각 상속인은 그 상속분에 응하여 취득할 재산의 한도에서 그 상속분에 의한 피상속인의 채무와 유증을 변제할 것을 조건으로 상속을 승인할 수 있다. 한정승인은 상속인을 보호하는 한편, 상속채권자의 채권을 확보할 수 있도록 하고 있다.

상속인은 상속재산의 범위 내에서만 피상속인의 채무와 유증을 변제하면 되므로 책임이 한정되지만, 피상속인의 상속채무가 축소되는 것은 아니다. 즉, 상속채무는 승계되는 것이지만, 상속인이 피상속인의 채권자나 유증을 받은 자에 대하여 자기 고유재산으로써 변제할 책임은 없다는 것을 의미하는 것이다. 따라서 한정승인을 한 상속인이 상속채무의 초과부분을 임의로 변제한 때에는 채무자의 변제로서 유효하다.

상속인이 한정승인을 하려면 상속개시가 있었다는 사실을 안 날로부터 3월의 기간내에 상속재산의 목록을 첨부하여 가정법원에 한정승인의 신고를 하여야 한다. 재산목록을 작성하는 것은 상속재산의 내용을 확인할 수 있도록 정확하고 분명하게 하여 청산하기 위해서이다. 그리고 한정승인을 한 자는 한정승인을 한 날로부터 5일 내에 상속채권자와 유증받은 자에 대하여 한정승인의 사실과 2개월 이상의 기간을 정하여 그 기간 내에 그 채권 또는 수증을 신고할 것을 관보에 공고하여야 한다.

(3) 상속포기

상속포기란 상속개시를 원인으로 하여 발생하는 상속재산에 대한 모든 권리의무의 효력을 거절함으로써 상속개시시에 소급하여 처음부터 상속인이 아니었던 것으로 하려는 단독의 의사표시를 말한다. 공동상속인도 각자가 자유롭게 포기할 수 있다. 만약에 상속인이 상속기간 내에 상속의 결정을 하지 않은 경우에는 단순승인한 것으로 본다.

상속인이 수인인 경우에 어느 상속인이 상속을 포기한 때에는 그 상속분은 다른 상속인의 상속분의 비율로 그 상속인에게 귀속한다. 상속인이 상속을 포기하면 후순위 상속권자에게 상속되므로 후순위의 상속권자 모두 함께 포기하여야 한다. 예컨대, 할아버지가 사망하면서 상속이 개시된 경우라면 직계비속인 자녀들을 포함하여 그들의 배우자(며느리)와 자녀(손자녀) 등도 함께 상속포기를 하여야 한다.

사례 1의 해결

〔1〕 한정승인의 효과에 관하여 대법원은 상속의 한정승인은 채무의 존재를 한정하는 것이 아니라 단순히 그 책임의 범위를 한정하는 것에 불과하기 때문에, 상속의 한정승인이 인정되는 경우에도 상속채무가 존재하는 것으로 인정되는 이상, 법원으로서는 상속재산이 없거나 그 상속재산이 상속채무의 변제에 부족하다고 하더라도 상속채무 전부에 대한 이행판결을 선고하여야 하고, 다만, 그 채무가 상속인의 고유재산에 대해서는 강제집행을 할 수 없는 성질을 가지고 있으므로, 집행력을 제한하기 위하여 이행판결의 주문에 상속재산의 한도에서만 집행할 수 있다는 취지를 명시하여야 한다(대법원 2003. 11. 14. 선고 2003다30968 판결)고 하였다.

〔2〕 결론

채무자가 한정승인을 하더라도 채무에는 변함이 없고, 한정승인을 한 채무자에 대하여만 책임이 제한되는 것에 불과하므로, 물상보증인의 책임에는 영향이 없다.

사례 2의 해결

〔1〕 미성년자는 단독으로 법률행위를 할 수 없기 때문에 상속포기도 할 수 없어 민법에서는 그 법정대리인이 상속개시 있음을 안 날로부터 기산한다고 규정하고 있다. 따라서 丙의 친권자인 부 甲이 사망한 경우에 이혼한 생모 乙이 법원에 친권자

지정청구를 하여 친권자로 지정받거나 아니면 생모는 당연히 자에 대한 법률상 친족
이므로 법정대리인이 된다. 따라서 법정대리인 乙이 상속개시 있음을 안 날부터 3개
월 이내에 상속포기를 할 수 있다.

[2] 결론

위 사안에서 丙은 사망한 甲이 남겨놓은 재산보다 채무(빚)가 많은 때에는 상속
을 포기해야 한다. 丙의 상속포기는 그 법정대리인 乙이 상속개시 있음을 안 날로부
터 기산하므로, 그 안 날로부터 3월 이내에 상속을 포기하면 채무를 변제할 책임이
없다.

[서식 31] 상속한정승인심판청구

상 속 한 정 승 인 심 판 청 구

청구인(상속인)　　　○　○　○(주민등록번호)

　　　　　　　　　　주소　　○○시 ○○구 ○○길 ○○(우편번호)

　　　　　　　　　　전화　　○○○ － ○○○○

　　　　　　　　　　□　□　□(주민등록번호)

　　　　　　　　　　주소　　○○시 ○○구 ○○길 ○○(우편번호)

　　　　　　　　　　전화　　○○○ － ○○○○

사건본인(사망자)　　△　△　△(주민등록번호)

　　　　　　　　　　사망일자　20○○. ○. ○.

　　　　　　　　　　등록기준지　　○○시 ○○구 ○○길 ○○

　　　　　　　　　　최후주소　　○○시 ○○구 ○○길 ○○

청 구 취 지

청구인들이 피상속인 망 △△△의 재산상속을 함에 있어 별지 상속재산목록을 첨부하여서 한 한정
승인신고는 이를 수락한다.

라는 심판을 구합니다.

청 구 원 인

청구인 ○○○은 피상속인 망 △△△의 장남이고,　□□□은 피상속인 망 △△△의 차남입니다.
피상속인 망 △△△은 20○○년 ○월 ○일에 최후주소지에서 사망하고 청구인들은 상속이 개시된
것을 알았으나 피상속인은 사업실패로 인하여 많은 채무를 가지고 있고 피상속인이 남긴 상속 재산
은 별지목록 표시의 재산밖에 없으므로 청구인들은 피상속인이 진 부채를 변제할 능력이 없으므로
청구인들이 상속으로 인하여 얻은 별지목록 표시 상속재산의 한도에서 피상속인의 채무를 변제할
것을 조건으로 한정승인하고자 이 심판청구에 이른 것입니다.

첨 부 서 류

1. 가족관계증명서(청구인들)   각 1통
1. 주민등록등본(청구인들)   각 1통
1. 인감증명서(청구인들)   각 1통
   (청구인이 미성년자인 경우 법정대리인(부모)의 인감증명서)
1. 기본증명서(망인)   1통
   (단, 2008. 1. 1. 전에 사망한 경우에는 제적등본)
1. 상속관계를 확인할 수 있는 피상속인(망인)의 가족관계증명서(기타가족관계등록사항별증명서)
   또는 제적등본   1통
1. 말소된 주민등록등본(망인)   1통
1. 가계도(직계비속이 아닌 경우)   1통
1. 상속재산목록(청구인 수+1통)   1통

20○○년 ○월 ○일

청 구 인 ○ ○ ○ (인감도장)
□ □ □ (인감도장)

○ ○ 가 정 법 원 귀중

[별 지]

상속재산목록(청구인 수 + 2)

1. 적극재산(망인의 재산)
   가. 부동산
   나. 유체동산
   다. 금전채권
2. 소극재산(망인의 채무)
   가. 채권자
     채무액
     채무의 종류
     발생일

   나. 채권자
     채무액

            채무의 종류
            발생일

    다. 채권자
        채무액
        채무의 종류
        발생일

    ※ 위 기재한 사항에 대한 입증자료를 첨부하시기 바랍니다.
    적극재산 - 예) 부동산등기사항증명서, 자동차등록원부, 통장잔액증명서 등
    소극재산 - 예) 부채증명서, 소장사본 등

[서식 32] 상속재산포기심판청구

상 속 재 산 포 기 심 판 청 구

청구인(상속인)   1. ○   ○   ○(주민등록번호)
                  주소   ○○시 ○○구 ○○길 ○○(우편번호)
                  전화   ○○○ - ○○○○

              2. ○   ○   ○(주민등록번호)
                  주소   ○○시 ○○구 ○○길 ○○(우편번호)
                  전화   ○○○ - ○○○○

사건본인(사망자)   △   △   △(주민등록번호)
                  사망일자   20○○. ○. ○.
                  등록기준지   ○○시 ○○구 ○○길 ○○
                  최후주소   ○○시 ○○구 ○○길 ○○

상속 재산 포기 심판 청구

청 구 취 지

청구인들의 망 △△△에 대한 재산상속포기 신고는 이를 수리한다.
라는 심판을 구합니다.

청 구 원 인

청구인들은 피상속인 망 △△△의 재산상속인으로서 20○○. ○. ○. 상속개시가 있음을 알았는바,
민법 제1019조에 의하여 재산상속을 포기하고자 이 심판청구에 이른 것입니다.

첨 부 서 류

1. 가족관계증명서(청구인들)　　　　　　　　　　　각 1통
1. 주민등록등본(청구인들)　　　　　　　　　　　　각 1통
1. 인감증명서(청구인들)　　　　　　　　　　　　　각 1통
   (청구인이 미성년자인 경우 법정대리인(부모)의 인감증명서)
1. 기본증명서(망인)　　　　　　　　　　　　　　　1통
   (2008. 1. 1. 전에 피상속인이 사망한 경우에는 제적등본)
1. 가족관계증명서(망인)　　　　　　　　　　　　　1통
1. 주민등록말소자등본(망인)　　　　　　　　　　　1통
1. 가계도(직계비속이 아닌 경우)　　　　　　　　　1통

20○○년　○월　○일

청 구 인　1. ○　○　○　(인감도장)
　　　　　　2. ○　○　○　(인감도장)

○ ○ 가 정 법 원 귀 중

Ⅱ. 유 언

1. 유언의 의의

　　유언은 유언자가 사망한 후에 일정한 법적 효력을 발생하게 할 목적으로 일정한 사항에 관하여 일정한 방식에 의하여 최종으로 표시한 의사를 존중하여 그 법적 효력을 인정하는 제도이다. 따라서 유언은 유언자가 사망한 때로부터 법적 효력이 발생하는 사후행위이므로 생전에는 언제든지 유언의 전부 또는 일부를 철회할 수 있다. 유언자는 그 유언을 철회할 권리를 포기하지 못한다. 유언도 법률행위이므로 의사무능력자가 한 유언은 무효이다. 민법은 만 17세를 능력의 표준으로 하여 만 17세 이상이면 단독으로 유언을 할 수 있도록 하고 있다.

2. 유언의 방식

사례 1

甲은 2021년 2월 25일경 "본인은 모든 재산을 아들 乙에게 물려준다(강남구 일원동 집 등), 사후에 자녀 간에 불협화음을 없애기 위하여 이것을 남긴다."는 내용의 유언장을 자필로 작성하였다. 이 때 甲은 이 사건 유언장의 말미에 작성연월일, 주민등록번호, 성명을 자서한 후 날인하였지만, 주소를 기재하지 않았다. 이 유언장이 효력이 인정될 수 있는가?

사례 2

한달 전 사망한 부친 甲은 3년 전 그의 칠순잔치 때에 어머니와 ABC남매를 모아놓고 그의 사후 재산분배에 대하여 말씀하셨고, B가 받아 적고 낭독한 유언서에 '반드시 이대로 분배하라'고 직접 기재하신 후 서명·날인하였다. 그런데 두 동생 B와 C는 부친 甲의 사망 후 유언장의 효력을 부인하고 법정상속분에 따른 재산분배를 요구하였다. 이러한 구수증서에 의한 유언장이 존재함에도 동생 B와 C의 주장이 타당한 것인가?

유언은 그 방식을 법률로 일정하게 규정하고 있으며, 즉, 자필증서·녹음·공정증서·비밀증서 및 구수증서의 5종류만을 적법한 유언으로 인정하고 있다.

(1) 자필증서에 의한 유언

자필증서에 의한 유언은 유언 중 가장 간단한 방식으로써 유언자가 그 전문과 연월일, 주소, 성명을 자필하고 날인하여야 한다. 증서에 문자의 삽입, 삭제 또는 변경하는 경우에도 유언자가 자서하고 날인하여야 한다. 자필증서에 있어서 자서는 절대적인 요건이지만, 날인은 타인에 의하여도 무방하다. 그러나 글을 알지 못하는 자가 이 방법에 의하기 곤란하다는 점, 유언자가 사망한 후 처음 발견한 사람에 의해 위·변조될 위험성이 많다는 단점을 가지고 있다.

(2) 녹음에 의한 증서

녹음에 의한 유언은 유언자가 유언의 취지, 그 성명과 연월일을 구술하고 이에 참여한 증인이 유언의 정확함과 그 성명을 구술하여야 한다. 유언자의 육성을 사후에도 그대로 보존할 수 있고, 녹음기만 있으면 간편하게 할 수 있다는 장점이 있지만, 관리의 부주의로 인하여 쉽게 소멸될 수 있는 단점이 있다.

(3) 공정증서에 의한 유언

공정증서에 의한 유언은 유언의 존재를 명확히 하면서 그 내용을 확보할 수 있고, 문맹자도 이를 통해 유언을 할 수 있다는 장점이 있다. 민법상 공정증서에 의한 유언은 유언자가 증인 2인이 참여한 공증인의 면전에서 유언의 취지를 구수하고 공증인이 이를 필기낭독하여 유언자와 증인이 그 정확함을 승인한 후 각자 서명 또는 기명날인하여야 한다. 낭독은 필요조건이지만, 공증인이 반드시 낭독할 필요는 없고, 공증인 입회하에 제3자가 낭독하여도 무방하다. 공정증서에 의한 유언에는 검인절차를 요하지 않는다. 그러나 유언을 하고자 하는 자는 공증인에게 일정비율의 수수료를 지급하여야 하는 부담이 있다.

(4) 비밀증서에 의한 유언

비밀증서에 의한 유언은 자기의 성명 정도만 쓸 수 있는 사람이라면 누구나 가능한 것으로 반드시 유언자 자신의 자서일 필요는 없다. 비밀증서에 의한 유언은 유언자가 필자의 성명을 기입한 증서를 엄봉날인하고 이를 2인 이상의 증인의 면전에 제출하여 자기의 유언서임을 표시한 후 그 봉서표면에 제출 연월일을 기재하고 유언자와 증인이 각자 서명 또는 기명날인 하여야 한다. 유언봉서는 그 표면에 기재된 날로부터 5일 내에 공증인 또는 법원서기에게 제출하여 그 봉인상에 확정일자인을 받아야 한다.

(5) 구수증서에 의한 유언

구수증서에 의한 유언은 질병 기타 급박한 사유로 인하여 다른 유언의 방식에 의할 수 없는 경우에 유언자가 2인 이상의 증인의 참여로 그 1인에게 유언의 취지를 구수하고 그 구수를 받은 자가 이를 필기낭독하여 유언자와 증인이 그 정확함을 승인한 후 각자 서명 또는 기명날인하여야 한다. 단순질병으로 병원에 입원중인 경우에는 허용되지 않는다. 유언은 그 증인 또는 이해관계인이 급박한 사유의 종료한 날로부터 7일

내에 법원에 그 검인을 신청하여야 한다.

(6) 무효행위의 전환

유언은 방식의 요식성으로 인하여 유언방식의 흠결은 무효가 원칙이다. 그러나 유언자가 유언내용을 스스로 작성하여 봉인한 비밀증서는 하나의 자필증서라고 볼 수 있기 때문에 비밀증서에 의한 유언의 방식에 흠결이 있더라도 자필증서의 방식에 적합한 때에는 자필증서에 의한 유언으로서 효력을 인정한다.

사례 1의 해결

〔1〕민법 제1066조 제1항은 "자필증서에 의한 유언은 유언자가 그 전문과 연월일, 주소, 성명을 자서하고 날인하여야 한다."고 규정하고 있다. 그리고 자필증서에 의한 유언을 하면서 주소를 자서하지 않은 경우 그 유언의 효력과 관련하여 대법원은 "민법 제1065조 내지 제1070조가 유언의 방식을 엄격하게 규정한 것은 유언자의 진의를 명확히 하고 그로 인한 법적 분쟁과 혼란을 예방하기 위한 것이므로, 법정된 요건과 방식에 어긋난 유언은 그것이 유언자의 진정한 의사에 합치하더라도 무효이다.

〔2〕따라서 자필증서에 의한 유언은 민법 제1066조 제1항의 규정에 따라 유언자가 전문과 연월일, 주소, 성명을 모두 자서하고 날인하여야만 효력이 있고, 유언자가 주소를 자서하지 않았다면 이는 법정된 요건과 방식에 어긋난 유언으로서 효력을 부정하지 않을 수 없으며, 유언자의 특정에 지장이 없다고 하여 달리 볼 수 없다. 여기서 자서가 필요한 주소는 반드시 주민등록법에 의하여 등록된 곳일 필요는 없으나, 적어도 민법 제18조에서 정한 생활의 근거되는 곳으로서 다른 장소와 구별되는 정도의 표시를 갖추어야 한다(대법원 2014. 9. 26. 선고 2012다71688 판결)."고 판시하였다.

〔3〕결론

위 사안에서 甲의 유언장은 주소의 자서라는 요건을 결여하여 무효이므로, 그 효력이 인정될 수 없다.

사례 2의 해결

〔1〕구수증서에 의한 유언은 질병 기타 급박한 사유로 보통의 방식에 의하여 유언할 수 없는 경우에 2인 이상의 증인의 참여와 그 중 1인에게 유언의 취지를 구수

하여야 하는 등의 요건이 필요하다. 그러나 이 사례에서는 급박한 사정이 당시 존재하였다고 보기가 어려워 유언으로서의 효력이 없을 것으로 보인다.
　〔2〕결론
　위 사안에서 상속인들 사이에 상속분에 대하여 협의가 이루어지지 않는다면 법정상속분에 의하여 상속재산을 분할하여야 할 것이다.

3. 유언의 효력

유언은 사후행위이기 때문에 그 유언자가 사망한 때로부터 그 효력이 생긴다. 그리고 유언자는 생존 중에 한 유언의 효력을 소멸시키기 위해 언제나 유언의 철회를 할 수 있다. 따라서 유언의 무효·취소는 주로 유언자가 사망한 이후의 문제이다.

유언방식이 흠결된 유언은 무효이다. 만 17세 미달자인 유언무능력자와 의사능력이 없는 자의 유언, 선량한 풍속 기타 사회질서에 위반되는 사항을 내용으로 하는 유언 등은 무효이다. 사기·강박에 의한 유언, 유언 내용의 중요부분의 착오 등의 경우에는 취소할 수 있다.

4. 유 증

유증이란 유언자가 유언에 의하여 그 재산상의 이익을 수유자에게 무상으로 증여하는 독립행위이다. 따라서 수증자의 의사와 관계없이 수유자가 유증의 사실을 알았거나 알지 못하였거나를 불문하고 그 효력이 발생한다. 유증은 재산적 이익을 목적으로 하여 수증자가 누구인지를 직접 결정하여 행해진다. 즉, 유증의 내용은 상속재산에 대하여 그 전부 또는 일부를 포괄적 또는 특정의 명의로써 유증하여야 한다. 반드시 상속재산에 관하여서만 유증을 해야 하는 것은 아니고 유언으로 채무를 면제하는 것도 역시 유증의 일종이다. 그러나 수증자에게 채무만을 부담케 하는 것은 무효라고 보아야 한다.

Ⅲ. 유류분

사 례

　　부친 丙은 상속재산으로 20억원의 예금을 남기고 사망하였다. 그런데 유언장에는 장남인 甲에게 18억원을 상속해주고, 차남 乙에게는 2억원을 준다고 되어 있었다. 甲도 乙에게 미안한 생각이 들고, 乙도 상속재산이 너무 적은 것 같아 서운한 마음이 들었다. 乙은 상속재산에서 유언장에 기재된 2억원보다 더 받을 수 있는 방법이 있는가?

　　유류분이란 피상속인의 입장에서 피상속인이 일정한 상속인을 위하여 상속재산 중 일정부분을 그의 몫으로 반드시 남겨두어야 할 재산을 말하며, 또 상속인의 입장에서 상속인에게 법률상 보장되어 있는 피상속인의 재산의 일정액이라고 할 수 있다. 유류분권이란 상속이 개시된 후에 일정한 범위의 상속인이 피상속인의 재산의 일정한 비율을 취득할 수 있는 법률상의 지위를 말한다. 유류분을 확보할 수 있는 지위가 유류분권이다.

　　유류분을 가지는 권리자는 피상속인의 직계비속·배우자·직계존속·형제자매이며, 각각 그 법정상속분의 일정비율이 유류분으로 인정된다. 태아에게도 유류분권이 인정되며, 대습상속인의 경우에도 피대습자의 상속분의 범위 내에서 유류분권이 인정된다.

　　유류분은 다음과 같다.

1. 피상속인의 직계비속　　법정상속분의　1/2.
2. 피상속인의 배우자　　　법정상속분의　1/2.
3. 피상속인의 직계존속　　법정상속분의　1/3.
4. 피상속인의 형제자매　　법정상속분의　1/3.

　　유류분은 피상속인의 상속개시시에 있어서 가진 재산의 가액에 증여재산의 가액을 가산하고 채무의 전액을 공제하여 이를 산정한다.

　　법무부는 2021년 11월 9일 유류분 권리자에서 형제자매를 삭제하는 「민법」 및 「가사소송법」 일부 개정법률안을 입법예고하였다. 형제자매의 경우에는 과거에 비해 유대

관계가 약화되고 평소 독립적으로 생계를 유지하는 경우가 많아 상호부양하는 경우는
적어서 피상속인의 사망시 상속분에 대한 기대를 보장할 필요성이 낮아졌다는 이유에
서다. 해외 입법례를 보더라도 유류분제도를 두고 있는 일본, 독일, 프랑스, 스위스, 오
스트리아 등 대부분 국가들이 형제자매의 유류분을 인정하지 않고 있다는 것이다. 형제
자매의 유류분권 삭제는 피상속인의 유언의 자유를 보다 확대하고, 가족제도를 새로운
시대적 요청과 환경에 맞춰 발전시켜 나갈 수 있을 것이다.

사례의 해결

〔1〕 형제인 甲과 乙의 상속지분은 균등하므로 각각 10억원이 되고, 민법 규정에
의해 그 중 5억원(1/2)까지는 유류분권이 보장되므로 乙은 서운하면 甲에게 3억원을
추가로 더 달라고 요구할 수 있다.

만약 甲이 3억원을 반환하지 않은 때에는 반환청구하면 된다.

다만, 반환의 청구권은 유류분권리자가 상속의 개시와 반환하여야 할 증여 또는
유증을 한 사실을 안 때로부터 1년내에 하지 아니하면 시효에 의하여 소멸한다. 또
한 상속이 개시한 때로부터 10년을 경과한 때도 같다(민법 제1117조).

〔2〕 결론

乙은 원래 법정상속액은 10억이었으나, 민법 제1112조의 유류분권에 따라 법정상
속분의 1/2을 받을 수 있으므로 갑에게 3억원을 더 청구할 수 있다.

제 7 장   매매와 임대차보호법

I.   민법의 기본원리

1. 근대 민법의 기본원칙

(1) 소유권절대의 원칙

소유권절대의 원칙은 소유권의 행사는 원칙적으로 소유자 개인의 자유에 맡겨지고 국가나 다른 개인은 이에 관하여 간섭하지 못한다는 것이다. 소유권은 물건을 전면적으로 지배할 수 있는 권리이므로 목적물을 자유롭게 지배하고 권리를 행사할 수 있어야 한다는 취지이다. 헌법에 국민의 재산권을 보장한다고 하여 사유재산존중의 원칙을 분명히 하고 있으며, 민법에 소유권은 소유물을 사용·수익·처분할 수 있는 권리라고 하여 국가라 할지라도 임의로 침해하지 못한다는 원칙을 세우고 있다.

(2) 계약자유의 원칙

사적 자치의 원칙이란 모든 개인의 법률생활관계는 국가나 타인의 간섭을 받지 아니하고 평등한 지위에서 오직 자기의 의사에 의하여 형성할 수 있다는 원칙이다. 재화를 교환하고 매매하여 그 가치를 향유하고 증식하려면 법률관계(특히 계약)를 임의에 따라 형성할 수 있는 자유가 보장되지 않으면 안 된다. 이는 주로 법률행위자유의 원칙 또는 계약자유의 원칙이라고도 한다. 계약자유의 원칙은 계약체결여부의 자유, 계약체결의 상대방 선택의 자유, 계약의 내용을 결정하는 자유, 계약방식의 자유 등을 내용으로 하고 있다.

그러나 계약자유의 원칙도 제한이 있다. 즉, 선량한 풍속 기타 사회질서에 위반한 사항을 내용으로 하는 법률행위(계약)는 무효로 한다. 또한 당사자의 궁박·경솔 또는 무경험으로 인하여 현저하게 공정을 잃은 법률행위도 무효이다. 근대 민법의 지도이념인 소유권절대의 원칙과 계약자유의 원칙은 오늘날에 와서는 그 절대성과 자유방임성은 수정되어 제한할 수 있도록 한 것이다.

(3) 과실책임의 원칙

과실책임의 원칙이란 자기의 행위로 인하여 타인에게 손해를 가한 경우에 그 행위가 위법하고 고의·과실이 있어야 책임을 부담한다는 원칙이다. 자기의 행위에 의해서만 책임을 부담한다는 것이므로 자기책임의 원칙이라고도 한다.

그러나 당사자가 아무리 주의를 하여도 손해가 불가피하게 발생한 경우, 기술의 한계 때문에 손해를 방지할 수 없는 경우, 손해방지에 과다한 비용이 요구된 경우에는 과실책임을 묻는 것이 타당하지 않다. 그러므로 교통사고·환경오염·의료과오의 경우에는 과실책임주의를 엄격하게 적용하지 아니하고 무과실책임으로 나아가는 경향이 있다.

2. 민법의 수정원칙

(1) 사권의 공공성의 원칙

헌법상 재산권의 내용과 한계를 법률로 정하여야 하며, 재산권의 행사는 공공복리에 적합하도록 하여야 한다. 민법에서도 소유권의 행사는 법률의 범위내에서 허용된다고 하고 있다. 이처럼 소유권의 행사는 무제한적으로 허용되는 것이 아니고 사회성과 공공성에 적합한 범위 안에서만 허용된다. 즉, 사회적으로 타당하다고 인정되는 범위 내에서 하여야 하며 그 범위를 넘어서 소유권을 행사하면 권리의 남용이 되어 정당한 소유권의 행사로 볼 수 없게 된다.

(2) 신의성실의 원칙

신의성실의 원칙은 원래 사람의 행위나 태도에 대한 윤리적·도덕적 평가를 나타내는 말인데, 이러한 도덕적·윤리적 평가를 법적 가치판단의 한 내용으로 도입한 것이다. 민법은 권리의 행사와 의무의 이행은 신의에 좇아 성실히 하여야 한다고 규정하여 신의성실의 원칙을 밝히고 있다. 이 원칙은 사회생활을 영위하는 구성원은 상대방의 신뢰가 헛되지 않도록 성의를 가지고 행동해야 한다는 윤리적 덕목을 법규에 도입한 것이다.

(3) 권리남용금지의 원칙

권리남용금지의 원칙은 권리의 무제한적 행사를 허용하지 않고, 권리는 공공의 복리에 반하지 않는 범위 안에서만 행사하도록 제한을 한다는 원칙이다. 권리남용은 권리의 행사가 본래의 사회적 목적을 벗어난 것을 말한다. 민법은 권리남용에 관하여 객관적 요건을 기준으로 하여 권리행사의 범위를 넘으면 그 행위는 정당한 권리행사로 될 수 없음을 밝히고 있다.

(4) 사정변경의 원칙

사정변경의 원칙은 법률행위의 성립에 있어서 그 기초가 된 사정이 그 후에 당사자가 예견하지 못하였거나 예견할 수 없었던 중대한 변경이 생겨 행위 당시에 정해진 행위의 효과를 그대로 유지하거나 강제한다면 형평을 잃은 결과가 생길 경우에 당사자는 그러한 행위의 효과를 신의칙에 맞도록 변경할 것을 상대방에게 청구하거나 계약을 해지 또는 해제할 수 있다는 원칙이다. 이는 신의성실원칙의 파생원칙 중의 하나이다. 판례는 이 원칙을 매우 소극적으로 해석하고 있으나, 학설은 그렇지 않다.

II. 계 약

1. 계약의 의의

계약은 일정한 법률행위의 발생을 목적으로 청약과 승낙이라는 서로 대립하는 두 개의 의사표시가 합치함으로써 성립하는 것이다. 계약의 내용은 당사자의 자유의사로 정하여지며, 계약이 성립함으로써 채권은 발생한다. 계약은 넓은 의미에서 법률관계의 변동을 목적으로 하기 때문에 채권계약에 한하지 않으며, 좁은 의미의 계약은 채권관계의 발생을 목적으로 하므로 채권계약만을 가르킨다.

민법상 전형적인 계약으로는 증여·매매·교환·소비대차·사용대차·고용·도급·여행·현상광고·위임·임치·조합·종신정기금·화해 등 15종이 있다. 이를 전형계약 또는 유명계약이라고 하며 민법상의 계약 이외의 것을 무명계약이라 한다. 계약이라 함은 채권의 발생을 목적으로 하는 채권계약만을 가리키고 물권계약이나 신분법상의 계약을 말하지 아니한다.

우리는 계약을 하면서 가격, 품질, 배송 등의 여러 사항을 결정하게 되는데 그 과정에서 서로의 이해차이가 발생하고, 그 차이를 극복하면서 계약은 성립하게 된다. 계약이 성립하게 되면 당사자들은 그 계약내용에 구속되고, 그 구속에서 벗어나기 위해서는 이행의 의무를 다하여야 한다.

2. 계약의 성립

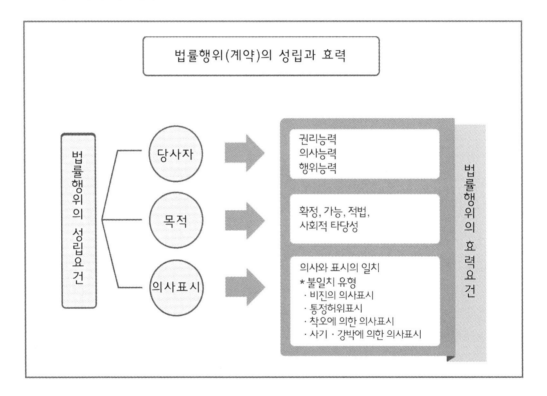

법률행위(계약)가 성립하기 위해서는 당사자, 목적, 의사표시가 존재하여야 한다. 이와 같이 성립한 계약이 효력을 갖기 위해서는 효력요건을 구비하여야 한다. 계약당사자에게는 권리능력, 행위능력, 의사능력이 존재하여야 한다. 계약의 목적과 내용은 확정적이고, 실현가능하여야 하며, 적법하고 사회적 타당성을 갖추어야 한다. 예컨대, '집을 사줄게', '한강에 빠진 예물반지를 찾아오면', '나와 내연관계를 맺으면', '도박과 관련하여 돈을 빌리는' 행위 등은 법적 효력이 없다.

(1) 청약과 승낙에 의한 계약의 성립

사 례

　　甲은 자신의 소유인 가옥을 乙에게 팔겠다는 의사를 표시하며, 乙이 살 것인지에 대한 확답을 2017. 2. 25.까지 해 줄 것을 요청하였다. 乙은 甲 소유의 집을 사기로 결정하고 승낙의 의사표시를 우편으로 발송하였고, 甲은 그 우편을 2017. 2. 27.이 되어서야 받았다. 이후 乙이 매매대금을 치르며 가옥의 소유권을 넘겨줄 것을 요구하였다. 甲은 이에 응하여야 하는가?

　　계약이 성립하기 위해서는 당사자 사이에 서로 대립하는 의사표시의 합치가 있어야 한다. 예컨대, 가옥의 매매에 있어서 매도인의 팔겠다는 의사표시와 매수인의 사겠다는 의사표시의 합치가 있어야 한다.

　　청약은 승낙과 함께 계약을 성립시킬 것을 목적으로 하는 상대방 있는 일방적 의사표시이다. 청약은 상대방의 승낙만 있으면 계약을 성립시키겠다는 확정적 의사표시를 말하며, 승낙은 청약에 대응하여 계약을 성립시킬 목적으로 청약자에게 하는 의사표시를 말한다. 청약과 승낙은 그 자체만으로는 상대방을 구속하거나 곧 계약이 성립하지 않는다. 청약은 승낙이 있게 되면 곧 계약은 성립하므로 청약을 할 사람들을 유인하는 청약의 유인과 다르다. 청약은 일반 불특정인에 대하여서도 행할 수 있다(현상광고).

　　청약의 효력발생시기는 의사표시의 효력발생시기에 관한 도달주의에 의한다. 청약이 효력을 발생할 때에는 청약자의 임의의 철회는 인정되지 않는다. 이를 청약의 구속력이라고 한다. 청약자가 임의로 철회하는 것을 인정하면 상대방에게 부당한 손해를 줄 우려가 있기 때문에 승낙기간을 정한 때에는 그 기간에, 승낙기간을 정하지 않은 청약은 승낙을 얻는데 상당한 기간 동안은 철회할 수 없다.

사례의 해결

　　〔1〕 가옥을 팔겠다는 甲의 의사표시는 청약이며, 가옥을 사겠다는 乙의 의사표시는 승낙에 해당한다. 그러나 乙의 의사표시가 승낙기간을 넘겨서 甲에게 도달하였기 때문에 甲의 청약은 효력을 상실하여 매매계약은 성립하지 않는다. 그러나 승낙의

통지가 승낙기간 후에 도달하더라도 보통 그 기간 내에 도달할 수 있는 발송인 때에는 청약자는 지체없이 상대방에게 연착의 통지를 하여야 하고, 연착의 통지를 하지 않을 경우 승낙의 통지는 연착하지 않은 것으로 본다. 따라서 乙이 승낙의 우편을 뒤늦게 보냈다면 청약은 효력을 잃고 계약은 성립하지 않는 것이 원칙이다. 그러나 승낙기간 내에 도달할 것으로 예상하고 우편을 보냈으나 우체국의 사정 등으로 인하여 연착되었고, 이에 대하여 甲이 乙에게 연착의 통지를 하지 않았다면 매매계약은 유효하게 성립한다.

〔2〕결론

위 사안에서 甲이 승낙이 연착되었다는 통지를 한 경우 甲은 乙의 승낙의사표시를 새로운 청약으로 보아 승낙 여부를 결정할 수 있다. 즉, 甲의 선택에 따라서 매매계약 성립 여부가 결정될 수 있다.

(2) 교차청약에 의한 계약의 성립

당사자 사이에 동일한 내용의 청약을 서로 한 경우를 교차청약이라고 한다. A가옥의 소유자인 甲이 乙에게 A가옥을 팔겠다는 청약의 의사표시를 乙에게 하였지만, 그 의사표시가 乙에게 도달하기 전에 그 사실을 모르는 乙이 甲 소유의 A가옥을 사겠다는 청약을 하는 경우이다. 교차청약의 2개의 청약의 의사표시만 존재하지만, 객관적·주관적으로 합치되는 의사표시가 존재하는 것이므로 계약은 성립하는 것으로 본다. 교차청약도 도달주의에 의하여 두 청약이 모두 상대방에게 도달한 때에 계약은 성립한다.

(3) 의사실현에 의한 계약의 성립

의사실현에 의한 계약의 성립이란 청약자의 의사표시나 관습에 의하여 승낙의 통지를 필요로 하지 않는 경우에는 승낙의 의사표시로 인정되는 사실이 있는 때에 계약의 성립을 인정하는 것을 말한다. 명백한 승낙의 의사표시가 존재하지 않지만, 일정한 행위로부터 당사자의 효과의사를 추단하여 계약의 성립을 인정하는 것이다. 예컨대 甲이 乙에게 세계문학전집을 보내면서 10만원에 사라고 하였는데, 乙이 그 책을 사용하였다던지 그 책에 자신의 이름을 기재하였다던지 하는 행위가 있다면 그 행위로부터 승낙의 의사표시를 추단할 수 있기 때문에 계약은 성립하는 것으로 본다.

3. 제한능력자제도

행위능력은 단독으로 유효한 법률행위를 할 수 있는 지위 또는 자격을 말한다. 법률행위가 유효하기 위해서는 행위자에게 의사능력이 있음을 전제로 하므로 의사무능력자가 행한 법률행위는 당연히 무효가 된다. 제한능력자는 단독으로 유효한 법률행위를 할 수 없는 자로써 미성년자, 피성년후견인, 피한정후견인, 피특정후견인 등이다.

(1) 미성년자

사례 1

乙은 16세의 고등학생으로서 3개월 전 학교 앞에서 책을 파는 丙에게 현혹되어 영어교육서적 1세트를 월 15,000원씩 10개월간 납입하기로 하고 구입하였다. 乙의 아버지 甲은 그 책을 즉시 반환하려고 하였으나 丙의 회사를 쉽게 찾을 수 없었고, 며칠 후 알아낸 주소지로 '계약을 취소하니 물건을 찾아가라'고 통지하였으나 주소불명으로 반송되었다. 이후 2개월이 지난 시점에서 丙 회사로부터 대금청구서를 받았다. 이 경우 甲은 서적대금을 지급해야 하는가?

사례 2

미성년자 甲은 유흥비를 마련하기 위해 자신의 컴퓨터를 중고 컴퓨터상 乙에게 처분하고자 하였다. 이에 乙이 甲의 성년여부를 묻자, 甲은 그의 부모로부터 컴퓨터에 대한 처분 동의서를 받았다고 하며, 위조한 동의서를 乙에게 제시하였다. 이에 乙이 이를 매수하였는데 그 후 甲의 아버지 丙이 이 사실을 알고 乙에게 동 컴퓨터를 돌려달라고 하자, 乙은 이를 거부하였다. 乙의 주장은 정당한가?

미성년자는 19세에 이르지 아니한 자를 말한다. 미성년자가 법률행위를 하기 위해서는 원칙적으로 법정대리인의 동의를 얻어야 하며, 동의를 얻지 않은 법률행위는 미성년자 본인이나 그 법정대리인이 취소할 수 있다. 그러나 미성년자의 경우에도 예외적으로 법정대리인의 동의없이 단독으로 법률행위를 할 수 있는 경우가 있다. 즉, ① 권리만을 얻거나 의무만을 면하는 행위, ② 법정대리인이 범위를 정하여 처분을 허락한 재산, ③ 영업이 허락된 경우 그 특정한 영업에 관한 행위, ④ 대리행위, ⑤ 유언행위, ⑥ 법정대리인의 허락을 얻어 회사의 무한책임사원이 된 미성년자의 행위, ⑦ 근로계약과 임금청구 등이다.

사례 1의 해결

〔1〕 19세 미만의 미성년자는 민법상 제한능력자로써, 책을 구입하는 등의 법률행위를 할 경우 법정대리인의 동의를 얻어야 한다. 이를 위반한 행위는 본인이나 법정대리인이 취소할 수 있다. 따라서 법정대리인인 甲은 丙회사를 상대로 미성년자인 乙의 법률행위를 취소하겠다는 의사표시를 함으로써 위 서적대금의 지급의무를 면할 수 있다.

〔2〕 또한, 방문판매 등에 관한 법률의 적용도 받을 수 있다. 동법에 의하면 방문판매 등의 방법으로 재화 등의 구매에 관한 계약을 체결한 소비자는 계약서를 받은 날부터 14일. 계약서를 받지 아니한 경우이거나 방문판매자 등의 주소 등이 적혀 있지 아니한 계약서를 받은 경우, 방문판매자 등의 주소 변경 등의 사유로 기간 이내에 청약철회 등을 할 수 없는 경우 등에는 방문판매자 등의 주소를 안 날 또는 알 수 있었던 날부터 14일 이내에 청약철회 등을 할 수 있다.

〔3〕 결론

위 사안에서 甲은 서적대금청구에 대하여 민법상 미성년자의 법률행위를 취소하거나 또는 방문판매 등에 관한 법률상의 청약철회를 주장하여 乙의 대금지급의무를 면할 수 있다.

사례 2의 해결

〔1〕 원래 미성년자가 단독으로 행한 행위는 그 법정대리인이 취소할 수 있다. 그러나 이러한 미성년자의 취소권이 부인되어지는 예외적인 경우가 바로 무능력자가 능력에 관한 사술을 사용한 경우이다. 이때 능력에 관한 사술은 자신의 능력자인 것으로 보이기 위해, 주민등록증이나 호적등본을 위조한 경우뿐만 아니라, 미성년자나 한정치사가 그 법정대리인의 동의서를 위조한 경우에도 사술이 된다.

〔2〕 결론

위 사안에서 丙은 甲이 법정대리인의 동의를 얻은 것처럼 적극적 사술을 쓴 경우이므로, 甲의 컴퓨터 매매계약을 취소할 수 없다. 따라서 乙의 컴퓨터 반환거부행위는 정당하다.

(2) 법정후견제도

성년후견제도는 현재 정신적 제약이 있는 사람은 물론 미래에 정신적 능력이 약해질 우려가 있는 사람이 재산행위뿐만 아니라 치료, 요양 등 복리에 관한 폭넓은 도움을 받을 수 있도록 한 것이다. 후견제도는 종래의 행위무능력자제도와 관련된 문제점을 개선시키고, 능동적 · 적극적인 사회복지시스템인 성년후견 · 한정후견 · 특정후견제도를 도입하여 성년후견 등을 요구하는 노인, 장애인 등에 대한 보호를 강화하고자 하고 있다.

1) 성년후견

사 례

甲은 피성년후견인으로 사무처리능력이 지속적으로 결여되어 있는 상태에서 단독으로 자신의 자동차를 乙에게 팔기로 계약을 체결하였다. 이후 甲의 배우자 丙은 甲이 피성년후견인으로 법정대리인인 자신의 동의없이 매매계약을 체결한 것이라고 주장하면서 乙에게 매매계약의 취소를 통지하였다. 丙의 취소행위는 타당한 것인가?

성년후견은 질병, 장애, 노령, 그 밖의 사유로 인한 정신적 제약으로 사무를 처리할 능력이 지속적으로 결여된 사람에 대하여 가정법원의 심판으로 성년후견이 개시된다. 청구권자는 본인, 배우자, 4촌 이내의 친족, 미성년후견인, 미성년후견감독인, 한정후견인, 한정후견감독인, 특정후견인, 특정후견감독인, 검사 또는 지방자치단체의 장 등이다.

요보호자의 잔존능력의 존중을 위해서 정신적 제약으로 인한 사무처리능력이 지속적으로 결여된 경우를 요건으로 하고 있다. 신체적 장애에 대해서는 규정이 없으나, 사무처리능력이나 원활한 의사표시에 어려움이 있는 경우에도 성년후견을 개시할 수 있다고 할 것이다. 피성년후견인의 법률행위는 원칙적으로 유효한 법률행위를 할 수 없고, 법정대리인이 취소할 수 있다. 그러나 일용품의 구입 등 일상생활에 필요하고 그 대가가 과도하지 아니한 법률행위는 성년후견인이 취소할 수 없다. 그리고 가정법원은 취소할 수 없는 피성년후견인의 법률행위의 범위를 정할 수 있다.

사례의 해결

甲은 피성년후견인으로 원칙적으로 유효한 법률행위를 할 수 없다. 따라서 법정대리인 丙은 甲의 자동차매매계약을 취소할 수 있다. 다만, 甲의 행위에 대해 법원이 취소할 수 없는 피성년후견인의 법률행위로 그 범위를 지정한 것이라면 법정대리인 丙은 취소할 수 없다.

2) 한정후견

한정후견은 질병, 장애, 노령, 그 밖의 사유로 인한 정신적 제약으로 사무를 처리할 능력이 부족한 사람에 대하여 가정법원이 후견개시의 심판을 한다. 본인, 배우자, 4촌 이내의 친족, 미성년후견인, 미성년후견감독인, 성년후견인, 성년후견감독인, 특정후견인, 특정후견감독인, 검사 또는 지방자치단체의 장이 청구할 수 있다.

피한정후견인의 행위능력은 원칙적으로 제한받지 않는다. 그러나 법원은 한정후견인의 동의를 얻어야 하는 법률행위의 범위를 정할 수 있고, 그러한 경우 한정후견인의 동의가 없는 피한정후견인의 법률행위는 취소할 수 있다. 다만, 일용품의 구입 등 일상생활에 필요하고 그 대가가 과도하지 아니한 법률행위에 대하여는 그러하지 아니하다.

3) 특정후견

특정후견은 질병, 장애, 노령, 그 밖의 사유로 인한 정신적 제약으로 일시적 후원 또는 특정한 사무에 관한 후원이 필요한 사람에 대하여 가정법원이 후견의 심판을 한다. 특정후견은 정신적 제약으로 인하여 사무를 처리할 능력이 결여되어 있거나 부족한 사람이 당면하고 있는 일시적 사무 또는 특정한 사무에 대하여 보호하는 제도로써, 성년후견이나 한정후견과 달리 지속적이지 않다는 특징이 있다. 또한 가정법원은 특정후견이 본인의 의사에 따른 특정적 보호제도이므로 본인의 의사에 반하여 할 수 없으며, 특정후견의 개시와 종료는 당해 사무의 성질에 의하여 정해지므로 특정후견의 기간 또는 사무의 범위를 정하여야 한다.

4) 후견계약

후견계약은 질병, 장애, 노령, 그 밖의 사유로 인한 정신적 제약으로 사무를 처리할 능력이 부족한 상황에 있거나 부족하게 될 상황에 대비하여 자신의 재산관리 및 신상보호에 관한 사무의 전부 또는 일부를 다른 자에게 위탁하고 그 위탁사무에 관하여 대리권을 수여하는 것을 말한다. 후견계약은 공정증서로 체결하며, 가정법원이 임의후견감독인을 선임한 때부터 효력이 발생한다. 후견계약제도는 위의 법정후견제도와 달리 피후견인이 임의후견인을 스스로 선정할 수 있다는 점에서 이용하기 쉬운 제도이고 수임자 및 임의후견인으로 될 사람이 생기면 위임자 본인의 권리행사 및 권리실현을 위하여 대단히 유효한 제도이다.

4. 대   리

(1) 대리의 의의

　　甲은 乙에게 자신의 부동산에 대하여 은행에 근저당권을 설정하여 돈을 빌려다 줄 것을 부탁하고 위임장을 교부하였다. 그런데 그 후 甲은 마음이 바뀌어 乙에게 그 대리권을 철회한다는 의사를 전화로 통지하였으나, 위임장을 회수하고 있지 않던 중 乙은 甲의 부동산을 병에게 매각해버렸다. 이 경우 甲·乙·丙의 관계는?

　　대리란 타인(대리인)이 본인을 위하여 본인의 이름으로 상대방에게 의사표시를 하거나 또는 의사표시를 수령함으로써 그 법률효과를 직접 본인에게 귀속시키는 제도이다. 대리에 있어서의 의사표시는 대리인 자신의 의사인 것이며, 따라서 이미 본인이 결정한 의사를 전달함에 불과한 사자는 대리인이 아니다. 대리제도는 근대민법이 확립한 제도로서 본인의 거래활동범위를 넓게 확장하여 주고 의사능력이나 행위능력이 없는 자에게 대리인에 의한 거래의 길을 터 줌으로써 사적 자치를 확장 내지 보충하여 주는 사회적 기능을 가지고 있다.

　　임의대리란 본인의 신임으로 그의 의사에 따라 대리권이 부여되는 것을 말한다. 즉 본인의 대리인에 대한 수권행위에 의하는 경우이다. 법정대리는 본인의 의사와는 관계가 없이 법률의 규정에 의하여 발생하는 경우이다.

사례의 해결

　　〔1〕 사례는 甲이 乙에게 대리권을 부여하였다가 철회한 것으로 대리권 소멸 후의 표현대리에 해당한다. 그러나 한편 대리권을 부여하는 위임장을 본인인 甲이 회수하고 있지 않던 도중에, 대리인이 대리행위를 한 것이므로, 대리권 수여의 의사표시에 의한 표현대리도 동시에 문제된다.

　　〔2〕 그런데 대리권 소멸 후의 표현대리란 대리인에게 대리권이 있었다는 사실을 상대방이 알고 있었어야 한다. 따라서 사례는 오히려 대리권 수여의 표시에 의한 표현대리로 해결하는 것이 타당하다.

　　〔3〕 한편 甲이 乙에게 대리권을 수여한 것은 저당권을 설정할 대리권이었으나,

乙이 행한 행위는 목적물을 매각한 행위이다. 즉 대리권의 범위를 넘어선 행위를 한 셈인데, 이 부분은 다시 월권대리가 문제된다. 월권대리에 있어서 우선 문제되는 것은 대리인에게 기초대리권이 있어야 하는데, 乙에게는 대리권은 없고, 단지 대리권이 있는 듯한 외관(표현대리) 만이 존재할 뿐이다. 그럼에도 불구하고 판례 및 다수설은 표현대리도 월권대리의 기본대리권이 된다고 하고 있다.

〔4〕 결론

위 사안에서 상대방 丙이 대리인 乙에게 대리권이 있다고 믿은 데에 정당한 사유가 있는 경우에는 甲은 丙에게 소유권이전등기를 이행해야 할 책임을 질 수도 있다.

(2) 대리행위의 방식

민법상의 대리행위는 대리인이 본인을 위한 것임을 표시하여야 한다(현명주의). 만약 대리인이 본인을 위한 것임을 표시하지 않았고, 또한 그 행위 전체로부터 판단하여도 대리의사가 있다고 인정할 수 없는 경우에는 대리인의 진의여하에 불구하고 대리인 자신을 위한 것으로 간주한다. 이에 대하여 상행위의 대리에 관하여는 반드시 현명주의에 의할 필요가 없이 비현명주의도 가능하다. 그러나 어음·수표행위의 대리에는 형식을 존중하기 때문에 현명주의를 취하고 있다.

(3) 무권대리

사 례

甲은 며칠 전 알지도 못하는 乙로부터 돈 1천만 원을 갚으라는 소송을 당하였다. 알고 보니 甲의 처 丙이 채권자 乙로부터 돈을 빌려 쓰고 甲 명의의 차용증을 작성하여 준 것이었다. 채권자 乙은 수입이 없는 丙 명의로 돈을 빌려 줄 수 없으니 남편 甲 명의의 차용증을 작성해 오면 돈을 빌려 줄 수 있다고 하여 丙은 그렇게 하였고, 丙은 그 돈을 도박자금으로 사용하였다. 이 경우 甲은 乙에게 그 돈을 변제해 주어야 하는가?

대리인으로서 대리행위를 하는 자가 대리행위의 다른 요건은 갖추고 있으나 대리권을 가지고 있지 않은 경우를 무권대리라고 한다. 무권대리에는 표현대리와 협의의 무권대리의 두 종류가 있다.

　　표현대리라 함은 대리인에게 대리권이 없음에도 불구하고 마치 대리권이 있는 것과 같은 외관을 나타내는 경우에 그 무권대리행위에 대하여 본인에게 책임을 지게 함으로써 그러한 외관을 신뢰한 선의의 제3자를 보호함과 동시에 거래의 안전을 기하기 위한 제도이다. 민법상 인정되고 표현대리에는 본인이 어떤 사람에게 대리권을 수여하였다는 뜻을 표명하였으나 사실은 아직 대리권을 수여하지 아니한 표현대리의 경우, 대리권의 범위를 넘은 표현대리의 경우, 이전에 존재하는 대리권이 이미 소멸한 경우로 대리권 소멸 후의 표현대리가 있다.

　　협의의 무권대리는 대리인이라고 칭하고 행위를 한 자에게 그 행위를 할 대리권이 없었다는 점에서는 표현대리와 공통되나 자칭 대리인에게 대리권이 있다고 믿을 만한 특별한 사정이 존재하지 않는다는 점에서 표현대리와 구별된다. 즉 광의의 무권대리 중에서 표현대리를 제외한 것이 협의의 무권대리이다. 협의의 무권대리행위는 당연히 무효일 것이나, 본인이 그 행위의 결과를 원하는 경우도 있을 수 있으므로 본인이 그 효과를 추인하면 본인에 대하여 효력이 생기게 하고, 본인이 추인하지 않는 경우에는 무권대리인 자신이 무거운 책임을 지게 하였다. 협의의 무권대리의 경우에는 상대방이 대리의 효과를 주장할 수 없다는 점이다.

사례의 해결

　　〔1〕부부에게는 일상가사대리권이 있어 생활비 등의 지출을 위해 아내가 돈을 빌리면 남편도 연대하여 책임을 져야 한다. 판례는 "민법 제852조에서 말하는 일상의 가사에 관한 법률행위라 함은 부부의 공동생활에서 필요로 하는 통상의 사무에 관한 법률행위를 말하는 것으로, 그 구체적인 범위는 부부공동체의 사회적 지위·직업·재산·수입 능력 등 현실적 생활 상태뿐만 아니라 그 부부의 생활 장소인 사회의 관습 등에 의하여 정하여지나, 당해 구체적인 법률행위가 일상의 가사에 관한 법률행위인지 여부를 판단함에 있어서는 그 법률행위를 한 부부공동체의 내부 사정이나 그 행위의 개별적인 목적만을 중시할 것이 아니라, 그 법률행위의 객관적인 종류나 성질 등도 충분히 고려하여 판단하여야 하는데, 부인이 교회에 건축 헌금, 가게의 인수대금, 장남의 교회 및 주택임대차보증금의 보조금, 거액의 대출금에 대한 이자 지급 등의 명목으로 금원을 차용한 행위는 일상 가사에 속한다고 볼 수 없고 주택 및 아파트 구입비용 명목으로 차용한 경우 그와 같은 비용의 지출이 부부공동체를 유지하기 위하여 필수적인 주거 공간을 마련하기 위한 것이라면 일상의 가사에 속한다고

볼 여지가 있을 수 있으나 그 주택 및 아파트의 매매대금이 거액에 이르는 대규모의 주택이나 아파트라면 그 구입 또한 일상의 가사에 속하는 것이라고 보기는 어렵다." 고 판시하였다(대법원 1997. 11. 28. 선고 97다31229 판결)

〔2〕 결론

위 사안의 경우에 丙이 그 돈을 생활비가 아닌 도박자금으로 사용하였고, 甲은 丙의 차용에 전혀 관여한 바가 없기 때문에 乙은 배우자인 丙의 금전차용행위에 대하여 변제할 의무가 없다.

5. 계약의 무효와 취소

(1) 계약의 무효

무효는 일정한 법률행위에 대하여 어느 누구의 주장도 기다리지 아니하고 당연히 절대적으로 법률효과가 발생하지 아니한 것을 말한다. 따라서 무효행위는 처음부터 당연히 법률효과가 생기지 않는다. 법률행위이므로 당사자가 추인하여도 그 효과는 없는 경우이다. 계약이 무효가 되는 경우로는 의사무능력자에 의하여 이루어진 계약, 강행법규에 위반하여 체결된 계약, 선량한 풍속 기타 사회질서에 위반하여 체결된 계약, 당사자의 궁박·경솔·무경험으로 인하여 현저하게 공정을 잃은 계약, 진의 아님을 알고 한 의사표시에 의하여 체결된 계약 및 상대방과 통정한 허위의 의사표시에 의하여 체결된 계약 등이다.

무효와 취소의 차이는 무효는 처음부터 당연히 법률효과가 생기지 않은 법률행위이고, 취소는 취소권자가 취소할 때까지는 효력이 있다가 취소한 그 순간부터 계약체결 당시로 소급하여 법률효과를 소멸케 하는 점에서 다르다. 무효와 달리 취소는 시효로 인하여 취소할 수 있는 법률행위가 유효하게 되는 경우도 있다. 그리고 계약의 일부분이 무효인 경우에는 전부가 무효로 처리된다. 다만, 그 무효부분이 없더라도 계약을 체결하였을 것이라고 인정된다면 나머지 부분은 유효한 계약이 된다.

(2) 계약의 취소

취소는 취소권자의 의사표시에 의하여 법률행위의 효과를 처음부터 소멸시키는 것을 말한다. 취소할 수 있는 법률행위는 취소되면 처음부터 소급하여 무효가 되는 것이지만 취소되기까지는 그 행위는 유효한 것이다. 그러나 취소권자가 취소권을 포기하고 추인하거나 사회 일반인이 추인이 있는 것으로 인정할 만한 사실이 있는 경우, 즉 법정 추인하거나, 시효로 인하여 취소권이 소멸된 경우에는 확정적으로 유효하게 된다. 취소 할 수 있는 행위는 미성년자가 법정대리인의 동의없이 계약을 체결한 경우, 가정법원이 정한 취소할 수 없는 법률행위 이외의 피성년후견인이 체결한 계약, 계약 내용의 중요 한 부분에 착오가 있는 계약, 사기·강박에 의하여 체결된 계약 등이다.

취소할 수 있는 계약의 추인은 취소권자가 취소의 사유가 존재함에도 이를 취소하 지 않고, 계약을 유효한 것으로 확정시키겠다는 의사표시를 말한다. 추인은 취소권자나 법정대리인에 한정되며, 취소의 원인이 종료한 후에 추인할 수 있다.

Ⅲ. 부동산 매매계약

현대인의 생활에서 의식주는 가장 기본적인 요소이다. 부동산인 주거는 인간다운 생활을 영위하는 데 있어서 가장 많은 비용과 변화를 가져오는 요소이다. 주택은 그 용 도와 기호에 따라 선택하여야 하고 법률상 여러 요건들을 갖추어 이행하지 않으면 소 유권을 취득하기 어렵다는 문제가 있다. 주택이나 토지 및 임야 등의 부동산을 거래할 때에는 매도인과 매수인의 의사표시의 합치와 그 목적물에 대한 등기가 있어야만 물권 변동이 발생한다. 예컨대 부동산을 매수하는 자가 목적 부동산을 구입하기 위하여 매매 대금을 전부 지급하였더라도 그 부동산에 대한 등기를 하지 않으면 법률상 매수인의 소유권이 인정되지 않는다. 따라서 안전한 부동산거래를 위해서는 매매당사자가 사실상 ·법률상 그 절차를 꼼꼼하게 살펴보아야 한다.

1. 부동산등기부 열람

부동산 매수인은 자기가 필요로 하는 목적물을 정하고, 공인중개사를 비롯한 각종 부동산 정보지를 통하여 정보를 수집한 후 직접 현장에 실사를 가서 사용목적에 적합 한 것인가를 확인하여야 한다. 그리고 목적 부동산에 관한 등기부의 열람은 매수인이 반드시 확인하여야 할 사항이다. 매도인이나 공인중개사 등의 중개인 말만 믿고 계약을 체결할 경우에는 큰 손해를 볼 수도 있기 때문이다. 그리고 등기부등본을 발급받아 매 도인이 등기부상 소유자인지를 확인하고, 신분증을 보아 그 사람이 맞는지를 확인하여야 한다.

즉, 매매, 전세, 월세의 계약시에는 실소유주의 확인, 기타 위험한 권리의 설정여부 등을 확인할 수 있으므로 꼭 살펴 보아야 한다.

부동산등기부등본은 등기부의 내용을 등사한 문서이다. 일정 수수료를 납부하면 누구든지 부동산등기부의 교부를 청구할 수 있다. 등기부란 전산정보처리조직에 의하여 입력·처리된 등기정보자료를 대법원규칙에 따라 편성하는 공적 장부를 말하며, 등기관은 등기사무를 등기부에 등기사항을 기록하는 방식으로 처리한다. 부동산등기부는 부동산에 관한 표시와 권리관계 및 현황 등을 기록하는 행위 또는 등기부에 기재되어 있는 그 자체를 말한다. 즉, 대상부동산의 지번, 지목, 구조, 면적 등의 현황과 소유권, 저당권, 전세권, 가압류 등의 권리설정 여부를 알 수 있다.

부동산등기부는 토지등기부와 건물등기부의 2종이 있으며 등기의 목적물이 되는 것은 토지와 건물이다. 등기부는 표시번호, 표제부·갑구·을구로 구성되어 있다. 표제부에는 부동산의 소재지와 그 현황 등이 표시되어 있고, 갑구에는 소유권 및 소유권과 관련된 권리관계인 가등기, 가처분, 예고등기, 가압류, 압류, 경매 등에 대하여 접수된 일자순으로 기재되어 있다. 가장 먼저 기재되어 있는 등기를 보존등기라 하고, 그 이후에 순차적으로 소유권자 변동되는 등기를 소유권이전등기라고 한다. 을구에는 소유권 이외의 권리관계인 저당권, 전세권, 지역권, 지상권 등과 같은 제한물권에 관한 사항을 표시한다. 을구는 소유권 이외의 사항과 관련된 법률행위를 하지 아니한 경우에는 해당 사항이 없는 경우도 있다.

[서식 33] 건물등기기록

[건물] 0000시 00구 00동 00 　　　　　　　　　　고유번호 0000-0000-000000

[표제부]		(건물의 표시)		
표시번호	접 수	소재지번 및 건물번호	건물내역	등기원인 및 기타사항

[갑구]		(소유권에 관한 사항)		
순위번호	등기목적	접 수	등기원인	권리자 및 기타사항

[을구]		(소유권 외의 권리에 관한 사항)		
순위번호	등기목적	접 수	등기원인	권리자 및 기타사항

[서식 34] 등기부 등본(건물)

위 건물 등기부 등본의 경우 표제부에는 1984년에 서울 삼성동에 건축되어진 집으로 지하, 1, 2, 3층으로 구성되어 있다고 기재되어 있다.

그리고 갑구에 건물의 소유자는 서울 서초구 서초동에 사는 "홍길동"이라는 내용이고, 을구에는 위 건물의 경우 1995년 6월 12일 건물의 임대차를 목적으로 하는 전세권 설정계약을 하고 있다.

2. 토지대장의 열람

지적공부는 측량·수로 조사 및 지적에 관한 법률에 의해 토지와 관계된 공적증명을 위한 장부를 의미하며 토지대장·임야대장·공유지연명부·대지권등록부, 지적도·임야도 및 경계점좌표 등록부 등을 말한다. 부동산매매와 관련하여 중요한 지적공부는 토지대장이다.

토지대장은 지적공부의 일종으로 토지의 사실상 상황을 명확하게 하는 장부를 말한다. 토지대장은 행정관청의 과세의 기준이 되는 것으로 등기소에서 열람하는 권리관계를 외부에 공시하는 토지등기부와 다르다. 토지대장은 토지와 가옥의 상황을 기재한

장부로써 토지의 소재·지번·지목·면적, 소유자의 주소·주민번호·성명 또는 명칭 등을 등록하여야 한다.

그리고 매수인은 가능하면 토지대장, 임야대장 및 건축물대장, 도시계획확인서 등을 발급받아 부동산의 현황이 토지 및 건축물대장과 일치하는지 알아보는 것도 좋은 방법이다. 토지대장과 부동산등기부상 기재된 내용은 서로 일치되어야 하며, 등기부에 기재되어 있는 부동산 표시나 등기명의인의 표시가 토지대장과 부합하지 않는 경우에는 그 부동산 표시의 변경등기를 하지 않거나 그 등기명의인이 등록명의인 표시의 변경등록을 하지 않으면 그 부동산에 대하여 다른 등기를 신청할 수 없다.

토지대장은 시·군·구청장 소관이며, 매수인은 소관청의 도시계획과에 가서 열람하여 그 목적 부동산에 하자가 있는지를 확인할 필요성이 있다. 왜냐하면 목적 부동산이 허가대상인지 신고대상인지 또는 소방도로나 도로계획에 들어있지 않는지를 꼼꼼하게 확인함으로써 그로부터 발생하는 손해를 방지할 수 있기 때문이다. 또한 토지대장을 열람한 후 하자가 없는 경우에 그 가옥이 가옥대장에 등재되어 있는가를 확인하고 토지와 건물이 등기부상 동일인으로 기재되어 있는가를 확인하고 등기부와 대조하여 흠이 전혀 없는가를 확인하여야 한다.

3. 계약체결

사 례

甲은 乙로부터 乙 소유의 건물과 토지를 5,000만원에 매수하기로 하는 매매계약을 체결하고 계약금과 중도금을 지급하였다. 甲은 그 후 잔금지급일에 잔금을 지급하러 갔더니 乙은 그 건물과 토지를 丙에게 더 비싼 값으로 매도하였다면서 잔금수령을 거절하고 甲에게 계약금과 중도금을 반환하겠다고 한다. 甲은 어떤 구제방법을 취할 수 있는가?

목적 부동산에 하자가 없음을 확인한 후 공인중개사를 통하여 매도인과 매수인 간에 계약을 체결하게 된다. 부동산매매계약에 있어서 당사자간에 분쟁의 소지를 없애는 가장 좋은 방법은 매수인이 소유권자인 매도인과 직접 계약을 체결하는 것이다. 그러나 부동산 매매계약을 체결할 때 직접 부동산의 소유권자와 계약하지 아니하고 매도인의 대리인과 계약을 체결하는 경우가 종종 발생하게 되는데, 이 경우 매수인은 반드시 대리인의 신분증과 매도인의 인감증명서가 첨부된 위임장을 요구하여 그 사본을 받아두는 매도인에게 대리인과 계약을 체결하여도 무방한 것인지를 확인하여야 추후의 분쟁을 방지할 수 있다.

계약은 구두에 의하거나 서면에 의하거나 계약 성립의 효력에는 차이가 없지만, 분쟁을 방지하기 위해서는 문서로 하는 방법이 보다 확실하다. 계약체결은 매수인이 매도인에게 계약금을 지급하는 통상의 관례이며, 일반적으로 목적물의 총액에서 10% 정도이다. 계약금이란 계약 당시의 약정에 의하여 매수인이 매도인에게 지급하는 일정한 금액으로써 어떠한 성질을 갖는지에 대해서는 구체적으로 정해야 하는데, 정함이 없는 경우에는 해약금으로 추정한다. 따라서 매도인은 계약금의 2배를 상환하고 매수인은 지급한 계약금을 포기하면 부동산 매매계약은 해제가 되며 법률상 아무런 제재를 받지 않는다. 반대로 매수인이 그 목적물을 반드시 취득해야 하겠다고 한다면 계약금을 많이 지급하여 매도인을 간접적으로 강제하는 것도 하나의 방법이 된다.

그리고 매수인은 매도인에게 계약서에 정한 일정한 날짜에 중도금을 지급하여야 한다. 중도금을 지급한 후에는 매도인과 매수인은 임의로 계약을 해제할 수 없다. 그러나 계약을 체결하였다고 하여 그 목적물을 매수인이 취득하였다고 할 수 없다. 부동산 이중매매는 유효하지만, 매도인이 중도금까지 수령한 후에 제3자에게 다시 매매계약을 할 경우에는 형법상 배임죄로 처벌받게 된다.

사례의 해결

위 사안에서 부동산 소유권 등기명의가 乙 명의로 그대로 있는가, 아니면 이미 소유권이 丙 명의로 되어 있는가에 구제방법이 다르다.

[1] 먼저 부동산 소유권 등기명의인이 그대로 乙로 되어 있는 경우를 보면, 계약이 성립한 후에는 당사자일방이 마음대로 해제할 수 없는 것이 원칙이고, 계약을 해제할 수 있는 것은 당사자가 해제권을 가지는 경우에 한정된다. 다만, 민법 제565조 제1항에 의하여 매매계약에 있어서 당사자일방이 계약당시에 금전 기타 물건을 계약금, 보증금 등의 명목으로 상대방에게 교부한 때에는 당사자 사이에 다른 약정이 없는 한 당사자일방이 이행에 착수할 때까지 교부자는 이를 포기하고 수령자는 그 배액을 상환하여 매매계약을 해제할 수 있다. 그러나 당사자 일방이 중도금을 지급하는 것과 같이 이미 이행에 착수한 경우 그 상대방은 일방적으로 계약을 해제할 수 없게 된다. 따라서 甲은 乙이 그 수령을 거부하는 매매대금의 잔금을 우선 변제공탁

한 후에, 乙을 상대로 관할법원에 소명자료를 갖추어 부동산처분금지가처분신청과 함께 소유권이전등기절차 이행청구소송을 제기하여 승소판결이 확정되면 이를 토대로 甲 명의로 소유권이전등기를 하는 방법으로 권리구제를 받을 수 있다.

〔2〕 그러나 부동산소유권이 丙 명의로 이전되었다면 특별한 사정이 없는 한, 甲은 위 부동산에 대한 소유권을 취득할 수 없게 된다. 이는 乙의 책임 있는 사유로 이행불능이 되었기 때문에 甲은 계약을 해제할 수 있다. 계약이 해제되면 甲과 乙은 그 받은 이익에 대해 원상회복의무를 부담하므로 乙은 甲에게 받은 계약금과 중도금에 이를 받은 날로부터 이자를 가산하여 반환하여야 한다. 또한 乙에 대하여 계약해제로 인하여 발생하게 된 손해의 배상을 청구할 수 있다.

〔3〕 한편 위 사안과 같이 계약금과 중도금까지 지급하고 잔금지급만 남아 있는 상태에서 소유권자인 乙이 丙에게 다시 건물과 토지를 매도하여 丙명의의 소유권이전등기까지 경료하게 한 행위는 형사법상 배임죄를 구성할 수도 있다.

〔4〕 결론

위 사안의 경우는 부동산의 이중매매에 관한 문제이다. 아직 乙에게 명의가 있다면 처분금지가처분신청과 결정에 의하여 보존한 후에 본소로 소유권이전등기청구의 소를 제기하고, 이미 丙 명의로 이전등기가 된 경우에는 계약해제 후에 손해배상청구 등을 할 수 있다. 그리고 乙은 형법상 배임죄로 처벌될 수 있으며, 병도 그 배임행위에 적극 가담하였다면 공동정범 내지는 공범이 성립할 수 있다.

4. 잔금의 지급과 등기서류의 교부

매수인은 계약서에 정한 날짜에 매도인에게 잔금을 지급하여야 하고, 매도인은 잔금을 지급받으면 매수인에게 소유권이전등기에 필요한 서류를 교부하여야 한다. 이때 매매당사자에게는 동시이행의 항변권이 있으므로 매수인은 잔금을 지급하면서 동시에 등기에 필요한 서류(등기권리증, 부동산 매도용에 사용할 매도인의 인감증명서, 매도증서 및 위임장 등)를 청구할 권리와 등기에 필요한 서류를 교부받을 때까지 잔금의 지급을 거절할 수 있다. 반면에 매도인은 매수인에게 등기에 필요한 서류를 교부하면서 잔금지급을 청구할 수 있고, 서류교부를 거절할 수 있다.

5. 소유권이전등기신청과 취·등록세의 납부

등기는 법률에 다른 규정이 없는 경우 이외에는 당사자의 신청 또는 관공서의 촉탁에 의한다. 소유권 이전등기신청은 등기권리자와 등기의무자가 등기소에 가서 공동으로 신청하여야 하는 공동신청이 원칙이다. 등기권리자는 신청된 등기가 행해짐으로써 권리를 취득하거나 기타 이익을 받는 자로써 등기부에 형식적으로 표시되는 자이며, 등기의무자란 권리가 상실되거나 기타 불이익을 받는 자이다. 그러나 공동신청에 의하지 않더라도 등기의 진실성을 확보할 수 있거나 등기의 성질상 공동신청을 할 수 없는 경우에 해당하는 미등기부동산에 있어서 보존등기, 판결에 의한 등기, 상속·합병 등 포괄승계에 의한 등기 단독으로 등기신청을 할 수 있다.

등기권리자인 매수인은 등기를 신청할 때에 취·등록세를 납부하고, 등기를 필한 경우에 부동산 물권변동이 생긴다. 등기를 할 때에 시간이 없거나 번거로움을 피하기 위해서는 다소 비용이 들지만 법무사사무소 내지 법률사무소에 의뢰하면 확실하게 등기를 마칠 수 있다.

부동산등기특별조치법상 부동산의 소유권이전을 내용으로 하는 계약을 체결한 자는 대가적인 채무를 부담하는 경우 반대급부의 이행이 완료된 날 또는 일방만이 채무를 부담하는 경우에는 그 계약의 효력이 발생한 날로부터 60일 이내에 소유권이전등기를 신청하여야 한다. 등기권리자가 상당한 이유없이 등기신청을 해태한 때에는 과태료에 처해진다. 그리고 계약을 원인으로 소유권이전등기를 신청할 때에는 부동산 매매계약서에 검인신청인을 표시하여 부동산의 소재지를 관할하는 시장·구청장·군수 또는 그 권한의 위임을 받은 자의 검인을 받아 관할등기소에 이를 제출하여야 한다. 이를 부동산 검인계약서라고 한다. 등기원인을 증명하는 서면이 집행력 있는 판결서 또는 판결과 같은 효력을 갖는 조서인 때에는 판결서등에 검인을 받아 제출하여야 한다. 부동산을 취득하고자 하는 자는 등기소에 등기신청을 할 때 검인계약서 부본을 반드시 제출하여야 한다. 검인계약서제도는 미등기 부동산 전매 등 불법적인 부동산 거래행위를 규제하고 동시에 부동산투기를 방지하고 실액과세의 기초를 마련한 것이다.

6. 부동산 매매계약서 작성방법

(1) 부동산의 표시

등기부를 발급받거나 인터넷으로 열람하여 부동산의 표시, 즉 부동산의 소재지와 토지의 지목, 면적 건물의 구조, 용도, 면적 등을 등기부의 표제부 중 표시란에 기재된 것과 동일하게 기재하여야 한다. 집합건물(아파트, 다세대, 오피스텔, 상가 등)의 경우에는 등기부등본 표제부에 기재된 동과 호수를 기재하여야 한다.

(2) 당사자의 표시

매도인은 파는 사람을 의미하며, 등기부상 소유자로 기재되어 있는 사람이어야 함이 원칙이다. 매수인은 사는 사람을 의미한다. 매도인 또는 매수인이 회사(법인)인 경우에는 계약상대방인 회사의 법인등기부등본을 확인하여 현재 계약을 체결하는 사람이 회사를 대표하는 사람인지의 여부를 확인한 후, 반드시 그 회사의 이름과 대표자의 이름을 계약서에 기재하여야 한다.

(3) 계약 내용

먼저, 매매대금을 기재하고, 계약금, 중도금, 잔금의 금액과 지급일을 정하여 기재한다. 중도금의 지급은 의무가 아니므로 당사자가 원하지 않을 경우 약정(기재)할 필요는 없다. 매매대금은 착오를 방지하기 위하여 한글과 아라비아 숫자로 함께 기재하는 것이 안전하다.

둘째, 소유권이전과 인도에 관한 사항으로써 매도인은 잔금을 받으면서 매수인에게 부동산을 인도하고 소유권이전에 필요한 서류 전부를 주는 것이 원칙이지만, 따로 정할 수도 있다.

셋째, 부동산에 대한 부담의 소멸 등에 관한 사항으로 매도인은 매수인에게 소유권을 이전할 때 아무런 제한이 없는 완전한 소유권을 이전해 주어야 한다. 따라서 목적부동산에 관하여 부동산을 넘겨주는 날까지 발생한 공과금은 매도인이 납부하는 것이 원칙이지만, 특약을 정하여도 무방하다.

그리고 매도인의 하자담보책임에 대한 내용, 매매계약의 해제에 관한 내용 등을 기재하고, 특히 당사자 사이에 특별히 정하는 사항(특약)이 있다면 가능한 한 구체적으로 자세히 기재하는 것이 현명한 방법이다. 끝으로 계약을 체결한 날짜와 매도인, 매수인의 현주소(도로명주소)와 주민등록번호, 전화번호, 성명을 적고 날인하면 된다. 계약서가 2장 이상일 경우에는 간인을 하거나 계약서 전체에 쪽번호를 기재하는 것이 좋다. 계약서는 계약당사자의 수만큼 작성하여 당사자가 각각 원본을 보관하는 것이 나중의 분쟁을 방지할 수 있다.

[서식 35] 매매 계약서

매매 계약서

본 부동산에 대하여 매도인과 매수인은 합의에 의하여 다음과 같이 매매계약을 체결한다.						
1.부동산의 표시						
소 재 지						
토 지	지 목				면 적	
건 물	구 조		용 도		면 적	
2.계약내용						
제1조) 위 부동산의 매매에 있어 매도인과 매수인은 아래와 같이 매매대금을 지불하기로 한다.						
매매대금	金					
계 약 금	金		원정은 계약시에 지불하고 영수함.			
중 도 금	金		원정은	년	월	일에 지불하며
	金		원정은	년	월	일에 지불한다.
잔 금	金		원정은	년	월	일에 지불한다.
융 자 금						

제2조) 매도인은 매매대금의 잔금을 수령함과 동시에 소유권 이전등기에 필요한 모든 서류를 교부하고 등기 절차에 협력하며, 위 부동산의 인도일은   년   월   일로 한다.

제3조) 매도인은 소유권의 행사를 제한하는 권리나 조세공과금 기타 부담금의 미납이 있을 때에는 잔금수수 일 이전까지 그 권리의 하자 및 부담 등을 제거하여 완전한 소유권을 이전하여야 한다. 다만, 약정을 달리한 경우에는 그러하지 아니한다.

제4조) 위 부동산에 관하여 발생한 수익의 귀속과 조세공과금 등의 부담은 위 부동산의 인도일을 기준으로 하여 그 이전까지는 매도인에게 그 이후의 것은 매수인에게 각각 귀속한다. 단, 지방세의 납부의무 및 납부책임은 지방세법의 규정에 따른다.

제5조) 매수인이 중도금(중도금약정이 없을 때는 잔금)을 지불하기 전까지 매도인은 계약금의 배액을 배상하고, 매수인은 계약금을 포기하고 본 계약을 해제할 수 있다.

제6조) 매도인 또는 매수인은 본 계약상의 채무불이행이 있을 경우 계약당사자 일방은 채무를 불이행한 상대방에 대하여 서면으로 이행을 최고하고, 이를 이행하지 않았을 경우 계약을 해제할 수 있다. 이 경우 매도인과 매수인은 각각 상대방에 대하여 손해배상을 청구할 수 있으며, 손해배상에 대하여 별도 약정이 없는 한, 제5조의 기준에 따른다.

제7조) 공인중개사는 계약 당사자간 채무불이행에 대해서는 책임을 지지 않는다. 또한, 중개수수료는 본 계약의 체결과 동시에 매도인과 매수인 쌍방이 각각 지불하며, 공인중개사의 고의나 과실없이 계약당사자간의 사정으로 본 계약이 해제되어도 중개수수료를 지급한다.

특약사항

1.현 시설 상태에서 매매 계약을 체결하며, 등기부등본 상에 하자가 없음을 확인함.

2.잔금 시까지의 각종 공과금은 매도자 부담으로 한다.

3.본 특약사항에 기재되지 않은 사항은 민법상 계약에 관한 규정과 부동산매매 관례에 따른다.

본 계약에 대하여 계약당사자는 이의 없음을 확인하고 각자 서명, 날인 후 매도인, 매수인, 공인중개사가 각 1통씩 보관한다.

년   월   일

매도인	주 소					印
	주민등록번호		전화		성명	
매수인	주 소					印
	주민등록번호		전화		성명	
개업 공인중개사	주 소					
	등록번호			사무소 명칭		
	전화번호			대표자 명		

Ⅳ. 주택임대차

1. 주택임대차계약서의 작성방법과 주의사항

(1) 주택임대차계약서 작성시 주의사항

사 례

甲은 공인중개사 丙의 말을 믿고 부동산임대차계약을 체결하였다. 그런데 丙은 조사·확인의무를 이행하지 않은 채 임대권한이 없는 乙의 말만 믿고 임대차보증금을 지급하도록 하였습니다. 甲은 등기부를 열람하여 주택소유자를 확인하고 대리권이 있는지 확인하여야 하는데 하지 못한 과실이 있다. 甲이 공인중개사협회에 손해배상청구를 하면 과실상계되는가?

주택임대차계약서의 작성할 때에 주의하여야 할 사항은 부동산 매매계약에 있어서와 크게 차이가 나지 않는다.

첫째, 주택임대차 계약 체결 전에는 부동산 등기부를 열람하여 확인하고 부동산 소유자가 누구인지, 계약자가 집주인과 일치하는지를 꼭 확인해야 한다. 공인중개사 등의 중개인 말만 믿고 계약을 체결할 경우에는 큰 손해를 볼 수도 있기 때문이다. 그리고 등기부등본을 발급받아 매도인이 등기부상 소유자인지를 확인하고, 신분증을 보아 그 사람이 맞는지를 확인하여야 한다. 따라서 주택의 소유자와 임대차계약을 체결하는 경우에는 등기부상 소유자와 소유자의 주민등록증으로 인적사항의 일치여부를 확인하여야 하며, 대리인과 계약을 체결하는 경우에는 위임장과 인감증명서를 반드시 요구해야 한다.

둘째, 주택임대차계약은 원칙적으로 계약당사자가 자유롭게 그 내용을 정할 수 있다. 즉, 계약당사자가 자유롭게 계약기간, 해지조건 등 그 내용을 정할 수 있고, 반드시 계약서를 작성해야 하는 것도 아니다. 그러나 나중에 발생할 수 있는 분쟁을 방지하기 위해서는 계약서를 작성하고 특약사항을 기재할 필요가 있다.

셋째, 주택임대차계약서에는 임대인과 임차인의 인적 사항, 임대차 목적물, 임대차 기간, 보증금 등이 적혀있는 완성된 문서이어야 한다. 주택임대차의 주택과 그 기간 등이 기재되어 있지 않은 영수증 등에 확정일자를 받더라도 우선변제권의 효력은 발생하지 않으므로 주의해야 한다.

넷째, 계약당사자의 서명 또는 기명날인이 꼭 있어야 한다. 계약증서가 두 장 이상인 경우에는 간인을 하여야 하며, 계약서의 빈공간에는 직선 또는 사선을 긋고 도장을 찍어 그 부분에 다른 글자가 없음을 표시해야 한다.

다섯째, 임대차기간 만료 후 임차보증금의 원활한 회수를 위하여 목적 부동산의 권리관계를 반드시 확인한 후에 계약을 체결하여야 한다.

사례의 해결

〔1〕 부동산 중개업자 丙이 부동산거래를 중개하면서 진정한 권리자인지 여부에 관한 조사·확인의무를 다하지 못하여 중개의뢰인 甲이 손해를 입었다면 당연히 丙은 손해배상책임이 있다. 그러나 甲도 거래관계를 조사·확인할 책임을 게을리한 부주의(과실)가 인정되므로 갑과 병은 과실비율에 따라 과실상계할 수 있다.

〔2〕 대법원은 "부동산 거래당사자가 중개업자에게 부동산거래의 중개를 위임한 경우, 중개업자는 위임 취지에 따라 중개대상물의 권리관계를 조사·확인할 의무가 있고 그 주의의무를 위반할 경우 그로 인한 손해를 배상할 책임을 부담하게 되지만, 그로써 중개를 위임한 거래당사자 본인이 본래 부담하는 거래관계에 대한 조사·확인 책임이 중개업자에게 전적으로 귀속되고 거래당사자는 그 책임에서 벗어난다고 볼 것은 아니다. 따라서 중개업자가 부동산거래를 중개하면서 진정한 권리자인지 여부 등을 조사·확인할 의무를 다하지 못함으로써 중개의뢰인에게 발생한 손해에 대한 배상의 범위를 정하는 경우, 중개의뢰인에게 거래관계를 조사·확인할 책임을 게을리한 부주의가 인정되고 그것이 손해 발생 및 확대의 원인이 되었다면, 피해자인 중개의뢰인에게 과실이 있는 것으로 보아 과실상계를 할 수 있다고 보아야 하고, 이것이 손해의 공평부담이라는 손해배상제도의 기본원리에 비추어 볼 때에도 타당하다."고 판시하였습니다(대법원 2012. 11. 29. 선고 2012다69654 판결).

〔3〕 결론

위 사안에서 甲은 丙이 보험가입한 중개사협회나 보험회사에 손해배상청구를 하거나 丙에게 직접 손해배상청구를 할 수 있다. 다만, 甲에게도 과실이 있으면 과실비율에 따라 과실상계를 하게 된다.

(2) 주택임대차계약서 작성방법

1) 부동산의 표시

임차인은 부동산등기부를 확인하면서 계약서에 임대차 목적물의 소재지 주소와 동, 호수를 적고 토지의 지목, 아파트의 경우 대지권 비율, 토지면적 등을 기재한다. 부동산등기부의 내용과 임대차계약서 내용이 불일치하는 경우에는 주택임대차보호법의 적용을 받지 못하는 경우가 발생한다.

2) 당사자의 표시

임대차계약의 당사자는 임대인과 임차인이다. 임대인은 주택을 빌려주는 사람이며, 임차인은 주택을 빌려서 사용하는 사람이다. 일반적으로 임대인은 임대주택의 소유자이지만, 임대주택에 대한 처분권이 있거나 적법한 임대권한을 가진 사람도 임대인이 될 수 있다.

3) 계약 내용

먼저, 임차보증금을 기재하면서 계약금, 중도금, 잔금, 월세를 지급하기로 하였다면 그 금액과 지급 시기를 기재하여야 한다. 계약금은 통상 보증금의 10% 정도이다. 계약금을 받았다면 그 옆에 영수자에 서명 또는 날인하면 된다. 통상 잔금을 지급하는 날이 입주하는 날짜이고, 월세는 양당사자의 합의하에 선불 내지 한 달 후에 후불로 지급하기도 한다.

그리고 임대차 존속기간에 부동산의 인도일과 만기일을 정확히 기재하고, 당사자 사이에 특약사항이 있다면 합의한 내용을 정확히 기재하고 오른쪽 하단에 계약일자를 기재한다. 마지막으로 임대인과 임차인의 인적 사항을 기재하고 서명 또는 날인을 하게 되면 계약이 완료된다. 이때 주택임대차 중개대상물 확인·설명서에 누락된 것은 없는지, 그 내용은 어떤지 꼼꼼히 확인하고 서명하여야 한다.

4) 임대차계약시 특약사항

부동산 중개사무소에서 일반적으로 사용하고 있는 임대차계약서에는 특약사항을 기재하는 공란이 있으며, 특약사항은 임차인이 특히 불리한 조건으로 임대차계약을 하지 않기 위해 사항으로 기재를 하는 것이 좋다. 예컨대, ① 임차인이 임차주택을 인도받을 때까지 저당권 등의 권리설정을 하지 않겠다는 사항, ② 임차인이 입주하기 전에 발생한 임차주택의 하자는 임대인이 직접 수리한다는 사항, ③ 입주 전의 기간에 대한 공과금의 부담에 관한 사항, ④ 임대차의 중도해지에 관한 사항 등이다.

2. 주택임대차의 의의

주택임대차란 주택소유자인 임대인이 임차인에게 주택을 사용·수익하게 하고, 임차인은 이에 대해 차임을 지급할 것을 약정하는 계약을 말한다. 우리나라는 사회경제적 약자인 임차인을 특별히 보호하기 위하여 주거용 건물의 임대차에 관하여 민법에 관한 특례법인 주택임대차보호법을 제정하여 시행하고 있다. 주택임대차보호법은 대항력의 부여, 존속기간의 보장, 우선변제권의 인정 등 경제적 약자인 임차인을 보호하기 위한 규정들을 두고 있으며, 주거용 건물을 적용대상으로 한다.

3. 주택임대차보호법의 적용범위

사례 1

甲은 아직 등기가 되어 있지 않으나, 건축을 완공하고 주거용으로 승인을 받은 신축주택을 임차하여 살고자 한다. 미등기주택의 임차인도 주택임대차보호법상의 보호를 받을 수 있는가?

사례 2

일본국적의 외국인인 甲은 서울 소재 乙 소유의 아파트를 임대차보증금 5천만원에 임차하여 2014년 2월 25일부터 거주하였다. 그리고 같은 해 3월 16일 위 아파트를 신거류지로 하여 출입국관리법상의 거류지변경신고를 하였고, 같은 해 6월 6일 임대차계약서에 확정일자를 받았다. 丙은 그 이후인 2016년 12월 9일 위 아파트에 근저당권설정등기를 하고 다음 해 3월 2일 부동산 임의경매신청을 하였다. 甲은 주택임대차보호법의 적용을 받을 수 있는가?

주택임대차보호법은 주거용 건물의 전부 또는 일부의 임대차에 관하여 적용하며, 그 임차주택의 일부가 주거 외의 목적으로 사용되는 경우에도 적용된다. 또한 등기를 하지 않은 채권적 전세(미등기전세)의 경우에도 적용된다. 그러나 일시적인 사용을 위한 임대차의 경우에는 적용되지 않는다. 또한 주택을 민법에 따라 임대차 등기를 한 경우

주택의 임대차에 인정되는 대항력과 우선변제권에 관한 규정이 준용된다.

그리고 주택임대차보호법은 국민의 안정된 주거생활을 보장하고자 하는 것으로 그 보호대상은 원칙적으로 대한민국 국민이다. 따라서 원칙적으로 외국인은 보호대상이 될 수 없지만, 주택을 임차한 외국인이 전입신고에 준하는 체류지 변경신고를 했다면 예외적으로 보호대상이 될 수 있다. 또한 법인은 주택임대차보호법의 보호를 받지 못하지만, 주택도시기금을 재원으로 하여 저소득층 무주택자에게 주거생활 안정을 목적으로 전세임대주택을 지원하는 법인의 경우에는 예외적으로 인정된다. 「한국토지주택공사법」에 따른 한국토지주택공사와 「지방공기업법」에 따라 주택사업을 목적으로 설립된 지방공사 등이다.

사례 1의 해결

주택임대차보호법은 주택의 임대차에 관하여 민법에 대한 특례를 규정함으로써 국민의 주거생활의 안정을 보장함을 목적으로 하고 있고, 주택의 전부 또는 일부의 임대차에 관하여 적용된다고 규정하고 있을 뿐 임차주택이 관할관청의 허가를 받은 건물인지, 등기를 마친 건물인지 아닌지를 구별하고 있지 아니하므로, 어느 건물이 국민의 주거생활의 용도로 사용되는 주택에 해당하는 이상 비록 그 건물에 관하여 아직 등기를 마치지 아니하였거나 등기가 이루어질 수 없는 사정이 있다고 하더라도 다른 특별한 규정이 없는 한 같은 법의 적용대상이 된다(대법원 2007. 6. 21. 선고 2004다26133 전원합의체 판결).

사례 2의 해결

〔1〕 외국인 또는 외국국적동포가 구 출입국관리법이나 구 재외동포의 출입국과 법적 지위에 관한 법률에 따라서 한 외국인등록이나 체류지변경신고 또는 국내거소신고나 거소이전신고에 대하여는, 주택임대차보호법 제3조 제1항에서 주택임대차의 대항력 취득 요건으로 규정하고 있는 주민등록과 동일한 법적 효과가 인정된다. 이는 외국인등록이나 국내거소신고 등이 주민등록과 비교하여 공시기능이 미약하다고 하여 달리 볼 수 없다(대법원 2016. 10. 13. 선고 2014다218030 판결).

〔2〕 주택임대차보호법 제3조 제1항에 의한 대항력 취득의 요건인 주민등록은 임차인 본인뿐 아니라 배우자나 자녀 등 가족의 주민등록도 포함되고, 이러한 법리는 구 재외동포의 출입국과 법적 지위에 관한 법률에 의한 재외국민이 임차인인 경우에도 마찬가지로 적용된다. 2015. 1. 22. 시행된 개정 주민등록법에 따라 재외국민도

주민등록을 할 수 있게 되기 전까지는 재외국민은 주민등록을 할 수도 없고 또한 외국인이 아니어서 구 출입국관리법 등에 의한 외국인등록 등도 할 수 없어 주택임대차보호법에 의한 대항력을 취득할 방도가 없었던 점을 감안하면, 재외국민이 임대차계약을 체결하고 동거가족인 외국인 또는 외국국적동포가 외국인등록이나 국내거소신고 등을 한 경우와 재외국민의 동거 가족인 외국인 또는 외국국적동포가 스스로 임대차계약을 체결하고 외국인등록이나 국내거소신고 등을 한 경우와 사이에 법적 보호의 차이를 둘 이유가 없기 때문이다(대법원 2016. 10. 13. 선고 2014다218030 판결).

〔3〕결론

甲이 주택을 임차하여 출입국관리법에 의한 체류지변경신고를 하였다면 거래의 안전을 위하여 임차권의 존재를 제3자가 명백히 인식할 수 있는 공시의 방법으로 마련된 주택임대차보호법 제3조 제1항 소정의 주민등록을 마쳤다고 보아야 하므로, 甲은 주택임대차보호법상 보호를 받을 수 있다.

4. 주택임대차보호법상 대항력

사 례

甲은 주택임대차계약을 체결하고 그의 처 및 가족들과 함께 입주하였으나, 甲의 주민등록은 사업상 다른 지역에 둔 채 그의 처만 주민등록전입신고를 하고, 甲과 나머지 가족은 2개월 후에 전입신고를 하였다. 그런데 그 사이에 위 주택에 근저당권이 설정되고 현재는 경매절차가 진행 중에 있다. 甲은 경매절차의 매수인에게 주택임대차보호법상 대항력을 행사할 수 있는가?

대항력이란 임차인이 제3자, 즉 임차주택의 양수인이나 임대할 권리를 승계한 사람 또는 그 밖에 임차주택에 관해 이해관계를 가지고 있는 사람 등 누구에게나 임대차의 내용을 주장할 수 있는 법률상의 힘을 말한다.

임대차는 그 등기가 없는 경우에도 임차인이 주택의 인도와 주민등록을 마친 때에는 그 다음날부터 제3자에게 대항할 수 있는 대항력이 생긴다. 주택의 인도란 점유의 이전을 말하는데 주택에 대한 사실상의 지배가 임대인으로부터 임차인에게로 이전하는 것을 말한다. 그리고 전입신고를 한 때에 주민등록이 된 것으로 본다. 법인의 경우에는 주택을 임차한 후 지방자치단체의 장 또는 그 법인이 선정한 입주자가 그 주택을 인도

받고 주민등록을 마쳤을 때에 인정된다.

그러나 임차인이 대항력이 발생하기 전에 이미 임차주택에 저당권 등기나 가압류 및 가등기 등이 되어 있었고, 그 실행으로 인하여 소유권자가 새롭게 바뀐 경우에는 자신이 임차인이니 보증금을 달라고 하거나 임대차기간이 아직 남아 있다고 주장할 수 없다. 이러한 것을 사실을 방지하기 위해서는 주택임대차계약을 체결하기 이전에 등기부를 열람할 필요가 있다.

사례의 해결

〔1〕 甲은 임차한 주택에 실제로 입주를 하였고, 甲의 가족인 처의 주민등록을 마친 경우에는 설령 甲이 주민등록을 마치지 않았다 하더라도 이미 대항요건상의 주민등록을 마친 것이므로 처의 주민등록전입신고를 기준으로 대항력의 발생시기를 판단된다.

〔2〕 결론

이 사안에서 甲은 가족 중에 한 명만 전입신고가 되어있으면 대항력이 생기므로, 근저당권의 실행으로 경매절차에서 위 주택을 매수한 사람에 대하여 대항력을 주장할 수도 있고, 법원으로부터 경매대금에서 배당받을 권리도 있다.

5. 주택임대차보호법상 우선변제권

사 례

甲은 서울 소재 乙 소유의 주택을 전세보증금 5,000만원에 임대차계약을 체결하고 입주하면서 주민등록전입신고 및 확정일자를 모두 갖추었다. 그런데 乙은 같은 날 丙은행에서 5,000만원을 대출 받으면서 근저당권을 설정하였다. 乙은 그 대출금을 변제하지 못하여 주택이 경매실행되었다. 甲은 丙보다 우선하여 배당받을 수 있는가?

우선변제권이란 임차인이 주택을 인도받고 전입신고를 하면서 그 임대차계약증서에 확정일자를 받았다면 임차인은 경매 또는 공매시에 임차주택(대지 포함)의 환가대금에서 후순위권리자나 기타 채권자보다 우선하여 보증금을 변제받을 권리가 있다. 확정일자란 증서가 작성된 날짜에 주택임대차계약서가 존재하고 있음을 증명하기 위해 법률상 인정되는 일자를 말한다. 확정일자는 임대인과 임차인이 담합으로 사후에 임차보증금의 액수를 변경하는 것을 방지하고, 허위로 날짜를 소급하여 주택임대차계약을 체결하여 우선변제권 행사를 방지하기 위해 마련된 제도이다. 임차인이 주택의 인도와 전입신고를 마친 당일 또는 그 이전에 주택임대차계약서에 확정일자를 갖춘 경우에는 주택의 인도와 전입신고를 마친 다음날 오전 0시부터 우선변제권이 발생한다.

확정일자를 받은 주택임대차계약서를 분실, 멸실한 경우에는 해당 행정관청에서 확정일자 부여시 작성한 확정일자부를 열람하고 그 사실을 증명할 수 있으면 우선변제권을 주장할 수 있다. 아울러 2017년부터 시행되는 부동산전자계약시스템을 이용하여 임대차계약을 체결한 경우에는 확정일자를 발급받기 위해 관공서 등을 방문할 필요없이 전자계약이 체결됨과 동시에 확정일자가 부여되며, 분실 등의 위험도 없다.

사례의 해결

〔1〕위 사례는 주택임차인의 입주일자, 전입신고, 확정일자와 근저당권자의 근저당권설정등기가 동일한 날짜에 경료된 경우 주택임차권과 근저당권 중 어느 것이 우선순위를 가질 것이냐가 문제된다. 주택임차인의 대항력은 주택의 인도와 전입신고를 한 때에 임대차계약증서에 확정일자를 갖춘 임차인은 경매 또는 공매를 할 때에 임차주택의 환가대금에서 후순위권리자나 그 밖의 채권자보다 우선하여 보증금을 변제받을 권리가 있다.

〔2〕판례는 "주택임대차보호법이 인도와 주민등록을 갖춘 다음날부터 대항력이 발생한다고 규정한 것은 인도나 주민등록이 등기와 달리 간이한 공시방법이어서 인도 및 주민등록과 제3자 명의의 등기가 같은 날 이루어진 경우에 그 선후관계를 밝혀 선순위 권리자를 정하는 것이 사실상 곤란한데다가, 제3자가 인도와 주민등록을 마친 임차인이 없음을 확인하고 등기까지 경료하였음에도 그 후 같은 날 임차인이 인도와 주민등록을 마침으로 인하여 입을 수 있는 불측의 피해를 방지하기 위하여 임차인보다 등기를 경료한 권리자를 우선시키고자 하는 취지이고, 주택임대차보호법상 우선변제적 효력은 대항력과 마찬가지로 주택임차권의 제3자에 대한 물권적 효력으로서 임차인과 제3자 사이의 우선순위를 대항력과 달리 규율하여야 할 합리적인 근거도 없으므로, 주택임대차보호법상 우선변제적 효력은 대항력과 마찬가지로 인도와 주민등록을 마친 다음날을 기준으로 발생한다"라고 하여 '대항력'과 '대항요건'을 같은 개념으로 인정하고 있다(대법원 1997. 12. 12. 선고 97다22393 판결).

〔3〕결론

위 사안의 경우에 임차인의 우선변제권은 대항력과 대항요건을 모두 갖춘 다음 날에 발생하기 때문에 임차인의 대항력을 갖춘 날에 근저당권자의 근저당권설정등기가 경료되었다면 근저당권자가 하루 앞서기 때문에 근저당권자가 선순위의 배당권자가 된다.

6. 주택임대차보호법상 보증금 중 일정액의 보호(최우선변제권)

사 례

甲은 임대인의 동의를 얻어 주택임대차보호법상 대항력을 갖춘 임차인 乙로부터 주택을 전차하였다. 그런데 당해 주택이 경매에 넘어갔고, 경매절차에서 甲은 乙이 가지는 소액임차인 최우선변제권을 행사할 수 있는가?

대항요건을 갖춘 임차인은 임차주택이 경매 등이 되더라도 보증금 중 일정액을 다른 담보물권자보다 우선하여 변제받을 권리가 있다. 이 경우 임차인을 소액임차인이라고 하며, 일반 채권자나 선순위 담보물권자보다 우선하여 보호된다. 그러나 당해 주택가액(대지의 가액 포함)의 2분의 1을 초과하는 경우에는 주택가액의 2분의 1에 해당하는 금액까지만 우선변제권이 있다.

최우선변제를 받을 보증금 중 일정액의 범위는 다음 표와 같다.

[표] 〈최우선변제금의 범위 - 주택임대차보호법 시행령 제10조 · 제11조〉

저당권 설정일자	대상지역	임차보증금범위	최우선 변제금액
1995년 10월 19일 ~ 2001년 9월 14일	특별시 및 광역시(군지역제외)	3,000만원	1,200만원
	기타지역	2,000만원	800만원
2001년 9월 15일 ~ 2008년 8월 20일	수도권중 과밀억제권역	4,000만원	1,600만원
	광역시(군지역 · 인천광역시 제외)	3,500만원	1,400만원
	그밖의 지역	3,000만원	1,200만원
2001년 8월 21일 ~ 2010년 7월 25일	수도권중 과밀억제권역	6,000만원	2,000만원
	광역시(군지역 · 인천광역시 제외)	5,000만원	1,700만원
	그밖의 지역	4,000만원	1,400만원
2010년 7월 26일 ~ 2013년 12월 31일	서울특별시	7,500만원	2,500만원
	과밀억제권역(서울특별시 제외)	6,500만원	2,200만원
	광역시(과밀억제권 · 군지역제외) · 안산 · 용인 · 김포 · 광주시	5,500만원	1,900만원
	그밖의 지역	4,000만원	1,400만원
2014년 1월 1일 ~ 2016년 3월 30일	서울특별시	9,500만원	3,200만원
	과밀억제권역(서울특별시 제외)	8,000만원	2,700만원
	광역시(과밀억제권 · 군지역제외) · 안산 · 용인 · 김포 · 광주시	6,000만원	2,000만원
	그밖의 지역	4,500만원	1,500만원
2016년 3월 31일 ~ 2018년 9월 17일	서울특별시	1억원	3,400만원
	과밀억제권역(서울특별시 제외)	8,000만원	2,700만원
	광역시(과밀억제권 · 군지역제외) · 안산 · 세종특별자치시 · 용인 · 김포 · 광주시	6,000만원	2,000만원
	그밖의 지역	5,000만원	1,700만원
2018년 9월 18일 ~ 2021년 5월 10일	서울특별시	1억원 1천만원	3,700만원
	과밀억제권역(서울특별시 제외), 세종특별자치시, 용인시, 화성시	1억원	3,400만원
	광역시(과밀억제권 · 군지역제외) · 안산 · 김포 · 광주 · 파주시	6,000만원	2,000만원
	그밖의 지역	5,000만원	1,700만원
2021년 5월 11일 ~ 현재까지	서울특별시	1억원 5천만원	5,000만원
	과밀억제권역(서울특별시 제외), 세종특별자치시, 용인시, 화성시 및 김포시	1억원 3천만원	4,300만원
	광역시(과밀억제권 · 군지역제외) · 안산 · 광주 · 파주 · 이천 · 평택시	7,000만원	2,300만원
	그밖의 지역	6,000만원	2,000만원

[※ 최우선변제금을 받을 수 있는 기준일은 임차인이 전입신고한 날 또는 대항력이 있는 다음날이 아니고, <u>최초 근저당권이 설정된 날임</u>]

사례의 해결

〔1〕 주택임대차보호법상 대항력을 갖춘 주택임차인이 임대인의 동의를 얻어 적법하게 임차권을 양도하거나 전대한 경우, 양수인이나 전차인에게 점유가 승계되고 주민등록이 단절된 것으로 볼 수 없을 정도의 기간 내에 전입신고가 이루어졌다면 원래의 임차인이 갖는 임차권의 대항력은 소멸되지 아니하고 동일성을 유지한 채로 존속한다고 보아야 한다. 이러한 경우 임차권 양도에 의하여 임차권은 동일성을 유지하면서 양수인에게 이전되고 원래의 임차인은 임대차관계에서 탈퇴하므로 임차권 양수인은 원래의 임차인이 주택임대차보호법에 의하여 가지는 우선변제권을 행사할 수 있고, 전차인은 원래의 임차인이 주택임대차보호법상 우선변제권을 대위 행사할 수 있다(대법원 2010. 6. 10. 선고 2009다101275 판결).

〔2〕 결론

위 사안의 경우에 전차인 甲이 전차 후 상당한 기간 내에 전입신고를 하였다면 동일성이 유지되므로, 임차인 乙의 최우선변제권을 대위하여 행사할 수 있을 것이다.

7. 주택임대차의 존속기간

사 례

甲은 乙 소유 주택을 임차보증금 5,000만원에 계약기간 2년으로 정한 임대차계약을 체결하고 살아가고 있었다. 그런데 乙은 임대차기간이 만료할 당시에는 아무런 의사표시를 하지 않고 있다가, 임대차기간이 만료한 후 6개월이 경과한 지금 시점에서 甲에게 위 주택을 자기가 사용하여야 한다고 하면서 주택의 명도를 요구하고 있다. 甲은 乙에게 위 주택을 집주인에게 명도해야 하는가?

주택임대차의 존속기간은 2년이다. 기간을 정하지 아니하거나 2년 미만으로 정한 임대차는 그 기간을 2년으로 보장하고 있기 때문에 최소한 2년의 임대차 기간은 보장된다. 또한 임대차기간이 끝난 경우에도 임차인이 보증금을 반환받을 때까지는 임대차 관계가 존속되는 것으로 본다. 다만, 임차인은 2년 미만으로 정한 기간이 유효함을 주장할 수 있다

임대인이 임대차기간이 끝나기 6개월 전부터 2개월 전까지의 기간에 임차인에게 갱신거절의 통지를 하지 아니하거나 계약조건을 변경하지 아니하면 갱신하지 아니한다

는 뜻의 통지를 하지 아니한 경우에는 그 기간이 끝난 때에 전 임대차와 동일한 조건으로 다시 임대차한 것으로 본다. 임차인이 임대차기간이 끝나기 2개월 전까지 통지하지 아니한 경우에도 또한 같다. 이를 묵시적 갱신이라고 하며, 이 경우에도 임대차의 존속기간은 2년이며, 임차인은 언제든지 임대인에게 계약해지를 통지할 수 있다. 그러나 2기(期)의 차임액(借賃額)에 달하도록 연체하거나 그 밖에 임차인으로서의 의무를 현저히 위반한 임차인에 대하여는 묵시적 갱신이 적용되지 아니한다.

사례의 해결

〔1〕 주택임대차보호법상 묵시적으로 갱신된 주택임대차의 존속기간은 정함이 없는 것으로 간주하고 있고, 기간의 정함이 없는 주택임대차는 그 기간을 2년으로 보고 있으므로, 묵시적으로 갱신된 주택임대차의 존속기간은 2년으로 보아야 한다.

〔2〕 결론

위 사안의 경우에 甲과 乙의 임대차계약이 묵시적으로 갱신된 것으로 보아 하므로, 그 임대차기간도 2년으로 보장된다. 따라서 甲은 乙에게 주택을 명도할 필요가 없다.

8. 주택임대차보호법상 임차권등기명령

사례 1

甲은 주택을 임차하여 입주 후 주민등록전입신고와 확정일자를 갖추고 살던 중 2년의 임대차기간이 만료되었으나 집주인이 임차보증금을 반환하지 않고 있다. 그런데 甲은 분양받은 아파트에 입주를 해야 할 시기가 되었고, 만약 이사를 가게 되면 이미 취득한 주택임차인으로서의 대항력과 우선변제권을 상실하여 임차주택의 경매 시 우선변제를 받을 수 없게 되는가?

사례 2

甲은 임차권등기명령을 신청하여 임차권등기를 받은 임차인인데, 주택소유자인 乙이 임차보증금을 반환하지 않고 있다. 甲은 임차권등기명령에 의해서 임차주택에 대해 바로 경매청구를 할 수 있는가?

주택임대차보호법은 임차인의 권리를 보호하기 위한 제도의 하나로써, 임대차가 끝난 후 보증금이 반환되지 아니한 경우 임차인은 임차주택의 소재지를 관할하는 지방법원·지방법원지원 또는 시·군 법원에 임차권등기명령을 신청할 수 있도록 하고 있다. 임차권등기명령의 신청을 할 때에는 신청의 취지 및 이유, 임대차의 목적인 주택(임대차의 목적이 주택의 일부분인 경우에는 해당 부분의 도면 첨부), 임차권등기의 원인이 된 사실 등을 소명하여야 한다. 임차인은 임차권등기명령의 집행에 따른 임차권등기를 마치면 주택임대차보호법상 대항력과 우선변제권을 취득한다. 다만, 임차인이 임차권등기 이전에 이미 대항력이나 우선변제권을 취득한 경우에는 그 대항력이나 우선변제권은 그대로 유지되며, 임차권등기 이후에는 대항요건을 상실하더라도 이미 취득한 대항력이나 우선변제권을 상실하지 아니한다.

사례 1의 해결

〔1〕구주택임대차보호법은 임차주택의 대항력을 주장하기 위하여는 임차주택에서 계속 거주하는 등의 대항요건을 유지하도록 하고 있었다. 그러나 현행 주택임대차보호법은 주택임차권등기명령제도를 신설하였다. 임차권등기명령제도는 임대차가 종료된 후 보증금을 반환받지 못한 임차인을 보호하기 위하여 임차권등기가 종료되면 대항력 및 우선변제권을 취득 또는 유지하게 하는 것을 목적으로 하는 제도이다.

〔2〕결론

甲이 주택임차권등기를 마친 후에 이사를 가고 주민등록을 옮기더라도 원래 가지고 있던 대항력과 우선변제권을 상실하지 아니하므로, 이사를 가도 불이익을 받지 않는다.

사례 2의 해결

집행권원을 얻어 강제경매를 청구하는 것은 별론으로 하고 임차권등기권에 기해 임의경매를 청구할 수는 없다. 이는 입법정책의 문제인데 법률이 경매청구권을 부여하고 있지 않기 때문에 임차인은 주택임차권등기에 기하여 직접 경매청구권을 행사할 수는 없다.

[서식 36] 주택임대차계약서

주택임대차계약서

임대인(이 법명 재)과 임차인(이 법명기재)은 아래와 같이 임대차 계약을 체결한다.

☐ 보증금 있는 월세 ☐ 전세 ☐ 월세

[임차주택의 표시]

소 재 지	(도로명주소)			
토 지	지목		면적	m²
건 물	구조·용도		면적	m²
임차할부분	상세주소가 있는 경우 동·층·호 정확히 기재		면적	m²
미납 국세		선순위 확정일자 현황		확정일자 부여란
☐ 없음 (임대인 서명 또는 날인 _____⑩)		☐ 해당 없음 (임대인 서명 또는 날인 _____⑩)		
☐ 있음(중개대상물 확인·설명서 제2쪽 Ⅱ. 개업공인중개사 세부 확인사항 '⑨ 실제 권리관계 또는 공시되지 않은 물건의 권리사항'에 기재)		☐ 해당 있음(중개대상물 확인·설명서 제2쪽 Ⅱ. 개업공인중개사 세부 확인사항 '⑨ 실제 권리관계 또는 공시되지 않은 물건의 권리사항'에 기재)		

유의사항: 미납국세 및 선순위 확정일자 현황과 관련하여 개업공인중개사는 임대인에게 자료제출을 요구할 수 있으나, 세무서와 확정일자부여기관에 이를 직접 확인할 법적권한은 없습니다.
※ 미납국세·선순위확정일자 현황 확인방법은 "별지" 참조

[계약내용]

제1조(보증금과 차임) 위 부동산의 임대차에 관하여 임대인과 임차인은 합의에 의하여 보증금 및 차임을 아래와 같이 지불하기로 한다.

보 증 금	금	원정(₩)		
계 약 금	금	원정(₩)은 계약시에 지불하고 영수함. 영수자 (인)		
중 도 금	금	원정(₩)은 년 월 일에 지불하며		
잔 금	금	원정(₩)은 ___년 ___월 ___일에 지불한다		
차임(월세)	금	원정은 매월 일에 지불한다(입금계좌:)		

제2조(임대차기간) 임대인은 임차주택을 임대차 목적대로 사용·수익할 수 있는 상태로 ＿＿년 ＿＿월 ＿＿일까지 임차인에게 인도하고, 임대차기간은 인도일로부터 ＿＿＿년 ＿＿월 ＿＿일까지로 한다.

제3조(입주 전 수리) 임대인과 임차인은 임차주택의 수리가 필요한 시설물 및 비용부담에 관하여 다음과 같이 합의한다.

수리 필요 시설	☐ 없음 ☐ 있음 (수리할 내용 :)
수리 완료 시기	☐ 잔금지급 기일인 ＿＿＿년 ＿＿월 ＿＿일까지 ☐ 기타 ( )
약정한 수리 완료 시기까지 미 수리한 경우	☐ 수리비를 임차인이 임대인에게 지급하여야 할 보증금 또는 차임에서 공제 ☐ 기타 ( )

제4조(임차주택의 사용·관리·수선) ① 임차인은 임대인의 동의 없이 임차주택의 구조변경 및 전대나 임차권 양도를 할 수 없으며, 임대차 목적인 주거 이외의 용도로 사용할 수 없다.

　② 임대인은 계약 존속 중 임차주택을 사용·수익에 필요한 상태로 유지하여야 하고, 임차인은 임대인이 임차주택의 보존에 필요한 행위를 하는 때 이를 거절하지 못한다.

　③ 임대인과 임차인은 계약 존속 중에 발생하는 임차주택의 수리 및 비용부담에 관하여 다음과 같이 합의한다. 다만, 합의되지 아니한 기타 수선비용에 관한 부담은 민법, 판례 기타 관습에 따른다.

임대인부담	(예컨대, 난방, 상·하수도, 전기시설 등 임차주택의 주요설비에 대한 노후·불량으로 인한 수선은 민법 제623조, 판례상 임대인이 부담하는 것으로 해석됨)
임차인부담	(예컨대, 임차인의 고의·과실에 기한 파손, 전구 등 통상의 간단한 수선, 소모품 교체 비용은 민법 제623조, 판례상 임차인이 부담하는 것으로 해석됨)

　④ 임차인이 임대인의 부담에 속하는 수선비용을 지출한 때에는 임대인에게 그 상환을 청구할 수 있다.

제5조(계약의 해제) 임차인이 임대인에게 중도금(중도금이 없을 때는 잔금)을 지급하기 전까지, 임대인은 계약금의 배액을 상환하고, 임차인은 계약금을 포기하고 이 계약을 해제할 수 있다.

제6조(채무불이행과 손해배상) 당사자 일방이 채무를 이행하지 아니하는 때에는 상대방은 상당한 기간을 정하여 그 이행을 최고하고 계약을 해제할 수 있으며, 그로 인한 손해배상을 청구할 수 있다. 다만, 채무자가 미리 이행하지 아니할 의사를 표시한 경우의 계약해제는 최고를 요하지 아니한다.

제7조(계약의 해지) ① 임차인은 본인의 과실 없이 임차주택의 일부가 멸실 기타 사유로 인하여 임대차의 목적대로 사용할 수 없는 경우에는 계약을 해지할 수 있다.

　② 임대인은 임차인이 2기의 차임액에 달하도록 연체하거나, 제4조 제1항을 위반한 경우 계약을 해지할 수 있다.

제8조(계약의 종료) 임대차계약이 종료된 경우에 임차인은 임차주택을 원래의 상태로 복구하여 임대인에게 반환하고, 이와 동시에 임대인은 보증금을 임차인에게 반환하여야 한다. 다만, 시설물의 노후화나 통상 생길 수 있는 파손 등은 임차인의 원상복구의무에 포함되지 아니한다.

제9조(비용의 정산) ① 임차인은 계약종료 시 공과금과 관리비를 정산하여야 한다.
② 임차인은 이미 납부한 관리비 중 장기수선충당금을 소유자에게 반환 청구할 수 있다. 다만, 관리사무소 등 관리주체가 장기수선충당금을 정산하는 경우에는 그 관리주체에게 청구할 수 있다.

제10조(중개보수 등) 중개보수는 거래 가액의 _____% 인 _____원(□ 부가가치세 포함 □ 불포함)으로 임대인과 임차인이 각각 부담한다. 다만, 개업공인중개사의 고의 또는 과실로 인하여 중개의뢰인간의 거래행위가 무효·취소 또는 해제된 경우에는 그러하지 아니하다.

제11조(중개대상물확인·설명서 교부) 개업공인중개사는 중개대상물 확인·설명서를 작성하고 업무보증관계증서(공제증서 등) 사본을 첨부하여 _____년 ___월 ___일 임대인과 임차인에게 각각 교부한다.

[특약사항]
상세주소가 없는 경우 임차인의 상세주소부여 신청에 대한 소유자 동의여부(□ 동의   □ 미동의)

※ 기타 임차인의 대항력·우선변제권 확보를 위한 사항, 관리비·전기료 납부방법 등 특별히 임대인과 임차인이 약정할 사항이 있으면 기재

- 【대항력과 우선변제권 확보 관련 예시】"주택을 인도받은 임차인은 _____년 ____월 ____일까지 주민등록(전입신고)과 주택임대차계약서상 확정일자를 받기로 하고, 임대인은 _____년 ____월 ____일(최소한 임차인의 위 약정일자 이틀 후부터 가능)에 저당권 등 담보권을 설정할 수 있다"는 등 당사자 사이 합의에 의한 특약 가능

본 계약을 증명하기 위하여 계약 당사자가 이의 없음을 확인하고 각각 서명·날인 후 임대인, 임차인, 개업공인중개사는 매 장마다 간인하여, 각각 1통씩 보관한다.

년   월   일

	주 소							서명 또는 날인⑪
임대인	주민등록번호			전 화		성 명		
	대 리 인	주 소		주민등록번호		성 명		
	주 소							서명 또는 날인⑪
임차인	주민등록번호			전 화		성 명		
	대 리 인	주 소		주민등록번호		성 명		
	사무소소재지			사무소소재지				
	사무소명칭			사무소명칭				
중개업자	대 표	서명 및 날인	⑪	대 표	서명 및 날인		⑪	
	등록번호		전화	등록번호			전화	
	소속 공인중개사	서명 및 날인	⑪	소속 공인중개사	서명 및 날인		⑪	

[서식 37] 주택임차권등기명령신청서

주택임차권등기명령신청서

수입인지
2000원

신청인(임차인)　　　(이름)　　　　　　　(주민등록번호 :　　　　－　　　　)

　　　　　　　　　　(주소)

　　　　　　　　　　(연락처)

피신청인(임대인)　　(이름)

　　　　　　　　　　(주소)

신 청 취 지

별지목록 기재 건물에 관하여 아래와 같은 주택임차권등기를 명한다라는 결정을 구합니다.

아　　　래

1. 임대차계약일자　：　　20　．　　．
2. 임차보증금액　　：　　금　　　　　　원, 차임 : 금　　　　　원
3. 주민등록일자　　：　　20　．　　．
4. 점유개시일자　　：　　20　．　　．
5. 확 정 일 자　　：　　20　．　　．

신 청 이 유

첨 부 서 류

1. 건물등기부등본　　　　　1통
2. 주민등록등본　　　　　　1통
3. 임대차계약증서 사본　　　1통
4. 부동산목록　　　　　　　5통

20　．　　．

　　　　　　　　　　　　　　　신청인　　　　　　(인)

　　　　　　　　　○○ 지방법원 ○○지원　귀중

◇ 유 의 사 항 ◇

1. 등기수입증지 1부동산 당 3,000원을 납부하여야 합니다.
2. 이 신청서를 접수할 때에는 당사자 1인당 3회분의 송달료를 현금으로 송달료수납은행에 예납하여야
   합니다(다만, 송달료수납은행이 지정되지 아니한 시·군법원의 경우에는 우표로 납부).
3. 등록세 3,600원을 납부하여야 합니다.

V. 상가건물임대차보호법

1. 상가건물임대차보호법의 의의

상가건물임대차보호법은 상가건물의 임대차에서 부동산업자나 건물주들이 임대료를 과도하게 인상하고 계약해지권을 남발하는 등의 횡포를 방지하고, 사회적·경제적 약자인 영세 임차인들의 권리를 보호함으로써 임차인들의 경제생활의 안정을 도모하기 위하여 민법에 대한 특례를 규정한 것이다.

2. 상가건물임대차보호법의 적용범위

사 례

甲은 광주광역시 소재 乙 소유 상가건물을 보증금 5,000만원에 월세 50만원으로 임차하여 입점한 후 사업자등록을 하고 출판사사무실로 운영하고자 한다. 그런데 상가건물에는 선순위 근저당권이 있었으므로 甲은 임차보증금반환채권의 순위를 안전하게 확보하기 위하여 위 임대차계약서에 확정일자인까지 받아두었다. 이 경우 甲에게도 「상가건물임대차보호법」이 적용되어 상가임차인으로서 보호될 수 있는가?

상가건물임대차보호법이 적용되는 상가건물은 사업자 등록의 대상이 되는 건물이며, 임차인인 사업자가 사업을 목적으로 임차하여 활용하는 모든 건물을 의미한다. 또한 임대차 목적물의 일부가 다른 용도로 사용된다고 하더라도 주된 부분을 영업용으로 사용하는 경우를 포함한다. 따라서 지하상가, 대형상가뿐 아니라 주택가의 세탁소, 점포 등도 모두 "상가건물"에 해당한다. 그러나 상가건물을 일시적으로 사용하는 경우나 일정한 보증금액을 초과하는 임대차에 대하여는 원칙적으로 적용되지 않는다.

보증금 외에 차임이 있는 경우에는 여러 사정을 고려하여 환산한 금액으로 하며, 이를 환산보증금이라고 한다. 이는 임차인이 임대인에게 지급한 보증금과 월세 이외에 자금 부담 능력이 얼마나 있는지를 추정하는 지표이다.

1. 서울특별시: 9억원
2. 「수도권정비계획법」에 따른 과밀억제권역 및 부산광역시: 6억 9천만원
3. 광역시, 세종특별자치시, 파주시, 화성시, 안산시, 용인시, 김포시 및 광주시: 5억 4천만원
4. 그 밖의 지역: 3억 7천만원

사례의 해결

위 사안의 경우 출판사업을 등록하고 임차한 상가건물을 그 사무실로 운영하고 있으면서 임대차계약서에 확정일자를 받아두었고 임대차보증금액도 상가건물임대차보호법의 적용범위에 해당되므로, 임차건물의 경매 시 선순위 근저당권자보다 우선하지는 못하지만, 후순위권리자 및 기타 채권자보다 우선하여 보증금을 변제받을 수 있다.

3. 상가건물임대차보호법상 대항력

사 례

乙은 광주광역시 소재 甲 소유의 상가를 보증금 3,000만원에 기간은 2년으로 하여 2019년 2월 25일 임대차계약을 체결하고, 3월 2일 사업자등록을 마친 후 정육점을 운영하고 있었다. 그런데 그 후 위 상가건물에 대하여 7,000만원의 근저당권이 설정된 후에 저당권자가 경매를 신청하였다. 乙은 확정일자를 받지 않은 소액임차인으로서 최우선변제금 1,300만원만 받았다. 경락인은 乙에게 위 상가건물을 명도해 달라고 요구하고 있다. 이 경우 乙은 경락자에게 대항할 수 없는가?

상가건물임대차는 그 등기가 없는 경우에도 임차인이 건물의 인도와 사업자등록을 신청하면 그 다음 날로부터 제3자에 대하여 효력이 발생한다. 그리고 상가건물 임대차계약증서원본을 소지한 임차인은 상가건물 소재지 관할 세무서장으로부터 확정일자를 받아두어야 한다. 확정일자란 건물소재지 관할 세무서장이 임대차계약서의 존재사실을 인정하여 임대차계약서에 기입한 날짜를 말하며, 건물을 임차하고 사업자등록을 한 사

업자가 확정일자를 받으면 등기를 한 것과 같은 효력을 가지게 된다. 확정일자를 받은 건물은 경매 또는 공매할 때에 임차한 대지를 포함한 환가대금에서 후순위 권리자 그 밖의 채권자보다 보증금을 우선하여 변제 받을 수 있다.

사례의 해결

〔1〕 乙은 선순위 권리자가 존재하지 않는 상가건물에 대하여 상가건물임대차보호법상 대항력을 가졌고, 광주광역시 소재에서 보증금 3,000만원이므로 소액임차인에 해당된다. 그러나 확정일자를 받아두지 않았기 때문에 확정일자에 의한 우선변제권은 주장할 수 없지만, 경매절차의 매수인 등 제3자에 대한 대항력과 소액임차인으로서의 최우선변제권은 인정된다.

〔2〕 위 사안과 같이 상가임차인인 乙은 대항력과 최우선변제권을 가지고 있지만, 권리의 전액에 대해 만족을 받지 못한 경우이다. 따라서 乙은 소액임차인으로서 우선변제금액인 1,300만원을 배당받았더라도 대항력에 의하여 경매절차에서 경락자에게 나머지 임차보증금 1,700만원을 반환받을 때까지 임대차관계의 존속을 주장할 수 있을 것이다. 다만, 乙의 배당요구로 임대차계약이 해지되어 종료된 이후에도 임차부분 전부를 사용·수익하고 있어 그로 인한 실질적 이익을 얻고 있다면 그 임차부분의 적정한 임료 상당액은 부당이득에 해당한다고 할 것이므로 경락자가 요구하면 乙은 이를 반환하여야 한다.

4. 상가건물임대차보호법의 임대차기간

사 례

甲은 내년에 혼인을 하면서 전업주부로써 살아가고자 한다. 그런데 혼인할 때까지의 기간이 약 10개월 정도 남아 있어서 그 기간동안만 상가를 단기 임대차하여 그 수익금을 혼인비용에 보태고자 한다. 그런데 임대인 乙은 상가건물임대차보호법 규정에 의하면 임대기간을 1년 미만으로 정할 수 없다고 한다. 임대인의 말처럼 1년 미만으로 기간을 정할 수 없는 것인가?

기간을 정하지 아니하거나 기간을 1년 미만으로 정한 임대차는 그 기간을 1년으로 본다. 다만, 임차인은 1년 미만으로 정한 기간이 유효함을 주장할 수 있다. 임대차가 종료한 경우에도 임차인이 보증금을 돌려받을 때까지는 임대차 관계는 존속하는 것으로 본다.

그리고 임대인은 임차인이 임대차기간이 만료되기 6개월 전부터 1개월 전까지 사이에 계약갱신을 요구할 경우 정당한 사유 없이 거절하지 못하며, 이때 임차인의 계약갱신요구권은 최초의 임대차기간을 포함한 전체 임대차기간이 10년을 초과하지 아니하는 범위에서만 행사할 수 있다. 정당한 사유라 할 수 있는 경우는 ① 임차인이 3기의 차임액에 해당하는 금액에 이르도록 차임을 연체한 사실이 있는 경우, ② 임차인이 거짓이나 그 밖의 부정한 방법으로 임차한 경우, ③ 서로 합의하여 임대인이 임차인에게 상당한 보상을 제공한 경우, ④ 임차인이 임대인의 동의 없이 목적 건물의 전부 또는 일부를 전대한 경우, ⑤ 임차인이 임차한 건물의 전부 또는 일부를 고의나 중대한 과실로 파손한 경우, ⑥ 임차한 건물의 전부 또는 일부가 멸실되어 임대차의 목적을 달성하지 못할 경우, ⑦ 임대인이 건물이 노후·훼손 또는 일부 멸실되는 등 안전사고의 우려가 있는 사유로 목적 건물의 전부 또는 대부분을 철거하거나 재건축하기 위하여 목적 건물의 점유를 회복할 필요가 있는 경우 등이다.

사례의 해결

〔1〕 상가건물임대차보호법은 기간을 정하지 아니하거나 기간을 1년 미만으로 정한 임대차는 그 기간을 1년으로 본다고 하면서 예외적으로 임차인은 1년 미만으로 정한 기간이 유효함을 주장할 수 있다고 규정하고 있다. 이는 임차인의 경제적 안정을 도모하기 위한 것이므로 임차인이 원하는 경우에는 임대기간을 1년 미만으로 정하는 것이 얼마든지 가능하다.

〔2〕 결론

위 사안에서 甲은 임대기간을 10개월로 정하여 임대차계약을 체결할 수 있고, 계약상 정해진 임대기간이 경과한 뒤에 임대차기간 만료를 이유로 임대인에게 임대보증금의 반환을 청구할 수 있다.

5. 상가건물임대차보호법상 소액보증금의 최우선변제

보증금이 일정액 이하인 소액임차인은 건물의 인도와 사업자등록을 마쳤다면 다른 담보물권자보다 최우선으로 보증금 중 일정액을 변제받을 수 있다. 소액임차인이 가지는 최우선변제권은 확정일자를 요하지 않고 임차목적물에 대한 경매신청 전에 대항력을 갖추면 인정된다. 임차인이 우선변제를 받을 보증금의 범위는 서울특별시를 기준으로 환산보증금 6천 5백만원 이하이다. 즉, 임차인의 환산보증금 중 일정액은 경매가액의 2분의 1의 범위 내에서 2천 2백만원까지 최우선변제 받을 수 있다.

	보증금의 범위	최우선변제금
서울특별시	6,500만원	2,200만원
「수도권정비계획법」에 따른 과밀억제권역	5,500만원	1,900만원
광역시, 세종특별자치시, 안산시, 용인시, 김포시 및 광주시	3,800만원	1,300만원
그 밖의 지역	3,000만원	1,000만원

6. 상가건물임대차보호법상 임차권등기명령

임대차가 종료된 후 보증금이 반환되지 아니한 경우 임차인이 사업자등록을 옮기거나 이사를 가야하는 등의 사정이 생긴 경우 임차인은 임차건물의 소재지를 관할하는 지방법원, 지방법원지원 또는 시·군법원에 임차권등기명령을 신청할 수 있다. 임차권등기명령의 집행에 따른 임차권등기를 마치면 임차인은 대항력과 우선변제권을 취득한다. 다만, 임차인이 임차권등기 이전에 이미 대항력 또는 우선변제권을 취득한 경우에는 그 대항력 또는 우선변제권이 그대로 유지되며, 임차권등기 이후에는 대항요건을 상실하더라도 이미 취득한 대항력 또는 우선변제권을 상실하지 아니한다.

7. 상가건물임대차보호법의 권리금

사례 1

丙은 임차인이었던 乙로부터 점포를 인수하고 소유자인 甲과 임대차계약을 체결하면서 '권리금은 임대인이 인정하지만, 임대인이 점포를 요구시는 권리금을 임차인에게 변제한다'라고 특약사항란에 기재하였다. 이 경우 임대차계약기간이 만료되면 丙은 甲에게 권리금지급을 청구할 수 있는가?

사례 2

　　甲은 乙 소유의 새롭게 지은 상가건물을 임차하여 음식점을 하였다. 새 건물이라 甲이 장사를 시작할 때에는 손님도 별로 없고 매출도 낮았지만 새로운 메뉴를 개발하고 단골손님을 많이 확보하여 현재는 처음보다 매출이 약 10배 이상 올랐다. 그런데 乙이 임대차계약 종료일인 2017년 6월 30일을 앞두고 가게를 비워 달라고 요구하고 있다. 甲은 현재의 점포에서 자기의 노력으로 이룩한 영업적 가치를 포기하기에는 너무 아까운 상황이다. 이를 권리금의 형태로 회수할 수 있는가?

　　권리금이란 주로 도시에서 토지 또는 건물(특히 상가)의 임대차에 부수하여 임차목적물이 가지는 특수한 장소적 이익의 대가로서 임차인이 임대인에게 또는 임차권의 양수인이 양도인에게 지급하는 금전을 말한다. 즉, 기존의 점포에 새로운 임차인이 들어올 때 기존 점포의 단골 고객, 영업 방식, 인테리어 등을 이어받는 대가로 지급하는 거래금을 의미한다. 2015년 5월 13일 상가건물임대차보호법이 개정되면서 상가권리금을 법제화하고 권리금 회수기회를 강화하는 등 임차상인들의 권리가 확대하였다.

　　상가건물임대차보호법은 권리금을 임대차 목적물인 상가건물에서 영업을 하는 자 또는 영업을 하려는 자가 영업시설·비품, 거래처, 신용, 영업상의 노하우, 상가건물의 위치에 따른 영업상의 이점 등 유형·무형의 재산적 가치의 양도 또는 이용대가로서 임대인, 임차인에게 보증금과 차임 이외에 지급하는 금전 등의 대가를 말한다고 정의하고 있다. 그리고 권리금 계약이란 신규임차인이 되려는 자가 임차인에게 권리금을 지급하기로 하는 계약을 말한다. 이러한 권리금은 임대차목적물을 양도하거나 전대한 임차인이 상대방으로부터 회수하는 금전이므로 임대인에게 권리금의 지급을 요구할 수 없다. 다만, 상가건물 임대차계약이 임대인의 사정으로 인하여 중도에 해지되는 경우에는 남아있는 잔여기간에 대하여 그에 상응하는 권리금을 요구할 수 있다. 그리고 임대인은 정당한 사유가 없는 한 임대인은 임대차기간이 끝나기 6개월 전부터 임대차 종료 시까지 권리금 계약에 따라 임차인이 주선한 신규임차인이 되려는 자로부터 권리금을 지급받는 것을 방해하여서는 안 된다. 정당한 사유가 있는 경우로는 ① 임차인이 주선한 신규임차인이 되려는 자가 보증금 또는 차임을 지급할 자력이 없는 경우, ② 임차인이 주선한 신규임차인이 되려는 자가 임차인으로서의 의무를 위반할 우려가 있거나 그 밖에 임대차를 유지하기 어려운 상당한 사유가 있는 경우, ③ 임대차 목적물인 상가건물을 1년 6개월 이상 영리목적으로 사용하지 아니한 경우, ④ 임대인이 선택한 신규임차인이 임차인과 권리금 계약을 체결하고 그 권리금을 지급한 경우 등이다.

권리금지급을 방해하는 행위로는 ① 임차인이 주선한 신규임차인이 되려는 자에게 권리금을 요구하거나 임차인이 주선한 신규임차인이 되려는 자로부터 권리금을 수수하는 행위, ② 임차인이 주선한 신규임차인이 되려는 자로 하여금 임차인에게 권리금을 지급하지 못하게 하는 행위, ③ 임차인이 주선한 신규임차인이 되려는 자에게 상가건물에 관한 조세, 공과금, 주변 상가건물의 차임 및 보증금, 그 밖의 부담에 따른 금액에 비추어 현저히 고액의 차임과 보증금을 요구하는 행위, ④ 그 밖에 정당한 사유 없이 임대인이 임차인이 주선한 신규임차인이 되려는 자와 임대차계약의 체결을 거절하는 행위 등이다. 임대인이 이러한 방해행위로 인하여 임차인에게 손해를 발생하게 한 때에는 그 손해를 배상할 책임이 있다. 손해배상액은 신규임차인이 임차인에게 지급하기로 한 권리금과 임대차 종료 당시의 권리금 중 낮은 금액을 넘지 못하며, 손해배상청구권은 임대차가 종료한 날부터 3년 이내에 행사하여야 한다.

권리금 회수를 위해서 국토교통부 장관은 상가건물임대차 표준계약서 사용을 권장하고 있다. 향후 발생할 수 있는 권리금 분쟁을 고려한다면 계약을 체결할 때부터 이용하는 것이 바람직하다. 상가건물임대차 표준계약서에는 임차인의 권리금 회수 보호 및 손해배상 등을 명시하고, 임차인의 권리를 충실히 보호할 수 있도록 임대차계약을 할 때에 등기사항증명서, 미납국세, 상가건물 확정일자 현황 등을 확인하도록 하고 있다.

사례 1의 해결

〔1〕 임대차계약서상에 별도의 특약사항인 '권리금은 임대인이 인정하지만, 임대인이 점포를 요구시는 권리금을 임차인에게 변제한다'라는 기재에 관하여, "점포의 임대차기간이 만료된다고 하여 당연히 임차인에게 권리금을 지급하겠다고 약정한 것으로는 볼 수 없다"고 판시하였다(대법원 1994. 9. 9. 선고 94다28598 판결).

〔2〕 결론

위 사안의 경우에 단순히 임대차계약기간이 만료되었다는 이유만으로는 甲에게 권리금반환을 청구할 수는 없지만, 甲이 丙의 권리금 회수를 적극적으로 방해하거나 점포의 명도를 청구하는 경우에는 甲에게 권리금의 반환을 청구할 수 있다.

사례 2의 해결

〔1〕 상가건물임대차보호법에서는 권리금에 대한 정의, 권리금 회수기회의 보호에

관한 규정을 두고 있다. 임차인은 임대차 기간이 끝나기 6개월 전부터 임대차종료시까지 임대인에게 다음 임차인을 소개하여 임대차 계약을 체결하게 한 후 상가를 물려주고 신규 임차인으로부터 권리금을 받을 수 있다. 이 기간 중에는 임차인의 권리금 회수를 어렵게 하는 임대인의 방해행위는 정당한 사유가 없는 한 금지될 뿐만 아니라 그로 인하여 임차인에게 손해가 발생할 경우 임차인은 그에 대한 손해배상을 청구할 수 있다.

〔2〕 따라서 甲은 임대차 기간이 끝나기 6개월 전인 2017년 1월 1일부터 임대차종료시인 2017년 6월 30일까지 신규임차인을 주선하여 乙과 임대차계약을 체결케 하고 신규임차인으로부터 권리금을 받을 수 있다. 이 기간 동안 임대인이 정당한 사유 없이 주선받은 신규임차인과 계약을 거절한다면 甲은 임대인 乙을 상대로 권리금 상당의 손해배상을 청구할 수 있다.

8. 상가건물임대차보호법상 임차권등기명령제도

사 례

乙은 甲 소유 건물을 보증금 7,000만원에 월 100만원으로 임차하여 영업중에 있으나 2개월 후면 임대차계약기간이 만료될 예정이다. 그런데 최근 임대인 甲의 경제사정이 안 좋아 보이고, 만일 임차기간 만료 시 임차보증금을 받지 못할 경우 임차보증금만 확보해 둘 방법이 있다면 월세부담이라도 줄일 수 있으므로 건물을 비우고 싶은데 방법이 있는가?

'임차권등기명령제도'란 임대차기간이 종료되었으나 임차보증금을 반환받지 못한 채 사업장을 이전하거나 폐업신고 등을 하는 경우 상가건물임차인이 당해 건물 소재지 관할법원에 임차권등기를 해 둠으로써 임차건물의 경매 시 이미 취득한 대항력이나 우선변제권의 효력을 주장할 수 있는 제도를 말하는 것으로써, 임차권등기명령의 신청은 임차건물 소재지 관할 지방법원이나 지방법원지원 또는 시·군법원에 할 수 있다.

상가임차인이 임차권등기 이전에 대항력 및 우선변제권을 이미 취득한 경우에는 임차인이 건물의 점유와 사업자등록의 대항요건을 상실하더라도 대항력이나 우선변제권은 소멸되지 않고 그대로 유지되며, 임차권등기가 경료된 상가건물에 다른 새로운 임차인이 입점할 경우에도 그 새로운 임차인의 대항력과 우선변제권은 인정되지 않는다.

사례의 해결

상가임차인인 乙은 임대차계약기간이 만료되어 점포를 비워 주더라도 임대인의 사정으로 받지못한 임차보증금에 대하여는 「상가건물임대차보호법」상 임차권등기명령제도를 이용함으로써, 위 임차건물이 경매될 경우에도 이미 확보해 둔 임차인의 우선변제권을 행사할 수 있을 것이다.

[서식 38] 상가건물 임대차 표준계약서

상가건물 임대차 표준계약서

임대인(이름 또는 법인명 기재)과 임차인(이름 또는 법인명 기재)은 아래와 같이 임대차 계약을
체결한다

[임차 상가건물의 표시]

소 재 지				
토 지	지목		면적	m²
건 물	구조·용도		면적	m²
임차할부분			면적	m²
유의사항: 임차할 부분을 특정하기 위해서 도면을 첨부하는 것이 좋습니다.				

[계약내용]

제1조(보증금과 차임) 위 상가건물의 임대차에 관하여 임대인과 임차인은 합의에 의하여 보증금 및 차임
을 아래와 같이 지급하기로 한다.

보 증 금	금 원정(₩)
계 약 금	금 원정(₩)은 계약시에 지급하고 수령함. 수령인 (인)
중 도 금	금 원정(₩)은 년 월 일에 지급하며
잔 금	금 원정(₩)은 년 월 일에 지급한다
차임(월세)	금 원정(₩)은 매월 일에 지급한다. 부가세 □ 불포함 □ 포함 (입금계좌:)
환산보증금	금 원정(₩)
유의사항: ① 당해 계약이 환산보증금을 초과하는 임대차인 경우 확정일자를 부여받을 수 없고, 전세권 등을 설정할 수 있습니다 ② 보증금 보호를 위해 등기사항증명서, 미납국세, 상가건물 확정일자 현황 등을 확인하는 것이 좋습니다 ※ 미납국세·선순위확정일자 현황 확인방법은 "별지" 참조

제2조(임대차기간) 임대인은 임차 상가건물을 임대차 목적대로 사용·수익할 수 있는 상태로 _____년
___월 ___일까지 임차인에게 인도하고, 임대차기간은 인도일로부터 _____년 ___월 ___일까지로 한다.

제3조(임차목적) 임차인은 임차 상가건물을 _____(업종)을 위한 용도로 사용한다.

제4조(사용·관리·수선) ① 임차인은 임대인의 동의 없이 임차 상가건물의 구조·용도 변경 및 전대
나 임차권 양도를 할 수 없다.

② 임대인은 계약 존속 중 임차 상가건물을 사용·수익에 필요한 상태로 유지하여야 하고, 임차인은 임대인이 임차 상가건물의 보존에 필요한 행위를 하는 때 이를 거절하지 못한다.

③ 임차인이 임대인의 부담에 속하는 수선비용을 지출한 때에는 임대인에게 그 상환을 청구할 수 있다.

제5조(계약의 해제) 임차인이 임대인에게 중도금(중도금이 없을 때는 잔금)을 지급하기 전까지, 임대인은 계약금의 배액을 상환하고, 임차인은 계약금을 포기하고 계약을 해제할 수 있다.

제6조(채무불이행과 손해배상) 당사자 일방이 채무를 이행하지 아니하는 때에는 상대방은 상당한 기간을 정하여 그 이행을 최고하고 계약을 해제할 수 있으며, 그로 인한 손해배상을 청구할 수 있다. 다만, 채무자가 미리 이행하지 아니할 의사를 표시한 경우의 계약해제는 최고를 요하지 아니한다.

제7조(계약의 해지) ① 임차인은 본인의 과실 없이 임차 상가건물의 일부가 멸실 기타 사유로 인하여 임대차의 목적대로 사용, 수익할 수 없는 때에는 임차인은 그 부분의 비율에 의한 차임의 감액을 청구할 수 있다. 이 경우에 그 잔존부분만으로 임차의 목적을 달성할 수 없는 때에는 임차인은 계약을 해지할 수 있다.

② 임대인은 임차인이 3기의 차임액에 달하도록 차임을 연체하거나, 제4조 제1항을 위반한 경우 계약을 해지할 수 있다.

제8조(계약의 종료와 권리금회수기회 보호) ① 계약이 종료된 경우에 임차인은 임차 상가건물을 원상회복하여 임대인에게 반환하고, 이와 동시에 임대인은 보증금을 임차인에게 반환하여야 한다.

② 임대인은 임대차기간이 끝나기 3개월 전부터 임대차 종료 시까지「상가건물임대차보호법」제10조의4제1항 각 호의 어느 하나에 해당하는 행위를 함으로써 권리금 계약에 따라 임차인이 주선한 신규임차인이 되려는 자로부터 권리금을 지급받는 것을 방해하여서는 아니 된다. 다만,「상가건물임대차보호법」제10조제1항 각 호의 어느 하나에 해당하는 사유가 있는 경우에는 그러하지 아니하다.

③ 임대인이 제2항을 위반하여 임차인에게 손해를 발생하게 한 때에는 그 손해를 배상할 책임이 있다. 이 경우 그 손해배상액은 신규임차인이 임차인에게 지급하기로 한 권리금과 임대차 종료 당시의 권리금 중 낮은 금액을 넘지 못한다.

④ 임차인은 임대인에게 신규임차인이 되려는 자의 보증금 및 차임을 지급할 자력 또는 그 밖에 임차인으로서의 의무를 이행할 의사 및 능력에 관하여 자신이 알고 있는 정보를 제공하여야 한다.

제9조(재건축 등 계획과 갱신거절) 임대인이 계약 체결 당시 공사시기 및 소요기간 등을 포함한 철거 또는 재건축 계획을 임차인에게 구체적으로 고지하고 그 계획에 따르는 경우, 임대인은 임차인이 상가건물임대차보호법 제10조 제1항 제7호에 따라 계약갱신을 요구하더라도 계약갱신의 요구를 거절할 수 있다.

제10조(비용의 정산) ① 임차인은 계약이 종료된 경우 공과금과 관리비를 정산하여야 한다.

② 임차인은 이미 납부한 관리비 중 장기수선충당금을 소유자에게 반환 청구할 수 있다. 다만, 임차 상가건물에 관한 장기수선충당금을 정산하는 주체가 소유자가 아닌 경우에는 그 자에게 청구할 수 있다.

제11조(중개보수 등) 중개보수는 거래 가액의 _____% 인 _____원(부가세 □ 불포함   □ 포함)으로 임대인과 임차인이 각각 부담한다. 다만, 개업공인중개사의 고의 또는 과실로 인하여 중개의뢰인 간의 거래행위가 무효·취소 또는 해제된 경우에는 그러하지 아니하다.

제12조(중개대상물 확인·설명서 교부) 개업공인중개사는 중개대상물 확인·설명서를 작성하고 업무

보증관계증서(공제증서 등) 사본을 첨부하여 임대인과 임차인에게 각각 교부한다.

[특약사항]

① 입주전 수리 및 개량, ②임대차기간 중 수리 및 개량, ③ 임차 상가건물 인테리어, ④ 관리비의 지급주체, 시기 및 범위, ⑤ 귀책사유 있는 채무불이행 시 손해배상액예정 등에 관하여 임대인과 임차인은 특약할 수 있습니다

본 계약을 증명하기 위하여 계약 당사자가 이의 없음을 확인하고 각각 서명·날인 후 임대인, 임차인, 개업공인중개사는 매 장마다 간인하여, 각각 1통씩 보관한다.

년   월   일

임대인	주 소								서명 또는 날인⑩
	주민등록번호 (법인등록번호)			전 화			성 명 (회사명)		
	대 리 인	주 소		주민등록번호			성 명		
임차인	주 소								서명 또는 날인⑩
	주민등록번호 (법인등록번호)			전 화			성 명 (회사명)		
	대 리 인	주 소		주민등록번호			성 명		
개업 공인 중개사	사무소소재지				사무소소재지				
	사무소명칭				사무소명칭				
	대 표	서명 및 날인		⑩	대 표	서명 및 날인			⑩
	등 록 번 호		전화		등 록 번 호			전화	
	소속공인중개사	서명 및 날 인		⑩	소속공인중개사	서명 및 날인			⑩

제 8 장   민사소송절차

　　민사소송은 개인 상호간의 생활관계에서 발생하는 법률상 권리와 의무에 관한 분쟁 및 이해관계의 충돌을 가장 명확한 국가의 재판권에 의하여 강제적으로 분쟁을 해결하는 절차를 말한다. 따라서 국가형벌권의 실현을 목적으로 하는 형사소송과 다르다. 민사소송은 사법상의 권리관계의 확정·보전·실현 등 세 가지를 과제로 하는 절차이다. 권리의 확정절차가 판결절차이고, 권리의 보전절차가 가압류·가처분 절차이며, 권리의 실현절차가 강제집행절차이다.

　　우리 민사소송법전에는 위의 세 절차가 함께 담겨 있다. 민사소송은 그 목적이 사권의 보호에 있으므로 소송자료는 당사자가 제출하며, 채무자의 재산도피를 막기 위하여 채권자는 소송제기 이전에 채무자의 재산을 확보해 둘 필요가 있다. 민사소송의 진행 과정을 도표로 표시하면 다음과 같다.

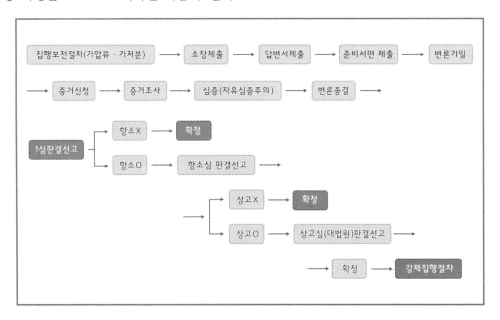

I. 민사법원 및 관할

　　민사법원은 넓은 의미로 민사재판권을 행사하는 국가기관을 총칭하기 때문에 협의의 민사법원 이외에도 법원의 서기·집달관 기타 법원직원을 포함한다. 좁은 의미로는 민사사건을 담당하는 합의부와 단독판사를 말한다.

　　그러면 소송당사자인 원고는 어느 법원에 소송을 제기해야 하는가. 법원의 관할이란 여러 종류의 법원간에 재판을 어떻게 분장하여 행사하게 할 것인가와 동일한 지방법원내에서 단독판사와 합의부간의 재판사무의 분담을 규정하는 것이다. 피고의 주소지를 관할하는 법원에 소송을 제기하는 것이 원칙이지만 원고의 편의 등을 위하여 여러 가지 예외를 인정하고 있다. 즉, 대여금, 물품대금, 손해배상 등의 청구와 관련된 사건은 그 채무이행지인 원고 주소지를 관할하는 법원에 소송을 제기할 수 있으며(의무이행지의 특별재판적), 교통사고에 있어서 피해자가 사고장소를 관할하는 법원에 소송을 제기할 수 있다(불법행위지의 특별재판적).

II. 소송당사자

　　민사소송에 있어서 당사자는 자기의 이름으로 국가권력의 보호를 요구하는 자와 요구받은 자를 말한다. 국가권력의 보호를 요구하는 자를 원고라고 하며 요구받은 자를 피고라고 한다. 그리고 민사소송사건에 있어서 원고가 누구이고 피고가 누구인지를 확정하여야 소송절차의 안정, 확실한 진행을 할 수 있기 때문에 구체적인 소송에 있어서 누가 당사자인가를 확정하여야 한다. 이를 당사자확정이라고 한다.

　　민사소송에 있어서 당사자능력은 판결절차에서 원고, 피고 및 참가인이 될 수 있는 능력을 말한다. 민법상 권리능력자는 모두 당사자능력을 가지며, 권리능력 없는 사단이나 재단도 대표자나 관리인이 있으면 그가 당사자능력을 갖게 된다. 법원은 당사자능력이 없는 경우 변론없이 소를 각하할 수 있고, 소송 계속 중에 당사자능력을 상실하면 승계인이 소송을 승계하게 된다.

　　그리고 소송능력은 당사자에게 유효한 소송행위를 하거나 자기에 대한 소송행위를 할 수 있는 능력을 말한다. 소송능력은 소송에서 자기의 이익을 주장·옹호할 능력으로 민법상 행위능력과 같다. 따라서 미성년자와 피한정후견인이 독립하여 법률행위를 할 수 있는 경우를 제외하고는 법정대리인에 의하여 소송행위를 할 수 있다.

Ⅲ. 소송절차

1. 소송을 제기하기 전에 해야 할 일(보전절차)

(1) 가압류신청

가압류는 금전채권 또는 금전으로 환산할 수 있는 채권에 관하여 장래 그 집행이 불가능하게 되거나 곤란하게 될 경우에 이를 보전하려는 목적으로 미리 채무자의 재산을 압류하여 채무자가 처분하지 못하도록 하는 제도입니다. 가처분과 함께 집행보전절차라고도 하는 이들의 본안소송은 급부소송이다. 가압류는 보전될 권리를 소송물로 하는 본안소송 및 강제집행의 존재를 예정하는 점에서 부수적인 성격을 가진다. 가압류명령은 즉시 집행하지 않으면 그 목적을 이룰 수 없기 때문에 명령과 집행의 관계는 보통의 소송에 있어서보다 밀접하고, 즉시 집행력이 부여된다.

민사집행법상 가압류사건은 가압류할 물건의 소재지 지방법원이나 본안소송이 계속 중이거나 본안이 제소되었을 때 이를 관할할 수 있는 법원 중에 제출하여야 한다. 가압류는 부동산, 유체동산, 채권 등의 경우에 인정된다.

부동산의 가압류는 법원은 부동산 등기부등본에 가압류 재판에 관한 사항을 기재하는 가압류등기를 한다. 유체동산의 가압류는 집행관이 집행한다. 즉, 채권자는 가압류결정정본으로 가압류할 유체동산의 소재지를 관할하는 지방법원 관할 집행관에게 집행위임을 하고, 집행관은 채권자가 가압류결정정본을 송달받은 날로부터 14일 이내에 집행에 착수함과 동시에 재판서 정본을 채무자에게 송달하게 된다. 채권가압류는 법원이 가압류결정정본을 제3채무자에게 전해 줌으로써 집행하게 된다.

법원에서 가압류신청을 인용하는 재판은 담보를 조건으로 하는 경우와 담보없이 하는 경우가 있으며, 담보제공을 조건으로 하는 경우에는 그 조건에 따라 현금 공탁 후 공탁서 사본을 제출하거나 공탁보증보험증권을 제출하여야 한다.

[서식 39] 부동산가압류신청서(대여금)

부동산가압류신청

채 권 자 ○○○

　　　　○○시 ○○구 ○○길 ○○(우편번호 ○○○-○○○)

　　　　전화 · 휴대폰번호:

　　　　팩스번호, 전자우편(e-mail)주소:

채 무 자 ◇◇◇

　　　　○○시 ○○구 ○○길 ○○(우편번호 ○○○-○○○)

　　　　전화 · 휴대폰번호:

　　　　팩스번호, 전자우편(e-mail)주소:

청구채권의 표시

금 ○○○원

채권자가 채무자에 대하여 가지는 대여금청구채권

가압류하여야 할 부동산의 표시

별지 제1목록 기재와 같습니다.

신 청 취 지

채권자가 채무자에 대하여 가지는 위 채권의 집행을 보전하기 위하여 채무자 소유의 별지 제1목록 기재 부동산을 가압류한다.

라는 재판을 구합니다.

신 청 이 유

1. 채권자는 채무자에게 20○○. ○. ○. 이자를 월 2%, 갚을 날짜는 12개월 뒤로 정하여 금 ○○○원을 빌려준 사실이 있습니다. 그러나 채무자는 갚을 날짜가 지난 지금까지 별다른 사유 없이 지급하지 아니하고 있습니다.

2. 채권자가 알아본 결과 채무자는 다른 채권자에게도 많은 채무가 있고, 채무자의 재산이라고는 담보제공 된 아파트 한 채가 있을 뿐입니다.

3. 채권자는 채무자로부터 대여금을 지급 받기 위한 본안소송을 준비하고 있으나, 위와 같은 채무자의 재산상태에서는 승소한 뒤에도 강제집행의 목적을 달성할 수 없기 때문에 이 사건 신청에 이르게 된 것입니다.

4. 그리고 담보제공은 공탁보증보험증권(■■보증보험주식회사 증권번호 제○○호)을 제출하는 방법으로 할 수 있도록 허가하여 주시기 바랍니다.

첨 부 서 류

1. 현금보관증   1통
1. 부동산등기사항전부증명서   2통
1. 가압류신청진술서   1통
1. 송달료납부서   1통

20○○.   ○.   ○.

위 채권자 ○○○ (서명 또는 날인)

○○지방법원   귀중

[별 지 1]

가압류할 부동산의 표시

1. ○○시 ○○구 ○○동 ○○-○○
   대 157.4㎡
1. 위 지상
   벽돌조 평슬래브지붕 2층주택
      1층 74.82㎡
      2층 74.82㎡
      지층 97.89㎡. 끝.

(2) 가처분신청

가처분이란 채권자가 금전채권이 이외의 특정계쟁물(권리 또는 법률관계에 관하여 다툼의 대상이 되는 물건이나 지위)에 관하여 청구권을 가지고 있을 때 판결이 확정되고 강제집행시까지 공백기간 동안에 그 계쟁물이 처분 내지 멸실되는 등 법률적·사실적 변경이 발생하는 것을 방지하고자 판결을 받기 전에 그 계쟁물의 현상변경을 금지시키는 집행보전제도이다. 가처분의 형식은 정함이 없으나, 일반적으로는 다툼의 대상에 대한 가처분과 임시의 지위를 정하기 위한 가처분이 있다. 전자는 처분행위를 금지하는 처분금지가처분과 점유 이전행위를 금지하는 점유이전금지가처분이 있다. 후자는 당사자간에 권리관계 또는 법률관계가 존재하고 그에 대한 확정판결이 있기까지 현상의 진행을 그대로 방치한다면 권리자가 현저한 손해를 입거나 목적을 달성하기 어려운 경우에 잠정적으로 임시의 조치를 행하는 보전제도이다. 예컨대 건물의 명도청구권을 본안의 권리로 가지고 있는 자에게 임시로 건물 점유자의 지위를 인정하는 것 등이다. 가처분신청의 관할법원은 현재 본안소송이 계속 중이라면 그 법원이 관할법원이 되며, 현재 본안이 계속 중에 있지 않다면 앞으로 본안이 제소되었을 때 관할할 수 있는 법원에 제출하면 된다.

[서식 40] 유체동산점유이전금지 가처분신청서

유체동산점유이전금지가처분신청

채권자 ○○○
　　　○○시 ○○구 ○○길 ○○(우편번호 ○○○-○○○)
　　　전화 · 휴대폰번호:
　　　팩스번호, 전자우편(e-mail)주소:
채무자 ◇◇◇
　　　○○시 ○○구 ○○길 ○○(우편번호 ○○○-○○○)
　　　전화 · 휴대폰번호:
　　　팩스번호, 전자우편(e-mail)주소:

목적물의 표시　　　별지목록 기재와 같습니다.

피보전권리의 요지　20○○. ○. ○. 약정에 의한 물건인도청구권
목적물의 가격　　　5,000,000원

신 청 취 지

1. 채무자는 별지목록 기재 물건에 대한 점유를 풀고 이를 채권자가 위임하는 집행관에게 인도하여
   야 한다.
2 집행관은 현상을 변경하지 않을 것을 조건으로 하여 채무자에게 사용을 허가하여야 한다.
3. 채무자는 그 점유를 타인에게 이전하거나 또는 점유명의를 변경하여서는 아니 된다.
4. 집행관은 위 취지를 공시하기 위하여 적당한 방법을 취하여야 한다.
라는 재판을 구합니다.

신 청 원 인

1. 당사자들의 지위
　채권자는 별지목록 기재 물건을 매수한 사람이고 채무자는 매도인으로서 별지목록 기재 물건의
종전 소유자입니다.
2. 채무자의 물건인도의무
　채무자는 20○○. ○. ○. 채권자에게 별지목록 기재 물건을 20○○. ○. ○.까지 인도하겠다는
약정을 한 사실이 있습니다. 그러므로 채무자는 위 약정을 원인으로 하여 채권자에게 위 물건을 인
도할 의무가 있습니다. 그런데 채무자는 타당한 이유 없이 위 물건의 인도를 거부하고 있습니다.

3. 보전의 필요성

이에 채권자는 채무자 상대로 위 물건의 인도청구소송을 제기하여 놓았으나 채무자가 위 물건을 다른 사람에게 이전하여 제3자가 점유할 경우, 채권자가 위 소송에서 승소하더라도 인도집행이 불가능할 염려가 있어 그 집행을 보전하기 위하여 이 사건 신청을 하기에 이른 것입니다.

4. 담보제공

한편, 이 사건 유체동산점유이전금지가처분명령의 손해담보에 대한 담보제공은 민사집행법 제19조 제3항, 민사소송법 제122조에 의하여 보증보험주식회사와 지급보증위탁계약을 맺은 문서를 제출하는 방법으로 담보제공을 할 수 있도록 허가하여 주시기 바랍니다.

소 명 방 법

1. 소갑 제1호증　　　　매매계약서
1. 소갑 제2호증　　　　영수증
1. 소갑 제3호증　　　　소제기증명원
1. 소갑 제4호증　　　　소장부본

첨 부 서 류

1. 위 소명방법　　　　각 1통
1. 물건감정서　　　　1통
1. 송달료납부서　　　　1통

20○○.　　○.　　○.

위 채권자 ○○○ (서명 또는 날인)

○○지방법원　귀중

[별 지]

유체동산의 표시

품명 : 프린터
수량 : 5대
제작회사 ○○주식회사
모델명 : ○○○○○
소재지 : ○○시 ○○구 ○○길 ○○. 끝.

2. 민사소송의 판결절차

(1) 소의 제기

소송상의 청구란 법원에 그 당부의 판단을 구하는 원고·피고에 대한 권리주장으로 심판의 대상이다. 민소소송의 제기는 원고가 소장을 작성하여 관할지방법원에 제출함으로써 시작된다. 소장에는 소정사항을 기재하고 원고 또는 대리인이 기명날인하고 인지를 첨부하여야 한다. 즉, 소장에는 당사자·법정대리인, 당해 소송을 제기하는 청구의 취지와 그 청구원인 등을 기재하여야 한다. 소의 제기는 원고가 피고를 상대로 특정한 청구의 당부에 대하여 법원에 그 심리와 판결을 요구하는 소송행위를 말한다. 재판장은 소장의 기재사항에 잘못된 점이 있는 경우에는 상당한 기간을 정하여 그 흠결을 보정할 것을 명할 수 있고, 원고가 그 흠결을 보정하지 아니한 경우에는 명령으로 각하하여야 한다.

민사소송이 제기되면 재판장은 심리를 하기 위하여 소장 부본을 피고에게 송달하면서 답변서를 제출할 것을 요구한다. 쌍방심리주의로서 공격방어방법의 제출에 있어서 대립하는 당사자에게 소송심리의 적정·공평을 위해 대등한 기회를 주고 재판하여야 된다는 원칙에 따른 것이다. 소장 부본을 받을 사람이 없거나, 문을 잠그고 수령을 거부하거나, 주소가 명확하지 않거나 이사를 간 경우 등에서 재차 다시 송부하거나 공시송달의 방법 등을 이용한다. 피고가 원고의 주장에 대해 이의를 제기하면서 답변서를 제출하면 소송절차가 진행되지만, 답변서를 제출하지 않거나 소장의 청구원인 사실을 전부 인정하면 변론없이 소송은 원고승소로 종료하게 된다.

소송이 제기되고 소장부본이 피고에게 송달되면, 법원이 그 소를 각하하지 않는 한 본안판결을 위하여 판단의 기초가 되는 소송자료를 수집한다. 이를 소송심리라고 한다. 소송심리는 변론주의의 원칙, 당사자처분주의의 원칙, 직접심리주의의 원칙, 구술주의의 원칙과 보충적인 서면주의, 공개주의의 원칙과 자유심증주의의 원칙 등에 따르고 있다.

[서식 41] 소 장

소 장

원고   ○ ○ ○
　　　　○○시 ○○구 ○○동 ○○(우편번호○○○○○)
　　　　위 소송대리인 변호사 ◎◎◎
　　　　○○시 ○○구 ○○동 ○○(우편번호○○○○○)
　　　　전화번호　　　　　　　　　FAX
　　　　전자우편주소

피고   △ △ △
　　　　○○시 ○○구 ○○동 ○○(우편번호○○○○○)
　　　　전화번호　　　　　　　　　FAX
　　　　전자우편주소

계약금 및 중도금반환 청구의 소

청 구 취 지

1. 피고는 원고에게 30,000,000원 및 이에 대하여 1995. 12. 13.부터 이 소장부본 송달까지는 연 5%의, 그 다음날부터 다 갚을 때까지는 연 25%의 비율에 의한 돈을 지급하라.
2. 소송비용은 피고의 부담으로 한다. 3. 제1항은 가집행 할 수 있다. 라는 판결을 구합니다.

청 구 원 인

1. 원고는 1995. 11. 11. 당시 서울 서초구 서초동 100-10 토지에 7층 규모의 오피스텔 및 쇼핑센타를 건축중인 피고와 사이에 위 건물 중 6층 5호 분양면적 49.4㎡(전용 면적 29.16㎡ 공유면적 20.24㎡) 및 그 대지권을 매수하는 계약을 아래와 같은 내용으로 체결하였습니다.
   가. 대금 : 금 59,176,260원
   나. 대금지급방법 : 계약금은 계약시 지급, 1차 중도금은 계약일로 부터 2개월 이내 대금의 25%지급, 2차 중도금은 계약일로부터 4개월 이내 대금의 25% 지급, 잔금은 입주 10일전 지급함.
   다. 목적물 인도시기 : 1996. 2. 1.까지
2. 원고는 피고에게 위 계약을 체결할 때 계약금으로 10,000,000원을, 1996. 1. 12. 중도금 20,000,000원을 각 지급하고서 위 신축공사의 완료를 기다리고 있었는데, 피고가 위 목적물 인도기한을 훨씬 넘긴 1996. 3. 26.까지도 건물공사를 완료하지 못하였으므로 그 날에 피고에게 1996. 4. 4.까지 건물을 완공하여 인도해 주지 아니하면 위 계약을 해제한다는 요지의 의사표시를 하여 그 무렵 도달되었습니다. 그럼에도 불구하고 피고는 1996. 4. 4.까지 위

건물을 완공하여 매매목적물 부분을 원고에게 인도해 주지 아니하였으므로 이 사건 매매계약은 해제되어 그 효력을 잃었다 할 것입니다.

3. 따라서 피고는 매매대금으로 수령한 금30,000,000원 및 그에 대한 이자를 반환해 줄 의무가 있다 할 것이므로 그 이행을 구하고자 이 건 청구에 이르렀습니다.

입 증 방 법

1. 계약서   (갑제1호증의 1,2)
1. 입금표   (갑제2호증의 1,2)
1. 해약통지서   (갑제3호증)

첨 부 서 류

1. 소장부본   1통   1. 법인등기부등본
1. 납부서   1통   1. 위임장

2003.   .   .

위 원고 소송대리인 변호사   ○ ○ ○   (인)

○○지방법원   귀중

(2) 변 론

민사재판은 본인이 직접 출석하거나 대리인이 출석할 수 있다. 소송가액이 1억원을 넘는 경우에는 변호사, 지배인, 국가 소송수행자 이외에는 소송대리를 할 수 없다.

재판장은 피고의 답변서가 제출되면 변론기일을 정하여 원고와 피고에게 기일을 통지한다. 변론은 공개주의원칙에 따라 일반인이 방청할 수 있는 상태에서 진행되는 것이 원칙이며, 당사자의 변론이나 법원의 증거조사도 모두 서면으로 이루어진다. 변론이 효율적이고 집중적으로 실시될 수 있도록 변론준비절차와 변론준비기일 방식으로 진행된다.

변론기일 당해 소송과 관련된 모든 사람, 즉 법원, 원고와 피고, 그 밖의 소송관계인 등이 모이고, 이 때 정리된 결과를 발표하고 증거조사를 한다. 대여금소송에 있어서 원고는 돈을 빌려주었다고 주장하고, 피고는 그러한 사실이 없다(부인) 또는 있다(자백)라는 답변을 하게 된다. 그 외에 돈을 빌린 사실은 있지만 변제하였다 또는 상계하였다라고 항변을 할 수 있다. 이러한 내용들은 법정에서 원고와 피고 사이에 구두로 행하는 것이 원칙이지만, 서면을 제출할 수도 있다. 이와 같이 당사자가 변론기일에 진술하려는 사실을 기재한 서면을 준비서면이라고 한다. 준비서면에 기재하지 아니한 사실은 상대방이 출석하지 아니한 때에는 변론에서 주장하지 못하는 것이 원칙이다.

[서식 42] 답변서

답 변 서

사건번호   20   가   [담당재판부 : 제   (단독)부]

원   고   (이름)
            (주소)

피   고   (이름)   (주민등록번호   –   )
            (주소)   (연락처   )

위 사건에 관하여 피고는 다음과 같이 답변합니다.

청구취지에 대한 답변

청구원인에 대한 답변

20 .   .   .

피고   (날인 또는 서명)

○○지방법원   귀중

◇ 유의사항 ◇

1. 연락처란에는 언제든지 연락 가능한 전화번호나 휴대전화번호를 기재하고, 그 밖에 팩스번호, 이메일 주소 등이 있으면 함께 기재하기 바랍니다.

2. 답변서에는 청구의 취지와 원인에 대한 구체적인 진술을 적어야하고 상대방 수만큼의 부본을 첨부하여야 합니다.

3. 「청구의 취지에 대한 답변」에는 원고의 청구에 응할 수 있는지 여부를 분명히 밝혀야 하며, 「청구의 원인에 대한 답변」에는 원고가 소장에서 주장하는 사실을 인정하는지 여부를 개별적으로 밝히고, 인정하지 아니하는 사실에 관하여는 그 사유를 개별적으로 적어야 합니다.

4. 답변서에는 자신의 주장을 증명하기 위한 증거방법에 관한 의견을 함께 적어야 하며, 답변사항에 관한 중요한 서증이나 답변서에서 인용한 문서의 사본 등을 붙여야 합니다.

[서식 43] 준비서면

준 비 서 면

사건번호 20 가   [담당재판부 : 제   (단독)부]
원   고
피   고

위 당사자 사이의 위 사건에 관하여 원고는 다음과 같이 변론을 준비합니다.

다   음

1.
2.
3.

입증방법

1.
1.

20 .   .   .

원고   (날인 또는 서명)

○○지방법원 귀중

◇유의사항◇

연락처란에는 언제든지 연락 가능한 전화번호나 휴대전화번호를 기재하고, 그 밖에 팩스번호, 이메일 주소 등이 있으면 함께 기재하시고, 상대방 수만큼의 부본을 첨부하여야 합니다.

(3) 증거조사

법원은 당사자의 주장사실을 증거에 의하여 그 진위 여부를 판단한다. 증거신청의 방식은 증명할 사실을 표시하여야 한다. 증거조사는 원칙적으로 당사자의 신청에 의하지만, 당사자가 신청한 증거에 의하여 심증을 얻을 수 없거나 기타 필요하다고 인정한 때에는 직권으로 증거조사를 할 수 있다. 증거조사는 구체적으로 증인신문, 감정인의 신문에 의하는 감정신청이나 서류 및 물건의 제출 등에 서증신청으로 이루어진다. 그리고 법원은 증거조사에 의하여 심증을 얻지 못한 때에는 직권 또는 당사자의 신청에 의하여 당사자 본인을 신문할 수 있다. 또한 법원은 필요한 조사를 공공기관, 학교 그 밖의 단체·개인 또는 외국의 공공기관에게 촉탁할 수 있다.

[서식 44] 증인신청서

증 인 신 청 서

1. 사건 : 20   가
2. 증인의 표시

이 름	김 희 연				
생년월일	1964. 1. 1.				
주 소	서울 ○○구 ○○동 123 4통 5반				
전화번호	자택	(02)555－777×	사무실	(02)777－999×	휴대폰	(015)123－456×
원·피고 와의 관계	원고 처의 친구(고등학교 동창)				

3. 증인이 이 사건에 관여하거나 그 내용을 알게 된 경위

　　이 사건 임대차계약을 체결할 당시 원고, 원고의 처와 함께 계약현장에 있었음

4. 신문할 사항의 개요

　　① 이 사건 임대차계약 당시의 정황

　　② 임대차 계약서를 이중으로 작성한 이유

　　③

5. 희망하는 증인신문방식(해당란에 "𝜈"표시하고 희망하는 이유를 간략히 기재)

　　☑ 증인진술서 제출방식　□증인신문사항 제출방식　□서면에 의한 증언방식

　　이유 : 원고측과 연락이 쉽게 되고 증인진술서 작성 의사를 밝혔음

6. 그 밖에 필요한 사항

20 .   .   .

○고 소송대리인　○○○　㊞

○○지방법원 제○부 앞

1. 증인이 이 사건에 관여하거나 그 내용을 알게 된 경위는 구체적이고 자세하게 적어야 합니다.
2. 여러 명의 증인을 신청할 때에는 증인마다 증인신청서를 따로 작성하여야 합니다.
3. 신청한 증인이 채택된 경우에는 법원이 명하는 바에 따라 증인진술서나 증인신문사항을 미리 제출하여야 하고, 지정된 신문기일에 증인이 틀림없이 출석할 수 있도록 필요한 조치를 취하시기 바랍니다.

[서식 45] 증인신문사항

증인 ○○○에 대한 신문사항

[담당재판부 : 제   민사부(단독)]

사   건   20○○가단(합, 소)○○○○   소유권말소등기

원   고   ○○○

피   고   ○○○

1.

2.

3.

4.

5.

...

20○○. ○○. ○○.

원고(또는 피고) ○○○ (날인 또는 서명)

연락처 : 000-0000-0000

○○지방법원 (○○지원) 제 ○민사부(단독)   귀중

(4) 판 결

일반적으로 민사소송은 변론이 종결된 날로부터 2주 이내에 선고된다. 원고 또는 피고가 전부 승소한 경우에는 원고승소 내지 피고승소판결을 간단하게 선고하지만, 일부만 승소한 경우에는 그 인용되는 부분을 구체적으로 밝히면서 일부승소판결을 한다. 법원사무관 등은 판결서를 받은 날로부터 2주 이내에 당사자에게 송달한다. 승소한 원고는 주문에 따른 가집행선고에 의해 가집행할 수 있다.

한편, 재판장의 판결이 있기 이전에 당사자의 의사표시로 소송은 종료될 수 있다. 예컨대, 원고가 소를 취하하거나 소송을 포기하는 경우, 또는 피고의 인낙 및 당사자쌍방의 화해하는 경우 등이다.

[서식 46] 판결문

판 결

【전 문】

【원 고】 ○ ○ ○   (소송대리인 변호사 ○ ○ ○)

【피 고】 ○ ○ ○   (소송대리인 변호사 ○ ○ ○)

【변론종결】

　　　2017. 1. 10.

【주 문】

1. 피고는 원고에게 돈 10,000,000원 및 각 이에 대한 　.　.　.부터 다 갚는 날까지 연5푼의
   비율에 따른 돈을 지급하라.
2. 소송비용은 피고의 부담으로 한다.
3. 제1항은 가집행할 수 있다.

【청구취지】

【이 유】

1. 피고에 대한 청구
   가. 손해배상책임의 발생
   나. 손해배상의 범위
   　　(1) 기대수입상실손해
   　　(2) 과실상계
   　　(3) 상속관계
   　　(4) 위자료

3. 결론
   그렇다면 피고는 원고에게 돈 10,000,000원 및 각 이에 대한 　.　.　.부터 다 갚는 날까
   지 연5푼의 비율에 따른 지연손해금을 지급할 의무가 있다고 할 것이므로 원고의 이 사건 청구
   중 위 피고에 대한 부분은 위 인정범위내에서 이유있어 인용하고, 소송비용의 부담에 관하여는
   민사소송법 제89조, 제92조, 제93조를, 가집행선고에 관하여는 같은 법 제199조를 각 적용하여
   주문과 같이 판결한다.

　　　　　　　　　　　　　　　　　　2017. 1. 24.

　　　　　　　　판사　 ○ ○ ○(재판장)　 ○ ○ ○　 ○ ○ ○

(5) 상 소

상소란 재판에 대한 불복신청방법으로 상급법원에 그 당부를 심사하여 사건을 다시 심판할 것을 요구하는 소송행위이다.

1) 항 소

항소는 제1심의 종국판결에 대하여 더 유리한 판결을 얻을 목적으로 그 사실인정의 부담이나 법령위반을 이유로 그 취소·변경을 구하는 제2심 법원에 대한 상소이다. 제1심 법원이 지방법원 단독부이면 지방법원 본원 합의부가, 합의부에 대해서는 고등법원이 각각 항소법원을 구성한다.

2) 상 고

상고는 고등법원이 선고한 종국판결과 지방법원합의부가 제2심으로서 선고한 종국판결에 대한 상소이다. 상고가 이유 있다고 인정한 때에는 원심판결을 파기하고 사건을 원심법원에 환송하거나 동등한 다른 법원에 이송하여야 한다. 환송이나 이송을 받은 법원은 다시 변론에 의하여 재판하여야 한다. 상고는 불복신청의 이유가 법령위반의 경우에 제기하는 것이므로 상고심을 법률심이라고 부르지만, 항소심은 제1심과 같이 사실관계를 다투는 것이므로 사실심이라고 한다.

당해 심급에서 판결이 내려지고 패소한 당사자가 상소기간에 항소나 상고를 하지 아니하면 판결은 확정된다. 또한 대법원에서 판결을 선고하면 확정된다.

[서식 47] 항소장

항 소 장

항소인(원,피고)   (이름)
                 (주소)
                 (연락처)

피항소인(원,피고)   (이름)
                  (주소)

위 당사자 사이의 ○○지방법원 20   가   호 ○○금 청구사건에 관하여 원(피)고는 귀원이
20 .   . . 선고한 판결에 대하여 20 .   . . 송달받고 이에 불복하므로 항소를 제기합니다.

원판결의 표시

항소취지

항소이유

첨부서류

1. 납부서
2. 항소장 부본

                         20 .   .   .

        항소인(원,피고)   (서명 또는 날인)

  ○○지방법원 귀중

[서식 48] 상고장

상 고 장

상고인(원,피고)　(이름)
　　　　　　　　(주소)
　　　　　　　　(연락처)

피상고인(원,피고)　(이름)
　　　　　　　　　(주소)

위 당사자 사이의 귀원 20   나   호 ○○금 청구사건에 관하여 원(피)고는 귀원이 20 .   .
  . 선고한 판결에 대하여 20 .   .   . 송달받고 이에 불복하므로 상고를 제기합니다.

제2심판결의 표시

상고취지

상고이유

첨부서류

1. 납부서
2. 상고장 부본

20 .   .   .

　　　　상고인(원,피고)　　　　　　　(서명 또는 날인)

○○고등법원　귀중

(6) 재 심

재심은 이미 확정된 종국판결에 대하여 민사소송법 제451조의 규정에 의한 새로운 재심사유에 해당하는 중요한 흠이 있는 경우에 그 판결의 취소와 사건의 재심판을 구할 수 있는 불복신청을 말한다. 재심의 소는 원칙적으로 재판이 확정된 후 재심사유를 안 날로부터 30일 이내에 제기하여야 하며, 판결확정 후 5년을 경과한 때에는 재심의 소를 제기하지 못한다.

[서식 49] 재심청구서

재 심 청 구 서

재심청구 원고 : ○○○

주민등록번호 : ○○○○○○-○○○○○○○

주소 :

재심 피고 : ○○○

주민등록번호 : ○○○○○○-○○○○○○○

주소 :

재심청구취지

재심청구 이유

1. 원심판결의 요지
2. 새로운 사실

첨 부 서 류

1. 판결등본
2. 새로운 증거

2017년 1월   일

위 재심원고   ○○○ (인)

○ ○ 지 방 법 원 귀 중

Ⅳ. 강제집행절차

강제집행은 확정된 종국판결이나 가집행선고 있는 종국판결에 의하여 확정판결된 내용을 피고인 채무자가 이행하지 않는 경우에 국가 공권력으로 집행의 대상이 되는 채무자의 재산을 지정하여 집행기관에 그 판결내용을 강제로 실현하는 절차이다.

1. 채무명의

채권자가 강제집행을 하기 위해서는 우선 집행력을 갖춘 집행권원이 있어야 한다. 이를 채무명의라 하며, 민사소송법상 규정된 집행권원 중 중요한 것으로는 확정된 이행판결, 가집행선고 있는 이행판결, 화해조서, 인낙조서, 조정조서, 확정된 지급명령, 공정증서 등이 해당된다. 강제집행에 있어서 집행문은 그 채무명의에 기하여 강제집행을 할 수 있다는 증명서이다.

2. 채무자의 재산 확인절차

강제집행은 모든 확정판결에 대하여 집행력이 인정되는 것이 아니라 이행판결의 경우에 한하여 행해지므로 채권자는 강제집행을 위하여 채무자가 어떠한 종류의 재산을 가지고 있는가를 확인하여야 할 필요가 있다.

채무자의 재산을 확인하는 절차로는 재산명시제도와 재산조회제도 및 채무불이행 명부제도 등이 있다. 재산명시제도란 일정한 집행권원에 기한 금전채무를 이행하지 아니하는 경우에 채권자가 재산명시신청을 하면 법원이 그 채무자로 하여금 강제집행의 대상이 되는 재산상태를 명시한 재산목록을 제출케 하여 재산관계를 공개하고 그 재산목록의 진실함을 선서하게 하는 법적 절차를 말한다. 재산명시제도를 위해서 필요한 것은 법원의 판결문이나 공정증서와 같은 집행력있는 정본이다.

재산조회제도란 재산명시절차를 하였음에도 불구하고 당사자가 재산목록의 제출을 거부하거나 제출된 재산목록만으로는 그 목적을 달성하기 곤란하거나 재산명시절차에서 상대방이 재산명시명령의 송달을 위한 주소보정명령을 받고도 공시송달요건에 해당되는 사유로 인하여 이를 이행할 수 없었던 경우에, 법원이 개인의 재산과 신용정보에 관한 전산망을 관리하는 공공기관·금융기관·단체 등에 대한 당사자 명의의 재산의 조회를 통하여 당사자의 자발적 협조 없이도 당사자의 재산내역을 발견·확인하는 제도이다.

　　채무불이행자명부제도란 채무자가 금전채무의 이행판결이 확정된 후 또는 집행권원을 작성한 후 6월 이내에 채무를 이행하지 않은 경우에는 채권자는 이를 뒷받침하는 자료를 첨부하여 채무자의 보통재판적이 있는 곳의 법원에 채무불이행자명부 등재신청하는 제도로써 채무의 이행을 간접적으로 강제하기 위하여 채무를 자진하여 이행하지 아니하는 불성실한 채무자를 명부에 등재하여 일반에 공개하는 제도이다.

[서식 50] 재산명시신청서

재산명시신청서	(*해당사항을 기재하고 해당번호란에 "○"표)

사 건 번 호 :　　　가　　(차)　(　단독　　 .　 .　 .선고　　기타　　) 원고(채권자) : 피고(채무자) :

1. 집행문부여신청 　　위 당사자간 사건의(판결, 결정, 명령, 화해조서, 인낙조서, 조정조서) 정본에 집행문을 부여하여 주시기 바랍니다.

2. 송달증명원 　　위 사건의 (판결, 결정, 명령, 화해조서, 인낙조서, 조정조서) 정본이 　　 .　 .　 .　자로 상대방에 송달되었음을 증명하여 주시기 바랍니다.

3. 확정증명원 　　위 사건의(판결, 결정, 명령, 　)이 　　 .　 .　 .자로 확정되었음을 증명하여 주시기 바랍니다.

200 .　 .　 . 위 (1항, 2항, 3항) 신청인　　원고(채권자)　　　　　　(인) 　　　　　　　　　　　　　　　　　　　　　　　법원　　귀중

위(송달, 확정) 사실을 증명합니다. 200 .　 .　 . 　　　　　　법원　　　법원사무관(주사)　　　　　　　　(인)

3. 강제집행정지 신청

판결의 내용에 가집행선고가 없는 판결은 판결이 확정되기 전에는 강제집행을 할수 없지만, 판결에 가집행선고가 있는 경우에는 상소가 제기되어 판결이 확정되지 않더라도 채권자는 집행문을 부여받아 강제집행을 실시하여 목적달성을 할 수 있다. 따라서 채무자는 강제집행정지신청을 하여 판결 확정 이전까지는 강제집행을 일시 정지시킬수 있다.

강제집행정지신청은 항소장을 원심법원에 접수하고, 접수증명서를 교부받아 신청서에 첨부하고, 신청서에 일정금액의 인지를 첨부하여 항소법원에 제출하면, 법원은 상당한 이유가 있는 경우 강제집행의 일시 정지를 명하는 결정을 하게 된다.

[서식 51] 강제집행정지결정 신청서

강제집행정지결정 신청서

		수입인지 1,000원

신 청 인　　(이름)

　　　　　　(주소)

　　　　　　(연락처)

피신청인　　(이름)

신 청 취 지

신 청 이 유

소 명 방 법

20 .　.　.

신청인　　　　　　(날인 또는 서명)

○○지방법원 귀중

V. 특별절차

1. 소액사건 심판절차

소액사건심판이란 소송물가액이 3,000만원을 초과하지 않는 금전 기타 대체물, 유가증권의 일정한 수량의 지급을 청구하는 사건을 대상으로 간이한 절차에 따라 심판하는 특별심판절차이다. 소액사건의 신속한 처리를 위하여 소장이 접수되면 즉시 변론기일을 지정하여 1회의 변론기일로 심리를 마치고 즉시 선고할 수 있도록 하고 있다. 당사자의 배우자, 직계혈족, 형제자매는 법원의 허가 없이도 소송대리인이 될 수 있다.

2. 독촉절차(지급명령)

독촉절차란 소송절차와 조정절차를 비롯하여 법원이 관여하는 주요한 민사분쟁해결절차의 하나이다. 독촉절차는 금전 기타 대체물이나 유가증권의 일정한 수량의 지급을 목적으로 하는 청구에 대하여 법원은 채권자의 신청에 의하여 지급명령을 할 수 있는 간편하고 신속한 절차를 말한다. 독촉절차는 서류심리만으로 지급명령을 발하므로 경제적 비용이 저렴하며, 신속하게 분쟁해결을 할 수 있다. 그리고 지급명령이 확정되면 확정판결과 동일한 같은 효력이 있다.

그러나 독촉절차는 이상의 장점이 있음에도 불구하고 상대방이 지급명령에 대하여 이의신청을 하면 종국에는 통상의 소송절차로 해결해야 하는 잠정적 분쟁해결절차의 구조를 가지고 있다. 따라서 지급명령신청을 하더라도 채무자가 이의신청을 할 개연성이 높은 경우에는 직접 조정신청 또는 소송을 제기하는 편이 더 바람직할 수 있다.

[서식 52] 지급명령신청서

지 급 명 령 신 청 서

채 권 자   (이름)   (주민등록번호   –   )
           (주소)
           (연락처)
채 무 자   (이름)   (주민등록번호   –   )
           (주소)

청 구 취 지

채무자는 채권자에게 아래 청구금액을 지급하라는 명령을 구함

1. 금   원
2. 위 1항 금액에 대하여 이 사건 지급명령정본이 송달된 다음날부터 갚는 날까지 연   %의 비율
   에 의한 지연손해금

독촉절차비용

   금   원(내역 : 송달료   원, 인지대   원)

청 구 원 인

첨 부 서 류

1.
2.

                    20 .   .   .

          채권자   (날인 또는 서명)
                         (연락처   )

○○지방법원   귀중

제 9 장   범죄와 형벌

I.   죄형법정주의

사 례

아이를 낳지 못하는 신체적 결함을 지닌 甲은 혼인한 지 얼마 안된 막내동서 乙이 임신하자 이를 질투하였다. 甲은 乙에게 낙태약을 영양제라고 속여서 복용하도록 하였다. 그러나 乙은 낙태가 되지는 않았지만, 태아 丙은 낙태약으로 인하여 중대한 손상을 입고 기형아로 출산되기에 이르렀다. 甲은 태아 丙에 대한 상해의 죄가 성립할 수 있는가?

1. 죄형법정주의의 의의

죄형법정주의란 어떠한 행위가 범죄가 되고 그 범죄에 대해서 어떤 종류의 형벌을 어느 정도 부과할 것인가에 관해서는 법으로 정해야 한다는 원칙이다. 보통 「nullum crimen, nulla poena sine lege(법률 없으면 범죄 없고 형벌도 없다)」라는 법언으로 표현된다.

우리 법체계에도 죄형법정주의는 기본원칙으로 확립되어 있다. 헌법 제12조 제1항은 「누구든지 … 법률과 적법한 절차에 의하지 아니하고는 처벌, 보안처분과 강제노역을 받지 아니한다」고 규정하여 법률에 의한 처벌을 명시하고 있으며, 헌법 제13조

제1항도 「모든 국민은 행위시의 법률에 의하여 범죄를 구성하지 아니하는 행위로 소추되지 아니하며 …」라고 하여 소급효를 인정하지 않는 법률의 일반적 원칙을 선언하고 있다.

따라서 범죄가 될 경우에 어떠한 형벌을 받는가를 미리 예측할 수 있고, 자기의 행위가 범죄가 되는 것으로 규정되어 있지 않는 한 자유롭게 행동할 수 있게 된다. 이러한 예측가능성을 통해 국민의 자유를 보장하려는 데에서 죄형법정주의의 본질을 찾을 수 있다.

여기에서 법이란 무슨 법, 어떠한 법을 말하는지가 문제된다. 즉, 범죄와 형벌의 내용이 담겨질 법의 형식과 특징에 대해 여러 파생적 원칙들이 이야기된다.

2. 죄형법정주의의 파생원칙(내용)

(1) 법률주의(관습형법금지의 원칙)

범죄와 형벌의 내용이 담겨질 법은 법률의 형식을 띠어야 한다. 국회를 통과한 형식적 법률에 의해서만 범죄와 형벌의 내용을 정할 수 있다는 것이다. 이를 「법률주의」라고 한다. 아울러 이 원칙은 특히 불문법의 대표적 형식인 관습법에 의해 범죄와 형벌의 내용을 정하는 것은 철저히 금지된다는 의미를 담고 있으며, 이러한 차원에서 「관습형법금지의 원칙」이라고 불리기도 한다.

(2) 소급효금지의 원칙(법률불소급원칙)

법률불소급의 원칙은 법률이 그 시행기간 중에 발생한 사항에 대해서만 적용되고, 법률 시행 이전에 발생한 사항에 대하여는 과거로 거슬러 올라가서 그 법률을 적용할 수 없다는 원칙이다.

이 원칙은 시간에 관한 효력 중에서 중요한 원칙의 하나이다. 이 원칙을 인정하는 이유는 법이 시행되기 이전에 발생한 사항에 대하여 사후에 제정된 신법을 적용한다면 법적 안정성을 기할 수 없고 법질서가 문란하게 될 것이므로 소급효를 금지하고 있는 것이다. 즉, 행위시에는 없던 법률이 행위 후에 제정되어 동행위에 적용된다면 죄형법정주의는 애당초 아무런 의미를 갖지 못하는 것이 된다.

따라서 이 원칙은 죄형법정주의의 정신을 온전히 실현하기 위해 요구되는 필수적인 제약요소이다.

그러나 예외적으로 소급효를 인정하는 경우가 있다. 예컨대 소급효를 인정하는 것이 사회의 현실적인 요구에 적합하고 정의와 형평의 원칙에 합치되는 경우에는 명문으로 소급효를 인정해도 법적 안정성을 해하지 않기 때문이다.

형법 제1조 제2항에서도 「범죄 후 법률의 변경에 의하여 그 행위가 범죄를 구성하지 아니하거나 형이 구법보다 경한 때에는 신법에 의한다」고 규정하고 있는데, 이는 소급효를 인정한 규정이다. 이와 같이 소급효를 허용한 것은 법적 안정성을 침해하지 않는 범위 안에서 피고인에게 불리한 경우에는 소급효를 인정하지 아니하나, 유리한 경우에는 소급효를 허용하는 것이 타당하다고 보기 때문이다.

(3) 유추해석금지의 원칙

유추해석금지의 원칙이란 법률에 규정이 없는 사항에 대하여 법규의 가능한 의미를 넘어 이와 유사한 성질을 가지는 사례에 적용하는 것을 금지하는 원칙을 말한다. 이 원칙은 법관에 의한 법 창조를 방지하고 법관의 자의로부터 개인을 보호하기 위한 것으로 해석자에 대한 규제원칙이 된다.

따라서 피고인에게 불리한 유추해석을 금지한다는 것이며, 국가형벌권으로부터 개인의 자유를 최대한 확보하려는 원칙이므로 피고인에게 유리한 유추해석은 넓게 허용된다.

(4) 명확성의 원칙

명확성의 원칙이란 어떠한 행위가 범죄이고 그에 대하여 어떠한 형벌이 과해지는지 형법에 명확히 규정되어야 한다는 원칙을 말한다.

범죄의 구성요건은 가능한 명백한 개념을 사용해야 하며, 국민이 법률에 의하여 금지된 행위가 무엇인지를 정확하게 알 수 있을 정도로 명확해야 한다.

이 원칙은 구성요건뿐만 아니라 형사제재에 있어서도 엄격하게 지켜져야 한다. 따라서 형벌의 종류와 범위는 특정될 것이 요구되므로, 형벌의 종류와 범위를 정하지 않고 이를 법관에 위임하는 것은 명확성의 원칙에 반한다.

(5) 적정성의 원칙

적정성의 원칙이란 범죄와 형벌을 규정하는 법률의 내용은 기본적 인권을 실질적으로 보장할 수 있도록 적정해야 한다는 원칙을 말한다. 즉 내용이 적정한 법률이 없으면 범죄없고 형벌도 없다는 원칙을 말한다.

따라서 형법은 필요한 경우에 한하여 최후수단이어야 하고, 범죄와 형벌 사이에는 적정한 균형이 유지되어야 한다. 실질적 의미의 죄형법정주의에서 특히 강조되는 원칙이다.

사례의 해결

〔1〕상해의 죄에 대한 성립여부

형법 제257조 제1항의 상해죄의 객체는 '사람'의 신체를 의미한다. 따라서 출생전의 태아는 출생한 '사람'에 해당하지 아니하므로 甲은 태아 丙에 대한 상해죄나 중상해죄에 해당하지 않는다. 만약 甲에게 태아 丙에 대하여 상해죄를 인정한다면 피고인 甲에게 불리한 유추해석이 되어 유추해석금지의 원칙에 반할 뿐만 아니라 형법의 대원칙인 죄형법정주의에도 반한다.

〔2〕결론

甲의 행위에 대하여 도덕적·윤리적으로 비난할 수는 있으나, 죄형법정주의의 파생원칙인 법률주의와 유추해석금지의 원칙에 따라 甲은 丙에 대하여 범죄가 성립하지 않는다(무죄이다).

Ⅱ. 범죄의 성립

범죄가 성립하기 위해서는 구성요건에 해당하고 위법성과 책임이라는 세 가지 요소를 구비하여야 한다. 즉, 범죄는 구성요건해당성 + 위법성 + 책임성을 갖추어야 한다.

1. 구성요건해당성

사 례

甲은 乙을 살해할 의사로 총을 발사하였고, 다음날 아침 乙은 사망하였다. 그러나 乙의 사망원인은 총상에 의한 것이 아니라 급성맹장에 의한 것임이 판명되었다. 甲은 乙에 대한 살인죄의 기수가 성립할 수 있는가?

어느 행위가 범죄가 되는가를 파악하기 위해서는, 먼저 그 행위가 형법에 범죄행위로 규정되어 있는가를 살펴야 한다. 형법에 범죄행위로 기술해 놓은 것을 구성요건이라 부른다. 예컨대 '사람을 살해한 자는 …에 처한다'는 규정에서 '사람을 살해한 자는'까지가 살인죄의 구성요건이다. 만약, 살해의사로 상대방을 칼로 찌르거나 총으로 쏘거나 독약을 먹이거나 목을 조르는 행위 등은 살인죄의 구성요건에 해당한다.

행위의 주체는 자연인이다. 예컨대 살인죄에서 '사람을 살해한 자'가 이에 해당한다. 행위의 객체는 행위의 대상인 사람 또는 물건을 말한다. 살인죄에 있어서 '사람', 절도죄의 '타인의 재물' 등이 여기에 해당한다. 이와 같이 행위의 객체는 형법 각 본조에 규정되어 있는데 행위의 객체와 보호의 객체(법익)는 구별해야 한다.

사례의 해결

〔1〕 범죄의 기수에 해당하기 위해서는 행위자 행위와 결과발생 사이에 인과관계가 있어야 한다. 예컨대 甲이 乙을 총으로 쏘았는데 다음날 아침에 乙이 사망한 경우, 甲이 乙을 향해 발사한 총알에 乙이 맞아 사망하였다면 총을 발사한 행위는 원인이 되고 乙이 사망한 것은 결과가 발생한 것이므로 그 원인과 발생된 결과 사이에 인과관계가 인정되어 갑은 살인죄의 기수가 성립한다.

〔2〕 그러나 甲이 발사한 총알은 단지 乙의 발에 맞았을 뿐이고 乙이 사망한 결과가 급성맹장이었다면 甲의 살해행위와 乙의 사망결과 사이에는 인과관계가 부정되므로, 甲은 살인죄의 기수는 성립하지 않고 살인죄의 미수가 성립할 뿐이다.

〔3〕 결론

甲이 총을 발사한 행위와 乙의 사망 사이에는 인과관계가 부정되므로, 甲은 乙에 대한 살인미수죄가 성립한다.

---

2. 위법성

구성요건에 해당하는 행위가 모두 범죄가 성립되는 것은 아니다. 예컨대, 교도관이 사형수를 법적 절차에 따라 사형을 집행하는 행위를 한 경우, 그 교도관은 살인죄의 구성요건에 해당하나 법령에 의한 정당행위로서 위법성이 조각(부정)되어 살인죄가 성립하지 않는다.

즉, 형사소송법과 형의 집행 및 수용자의 처우에 관한 법률에 의한 교도관의 사형집행행위는 법령에 의한 공무원의 직무집행행위로서 범죄가 성립하지 않는다.

위법성이란 전체 법질서에 비추어 보아 그 행위가 법질서에 어긋나는 것을 말한다. 구성요건에 해당하는 행위는 원칙적으로 위법하다. 그러나 형법은 구성요건에 해당하나 행위의 위법성을 배제하는 특별한 사유를 규정하고 있는데, 이를 위법성조각사유라고 한다. 위법성 조각사유에는 정당행위(형법 제20조), 정당방위(동법 제21조), 긴급피난(동법 제22조), 자구행위(동법 제23조), 피해자의 승낙(동법 제24조), 명예훼손죄의 위법성조각사유(동법 제310조)가 여기에 해당한다.

(1) 정당행위

정당행위란 사회상규에 위배되지 아니하여 국가적·사회적으로 정당시되는 행위를 말한다. 형법 제20조는 「법령에 의한 행위 또는 업무로 인한 행위 기타 사회상규에 위배되지 아니하는 행위는 벌하지 아니한다.」라고 하여 정당행위를 위법성조각사유로 규정하고 있다.

먼저 법령에 의한 행위라 함은 법령에 근거하여 정당한 권리 또는 의무로서 행하여지는 행위를 말하는데, 공무원의 직무집행행위·징계권자의 징계행위·사인(私人)의 현행범인 체포행위·노동쟁의 행위 등을 들 수 있다. 예컨대 경찰관이 형사소송법의 법적 절차에 따라 범인을 체포·구속하는 행위는 체포·감금죄의 구성요건에 해당하나 위법성이 조각되어 범죄가 성립하지 않는다.

다음으로 업무로 인한 행위에서 업무라 함은 사람이 사회생활상의 지위에 기하여 계속·반복의 의사로 행하는 사무를 말한다. 위의 업무가 법령에 규정되어 있는 때는 법령에 의한 행위로 위법성이 조각되나, 법령에 규정이 없는 경우에는 그 업무의 내용이 사회윤리상 정당하다고 인정되는 경우에는 형법 제20조의 업무로 인한 행위로 위법성이 조각된다. 업무로 인한 행위의 유형으로는 의사의 치료행위, 변호사 또는 성직자의 직무수행행위 등을 들 수 있다. 예컨대 변호사가 법정에서 제3자를 진범이라고 말하는 경우에 명예훼손죄의 구성요건에 해당하나, 그 변호사는 변론에 필요한 정당한 업무행위로서 위법성이 조각된다.

끝으로 사회상규에 위배되지 않는 행위에서 사회상규란 국가질서의 존엄성을 기초로 한 국민일반의 건전한 도의감 내지 윤리감정을 말하는데, 법질서 전체의 정신이나 사회윤리에 위배되지 않는 행위를 말한다. 예컨대 연소자가 연장자에게 행패를 부리자 연장자가 연소자를 훈계하는 동시에 행패행위를 제지하기 위하여 폭행한 경우, 연장자는 폭행죄의 구성요건에 해당하나 위법성이 조각되어 범죄가 성립하지 않는다.

(2) 정당방위

사 례

늦은 밤 어느 나이트클럽에 20명 가량의 손님 일행이 들어왔다. 그중 일부는 이미 상당히 취해 있었는데도 그 위 클럽에서 다시 술을 마시고 술값을 외상으로 하여 줄 것을 요구한 것이 발단이 되어 언쟁하다가 그중 1명이 사장 乙로부터 뺨을 맞게 되었다.

이를 계기로 일행 중 일부는 주먹이나 막대 걸레 자루로 위 클럽 종업원들을 구타하여 종업원 甲에게 전치 2주의 상해를 입게 하고 乙의 전자올갠 등 싯가 120만원 상당의 물건을 손괴하였다.

이에 화가 난 甲은 乙 및 다른 종업원 丙과 함께 대항하여 싸우게 되었다. 甲은 공사용 삽으로 피해자 A의 머리 부분을 1회 구타한 후에 막대 걸레 자루로 B·C를 구타하여 B에게는 전치 3주의 상해를, C에게는 전치 2주의 상해를 입게 하였다.

검사는 甲을 상해죄로 공소제기하였다.

甲은 법정에서 A·B·C를 구타한 행위는 자신의 생명·신체와 乙의 재물에 대한 현재의 부당한 침해를 방위하기 위한 정당방위에 해당하므로 범죄가 성립하지 않는다고 주장하였다.

이 사안에서 甲은 정당방위에 해당하는가?

정당방위란 현재의 부당한 침해로부터 자기 또는 타인의 법익(法益)을 방위하기 위하여 한 행위는 상당한 이유가 있는 경우에는 벌하지 아니하는 행위를 말한다(형법 제21조 제1항). 예컨대 甲이 乙의 친구 丙을 죽이려고 칼을 휘두르고 있을 때 乙이 甲의 손목을 몽둥이로 내리쳐 골절상을 입힌 경우, 乙의 행위는 상해죄의 구성요건에 해당하나 정당방위에 해당하여 위법성이 조각되어 범죄가 성립하지 않는다.

특히, 싸움에서 정당방위가 허용되는지가 문제가 된다.

원칙적으로 싸움은 피해자의 부당한 공격을 방위하기 위한 것이라기 보다는 서로 공격할 의사로 싸우다가 먼저 공격을 받고 이에 대항하여 가해하게 된 것으로, 그 가해행위는 방어행위인 동시에 공격행위의 성격을 가지므로 정당방위라고 볼 수 없다.

그러나 싸움 도중 상대방이 갑자기 예상 이외의 과도한 공격수단(흉기사용)으로 나온 경우, 일방적인 공격에 대해 전혀 싸울 의사 없이 소극적 방어에 그친 경우, 싸움의 중지의사를 상대방에게 확실히 인식시키고 공격을 멈추었으나 상대방이 일방적인 공격행위로 나온 경우에는 예외적으로 정당방위가 허용된다.

사례의 해결

〔1〕 이 사건은 사장 乙이 피해자 일행 중 1명의 **뺨을** 때린 데에서 비롯된 것이
지만, 甲의 행위는 피해자 일행의 부당한 공격을 방위하기 위한 것이라기 보다는 서
로 공격할 의사로 싸우다가 먼저 공격을 받고 이에 대항하여 가해하게 된 것이라고
봄이 상당하고 이와 같은 싸움의 경우 가해행위는 방어행위인 동시에 공격행위의 성
격을 가지므로 정당방위 또는 과잉방위행위라고 볼 수 없다.
〔2〕 법원은 싸움의 경우에 원칙적으로 정당방위를 인정하지 않고 있다. 즉, 쌍방
상호간에 시비가 되어 싸움한 경우에는 싸움의 발단이 된 위법행위가 어느 쪽에 먼
저 있었는지를 불문하고 쌍방 모두 위법한 범죄행위로 판단하고 있다. 그러나 위 본
문에서 소개한 바와 같이 싸움에서도 예외적으로 정당방위를 인정한 판례가 있다.
〔3〕 결론
甲의 행위는 정당방위에 해당하지 아니하므로, A·B·C에 대하여 상해죄가 성립
한다.

(3) 긴급피난

긴급피난은 자기 또는 타인의 법익에 대한 현재의 위난을 피하기 위하여 상대방
또는 아무런 잘못도 없는 제3자에게 피해를 입히는 행위이다. 예컨대 브레이크 고장에
의하여 인도로 돌진하는 자동차를 피하려고 행인 甲이 상점 주인 乙의 유리문을 부수
고 피한 경우, 甲이 乙에 대하여 상해와 손괴를 한 甲의 행위는 상해죄와 손괴죄의 구
성요건에는 해당하나 위법성이 조각되어 범죄가 성립하지 않는다.

긴급피난이 정당방위와 근본적으로 다른 점이 있다. 정당방위는 방위행위의 필요
성만 있으면 허용되나, 긴급피난은 피난행위의 필요성 이외에 보충성의 원칙과 우월적
이익의 원칙이라는 엄격한 기준이 필요하다.

위의 사례에서 보듯이 누구에게도 부당한 침해를 가한 사실이 없는 상점주인 乙
에게 상해와 손괴를 했는데도 위법성이 조각되는 이유는 다음과 같다.

첫째, 甲은 그 급박한 순간에 상점으로 뛰어들지 않고서는 달리 피할 방법이 없었
기 때문이다(이를 보충성의 원칙이라고 부른다).

둘째, 피난행위로 인하여 보호되는 이익(위 사례에서 甲의 생명)이 침해되는 이익(위

사례에서 乙의 신체와 재물)보다 우월하기 때문이다(이를 우월적 이익의 원칙 또는 법익균형의 원칙이라고 부른다).

(4) 자구행위

자구행위란 권리자가 자신의 권리에 대하여 불법한 침해를 받았으나 법정절차에 의하여 청구권을 보전할 가능성이 없는 경우에 공권력에 의존하지 않고 스스로의 힘으로 침해된 권리를 회복·보전하기 위한 행위로 상당한 이유가 있는 행위를 말한다(형법 제23조 제1항). 예컨대 무전숙박 후 손님이 도주하는 경우에 숙박요금 지급확보를 위하여 손님을 체포하는 경우, 채무를 변제하지 않고 외국으로 도주하는 채무자를 채권자가 체포하는 경우에 채권자는 체포죄의 구성요건에는 해당하나 위법성이 조각되어 범죄가 성립하지 않는다.

(5) 피해자의 승낙

피해자의 승낙이란 법익의 주체가 가해자에게 자기의 법익에 대한 침해를 허락하는 것을 말한다(형법 제24조). 예컨대 의사가 장기이식에 있어서 환자의 동의를 받아 환자에게 이식하는 행위, 병원에서 환자를 위하여 헌혈을 받는 행위는 상해죄의 구성요건에는 해당하나 위법성이 조각되어 범죄가 성립하지 않는다.

3. 책 임

이상의 구성요건에 해당하고 위법한 행위를 한 자에 대하여 마지막으로 행위자에게 책임이 있을 때 범죄가 성립한다.

책임은 '행위자 개인에 대한 비난가능성'으로 정의된다. 즉, 구성요건에 해당하고 위법한 행위라 하더라도 그 행위자를 비난할 수 없는 경우에는 범죄가 성립되지 않는다. 이와 같이 책임이 부정되는 사유를 책임조각사유라고 한다. 그렇다면 어떠한 경우에 행위자에 대하여 비난가능성이 인정되지 않는가?

첫째, 책임무능력자이다.

책임능력이란 행위자가 법규범의 명령·금지를 이해하고 그 규범에 따라서 행동할 수 있는 능력을 말하는데, 책임능력이 없는 경우이다.

형법은 만 14세 미만인 자(형사미성년자)의 행위는 획일적으로 책임무능력자의 행위로 보아 처벌하지 않는다(형법 제9조). 또한 심신장애로 인하여 사물을 변별할 능력이 없거나 의사를 결정할 능력이 없는 자(심신상실자)의 행위도 책임무능력자의 행위로 보아 처벌하지 않는다(동법 제10조 제1항).

둘째, 자기의 행위가 위법함에도 불구하고 법령에 의하여 죄가 되지 아니하는 것으로 오인한 행위는 그 오인에 정당한 이유가 있는 때에 한하여 벌하지 아니한다(동법 제16조). 이를 법률의 착오 또는 위법성의 착오라고 부른다. 예컨대, 담당공무원이 잘못 알려준 것을 믿고 민원인이 위법행위를 한 경우, 민원인의 적법하다는 오인에 정당한 이유가 있으므로 범죄가 성립하지 않는다.

셋째, 행위자에게 적법행위로 나올 것을 기대할 수 없을 때에는 행위자를 비난할 수 없다. 따라서 행위자가 행위당시에 적법행위의 기대가능성이 없었다면 책임이 조각된다.

행위자에게 행위당시에 적법행위의 기대가능성이 없다는 것을 이유로 책임을 조각하는 대표적 행위가 강요된 행위이다(동법 제12조). 저항할 수 없는 폭력이나 자기 또는 친족의 생명·신체에 대한 위해를 방어할 방법이 없는 협박에 의하여 강제에 못이겨 한 강요된 행위는 기대가능성이 없어 책임이 조각되어 범죄가 성립하지 않는다. 예컨대 어민 甲이 동해바다에서 명태잡이를 하다가 기관고장과 풍랑으로 표류중 북한함정에 납치되어 북한 지역으로 납북된 후 북한을 찬양·고무한 행위는 甲에게는 살기 위한 부득이한 행위로서 기대가능성이 없으므로 책임이 조각되어 국가보안법위반죄가 성립하지 않는다.

Ⅲ. 범죄의 형태

살인죄는 사람을 살해하는 행위와 사망이라는 결과가 발생해야 성립하는 범죄이다. 따라서 사람이 사망하지 않은 경우, 사람을 살해할 의사 없이 이루어진 행위 등도 존재하므로 그 처벌형태도 달라진다.

1. 작위범과 부작위범

작위범은 살인죄·강도죄와 같이 형법상 금지규범을 동적·적극적으로 위반하는 행위를 말하며, 부작위범은 퇴거불응죄·다중불해산죄와 같이 명령규범을 소극적으로 위반하는 행위를 말한다.

부작위범은 다시 진정부작위범과 부진정부작위범으로 분류된다.

진정부작위범은 범죄의 구성요건에 부작위 그 자체로 범죄가 성립하는 것을 내용으로 하고 있다. 예컨대 퇴거불응죄, 다중불해산죄, 집합명령위반죄 등이다.

부진정부작위범은 규범상 일정한 행위가 기대됨에도 불구하고 그 작위의무를 이행하지 않아 결과가 발생한 경우에 성립하는 범죄를 말한다. 즉, 부작위에 의한 작위범의 성립을 인정한 것이다.

2. 고의범, 과실범

행위자의 행위에 대한 심리적 관계로서 고의범과 과실범이 있다.

고의란 범죄사실의 인식과 인용을 말한다. 이에 반하여 과실은 정상의 주의를 태만히 하여 범죄사실을 인식하지 못하였거나, 인식은 하였지만 결과가 발생하지 않으리라고 과신한 경우를 말한다.

형법은 원칙적으로 고의범만을 처벌하고 과실범은 예외적으로 특별한 규정이 있는 경우에 한하여 처벌하도록 되어 있다. 고의범은 과실범보다 더 중하게 처벌하는데, 비난의 정도가 더 중하기 때문이다.

3. 기수, 미수, 예비·음모

기수란 형법상 범죄가 성립하는 구성요건의 모든 요건을 충족한 때를 말하며, 이에 반해 미수는 범죄의 실행에 착수하였으나 그 결과가 발생하지 않는 등의 요건을 충족하지 못한 경우를 말한다.

미수는 다시 장애미수, 중지미수, 불능미수로 나누어 볼 수 있다.

장애미수란 범죄의 실행에 착수하여 행위를 종료하지 못하였거나 결과가 발생하지 아니한 때를 말한다(형법 제25조 제1항).

중지미수란 범죄의 실행에 착수한 자가 그 범죄가 완성되기 전에 자의로 이를 중지하거나 결과의 발생을 방지한 경우를 말한다(동법 제26조).

불능미수란 결과의 발생은 사실상 불가능하지만, 위험성(법익 침해의 가능성)으로 인하여 처벌되는 경우를 의미한다(동법 제27조).

한편 일정한 범죄를 실행하려는 고의는 있었으나 그 고의를 실현하려는 행위, 즉

실행의 착수에 이르지 못한 때를 예비 또는 음모행위라 한다. 예비·음모는 원칙적으로 불벌이지만, 미수와 마찬가지로 형법에 처벌규정 있을 때에 한하여 처벌한다.

4. 정범과 공범

형법상 규정된 범죄를 단독으로 실행하는 것을 단독범이라고 한다. 그러나 2인 이상이 협력하여 실행하는 범죄참가형태가 있는데, 여기에 정범과 공범이 포함된다.

정범에는 공동정범·간접정범이 이에 포함되고, 공범에는 교사범·종범(방조범)이 이에 해당한다.

공동정범은 2인 이상이 공동하여 죄를 범한 때에는 각자를 그 죄의 정범으로 처벌하는 것을 말하고(형법 제30조), 간접정범은 타인(예. 사물변별능력이 없는 형사미성년자, 정신병자 등)을 도구로 이용하여 범죄를 실행하는 자를 말한다(동법 제34조 제1항).

또한 교사범은 애당초 범죄의사가 없는 타인으로 하여금 범죄를 결의하게 하여 범행을 하게 한 자를 말하고(동법 제31조 제1항), 종범은 타인의 범죄 실행을 도와주는 자를 말한다(동법 제32조 제1항).

한편 공동정범과 구별해야 개념으로 합동범과 동시범이 있다.

합동범이란 구성요건상 2인 이상이 합동(공동보다 좁은 개념으로, 다수인이 시간적·장소적으로 현장에서 협동하는 것을 의미한다)하여 죄를 범하도록 규정되어 있는 범죄이다. 형법상 합동범에는 특수절도죄(제331조 제2항)·특수강도죄(제334조 제2항)·특수도주죄(제146조)의 3개가 있고, 성폭력특별법상 특수강간죄(제4조 제1항)·특수강제추행죄(제4조 제2항) 등이 있다.

그리고 동시범이란 2인 이상의 자가 상호간에 의사연락없이 동일객체에 대해서 각자 범죄를 실행하여 결과가 발생하였는데, 그 결과발생의 원인된 행위가 판명되지 아니한 때에는 각 행위를 미수범으로 처벌하는 것을 말한다(형법 제19조). 예컨대, 甲과 乙이 상호간에 의사연락없이 살해의 고의로 동시에 丙을 향해 총을 발포하여 丙이 사망하였는데, 누구의 탄환에 의해 丙이 사망했는지 알 수 없는 경우에 甲과 乙은 살인미수죄가 성립한다.

Ⅳ. 재산범죄

재산범죄는 재산적인 법익을 침해하여 재산상의 손실을 가하여 성립하는 범죄를 말한다.

보호법익에 따라 재산범죄를 분류하면 다음과 같다.

소유권을 보호법익으로 하는 범죄에는 절도죄·횡령죄·손괴죄·장물죄가 이에 해당하고, 소유권 외의 물권 또는 채권을 보호법익으로 하는 범죄에는 권리행사방해죄가 이에 해당한다. 또한 전체로서의 재산권을 보호법익으로 하는 범죄에는 강도죄·사기죄·공갈죄·배임죄가 이에 해당한다.

여기에서는 사기의 죄·횡령죄·배임죄에 대해서만 설명한다.

1. 사기죄

사 례

甲은 옷을 사고 자신의 신용카드로 대금결제를 하였는데, 점원 乙의 실수로 결제금액이 실제 옷 가격보다 적은 금액으로 결제되었다. 甲은 옷 가게에서 영수증을 보고 그 사실을 알았으나 모른 척하고 매출전표에 서명하였다.

이 사실을 뒤늦게 확인한 점원 乙은 甲을 수사기관에 신고하였는데, 甲에게는 어떤 범죄가 성립할 수 있는가?

사기죄란 사람을 기망하여 재물을 편취하거나 재산상의 이득을 취득하거나 제3자로 하여금 재물의 교부를 받거나 재산상의 이익을 취득함으로써 성립하는 범죄이다. 사기죄의 객체는 재물뿐 또는 재산상의 이익이라는 점에서 재물죄인 동시에 이득죄이다. 본죄는 타인이 점유하는 재물인 점에서 절도죄 및 강도죄와 같고, 횡령죄와 구별된다. 재물은 타인소유·타인점유의 재물로써 동산과 부동산을 포함한다. 재산상 이익은 재물 이외의 일체의 재산상 이익으로 사실상 취득으로 족하다.

사기죄의 행위는 기망행위이다. 기망이란 거래관계에서 지켜야 할 신의칙에 반하는 행위로서 상대방으로 하여금 착오를 일으키게 하는 일체의 행위를 말한다. 상대방의

하자있는 의사에 의하여 재물을 취득하므로 절도죄나 강도죄와 다르다. 사기죄의 수단은 기망인 점에서 공갈죄의 수단인 공갈(폭행 또는 협박)과 다르다. 그리고 직접 재산의 손해를 초래하는 작위 또는 부작위의 처분행위가 있어야 한다. 처분행위는 자유의사로 이루어져야 하므로 처분행위자와 피기망자는 동일인이어야 한다. 또한 범인의 기망에 따라 피해자가 착오로 재물에 대한 사실상의 지배를 범인에게 이전하여야 하며, 기망자 또는 제3자가 재산상 이익을 취득하여야 한다.

사례의 해결

〔1〕점원 乙이 매출전표의 금액이 잘못 결제되었다는 사실을 알았다면 그 가격에 옷을 팔지 않았을 것이 분명하기 때문에 甲은 乙에게 사실대로 고지하여 乙의 그 착오를 제거하여야 할 신의칙상 의무를 지므로, 甲은 그 의무를 이행하지 아니하고 乙이 건네주는 옷을 그대로 수령한 경우에는 사기죄에 해당한다.

〔2〕한편 거스름돈을 초과하여 교부받은 경우에 교부받기 전이나 교부받는 중에 알고 수령한 경우는 부작위에 의한 사기죄가 성립하고, 받은 후에 나중에 알고 반환하지 아니하면 점유이탈물횡령죄가 성립한다(대법원 2004. 5. 27. 선고 2003도4531 판결).

〔3〕결론

위 사안에서 甲은 乙에게 사실대로 고지해야 할 신의칙상 의무를 다하지 않았으므로, 부작위에 의한 사기죄가 성립한다.

2. 컴퓨터 등 사용사기죄

사 례

甲은 절취한 친할아버지 乙 소유 농업협동조합 예금통장을 현금자동지급기에 넣고 조작하는 방법으로 예금 잔고 중 57만원을 甲 명의 국민은행 계좌로 이체하였다. 컴퓨터 등 사용사기죄의 피해자를 농업협동조합이라고 특정하여 공소제기한 이 사건에서 갑에게 친족상도례를 적용할 수 있는가? 그래서 갑을 컴퓨터 등 사용사기죄로 처벌할 수 없는가?

컴퓨터 등 사용사기죄는 컴퓨터 등 정보처리장치에 허위의 정보 또는 부정한 명령을 입력하거나 권한 없이 정보를 입력·변경하여 정보처리를 하게 함으로써 재산상의 이익을 취득하거나 제3자로 하여금 취득하게 함으로써 성립하는 범죄로서, 사기죄에 대해 보충관계에 있다.

컴퓨터 등 사용사기죄는 주체는 제한이 없으며, 객체는 재산상의 이익에 한정된다. 그 행위는 컴퓨터 등 정보처리장치에 허위의 정보나 부정한 명령을 입력하거나 권한없이 정보를 입력·변경하여 정보처리를 하게 하는 것이다.

사례의 해결

〔1〕 친척 소유 예금통장을 절취한 甲이 그 친척 거래 금융기관에 설치된 현금자동지급기에 예금통장을 넣고 조작하는 방법으로 甲이 거래하는 다른 금융기관에 이체한 경우, 그 범행으로 인한 피해자는 이체된 예금 상당액의 채무를 이중으로 지급해야 할 위험에 처하게 되는 친척 乙 거래 금융기관이라 할 것이다.

〔2〕 따라서 자금이체 거래의 직접적인 당사자이자 이중지급 위험의 원칙적인 부담자인 농업협동조합을 컴퓨터 등 사용사기죄의 피해자에 해당하지 않는다고 할 수 없다.

〔3〕 결론

위 사안에서 컴퓨터 등 사용사기죄의 피해자가 乙이 아니라 농업협동조합이므로 친족 사이의 범행을 전제로 하는 친족상도례를 적용할 수는 없어 갑은 컴퓨터 등 사용사기죄가 성립한다(대법원 2007. 3. 15. 선고 2006도2704 판결).

3. 신용카드 범죄

사 례

甲은 절취한 타인의 신용카드를 이용하여 현금지급기에서 자신의 예금계좌로 돈을 이체시킨 후 현금을 인출하였다. 甲의 행위가 절도죄를 구성하는가?

신용카드범죄는 타인의 카드를 절취 내지 분실카드를 습득하여 사용하는 단순한 형태의 범죄로부터 신분증을 위조하여 신용카드를 발급받거나 신용카드 복제프로그램

등을 활용하여 위조·변조하는 행위와 같은 지능적인 범죄로까지 계속 발전하고 있다.

신용카드범죄는 다양하게 발생하고 있다. 권한없이 신용카드의 자기띠 부분의 전자기록에 변경을 가하거나 부정입수한 타인카드의 서명란에 자신의 서명을 기재하는 것은 여신전문금융업법상 신용카드 위·변조죄와 사전자기록위작·변작죄가 성립한다.

한편 신용카드업자가 발행한 신용카드는 그 자체에 경제적 가치가 화체되어 있거나 특정의 재산권을 표창하는 유가증권으로 볼 수 없으므로, 타인명의의 신용카드를 만들어도 유가증권위조죄가 성립하지 않는다. 또한 신용카드 그 자체는 재물에 해당하므로 타인소유의 신용카드를 절취·강취·편취 등을 한 경우에는 절도죄·강도죄·사기죄 등이 성립한다.

특히 자기명의의 신용카드를 지불의사와 지불능력이 없음에도 발급받아 물품을 구입행위를 하거나 현금서비스 등을 받은 경우에는 신용카드업자에 대한 사기죄의 포괄일죄가 성립한다. 그리고 타인명의의 신용카드로 현금자동지급기에서 현금서비스를 부정하게 사용한 경우에는 기계에 대한 기망은 인정될 수 없으므로 사기죄는 성립하지 않고 절도죄와 여신전문금융업법상 신용카드부정사용죄가 성립한다.

사례의 해결

〔1〕甲이 절취한 타인의 신용카드를 이용하여 현금지급기에서 계좌이체를 한 행위는 컴퓨터 등 사용사기죄에서 컴퓨터 등 정보처리장치에 권한 없이 정보를 입력하여 정보처리를 하게 한 행위에 해당할 뿐 이를 절취행위라고 볼 수는 없다.

〔2〕한편 위 계좌이체 후 현금지급기에서 현금을 인출한 행위는 자신의 신용카드나 현금카드를 이용한 것이어서 이러한 현금인출이 현금지급기 관리자의 의사에 반한다고 볼 수 없어 절취행위에 해당하지 않으므로 절도죄를 구성하지 않는다.

〔3〕결론

甲이 절취한 타인의 신용카드를 이용하여 현금지급기에서 계좌이체한 순간 컴퓨터 등 사용사기죄가 성립할 뿐이고, 위 계좌이체 후 현금인출행위는 자신의 현금카드를 이용한 경우이므로 절도죄가 성립하지 않는다(대법원 2008. 6. 12. 선고 2008도2440 판결).

4. 전자금융범죄 사기 피해(보이스피싱)

피싱사기란 기망행위로 타인의 재산을 편취하는 사기범죄의 하나로써, 전기통신수단을 이용한 비대면거래를 통해 금융분야에서 발생하는 일종의 특수사기범죄이다.

피싱사기란 전기통신수단을 통해 개인정보를 낚아 올린다는 뜻이다.

보이스피싱이란 음성(voice)과 개인정보(private data)와 낚시(fishing)를 뜻하는 용어를 합성한 신조어이다. 보이스피싱은 전화 등을 통하여 불법적으로 신용카드 등의 개인정보를 요구하거나 전자우편, 문자메시지 등으로 가짜 홈페이지로 접속을 유도하여 개인정보를 요구하고 착오로 송금을 유도하는 등의 범죄에 이용하는 전화금융사기행위를 말한다.

피싱사기의 주요유형으로는 ① 자녀를 납치하였다고 하거나 군대간 아들이 사고를 유발하였다는 등의 사유로 금전을 편취하는 수법, ② 메신저상에서 이미 등록되어 있는 가족이나 친구 등의 지인을 사칭하여 금전, 교통사고 합의금 등의 긴급자금을 요청하여 편취하는 수법, ③ 피싱사이트를 통해 신용카드정보 및 인터넷뱅킹정보 등을 알아낸 후, 공인인증서 재발급을 통해 인터넷뱅킹으로 카드론 대금 및 예금 등을 편취하는 수법, ④ 금융회사 또는 금융감독원에서 보내는 공지사항인 것처럼 허위의 긴급공지 문자메시지를 발송하여 피싱사이트로 유도한 후 대출 등을 받아 편취하는 수법, ⑤ 50~70대 고령층을 대상으로 전화통화를 통해 텔레뱅킹에 필요한 정보를 알아내어 금전을 편취하는 수법, ⑥ 수사기관 직원을 사칭하면서 피해자의 계좌가 사건(범죄)에 연루되어 있다거나 국가공공기관의 직원 등을 사칭하면서 피해자에게 환급하여 주겠다면서 현금지급기로 유인하여 자금을 편취하는 수법, ⑦ 공공기관 및 금융기관을 사칭하는 자가 누군가 피해자를 사칭하여 기망한 후 사기범이 불러주는 계좌로 이체토록한 후 편취하는 수법, ⑧ 신용카드정보 취득 후 ARS를 이용한 카드론 대금을 편취하는 수법, ⑨ 상황극 연출에 의한 피해자를 기망하여 편취하는 수법, ⑩ 물품대금의 오류송금을 빙자로 피해자를 기망하여 편취하는 수법 등이 있다.

최근 보이스피싱 사기범이 원격지원 프로그램을 악용하는 수법으로 피해자 컴퓨터에 접속하여 직접 자금을 이체하는 신종 파밍(Pharming) 수법이 발생하고 있다. 파밍은 악성코드에 감염된 PC를 조작하여 이용자가 정상 사이트에 접속하더라도 피싱(가짜) 사이트로 접속을 유도하여 범죄자가 금융거래정보를 빼낸 후 금전적인 피해를 유발하는 사기수법을 말한다. 파밍이 정부기관 사칭형 보이스피싱과 결합하여 한층 더 진화된 형태로 피해를 입히고 있다. 예방법으로는 OTP(일회성 비밀번호생성기), 보안토큰(비밀정보

복사방지 저장매체)을 사용하거나 컴퓨터·이메일 등에 공인인증서, 보안카드 사진, 비밀번호 등을 저장하는 것을 금지하여야 한다.

그리고 종래 청첩장·돌잔치 초대 등 지인을 사칭하면서 오던 문자메시지와 달리 최근의 스미싱은 금융감독원을 사칭하면서 정부정책상 특정일부터 프로그램 설치가 강제사항인 것처럼 스마트폰 사용자를 속이고 피해가 발생하고 있기 때문에 주의가 요망된다.

스미싱(Smishing)이란 문자메시지(SMS)와 피싱(Phishing)의 합성어로 '무료쿠폰 제공', '돌잔치 초대장', '결혼식 초대장' 등을 내용으로 하는 문자메시지 내의 인터넷주소를 클릭하면 악성코드가 설치되어 피해자가 모르는 사이에 소액결제가 되는 피해가 발생하거나 개인금융정보를 탈취하는 수법이다. 스미싱의 예방법은 출처가 확인되지 않은 문자메시지의 인터넷주소를 클릭하여서는 안 되며, 미확인 앱이 함부로 설치되지 않도록 스마트폰의 보안설정을 강화해 주어야 한다.

메모리해킹은 이용자의 컴퓨터 메모리에 저장되어 있는 수취인의 계좌번호, 송금액을 변조하거나, 보안카드의 비밀번호를 절취한 후 돈을 빼돌리는 새로운 해킹방식이다. 메모리해킹은 정상적인 인터넷뱅킹 사이트에 접속하였더라도 이체거래과정에서 금융거래정보 등을 실시간으로 위·변조하는 즉시 공격하는 특징을 가지고 있다. 예방하는 방법으로는 파밍의 경우와 마찬가지로 OTP, 보안토큰을 사용하거나 컴퓨터·이메일 등에 금융정보를 저장하여서는 안 된다.

금융개혁

전화금융사기가 의심되면 바로, 국번없이 112, 1332

보이스피싱! 이것만 알아도 당황하지 않습니다!

보이스피싱 피해예방 10계명

01 전화로 정부기관이라며 자금이체를 요구하면 일단 보이스피싱 의심

02 전화 · 문자로 대출 권유받는 경우 무대응 또는 금융회사 여부 확인

03 대출 처리비용 등을 이유로 선입금 요구시 보이스피싱을 의심

04 고금리 대출 먼저 받아 상환하면 신용등급이 올라 저금리 대출이 가능하다는 말은 보이스피싱

05 납치 · 협박 전화를 받는 경우 자녀 안전부터 확인

06 채용을 이유로 계좌 비밀번호 등 요구시 보이스피싱 의심

07 가족 등 사칭 금전 요구시 먼저 본인 확인

08 출처 불명 파일 · 이메일 · 문자는 클릭하지 말고 삭제

09 금감원 팝업창 뜨고 금융거래정보 입력 요구시 100% 보이스피싱

10 보이스피싱 피해발생시 즉시 신고 후 피해금 환급 신청

보이스피싱 피해예방 OK!

[출처] 금융감독원

5. 횡령죄

사 례

　A 주식회사가 지입한 4대의 차량은 등록명의자인 각 지입회사 B의 소유이고 나머지 2대의 차량은 A 주식회사의 소유임을 전제로 하여 A 주식회사의 대표이사인 甲이 보관하다가 사실상 처분하는 방법으로 횡령한 위 차량들을 乙이 구입하였다. 이와 같이 소유권의 취득에 등록이 필요한 타인 소유 차량을 인도받아 보관하고 있는 甲이 이를 사실상 처분한 경우, 甲과 乙은 어떤 범죄가 성립하는가?

　횡령의 죄란 자기가 보관하는 타인의 재물이나 점유이탈물을 불법하게 영득함으로써 성립하는 범죄이다.

　횡령죄란 타인의 재물을 보관하는 자가 그 재물을 횡령하거나 반환을 거부하는 것을 내용으로 하는 범죄로 재산죄 중에서 재물만을 객체로 하는 점에서 절도죄와 그 성질을 같이한다.

　또한 횡령죄와 배임죄는 형법 제40장에서 함께 규정되어 있고 타인의 신임관계를 위배한다는 점에서 그 성질이 비슷하나, 횡령죄의 객체는 재물임에 대하여 배임죄의 객체는 재산상의 이익이라는 점에서 차이가 있다.

　횡령죄의 주체는 위탁관계에 기하여 타인의 재물을 보관하는 자이며(진정신분범), 객체는 자기가 보관하는 타인의 재물(타인소유·자기점유의 재물)이다.

　한편 점유이탈물횡령죄란 유실물, 표류물 또는 타인의 점유를 이탈한 재물을 횡령하거나 매장물을 횡령한 경우에 성립하는 범죄이다.

　점유이탈물횡령죄는 신임관계의 배반을 내용으로 하지 않는 점에서 횡령죄나 업무상 횡령죄와는 그 성질을 달리하는 범죄이다.

　본죄의 행위의 객체는 점유를 이탈한 재물이다. 여기에서 점유이탈물이란 점유자의 의사에 의하지 않고 그 점유를 떠난 물건이나 점유자의 착오에 의하여 우연히 행위자의 점유에 들어온 재물도 점유이탈물이다. 예컨대 타인이 착오로 놓고 간 물건, 바람에 날려 들어온 이웃집의 세탁물, 점유자의 지배에서 벗어난 가축 등은 점유이탈물에 해당하나 폭행 또는 강간 현장에 떨어져 있는 피해자의 물건이나 일시 노상에 세워 둔 자전거는 점유이탈물이 아니다.

사례의 해결

〔1〕 횡령죄는 타인의 재물을 보관하는 사람이 재물을 횡령하거나 반환을 거부한 때에 성립한다. 횡령죄에서 재물의 보관은 재물에 대한 사실상 또는 법률상 지배력이 있는 상태를 의미하며, 횡령행위는 불법영득의사를 실현하는 일체의 행위를 말한다.

〔2〕 소유권의 취득에 등록이 필요한 타인 소유의 차량을 인도받아 보관하고 있는 사람이 이를 사실상 처분하면 횡령죄가 성립하며, 보관 위임자나 보관자가 차량의 등록명의자일 필요는 없다. 그리고 이와 같은 법리는 지입회사에 소유권이 있는 차량에 대하여 지입회사에서 운행관리권을 위임받은 지입차주가 지입회사의 승낙 없이 보관 중인 차량을 사실상 처분하거나 지입차주에게서 차량 보관을 위임받은 사람이 지입차주의 승낙 없이 보관 중인 차량을 사실상 처분한 경우에도 마찬가지로 적용된다.

〔3〕 A주식회사의 대표이사인 甲이 B 소유의 지입차량 4대와 A회사 소유의 차량 2대를 보관하다가 乙에게 사실상 처분하였고(업무상 횡령죄), 甲이 횡령한 위 차량들은 장물이므로 乙이 위 차량을 구입한 행위는 장물취득죄가 성립한다.

〔4〕 결론

위 사안에서 甲은 업무상 횡령죄가 성립하고, 乙은 장물취득죄가 성립한다(대법원 2015. 6. 25. 선고 2015도1944 전원합의체 판결).

6. 배임죄

사 례

채무자인 甲이 채권자 乙에게 차용금을 변제하지 못할 경우 자신의 어머니 소유 부동산에 대한 유증상속분을 대물변제하기로 약정한 후 유증을 원인으로 위 부동산에 관한 소유권이전등기를 마쳤음에도 이를 제3자에게 매도함으로써 乙에게 손해를 입혔다. 甲은 乙에 대하여 배임죄가 성립하는가?

배임죄란 타인의 사무를 처리하는 자가 그 임무에 위배하는 행위로 재산상의 이익을 취득하거나 제3자로 하여금 이를 취득하게 하여 본인에게 손해를 가함으로써 성립하는 범죄이다. 재산죄 가운데 재물 이외에 재산상의 이익만을 객체로 하는 순수한 이득죄라는 점에서 특색이 있다.

배임죄의 주체는 타인의 사무를 처리하는 자이며(진정 신분범), 처리되는 사무는 사적·공적 사무를 포함하며, 사무처리의 근거는 법령, 계약 이외에 관습 또는 사무관리 또는 순수한 사실상 신임관계가 인정되는 경우도 포함된다.

배임죄의 객체는 재산상의 이익만을 행위의 객체로 하는 이득죄로써 이러한 배임 행위로 재산상 이익을 취득하고 본인에게 손해를 가하는 것을 말한다.

사례의 해결

〔1〕 채무자가 채권자에 대하여 소비대차 등으로 인한 채무를 부담하고 이를 담보하기 위하여 장래에 부동산의 소유권을 이전하기로 하는 내용의 대물변제예약에서, 약정의 내용에 좇은 이행을 하여야 할 채무는 특별한 사정이 없는 한 '자기의 사무'에 해당하는 것이 원칙이다.

〔2〕 그러나 대물변제예약의 궁극적 목적은 차용금반환채무의 이행 확보에 있고, 채무자가 대물변제예약에 따라 부동산에 관한 소유권이전등기절차를 이행할 의무는 궁극적 목적을 달성하기 위해 채무자에게 요구되는 부수적 내용이어서 이를 가지고 배임죄에서 말하는 신임관계에 기초하여 채권자의 재산을 보호 또는 관리하여야 하는 '타인의 사무'에 해당한다고 볼 수는 없다. 그러므로 채권 담보를 위한 대물변제예약 사안에서 채무자가 대물로 변제하기로 한 부동산을 제3자에게 처분하였다고 하더라도 형법상 배임죄가 성립하는 것은 아니다.

〔3〕 결론

이 사안에서 甲이 대물변제예약에 따라 乙에게 이 사건 부동산의 소유권이전등기를 마쳐 줄 의무는 민사상의 채무에 불과할 뿐 乙의 사무라고 할 수 없으므로, 甲은 '乙의 사무를 처리하는 자'의 지위에 있다고 볼 수 없어 배임죄가 성립하지 않고 무죄이다(대법원 2014. 8. 21. 선고 2014도3363 전원합의체 판결).

7. 스토킹범죄

사 례

갑남은 을녀에게 두 번이나 만나줄 것을 요구하였다. 을녀는 불쾌감을 드러내며 명백하게 거절하였다. 그런데도 갑남은 또다시 만나줄 것을 요구하면서 교제하자고 하였다. 을은 다시 거절의사를 표시하였음에도 갑은 반복적으로 을녀를 지켜보기도 하고 따라다니기도 하였으며, 어떤 때는 을의 집근처에서 기다리고 있었다. 甲에게 성립하는 범죄와 처벌은?

스토킹범죄의 처벌을 위하여 스토킹범죄의 처벌 등에 관한 법률(약칭: 스토킹처벌법)이 2021년 4월 20일 제정되어 2021년 10월 21일부터 시행되고 있다.

스토킹범죄란 지속적 또는 반복적으로 스토킹행위를 하는 것을 말한다. 여기에서 "스토킹행위"란 상대방의 의사에 반(反)하여 정당한 이유 없이 상대방 또는 그의 동거인, 가족에 대하여 ① 접근하거나 따라다니거나 진로를 막아서는 행위 ② 주거, 직장, 학교, 그 밖에 일상적으로 생활하는 장소(이하 "주거등"이라 한다) 또는 그 부근에서 기다리거나 지켜보는 행위 ③ 우편·전화·팩스 또는 「정보통신망 이용촉진 및 정보보호 등에 관한 법률」 제2조 제1항 제1호의 정보통신망을 이용하여 물건이나 글·말·부호·음향·그림·영상·화상(이하 "물건등"이라 한다)을 도달하게 하는 행위 ④ 직접 또는 제3자를 통하여 물건등을 도달하게 하거나 주거등 또는 그 부근에 물건등을 두는 행위 ⑤ 주거등 또는 그 부근에 놓여져 있는 물건등을 훼손하는 행위 중 어느 하나에 해당하는 행위를 하여 상대방에게 불안감 또는 공포심을 일으키는 것을 말한다.

스토킹범죄를 저지른 사람은 3년 이하의 징역 또는 3천만원 이하의 벌금에 처할 수 있으나, 이와 같이 단순 스토킹범죄는 반의사불벌죄로서 피해자가 구체적으로 밝힌 의사에 반하여 공소를 제기할 수 없다.

그러나 흉기 또는 그 밖의 위험한 물건을 휴대하거나 이용하여 스토킹범죄를 저지른 사람은 5년 이하의 징역 또는 5천만원 이하의 벌금에 처하고, 반의사불벌죄가 아니므로 피해자의 의사에 반해서도 공소제기할 수 있다.

한편 법원은 스토킹범죄를 저지른 사람에 대하여 유죄판결(선고유예는 제외한다)을 선고하거나 약식명령을 고지하는 경우에는 200시간의 범위에서 재범 예방에 필요한 수강명령 또는 스토킹 치료프로그램의 이수명령을 병과할 수 있다.

사례의 해결

〔1〕 갑남은 스토킹처벌법 제18조 제1항에 의하여 스토킹범죄를 저지른 사

람으로서 3년 이하의 징역 또는 3천만원 이하의 벌금에 처하게 된다. 또한 갑남은 을녀가 불쾌감을 드러내며 명백하게 거절하였음에도 을녀의 명시적 의사에 반하여 지속적으로 접근을 시도하여 면회 또는 교제를 요구하거나 지켜보기, 따라다니기, 잠복하여 기다리기 등의 행위를 반복하였으므로 경범죄처벌법 제3조 제1항 제42호의 지속적 괴롭힘죄나 동조 동항 제19호의 불안감 조성죄가 성립할 수 있으며 10만원 이하의 벌금, 구류 또는 과료(科料)의 형으로 처벌된다.

〔2〕 결론

위 사안에서 갑남은 스토킹처벌법 제18조 제1항의 단순 스토킹 범죄와 경범죄처벌법 제3조 제1항 제42호 지속적 괴롭힘죄 및 동조 동항 제19호의 불안감 조성죄가 성립하므로, 스토킹처벌법과 경범죄처벌법에 의하여 처벌된다.

Ⅴ. 형 벌

1. 형벌의 의의

형벌이란 범죄에 대한 법률상의 효과로서 국가가 범죄자의 일정한 법익을 박탈하는 것을 말한다. 형벌은 범죄에 대한 법률효과이기 때문에 범죄가 없으면 형벌도 없다. 형벌은 법익의 박탈을 내용으로 하고 있다.

2. 형벌의 종류

현행 형법이 규정하고 있는 형벌에는 사형, 징역, 금고, 자격상실, 자격정지, 벌금, 구류, 과료 그리고 몰수의 9가지 종류가 있다. 그러나 과태료는 형벌이 아니다.

이를 형벌에 의해 박탈되는 법익의 종류에 따라 생명형, 자유형(징역·금고·구류), 명예형(자격상실·자격정지) 그리고 재산형(벌금·과료·몰수)의 4가지 유형으로 분류하기도 한다. 사형은 생명을, 자유형은 피고인의 자유를, 명예형은 피고인의 명예를, 재산형은 피고인의 재산을 각각 박탈하고 있다.

3. 형의 선고유예 · 집행유예 · 가석방

(1) 형의 선고유예(형법 제59조~제61조)

형의 선고유예는 비교적 가벼운 범죄자에 대하여 일정한 기간동안 형의 선고를 유예하고 그 유예기간(2년)을 특별한 사고없이 경과하면 면소된 것으로 보는 제도이다.

형의 선고유예의 요건으로서,

① 1년 이하의 징역이나 금고, 자격정지 또는 벌금의 형을 선고할 경우라야 한다.

② 양형의 조건을 고려하여 뉘우치는 정상이 뚜렷할 때이다.

③ 자격정지 이상의 형을 받은 전과가 없어야 한다.

또한 형의 선고를 유예하는 경우에 재범방지를 위하여 지도 및 원호가 필요한 때에는 1년간 보호관찰을 받을 것을 명할 수 있다.

(2) 형의 집행유예(형법 제62조~제65조)

집행유예는 일단 유죄의 판결을 받은 피고인에 대해서 정상참작의 여지가 있고 재범의 우려가 없는 경우에, 선고된 형의 집행만을 보류해주어 그 유예기간이 경과하면 형의 선고는 효력을 상실하게 된다.

그리고 형의 집행을 유예하는 경우에는 보호관찰을 받을 것을 명하거나 사회봉사 또는 수강을 명할 수 있다.

형의 집행유예 요건으로서,

① 3년 이하의 징역이나 금고 또는 500만원 이하의 벌금의 형을 선고할 경우라야 한다.

② 양형의 조건을 참작하여 그 정상에 참작할 만한 사유가 있어야 한다.

③ 금고 이상의 형을 선고한 판결이 확정된 때부터 그 집행을 종료하거나 면제된 후 3년까지의 기간에 범한 죄에 대하여 형을 선고하는 경우에는 형의 집행을 유예할 수 없다.

그리고 집행유예를 선고하더라도 유예하는 기간은 1년 이상 5년 이하의 기간이라야 한다.

(3) 가석방(형법 제72조~제76조)

가석방이란 자유형(징역·금고)의 집행을 받고 있는 자가 뉘우침이 뚜렷한 때에는 형기만료전에 법무부장관의 허가를 요건으로 하는 행정처분으로 석방하는 것이다.

가석방은 이미 개과천선하고 있는 자에 대한 필요없는 구금을 가급적 피함으로써 수형자에게 장래의 희망을 가지도록 하여 개선을 촉진하기 위한 형사정책적인 제도이다. 가석방 이외에 인정되는 형기만료전 석방제도로는 소년원 수용자에 대한 가퇴원 및 피보호감호자에 대한 가출소가 있다.

한편 가석방 기간, 즉 무기형에 있어서는 10년, 유기형에 있어서는 남은 형기동안 보호관찰을 받는다.

가석방의 요건으로는,

① 징역 또는 금고의 집행중인 자가 무기에 있어서는 20년, 유기에 있어서는 형기의 3분의 1을 경과하여야 한다.

② 행상(行狀)이 양호하여 뉘우침이 뚜렷한 때라야 한다.

③ 벌금 또는 과료의 병과가 있는 때에는 그 금액을 완납하여야 한다. 다만 벌금 또는 과료에 관한 유치기간에 산입된 판결선고전 구금일수는 그에 해당하는 금액이 납입된 것으로 간주한다.

VI. 보안처분

1. 보안처분의 의의

보안처분이란 형벌로는 행위자의 사회복귀와 범죄의 예방이 불가능하거나 행위자의 특수한 위험성으로 인하여 형벌의 목적을 달성할 수 없는 경우에 형벌을 대체하거나 보완하기 위해 취해지는 예방적 성질의 목적적 조치를 말한다. 보안처분은 19세기 후반 격증하는 범죄에 대해 보다 효율적으로 대처하기 위하여 도입된 제도이다. 우리 형법에서도 보호관찰, 사회봉사명령, 수강명령의 보안처분이 행하여지고 있다.

형법 이외에도 치료감호법·보안관찰법 등이 제정되어 범죄행위자에 대해 일정한 요건하에 보안처분이 행하여지고 있다.

2. 보호관찰

보호관찰이란 범죄인을 교도소나 기타의 교정시설에 수용하지 않는 대신에 일정한 준수사항을 이행하는 조건으로 자유롭게 사회생활을 영위하면서 개·갱생시키는 제도를 말한다. 즉, 죄를 지은 사람으로서 재범 방지를 위하여 보호관찰, 사회봉사, 수강 및 갱생보호 등 체계적인 사회 내 처우가 필요하다고 인정되는 사람을 지도하고 보살피며 도움으로써 건전한 사회 복귀를 촉진하고, 효율적인 범죄예방 활동을 전개할 수 있다.

보호관찰 대상자는 ① 보호관찰을 조건으로 형의 선고유예를 받은 사람, ② 보호관찰을 조건으로 형의 집행유예를 선고받은 사람, ③ 가석방 또는 임시퇴원된 사람, ④ 소년법상 보호처분을 받은 사람, 다른 법률에서 보호관찰을 받도록 규정된 사람 등이다

3. 사회봉사 및 수강명령

사회봉사명령이란 유죄가 인정된 범죄자에 대하여 교도소 등의 교정시설에 구금하는 대신 정상적인 사회생활을 영위하면서 사회에 유익한 근로를 일정시간 무보수로 하도록 명하는 제도이다. 수강명령은 유죄가 인정된 의존성·중독성 범죄자(약물, 가정폭력, 성폭력 등)를 교도소 등의 시설에 구금하는 대신 자유로운 생활을 허용하면서 일정시간 보호관찰소 또는 보호관찰소 지정 전문기관에서 교육을 받도록 명하는 제도이다. 형법 제62조의2 제1항에서는 「형의 집행을 유예하는 경우에는 보호관찰을 받을 것을 명하거나 사회봉사 또는 수강을 명할 수 있다.」고 규정하고 있다. 이에 대하여 보호관찰법 제59조 제1항에서 「법원은 형법 제62조의2에 따른 사회봉사를 명할 때에는 500시간, 수강을 명할 때에는 200시간의 범위에서 그 기간을 정하여야 한다.」고 규정하고 있다.

대상자는 사회봉사 또는 수강을 조건으로 형의 집행유예를 선고받은 사람, 소년법상 사회봉사명령 또는 수강명령을 받은 사람 및 다른 법률에서 이 법에 따른 사회봉사 또는 수강을 받도록 규정된 사람 등이다.

4. 특정 범죄자에 대한 보호관찰 및 전자장치 부착 등에 관한 법률의 보안처분

이 법은 특정범죄, 즉 성폭력범죄·미성년자 대상 유괴범죄·살인범죄 및 강도범죄

를 저지른 사람의 재범방지를 위하여 형기를 마친 뒤에 보호관찰 등을 통해 지도하여 사회복귀를 촉진한다. 또한 위치추적 전자장치(전자발찌)를 신체에 부착시켜 특정범죄로부터 국민을 보호하고자 행하는 보안처분이다. 전자장치부착명령 이외에도 보호관찰명령제도가 있다.

5. 아동 · 청소년의 성보호에 관한 법률과 성폭력범죄의 처벌 등에 관한 특례법의 보안처분

위 법률에서는 "신상정보"의 공개명령과 고지명령제도가 있다. 공개명령은 성범죄자의 성명, 나이, 주소 및 실제 거주지, 신체정보, 사진 및 성범죄요지 등을 정보통신망에 공개함으로써, 누구든지 인터넷을 통해 열람하게 함으로써 성범죄를 효과적으로 예방하고 성범죄로부터의 보호목적으로 하는 보안처분이다.

고지명령제도는 위 공개명령에 관한 사항을 고지대상자가 거주하고 있는 읍·면·동의 가구, 어린이집원장, 유치원의 장, 학교장, 학원 원장 등에게 고지하는 보안처분이다. 이러한 신상정보의 공개명령과 고지명령 이외에도 보호관찰명령, 수강명령 또는 성폭력 치료프로그램의 이수명령제도가 있다.

제10장   형사소송절차

형사소송절차는 크게 수사절차와 공판절차 및 형집행절차로 나뉘어 진다.

수사란 범죄혐의의 유무를 명백히 하여 공소를 제기·유지할 것인가의 여부를 결정하기 위하여 범인을 발견·확보하고 증거를 수집·보전하는 수사기관의 활동을 말한다. 수사는 인권과 밀접한 관련을 가지므로 수사기관의 무제한적 재량에 의하여 수사개시를 허용한다면 인권침해의 위험이 수반되므로 수사의 조건인 수사의 필요성과 상당성이 있어야 수사를 개시할 수 있다. 수사기관이 수사의 단서에 의해 수사를 개시하고 피의사건이 해명되었을 때 수사는 종결된다. 그리고 검사의 공소제기에 의하여 공판절차가 진행되고, 재판을 통해 유·무죄판결이 선고되어 그 재판이 확정되면 그 형을 집행하게 된다.

수사기관의 사건처리·수사절차와 재판 및 형의 집행 진행 과정을 도표로 표시하면 다음과 같다.

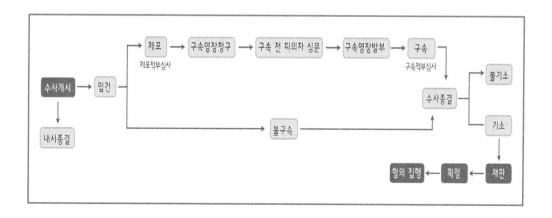

I. 수사기관

수사기관이란 법률상 범죄수사를 할 수 있는 권한이 인정되는 국가기관을 의미한다. 수사기관에는 검사와 사법경찰관리가 있다.

1. 검사

검사는 검찰권을 행사하는 단독제 국가기관이다. 기소권과 함께 부패범죄, 경제범죄, 공직자범죄, 선거범죄, 방위사업범죄, 대형참사 등 중요범죄, 경찰공무원이 범한 범죄에 대한 직접 수사권을 가지고 있다. 또한 사법경찰관의 송치후 수사권, 사법경찰관 수사에 관한 재수사요청권, 보완수사권, 시정조치요구권 등 사법경찰관에 대하여 사법 통제권한을 가지고 있다.

2. 고위공직자범죄수사처(수사처·공수처) 검사

수사처 검사는 고위공직자(대통령, 국회의장 및 국회의원, 대법원장 및 대법관 등)의 범죄 등에 관하여 수사를 행한다. 또한 대법원장 및 대법관·검찰총장·판사 및 검사·경무관 이상 경찰공무원에 해당하는 고위공직자로 재직 중에 본인 또는 본인의 가족이 범한 고위공직자범죄 및 관련범죄의 공소제기와 그 유지에 필요한 행위를 한다(고위공직자범죄수사처설치 및 운영에 관한 법률(약칭: 공수처법) 제20조).

3. 사법경찰관리

(1) 일반사법경찰관리

경무관, 총경, 경정, 경감, 경위는 사법경찰관으로서 범죄의 혐의가 있다고 사료하는 때에는 범인, 범죄사실과 증거를 수사한다(형사소송법 제197조 제1항). 경사, 경장, 순경은 사법경찰리로서 수사의 보조를 하여야 한다(동법 동조 제2항). 사법경찰관과 사법경찰리를 총칭하여 사법경찰관리라 부른다. 2021년 1월 1일부터 검찰과 경찰관의 수사권 조정으로 인하여 위 사법경찰관은 모든 사건에 대하여 1차적인 수사권과 수사종결권을 행사하게 되었으며, 검사의 위 사법경찰관리에 대한 수사지휘권도 삭제되었다. 형사소송법 제195조 제1항에서 「검사와 사법경찰관은 수사, 공소제기 및 공소유지에 관하여 서로 협력하여야 한다.」고 규정함으로써 이제는 검사와 사법경찰관의 관계는 상호협력 관계에 있다. 이는 검찰과 경찰로 하여금 국민의 안전과 인권 수호를 위하여 협력하게 하고, 수사권이 국민을 위해 민주적이고 효율적으로 행사되게 함으로써 국민의 신뢰를 회복할 수 있도록 하려는 것이다.

(2) 특별사법경찰관리

삼림, 해사, 전매, 세무, 군수사기관, 그 밖에 특별한 사항에 관하여 사법경찰관리의 직무를 행할 특별사법경찰관리와 그 직무의 범위는 사법경찰관리의 직무를 수행할 자와 그 직무범위에 관한 법률(약칭: 사법경찰직무법)로 정한다. 예컨대, 교도소장, 구치소장, 소년원장, 소년분류심사원장, 보호관찰소장, 관세범조사업무종사 세관공무원, 출입국관리업무종사 국가공무원 등이 여기에 해당한다. 특별사법경찰관리는 그 권한의 범위가 사항적·지역적으로 제한되는 특징이 있으나, 사법경찰관리로서의 권한과 지위에 있어서는 일반사법경찰관리와 동일하다. 따라서 특별사법경찰관도 범죄의 혐의가 있다고 인식하는 때에는 범인, 범죄사실과 증거에 관하여 수사를 개시·진행하여야 한다. 다만, 형사소송법상 일반사법경찰관리와는 달리 특별사법경찰관은 모든 수사에 관하여 검사의 지휘를 받아야 하고, 특별사법경찰관리는 검사의 지휘가 있는 때에는 이에 따라야 한다. 또한 특별사법경찰관은 범죄를 수사한 때에는 지체 없이 검사에게 사건을 송치하고, 관계 서류와 증거물을 송부하여야 한다.

■ 참고: 자치경찰 이해하기

1. 의의

경찰의 분류 중에 국가경찰과 자치경찰이 있다. 자치경찰제는 2021년 7월 1일부터 전국적으로 전면 시행되고 있다. 미국, 영국, 독일 등 여러 선진국에서는 국가경찰제와 자치경찰제를 혼합운영하면서 상호 개선·보완하는 형태로 발전해 가고 있다. 우리나라의 경우 2021년 1월 1일부터 수사권 조정으로 사법경찰관이 검사의 지휘없이 일부 범죄를 제외하고는 1차적으로 수사개시권과 수사종결권을 행사하게 되었다. 이에 따라 우리나라도 자치경찰제를 도입함으로써 경찰권을 분산하고 민주적 통제를 강화하는 동시에 치안에 있어서도 경찰이 주민생활과 밀착된 분야에 좀 더 집중함으로써 궁극적으로 국민의 안전보호와 편익을 증진시키기 위한 것이다. 결국, 자치경찰제는 치안 패러다임이 국가에서 지방으로 전환된다는 점에서 그 의미가 크다고 할 것이다.

2. 경찰사무

자치경찰제가 본격적으로 시행됨으로써 경찰사무도 ① 국가경찰사무 ② 수사사무 ③ 자치경찰사무로 나누어졌다. 국가경찰사무는 경찰청장이, 수사사무는 국가수사본부장이, 자치경찰사무는 시·도자치경찰위원회가 시·도경찰청장을 지휘·감독하게 하였다.

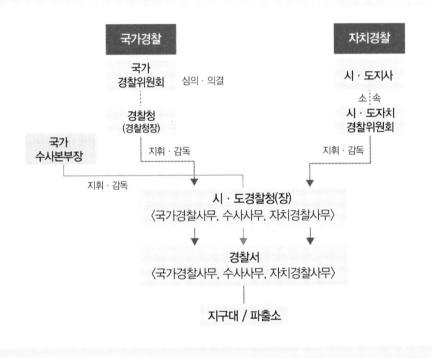

[출처] 경찰청

3. 자치경찰사무

국가경찰과 자치경찰의 조직 및 운영에 관한 법률(약칭: 경찰법) 제4조에 의하면 경찰의 사무를 국가경찰사무와 자치경찰사무로 구분하고 있다. 국가경찰사무는 경찰의 임무를 수행하기 위한 사무 중 자치경찰사무를 제외한 사무라고 규정하고 있다. 한편 자치경찰사무는 경찰의 임무 범위에서 관할지역의 생활안전·교통·경비·수사 등에 관한 사무라고 규정하고 있다. 구체적으로 자치경찰사무를 살펴보면 다음과 같다(경찰법 제4조 제1항 제2호).

1. 지역 내 주민의 생활안전 활동에 관한 사무(지역순찰 등)
2. 지역 내 교통활동에 관한 사무(교통위반단속 등)
3. 지역 내 다중운집행사 관련 혼잡 교통 및 안전 관리
4. 다음의 어느 하나에 해당하는 수사사무
    1) 학교폭력 등 소년범죄
    2) 가정폭력, 아동학대 범죄
    3) 교통사고 및 교통 관련 범죄
    4) 형법상 공연음란, 성폭법상 성적 목적 다중장소 침입
    5) 경범죄 및 기초질서 관련 범죄
    6) 가출인 및 실종아동 등 관련 수색 및 범죄

자치경찰사무

 주민 생활과 밀접한 지역 생활안전, 교통 · 지역경비, 주민밀착형수사사무

생활안전	교통 · 지역경비	수사(국가수사본부장의 지휘 · 감독)
• 지역순찰, 범죄예방 • 주민참여 방범활동 지원 • 아동 · 여성 · 청소년 등 보호 • 안전사고 · 재해 · 재난 긴급구조지원	• 교통위반 단속 • 교통안전교육 · 홍보 • 교통안전시설 심의 · 설치 · 관리 • 어린이통학버스 신고, 통행허가 • 지역 다중운집행사 교통 및 안전관리	• 학교폭력 등 소년범죄 • 가정폭력 · 아동학대 • 공연음란, 성적 목적 다중이용장소 침입 • 교통사고, 가출인 · 실종아동 수색 등

[출처] 경찰청

4. 자치경찰제의 기대효과

자치경찰제의 시행으로 경찰이 주민 생활과 밀착된 분야에 좀 더 집중하면서 치안서비스와 주민서비스가 더욱 촘촘해지고 강화될 것으로 기대됩니다. 이에 따라 학

교폭력, 가정폭력, 아동학대 등 범죄예방과 약자보호 그리고 생활 안전, 교통, 지역
경비 등 지역 사정을 고려한 지역맞춤형과 주민밀착형 치안이 더욱 강화될 것입니다.

자치경찰제 기대 효과

➡ **주민의 의사가 치안시책에 적극 반영됩니다.**

☑ 주민간담회, 정책공모전, 각종 제언 등 다양한 경로를 통해 주민의견을
수렴하여 치안시책 수립시 반영합니다.

➡ **지자체 및 유관기관과의 협업을 통해 치안시책 수립 · 집행 시간이 단축됩니다.**

☑ 그동안 따로 처리되던 경찰과 지방자치단체의 행정절차가 일원화되어
치안시책의 신속한 집행이 가능합니다.

범죄취약 지역 개선	현재 ➤ 경찰 '범죄예방 진단' 경과 통보 → 지자체 '주거환경 정비' 사업 반영
	향후 ➤ 초기부터 사업 통합 운영 가능

➡ **예산 · 편성 집행에 주민의 요구가 신속 · 충실히 반영됩니다.**

☑ 주민안전 관련 정책 시행에 있어, 기존의 국가경찰 예산외에도 지자체 자체
예산을 투입할 수 있게 됩니다.

☑ 주민이 원하는 장소에 방법 CCTV · 가로등 · 교통신호기 등 안전시설물을
설치할 수 있습니다.

➡ **안전에 대한 체감도가 크게 향상됩니다.**

☑ 독거노인 등 사회적 약자, 학교폭력 등 피해자에 대한 지원 확대로
주민안전 체계가 강화됩니다.

☑ 도서 · 산간, 고령화 지역, 외국인 밀집 지역 등 지역별 특성에 맞는
치안서비스를 제공할 수 있습니다.

[출처] 경찰청

Ⅱ. 수사개시의 원인

수사란 범죄혐의의 유무를 명백히 하여 공소의 제기 및 유지여부를 결정하기 위하여 범죄자를 발견·확인하고 증거를 수집·보전하는 수사기관의 활동을 의미한다.

수사개시의 원인을 수사의 단서라고 한다. 수사의 단서에는 수사기관 자신의 체험에 의한 경우로 현행범인의 체포, 변사자의 검시, 불심검문 등이 있다. 그리고 타인의 체험에 의한 경우로 고소, 고발, 자수, 진정, 탄원, 범죄신고 등이 있다.

1. 고 소

고소는 범죄의 피해자 또는 그와 일정한 관계가 있는 고소권자가 수사기관에 대하여 범죄사실을 신고하여 소추를 구하는 의사표시를 말한다.

고소는 원칙적으로 수사의 단서이나, 친고죄에서는 소추조건이다.

고소의 절차는 다음과 같다.

첫째, 고소권자의 고소가 있어야 한다. 고소권자는 범죄로 인한 피해자, 피해자의 법정대리인, 피해자의 배우자·친족, 지정고소권자 등이다. 그러나 고소권자 또는 배우자의 직계존속은 가정폭력범죄나 성폭력범죄를 제외하고는 고소할 수 없다.

둘째, 고소는 서면 또는 구술로 검사 또는 사법경찰관리에게 하여야 한다. 서면에 의한다 하더라도 별도의 양식이 존재하지 않으므로 고소인이 고소를 하는 상황과 이유 및 가해자의 처벌을 구한다는 내용을 기재하여 제출하면 된다. 또한 고소는 대리인에 의하여 할 수 있다.

셋째, 고소의 기간은 제한이 없다. 다만, 친고죄에 대해서는 범인을 알게 된 날로부터 6월을 경과하면 고소하지 못한다. 고소할 수 없는 불가항력의 사유가 있을 때에는 고소기간은 그 사유가 없어진 날로부터 기산한다.

한편 친고죄의 공범 중 1인 또는 수인에 대한 고소와 그 취소는 다른 공범에 대하여도 그 효력이 있으며(주관적 불가분의 원칙), 1개의 범죄사실의 일부분에 대한 고소 또는 그 취소는 그 범죄사실의 전부에 대하여 효력이 발생한다(객관적 불가분의 원칙).

친고죄는 피해자 기타 고소권자의 고소가 있어야만 검사가 공소를 제기할 수 있는 범죄를 말한다. 형법상 모욕죄·사자명예훼손죄·비밀침해죄·업무상 비밀누설죄·친족상도례가 적용되는 재산범죄가 이에 해당한다.

고소의 취소는 제1심판결 선고 전까지 할 수 있으며, 고소를 취소한 자는 다시 고소하지 못한다. 고소의 취소는 대리인에 의해 할 수 있고, 서면 또는 구술로 할 수 있다. 친고죄에 있어 고소를 취소한 때에는 불기소처분 또는 공소기각의 판결을 하여야 한다.

2. 고 발

고발이란 범인 또는 피해자 이외의 제3자가 수사기관에 범죄사실을 신고하여 그 소추를 요구하는 의사표시를 말한다. 고발은 누구든지 범죄가 있다고 사료하는 때에는 고발할 수 있지만, 자기 또는 배우자의 직계존속은 고발하지 못한다. 고발의 절차는 고소의 경우와 같지만, 대리인에 의한 고발은 인정되지 않는다. 그리고 고발기간에는 제한이 없으며 고발을 취소한 후에도 다시 고발할 수 있다.

Ⅲ. 수사의 방법

수사의 방법에는 임의수사와 강제수사가 있다.

임의수사는 강제력을 행사하지 않고 상대방의 동의나 승낙을 받아서 행하는 수사를 말한다.

수사는 임의수사·불구속수사가 원칙이다. 임의수사에는 피의자신문, 참고인조사, 감정·통역·번역의 위촉, 공무소등에 대한 조회 등이 있다.

강제수사는 강제처분 등의 직접·간접으로 물리적 강제력을 행사하거나 상대방에 의무를 부담하게 하는 수사를 말한다. 형사소송법은 강제수사·구속수사는 예외적으로 인정하고 있으며, 이를 행함에 있어서도 강제수사법정주의·영장주의의 원칙을 채용하고 있다.

대인적 강제수사에는 체포와 구속이 있으며, 대물적 강제수사에는 압수와 수색, 검증 등이 있다.

1. 체포와 구속

체포는 구속의 경우와 달리 완화된 요건에서 피의자의 신병을 확보하기 위한 조치로써 영장에 의한 체포·긴급체포·현행범체포가 있다.

영장에 의한 체포는 피의자가 죄를 범하였다고 의심할 만한 상당한 이유가 있고 정당한 이유없이 수사기관의 출석요구에 불응하거나 불응할 우려가 있는 때, 수사기관은 판사가 발부한 체포영장에 의하여 피의자를 체포할 수 있고, 사법경찰관은 검사에게 신청하여 검사의 청구로 관할지방법원판사의 체포영장을 발부받아 피의자를 체포할 수 있다.

긴급체포란 피의자가 사형·무기 또는 장기 3년 이상의 징역이나 금고에 해당하는 죄를 범하였다고 의심할 만한 상당한 이유가 있고, 피의자가 증거인멸의 우려, 도망 내지 도망의 우려가 있는 경우에 긴급을 요하여 체포영장을 받을 수 없는 때에는 예외적으로 영장없이 피의자를 체포할 수 있는 제도이다.

현행범인이란 범죄의 실행중이거나 실행의 즉후인 자를 말한다. 또한 범인으로 호창되어 추적되고 있는 경우, 장물이나 범죄에 사용되었다고 인정함에 충분한 흉기 기타의 물건을 소지하고 있는 경우, 신체 또는 의복류에 현저한 증적이 있는 경우, 누구임을 물음에 대하여 도망하려 하는 경우 등에는 준현행범인으로 다룬다. 현행범인은 누구든지 영장없이 체포할 수 있다.

체포한 피의자를 구속하고자 할 때에는 체포한 때로부터 48시간 이내에 구속영장을 청구하여야 하며, 그 기간 내에 구속영장을 청구하지 않는 경우 피의자를 즉시 석방하여야 한다.

[서식 53] 체포영장청구서

○○○○검찰청

(전화번호)

체   호
형   호
수신   법원   발신   검찰청
제목 **체포영장청구**   검사   ㉑

피의자	① 성명	( )
	② 주민등록번호	(세)
	③ 직업	
	④ 주거	
⑤ 변호인		

위의 피의자에 대한   피의사건에   관하여 동인을   에 인치하고
            에 구금하고자   년   월   일까지 유효한 체포영장의 발부를 청구합니다.

⑥ 범죄사실 및 체포를 필요로 하는 사유	별지와 같음
⑦ 7일을 넘는 유효기간을 필요로 하는 취지 및 사유	
⑧ 둘 이상의 영장을 청구하는 취지 및 사유	
⑨ 재청구의 취지 및 이유	별지와 같음
⑩ 현재 수사 중인 다른 범죄사실에 관하여 발부된 유효한 체포영장 존재 시 그 취지 및 범죄사실	별지와 같음
⑪ 발부하지 아니하는 취지 및 이유	판사 ㉑

210mm×297mm(일반용지75g/㎡(재활용품))

[서식 54] 구속영장청구서

○○○검찰청

(0000-0000)

제   호

0000. 00. 00.

수 신 : ○○○법원장   발 신 : ○○○검찰청

제 목 : **구속영장청구**   검 사   ㉑

피의자	성명	( )
	주민등록번호	(세)
	직업	
	주거	
변 호 인		

　위의 피의자에 대한　　　　피의사건에 관하여 아래와 같이 구속영장 신청이 있는 바, 그 사유가
상당하다고 인정되므로 동인을　　　에 구속하고자　　0000. 00. 00.　까지 유효한 구속영장의 발부
를 청구합니다.

범죄사실 및 구속을 필요로 하는 사유	별지 구속영장신청서 기재내용과 같음
필요적 고려사항	별지 구속영장신청서 기재내용과 같음
7일을 넘는 유효기간을 필요로 하는 취지와 사유	
수통의 영장을 청구하는 취지와 사유	
재청구의 취지 및 이유	(별지 구속영장신청서 기재내용과 같음)
발부하지 아니하는 취지 및 이유	판 사 ㉑

210㎜×297㎜[일반용지 60g/㎡(재활용품)]

2. 구속전 피의자심문제도(영장실질심사제도)

수사기관에서 피의자의 범죄혐의 유무를 조사하여 피의자가 죄를 범하였다고 의심할 만한 상당한 이유가 있고 주거가 없거나 도망이나 증거인멸의 염려가 있는 경우에는 검사가 법원에 구속영장을 청구하여 판사가 발부한 구속영장에 의하여 피의자를 구속하게 된다.

이 경우 피의자는 수사과정에서 변명의 기회를 가지는 것은 물론이고, 구속여부가 결정되기 전에 판사 앞에서 변명의 기회를 가지는데, 이 제도가 바로 구속전 피의자심문제도이다.

종래에는 판사가 필요하다고 인정한 때에 구속전 피의자심문을 하였으나, 2007. 10.29. 형사소송법 개정으로 필요적 피의자심문으로 진행하고 있다.

체포영장에 의한 체포·긴급체포 또는 현행범체포에 의하여 체포된 피의자에 대하여 구속영장을 청구받은 지방법원판사는 지체없이 피의자를 심문하여야 한다. 이 경우 특별한 사정이 없는 한 구속영장이 청구된 날의 다음날까지 심문하여야 한다(동법 제201조의2 제1항).

또한 체포되지 아니한 피의자에 대하여 구속영장을 청구받은 판사는 피의자가 죄를 범하였다고 의심할 만한 이유가 있는 경우에 구인을 위한 구속영장을 발부하여 피의자를 구인한 후 심문하여야 한다. 다만, 피의자가 도망하는 등의 사유로 심문할 수 없는 경우에는 그러하지 아니하다(동법 동조 제2항).

즉 체포된 피의자는 지체없이 심문해야 하나, 체포되지 아니한 피의자에 대해서는 관계인에 대한 심문기일의 통지 및 그 출석에 소요되는 시간 등을 고려하여 피의자가 법원에 인치된 때로부터 가능한 한 빠른 일시로 심문기일을 지정하여야 하고 피의자가 도망하는 등의 사유로 심문이 불가능한 경우는 심문을 생략할 수 있다.

3. 체포·구속적부심사제도

사 례

甲의 동생 乙은 며칠 전 회식자리에서 회사 직원 丙과 사소한 말다툼 끝에 싸움이 벌어져 乙은 丙을 폭행하여 전치 6주의 상해를 가하여 구속되었다. 구속기간이

장기화되면서 乙은 직장에서 해직당할 위험에 놓여 있다. 乙의 석방을 위하여 구속
적부심 또는 보석청구를 하려고 하는데, 그 절차는 어떻게 되나요?

체포·구속적부심사제도는 수사기관에 의하여 체포 또는 구속된 피의자에 대해 법
원이 체포 또는 구속의 적법여부와 그 필요성을 심사하여 체포 또는 구속이 부적법 또
는 부당한 경우 피의자를 석방시키는 제도이다.

청구권자는 체포 또는 구속된 피의자, 그 변호인·법정대리인, 배우자, 직계친족,
형제자매, 가족, 동거인 또는 고용주이다.

청구는 서면에 의하며, 지방법원합의부 또는 단독판사가 심사한다.

심문이 종료된 때로부터 24시간 이내에 체포·구속 적부심사에 대한 결정을 하며,
청구가 이유 없다고 인정한 때에는 청구를 기각하여야 하고, 청구가 이유 있다고 인정
한 때에는 피의자의 석방을 명하여야 한다.

다만, 구속된 피의자에 대하여 구속적부심사의 청구가 있는 때에 법원은 보증금납
입을 조건으로 결정에 의해 구속의 집행을 정지하고 석방을 명할 수 있다(이를 피의자
보석 또는 보증금 납입조건부 피의자 석방제도라고 부른다).

[서식 55] 구속적부심사청구서

구속적부심사청구서

피 의 자 :

생년월일 : 20   년   월   일생

주   소 :

위 피의자에 대한 _____법률위반 사건에 관하여 귀원에서 ___월 ___일자로 발부한 구속영장에 의하여 ____구치소(유치장)에 수감중인바, 구속적부심사를 청구하오니 청구취지와 같이 결정하여 주시기 바랍니다.

청 구 취 지

피의자 _____의 석방을 명한다.

라는 결정을 구합니다.

청 구 이 유

1. 피의사실 인정 여부 :   인정(   ),   불인정(   )

2. 이 건 구속이 잘못되었다고 생각하는 이유 :

3. 구속후의 사정변경(합의, 건강악화, 가족의 생계곤란 등) :

4. 기타 :

2017. 1.   .

위 피의자   ⑩

전 화 : (   )   ─

○○○○법원 귀중

4. 보석제도

검사에 의하여 구속기소된 피고인의 경우에는 재판을 담당하고 있는 법원에 일정한 보석조건을 붙여 석방하여 줄 것을 청구할 수 있는데, 이를 보석이라고 한다.

피고인, 피고인의 변호인·법정대리인·배우자·직계친족·형제자매·가족·동거인 또는 고용주는 법원에 구속된 피고인의 보석을 청구할 수 있다.

법원은 보석을 결정함에 있어서 미리 검사의 의견을 물어야 하지만 그 의견에 구애받지 않고 자유로이 결정할 수 있다. 다만 피고인이 사형, 무기 또는 장기 10년이 넘는 징역이나 금고에 해당하는 죄를 범하였거나, 피해자나 당해 사건의 재판에 필요한 사실을 알고 있다고 인정되는 자 또는 그 친족의 생명·신체나 재산에 해를 가하거나 가할 염려가 있다고 믿을만한 충분한 이유가 있는 등의 필요적 보석 제외사유에 해당하는 때에는 보석을 허가하지 않을 수 있다.

법원은 피고인의 자산정도, 범죄의 성질, 증거의 증명력 등을 고려하여 보석조건을 정하고 있다.

또한 보석은 피고인 등의 청구가 없더라도 법원이 직권으로 허가하는 경우도 있다(이를 임의적 보석이라고 한다).

사례의 해결

〔1〕 구속적부심 청구

구속된 피의자가 법원에 구속이 부적법하거나 부당한 경우에 석방해줄 것을 청구하는 제도이다. 법원은 구속적부를 심사하여 심문이 종료된 때로부터 24시간 이내에 결정을 한다.

석방할 이유가 없으면 기각결정을 하고, 석방할 이유가 있다고 인정하면 석방결정을 한다. 특히 실무에서는 앞으로의 수사와 재판절차에서의 출석을 보증하기 위해 보증금납입을 조건으로 석방결정을 하는 경우가 많다.

〔2〕 보석청구

구속된 피고인이 법원에 일정한 조건을 붙여 석방해 줄 것을 청구하는 제도이다. 보석청구가 있으면 법원은 원칙적으로 필요적 보석을 허가한다(제외사유 6개 빼고). 그리고 법원은 보석청구가 없어도 필요적 보석 제외사유에 해당하여도 질병 등 상당한 이유가 있으면 재량으로 보석을 허가할 수 있다. 물론 청구가 부적법하거나 이유가 없으면 기각결정하여 석방하지 않는다.

보석청구는 공소제기 후부터 재판확정되기 전까지는 1심이든 2심이든 3심이든 불문하고 할 수 있으며, 상소기간 중에도 당연히 할 수 있다.

〔3〕 결론

석방을 위해서 구속된 피의자는 구속적부심청구를, 구속된 피고인은 보석청구 할 것을 조언한다. 피해자와 합의를 하고 반성을 하는 등 최선을 다하는 모습을 보이고 청구한다면 특별한 사유가 없는 한 석방될 수 있다.

[서식 56] 보석허가청구서

보석허가청구서

사　　건 :
피 고 인 :

청 구 취 지

피고인 ＿＿＿＿＿에 대한 보석을 허가한다.
라는 결정을 구합니다.

청 구 원 인

첨부서류 :
1. 주민등록등본(호적등본)
2. 재산관계진술서
3.

2017. 1.　.

청구인의 성명　　　㊞
피고인과의 관계
주소
전화 (　　) ―

○○○○법원 형사 제 (단독, 부) 귀중

5. 압수 · 수색 · 검증

압수 · 수색 · 검증은 대물적 강제처분이다.

압수란 물건의 점유를 취득하는 강제처분으로써 압류와 영치 및 제출명령이 있다. 압수의 목적물에는 증거물, 몰수물, 정보저장매체, 우체물, 전기통신 등이 있다.

수색이란 압수할 물건 또는 체포할 사람을 발견할 목적으로 주거 · 물건 · 사람의 신체 또는 기타 장소에 대해 행하여지는 강제처분을 말한다. 수색의 목적물에는 사람의 신체, 물건 또는 주거, 기타 장소이다.

검증은 수사기관이 오관의 작용을 통하여 대상을 탐지하거나 인식하는 처분을 말한다.

압수 · 수색의 절차는 원칙적으로 검사가 영장을 청구하면, 법원이 필요성여부를 심사하여 발부한다. 다만, 구속 · 체포 목적의 피의자 수색, 체포현장, 피고인의 구속현장, 범죄장소 등에는 예외적으로 압수 · 수색영장이 없이도 압수 · 수색이 가능하다.

압수 · 수색영장은 처분을 받는 자에게 반드시 제시하여야 하고, 현장에 여러 명이 있는 경우에는 모두에게 개별적으로 제시하여야 한다.

일출 전 일몰 후(야간)에는 압수 · 수색영장에 야간집행을 할 수 있는 기재가 없으면 그 영장을 집행하기 위해 타인의 주거, 간수자 있는 가옥 · 건조물 · 항공기 또는 선차 내에 들어가지 못한다. 다만, 도박 기타 풍속을 해하는 행위에 상용된다고 인정하는 장소는 언제나 집행이 가능하고, 여관 · 음식점 기타 야간에 공중이 출입할 수 있는 장소에 대하여는 공개된 시간내에 한해서만 야간에 집행이 가능하다.

[서식 57] 압수 · 수색 · 검증영장청구서

○○○검찰청

(0000-0000)

수   호
형   호

0000. 00. 00.

수 신 : ○○○법원장   발 신 :   ○○○검찰청

제 목 : **압수 · 수색 · 검증영장청구(사전)**   검 사   ㊞

피의자	성명	( )
	주민등록번호	(세)
	직업	
	주거	
변 호 인		

위의 피의자에 대한   피의사건에 관하여 아래와 같이 압수 · 수색 · 검증 하고자 0000. 00. 00. 까지 유효한 압수 · 수색 · 검증영장의 발부를 청구합니다.

압수할 물건	
수색 · 검증할 장소, 신체 또는 물건	
범죄사실 및 압수 · 수색 · 검증을 필요로 하는 사유	별지와 같음
7일을 넘는 유효기간을 필요로 하는 취지와 사유	
둘 이상의 영장을 청구하는 취지와 사유	
일출 전 일몰 후 집행을 필요로 하는 취지와 사유	
신체검사를 받을 자의 성별 · 건강상태	
발부하지 아니하는 취지 및 이유	판 사 ㊞

210mm×297mm[일반용지 60g/㎡(재활용품)]

Ⅳ. 수사의 종결

1. 수사종결의 의의

수사기관은 공소제기의 여부를 판단할 수 있을 정도로 범죄사실이 명백하게 되었거나 또는 수사를 계속할 필요가 없는 경우에 수사를 종결한다. 공소제기 이후에도 공소유지를 위하여 수사할 수 있다.

2. 수사종결의 주체

과거에는 즉결심판사건(경찰서장이 수사종결권을 가짐)을 제외하고는 검사만이 수사종결권을 가지고 있었다. 그러나 2021년 1월 1일부터 수사권 조정으로 사법경찰관이 거의 모든 사건에 대하여 1차적으로 수사종결권을 행사하고 있다. 따라서 수사종결권은 1차적으로 사법경찰관에게, 사법경찰관으로부터 송치받거나 검사가 직접 수사한 경우에는 검사에게 있다.

검사의 수사종결은 공소제기 또는 불기소의 형태로 나누어진다. 즉, 검사는 사법경찰관으로부터 사건을 송치받거나 직접 수사한 경우에는 공소제기결정 또는 불기소결정을 하여야 한다.

그러나 사법경찰관의 수사종결은 크게 송치결정과 불송치결정으로 나누어진다. 형사소송법 제245조의5에 의하면 사법경찰관은 고소·고발 사건을 포함하여 범죄를 수사한 때에는 다음 두 가지로 구분된다.

첫째, 범죄의 혐의가 있다고 인정되는 경우에는 지체 없이 검사에게 사건을 송치하고, 관계 서류와 증거물을 검사에게 송부하여야 한다(송치결정).

둘째, 그 밖의 경우에는 그 이유를 명시한 서면과 함께 관계 서류와 증거물을 지체 없이 검사에게 송부하여야 한다(불송치결정). 이 경우 검사는 송부받은 날부터 90일 이내에 사법경찰관에게 반환하여야 한다.

따라서 사법경찰관은 검사의 재수사 요청(동법 제245조의8 제1항)이 없거나 고소인 등의 이의신청(동법 245조의7 제1항)이 없으면 수사를 종결하게 된다.

한편, 한번 기소유예를 하면 특별한 사정이 없으면 다시 같은 죄로 기소를 하지 않지만, 만약 기소유예 후에 또 다시 죄를 저질렀다고 하는 경우 등의 사정이 있으면 검사는 기소유예 처분한 범죄에 대하여 새로이 기소를 할 수 있다.

그리고 검사가 피의자의 소재불명 등의 사유로 수사를 종결할 수 없는 경우에 그 사유가 해소될 때까지 기소중지를 내릴 수 있다.

3. 타관송치

사건이 법원의 관할에 속하지 아니한 때에는 사건을 서류와 증거물과 함께 관할법원에 대응한 검찰청 검사에게 송치하여야 한다. 검사는 소년에 대한 피의사건을 수사한 결과 보호처분에 해당하는 사유가 있다고 인정한 때에는 사건을 관할소년부에 송치하여야 한다.

V. 불기소처분에 대한 불복

1. 검찰항고

검찰항고란 고소인 또는 고발인이 검사의 불기소처분에 대하여 불복이 있는 경우, 검찰조직 내부의 상급기관에 그 시정을 구하는 제도를 말한다.

항고는 검사의 불기소처분에 불복이 있는 고소인 또는 고발인은 그 검사가 속하는 지방검찰청 또는 지청을 거쳐 서면으로 관할고등검찰청 검사장에게 그 시정을 요구하는 것을 말한다. 항고는 고소인 등이 불기소처분의 통지를 받은 날로부터 30일 이내에 하여야 한다.

재항고는 항고를 기각하는 처분에 불복하거나 항고를 한 날로부터 항고에 대한 처분이 행하여지지 아니하고 3개월이 경과한 때에는 항고인은 그 검사가 속하는 고등검찰청을 거쳐 서면으로 검찰총장에게 재항고 할 수 있다. 항고와 재항고는 불기소처분이나 기각결정의 통지를 받은 날 또는 항고 후 항고에 대한 처분이 행하여지지 아니하고 3개월이 경과한 날로부터 30일 이내에 하여야 한다.

[서식 58] 항고장

항 고 장

항고인(고소인) 김달수
피항고인(피고소인) 이영호

위 피의자에 대한 95형 제1234호 사기사건에 관하여 서울지방검찰청 검사 ○○○은 1995. 5. 1 자로 혐의가 없다는 이유로 불기소처분 결정을 한 바 있으나, 그 결정은 다음과 같은 이유에 의하여 부당하므로 이에 불복하여 항고를 제기하는 바입니다.

항고이유

검사의 불기소 이유의 요지는 증거불충분 등의 이유로서 피의(고소)사실에 대한 증거가 없어 결국 범죄혐의가 없다는 것인 바, 증인과 압수한 증거물 기타 제반사정을 종합검토하면 본 건 고소사실에 대한 증거는 충분하여 그 증명이 명백함에도 불구하고 증거가 불충분하다는 이유로 불기소 처분한 것은 부당하다고 아니할 수 없으므로 재수사를 명하여 주시기 바랍니다.

첨부서류
1. 불기소처분통지서 1통

서울고등검찰청 귀중

2. 재정신청

재정신청이란 검사의 불기소처분에 불복하는 고소인의 재정신청에 대하여 고등법원이 공소제기결정을 한 경우에 검사에게 공소제기를 강제하는 제도를 말한다. 재정신청권자는 검사로부터 불기소처분의 통지를 받은 고소인이다. 그러나 고발인도 형법상 직권남용죄(제123조), 불법체포·감금죄(제124조), 폭행·가혹행위죄(제125조), 피의사실공표죄(제126조)에 대하여는 재정신청을 할 수 있다.

고소인의 경우에 재정신청의 대상은 모든 범죄에 대한 검사의 불기소처분이다.

재정신청을 하려는 자는 항고기각의 결정통지를 받은 날 또는 검찰항고를 거치지 않고 재정신청을 할 수 있는 사유가 발생한 날로부터 10일 이내에 (다만, 공소시효 만료일 30일 전까지 공소제기 하지 않은 경우는 공소시효 만료일 전날까지) 서면으로 불기소처분을 한 검사가 소속한 지방검찰청 검사장 또는 지청장에게 제출하여야 한다.

재정신청이 있으면 재정결정이 있을 때까지 공소시효의 진행이 정지되며, 재정신청사건의 관할은 불기소처분을 한 검사 소속의 지방검찰청 소재지를 관할하는 고등법원에 속한다.

[서식 59] 재정신청서

재정신청서

신청인(고소인) :   김달수
피신청인(피고소인) :   이영호

신청취지

위 피고소인에 대한 2007형 제1234호 사기사건에 대하여 서울중앙지방검찰청 검사 ○○○은 2007. 10. 1.자로 증거불충분 등의 이유로 불기소처분 결정을 하였고 이에 불복하여 항고(2007불항 2000호)하였으나 서울고등검찰청 검사 ○○○은 2007. 12. 31.자로 항고기각 처분하였습니다. 그러나 다음과 같은 이유로 부당하여 재정신청을 하오니 위 사건을 관할 서울중앙지방검찰청에서 공소제기하도록 하는 결정을 하여주시기 바랍니다.

신청이유

검사의 불기소 이유의 요지는 피의사실에 대한 증거가 없어 결국 범죄혐의가 없다는 것인 바, 참고인 진술과 압수한 증거물 기타 제반사정을 종합검토하면 본 건 피의사실에 대한 증거는 충분하여 그 증명이 명백함에도 불구하고 증거가 불충분하다는 이유로 불기소처분한 것은 부당하고 검사의 기소독점주의를 남용한 것이라 아니할 수 없으므로 재정신청에 이른 것입니다.

첨부서류
1.
2.

2008. 1. 2.
위 신청인(고소인)   김달수   (인)

서울고등법원   귀중

3. 헌법소원

헌법소원이란 공권력의 행사 또는 불행사로 인하여 헌법상 보장된 기본권을 침해받은 자가 헌법재판소에 그 권리구제를 청구하는 것을 말한다. 검사의 불기소처분으로 헌법상 보장된 기본권을 침해받은 자는 헌법소원을 제기할 수 있다.

검사의 불기소처분에 대하여 헌법소원을 제기하기 위하여는

첫째, 헌법상 보장된 자기의 기본권이 검사의 불기소처분으로 인하여 직접적·현실적으로 침해당하였을 것을 주장해야 한다(직접성과 현재성의 원칙).

둘째, 헌법소원은 다른 법률에 구제절차가 있는 경우에는 그 절차를 모두 마친 후가 아니면 헌법소원을 제기할 수 없다(보충성의 원칙).

불기소처분에 대한 헌법소원을 청구할 수 있는 자는 고소하지 않은 피해자와 피의자이다. 다만, 고발인은 제3자이므로 사건과의 자기관련성이 인정되지 않아 헌법소원 청구권이 인정되지 않는다.

헌법소원의 대상은 검사의 불기소처분인데, 협의의 불기소처분과 기소유예 처분이 포함된다. 그러나 검사의 공소제기처분에 대하여는 헌법소원을 청구할 수 없다.

또한 현재 수사중인 사건에 대해서는 특단의 사정이 없는 한 공권력의 행사나 불행사가 있다고 볼 수 없으므로, 헌법소원의 대상에서 제외된다.

Ⅵ. 형사재판의 절차

검사가 법원에 특정한 사건의 심판을 요구하는 공소를 제기하면 법원의 공판절차는 시작된다. 이때부터 피의자는 피고인으로 전환된다. 여기에서 공판절차는 공소가 제기되어 사건이 법원에 계속된 이후 그 소송절차가 종결될 때까지의 전체의 절차를 말한다.

여기의 공판절차에는 공판준비절차와 공판기일절차가 포함된다.

공판기일절차는 다음과 같다.

모두절차는 형사소송 공판기일에 가장 먼저 이루어지는 절차를 말하며, 진술거부권 고지 ⇒ 인정신문 ⇒ 검사의 모두진술 ⇒ 피고인의 모두진술 ⇒ 재판장의 쟁점정리 및 검사·변호인의 증거관계 등의 순서로 진행된다.

그리고 모두절차 이후에 사실심리절차로 들어가며, 여기에서는 증거조사 ⇒ 피고인신문 ⇒ 소송관계인의 의견진술(최후변론)의 순서로 진행된다.

끝으로 판결의 선고는 재판장이 하는데, 주문을 낭독하고 이유의 요지를 설명하여야 한다.

1. 모두절차

재판장은 공판기일의 시작에 있어서 피고인에게 진술하지 아니하거나 개개의 질문에 대하여 진술을 거부할 수 있는 진술거부권을 고지하여야 한다. 그리고 실질적인 심리에 들어가기 전에 피고인으로 출석한 자의 성명, 연령, 등록기준지, 주거, 직업 등을 묻는 인정신문으로 공소장에 기재된 피고인과 동일인인가를 확인하는 절차를 진행한다. 인정신문이 끝나면 검사가 공소장에 의해 공소사실, 죄명, 적용법조를 낭독하는 모두진술을 한다. 이후 피고인은 검사의 공소사실에 대한 인정여부 진술, 주장과 신청 등 사건에 관한 총괄적인 진술을 할 수 있는 피고인의 모두진술을 할 수 있다.

이상의 절차가 종료하면 재판장은 피고인 또는 변호인에게 쟁점정리를 위하여 필요한 질문과 증거조사의 효율성을 높이기 위하여 검사와 변호인에게 공소사실의 증명과 관련주장 및 입증계획 등을 진술하게 할 수 있다.

2. 사실심리절차

피고인이 모두진술에서 자백을 하여 간이공판절차로 심판하지 않으면 법원은 증거조사로 들어가면서 본격적인 사실심리절차가 진행된다.

증거조사는 법원이 피고사건의 사실인정과 형의 양정에 관한 심증을 얻기 위해 인증·서증·물증 등 각종의 증거방법을 조사하여 그 내용을 감지하는 소송행위를 말한다. 증거조사의 주체는 법원이며, 사실의 인정은 증거에 의하여야 하며, 합리적인 의심이 없는 정도의 증명에 이르러야 한다. 증거조사는 원칙적으로 당사자의 신청에 의하며, 필요한 경우에는 직권으로 증거조사를 할 수 있다.

증거조사가 끝나면 검사 또는 변호인이 피고인에 대하여 공소사실과 정상에 관한 필요한 사항을 신문하는 피고인신문이 행해진다. 피고인신문은 무죄추정의 원칙을 전제로 피고인의 인권을 보장하면서 실체적 진실을 발견하는데 충실하도록 한 절차이다.

피고인의 신문이 끝나고 최종변론과 최후진술이 끝나면 사실심리절차가 종결된다.

검사의 의견진술에는 검사가 사실과 법률적용에 관하여 의견을 진술하는 검사의 논고와 적정한 형의 선고를 요구하는 구형을 한다. 재판장은 검사의 의견을 들은 후 피고인과 변호인에게 최종의 의견을 진술할 기회를 주어야 한다.

3. 판결의 선고

심리가 종결되면 법원은 판결의 내용을 정하고 판결문을 작성하여야 한다. 판결선고는 공판절차의 최종단계로 변론을 종결한 기일에 하여야 한다. 다만, 특별한 사정이 있는 때에는 따로 선고기일을 정할 수 있다. 이 경우 선고기일은 변론종결후 14일 이내에 하여야 한다.

Ⅶ. 상소, 비상구제, 특별절차

1. 상소의 종류

상소는 미확정의 재판에 대하여 상급법원에 그 구제를 구하는 불복신청제도를 말한다. 상소는 재판에 대한 불복신청인 점에서 검사의 처분에 대한 항고나 재정신청과 다르다. 또한 당해 법원에 대한 이의신청·약식명령 또는 즉결심판에 대한 정식재판의 청구와 구별된다.

(1) 항 소

항소는 제1심 법원의 판결에 대한 불복신청이다. 지방법원 단독판사의 판결에 대하여는 지방법원 본원합의부에 항소할 수 있고, 지방법원합의부의 판결에 대하여는 고등법원에 항소할 수 있다. 항소의 제기기간은 7일 이내이며, 기산점은 재판이 선고 또는 고지된 날로부터 진행한다.

[서식 60] 항소장

<h1 style="text-align:center">항　소　장</h1>

사　　건 :

피　고　인 :

　위 피고사건에 대하여 피고인은 항소를 제기합니다.

20　.　　.　　.

　　　　제출(피고)인 :　　　　　　　　　　㊞

　　　　주민등록번호　　　　　　　 －

　　　　전화 : (　　)　　　　　 －

　　　　주소 :

　　위 본인임을 확인함.

　　법원주사

○○○○법원　형사 제＿＿(단독, 부)　귀중

---

(2) 상　고

　　상고는 제2심 법원의 판결에 대하여 불복이 있는 때에는 대법원에 항소하는 것을 말한다. 상고는 법률심으로 원칙적으로 제2심판결에 대하여 허용된다. 그러나 예외적으로 제1심판결에 대하여 항소를 제기하지 아니하고 상고를 할 수 있는데, 이를 비약적 상고라고 한다.

　　비약적 상고는 원심판결이 인정한 사실에 대하여 법령을 적용하지 아니하였거나 법령의 적용에 착오가 있는 경우, 원심판결이 있은 후 형의 폐지나 변경 또는 사면이 있는 경우에 제1심판결에 대하여 직접 상고하게 하는 것을 말한다. 상고는 7일 이내에 상고장을 원심법원에 제출하여야 한다.

[서식 61] 상고장

```
                    상  고  장


  사     건 :
  피 고 인 :
   위 피고사건에 대하여 피고인은 상고를 제기합니다.


                     20  .    .    .


                 제출(피고)인 :              ㉑
                 주민등록번호         －
                 전화 :
                 주소 :


                 위 본인임을 확인함.


                 법원주사


            ○○○○법원  귀중
```

(3) 항 고

항고는 법원의 결정에 대한 상소이다. 항고의 종류는 일반항고와 재항고가 있다.

일반항고는 다시 보통항고와 즉시항고로 구분된다. 즉시항고는 법률의 규정에서 이를 허용하는 경우에만 할 수 있는 항고이고, 보통항고는 즉시항고를 할 수 있다는 뜻의 규정이 없는 경우에 널리 법원이 행한 결정에 대하여 인정되는 항고이다.

항고법원 또는 고등법원의 결정에 대하여는 판결에 영향을 미친 헌법·법률·명령 또는 규칙의 위반이 있음을 이유로 하는 때에 한하여 대법원에 즉시항고를 할 수 있는데, 이를 재항고라고 한다.

준항고는 재판장 또는 수명법관의 재판과 검사 또는 사법경찰관의 일정한 처분에 대하여 그 소속법원 또는 관할법원에 취소 또는 변경을 청구하는 불복신청이다.

2. 비상구제

(1) 재 심

재심은 유죄의 확정판결에 대하여 중대한 사실오인이나 그 오인의 오류가 있는 경우에 판결을 받은 자의 이익을 위하여 판결의 부당함을 시정하는 비상구제절차이다. 즉, 사실인정의 잘못을 이유로 한다.

[서식 62] 재심청구서

재 심 청 구 서

재심청구인 : ○ ○ ○
주거 : ○ ○ ○ ○ ○ ○ ― ○ ○ ○ ○ ○ ○ ○
등록기준지 :

원판결의 표시

재심청구취지

재심청구 이유

첨 부 서 류
1. 판결등본
2. 새로운 증거

2017년 1월   일

위 피고인   ○ ○ ○ (인)

○ ○ 지 방 법 원 귀 중

(2) 비상상고

　비상상고는 확정판결에 대하여 그 심판의 법령위반을 이유로 허용되는 비상구제절차이다. 비상상고는 신청권자가 검찰총장에 제한되고, 관할법원은 대법원이다.

[서식 63] 비상상고신청서

대검찰청

비상제 　　　호 　　　　　　　　　　　　 .　　　 .　　　 .

수신 　대법원 　　　　　　　　　　　　 발신 　　검찰총장대리

제목 **비상상고신청** 　　　　　　　　 검사 　　　　　　　⑪

다음 　판결
　약식명령 　　　에 대하여 법령위반이 있다고 인정되므로 비상상고를
　　　　　　신청합니다.

피고인	① 성명		② 주민등록번호	(　세)
	③ 주거			
	④ 직업			
⑤ 죄명				
⑥ 원판결		. 　　. 　　. 　　　　법원		
⑦ 판결요지				
⑧ 재판확정		. 　　. 　　. 　　　　법원		
⑨ 판결요지				
⑩ 비상상고이유		별첨		
⑪ 비고				

23231－52411일
93.5.18 승인 　　　　　　　　　　　210mm×297mm(인쇄용지(특급) 54g/㎡)

[서식 64] 즉결심판청구서

즉결심판청구서

지방법원장
지방법원지원장 귀하   제   -   호
시 · 군법원판사

(법원)

출석	일시	년 월 일 시 분까지					
	장소	지방법원 지원 시 · 군법원 즉결심판법정					
피고인	성명		나이	주민등록 번호	–	성별: 남 · 여	직업
	주소				전화번호		
	등록 기준지						
위반	일시	년 월 일 시 분경					
	장소						
위반내용	위 피고인						
적용 법조문							

위의 내용을 피고인에게 읽어 준 결과, 사실과 같다고 하므로 서명 · 날인하게 하였습니다.

년   월   일

피고인   (인)

위와 같이 즉결심판을 청구합니다.

년   월   일

검인

경찰서장

해양경비안전서장   (인)

제주특별자치도지사

증거관계

적발 경위:
증 거 물:

소속	경찰서 과 해양경비안전서 파출소 · 해양경비안전센터 [인] 제주특별자치경찰단 과	흰색
비고		

210mm×297mm[백상지 80g/㎡]

[서식 65] 배상명령신청서

배 상 명 령 신 청 서

사　　건　　20　고단　　사기
신 청 인　　김 갑 동
　　　　　　　　주소: 서울 중구 서소문동 100
　　　　　　　대리인 김 을 동
　　　　　　　　주소: 위 같은 곳

피 고 인　　이 병 동
　　　　　　　　주소: 서울 중구 서소문동 200
　　　　　　　　　　（현재　××구치소 재감중）

배상을 청구하는 금액　　금 200만 원

배상의 대상과 그 내용
　피고인은 20　．　．　．　위 신청인의 주소지에서 신청인을 속여 차용금 명목으로 금 200만 원을 편취한 혐의로 현재 귀원에서 공판 계속중에 있습니다.

따라서 신청인은 위 피해금 200만 원에 대한 배상을 구하여 이 배상명령을 신청합니다.

　　　　　　　　　　　　　20　．　．　．

　　　　　　　　　　　대리인　　김 을 동 （인）

첨부서류: 차용증서 1통

　　　　　　　　　○○○○법원　귀중

3. 특별절차

약식명령절차는 지방법원이 그 관할에 속한 사건에 대하여 검사의 청구가 있는 때에는 공판절차를 생략하고 검사가 제출한 자료만을 조사하여 약식명령으로 피고인에게 벌금·과료 또는 몰수형을 과하는 간이재판절차를 말한다.

즉결심판절차는 지방법원, 지방법원지원 또는 시·군법원의 판사가 20만원 이하의 벌금·구류 또는 과료에 처할 경미한 범죄에 대하여 공판절차에 의하지 아니하고 즉결심판에 관한 절차법에 의하여 신속하게 심판하는 절차를 말한다.

배상명령절차는 피해자의 신속한 구제를 위하여 법원이 직권 또는 피해자의 신청에 의하여 피고인에게 피고사건의 범죄행위로 인하여 발생한 손해의 배상을 명하는 절차를 말한다. 이러한 배상명령절차는 소송촉진 등에 관한 특례법에 규정된 제도이다.

VIII. 국민참여재판

국민참여재판 법정

[출처] 대한민국 법원 전자민원센터

1. 국민참여재판의 의의

종래에는 일반 국민들에게 형사재판의 참여가 허용되지 않았으나, 2007.6.1.에 제정되고 2008.1.1.부터 시행된 "국민의 형사재판 참여에 관한 법률(약칭: 국민참여재판법)"에 의하여 일정한 범죄에 대하여 일반 국민들도 배심원으로 참여하여 법원에 형사사건의 유·무죄의 평결과 양형에 대한 의견을 제시할 수 있게 되었다.

배심제는 사법의 민주적 정당성과 신뢰를 높이고, 국민이 국가의 형벌권행사와 관련된 재판에 직접 참여하는 '국민에 의한 직접적 사법 통제'를 실현하기 위한 목적에서 도입된 제도이다.

배심제도는 일반시민이 재판에 배심원으로 참여하여 판사의 보조역할을 하는 제도로써 일반인들의 사회적인 통념에 의해서 그 행위가 범죄에 해당하느냐의 여부, 사실관계의 확정과 법률적용의 명확화, 법관에 의한 자의적인 재판을 방지할 수 있는 기능을 한다.

법원은 대상사건의 피고인에 대하여 국민참여재판을 받을 것인지의 여부를 서면 등의 방법으로 반드시 확인하여야 하며, 피고인이 국민참여재판을 받고자 한다면 공소장 부본을 송달받은 날부터 7일 이내에 그 의사가 기재된 서면을 제출하여야 한다.

2. 배심원

(1) 배심원의 개념

"배심원"이란 국민의 형사재판 참여에 관한 법률에 따라 형사재판에 참여하도록 선정된 사람을 말한다.

"국민참여재판"이란 배심원이 참여하는 형사재판을 말한다.

누구든지 이 법으로 정하는 바에 따라 국민참여재판을 받을 권리를 가진다.

또한 대한민국 국민은 이 법으로 정하는 바에 따라 국민참여재판에 참여할 권리와 의무를 가진다.

(2) 배심원의 자격 및 선정

배심원은 결격사유가 없는 한 만 20세 이상의 대한민국 국민은 누구나 선정될 수 있다.

법원은 배심원후보예정자명부 중에서 필요한 수의 배심원후보자를 무작위 추출 방식으로 정하여 배심원과 예비배심원의 선정기일을 통지한다. 법원은 배심원후보자가 배심원 자격의 결격사유, 직업 등에 따른 제외사유, 제척·면제사유가 있는지의 여부를 판단하기 위하여 질문표를 사용할 수 있고, 배심원후보자는 이를 기재하여 법원에 제출하여야 한다.

배심원 후보자 중에서 누가 대상사건의 배심원이 되느냐는 선정기일에 결정된다. 배심원 후보자의 개인정보 및 사생활보호를 위하여 선정기일은 비공개로 하며, 제한적인 자에게만 제공된다. 즉, 법원은 선정기일의 2일 전까지 검사와 변호인에게 배심원후보자의 성명·성별·출생연도가 기재된 명부를 송부하고, 선정기일에 출석한 배심원후보자 중에서 당해 재판에서 필요한 배심원과 예비배심원의 수에 해당하는 배심원후보자를 무작위로 뽑고 이들을 대상으로 직권, 기피신청 또는 무이유부기피신청에 따른 불선정결정을 한다.

국민참여재판에 있어서 배심원의 수는 법정형이 사형·무기징역 또는 무기금고에 해당하는 경우에는 9인, 그 외의 경우에는 7인, 피고인 또는 변호인이 공판준비절차에서 공소사실의 주요내용을 인정한 때에는 5인이 참여한다. 법원은 배심원의 결원 등에 대비하여 5인 이내의 예비배심원을 둘 수 있다.

(3) 배심원의 권리의무

국민참여재판을 하는 사건에 있어서 배심원은 법령을 준수하고 독립하여 성실히 직무를 수행하여야 하며, 사실의 인정, 법령의 적용 및 형의 양정에 관한 의견을 제시할 권한이 있다. 그리고 직무상 알게 된 비밀을 누설하거나 재판의 공정을 해하는 행위를 하여서는 안 된다.

배심원과 예비배심원은 법률에 따라 공정하게 그 직무를 수행할 것을 다짐하는 취지의 선서를 하여야 한다. 법정에서 배심원이 직접 증인에게 신문을 할 수 없지만, 피고인·증인에 대하여 필요한 사항을 신문하여 줄 것을 재판장에게 요청할 수 있다. 또한 필요하다고 인정되는 경우 재판장의 허가를 받아 각자 필기를 하여 이를 평의에 사용할 수 있다.

그러나 배심원은 심리 도중에 법정을 떠나거나 평의·평결 또는 토의가 완결되기 전에 재판장의 허락 없이 평의·평결 또는 토의 장소를 떠나는 행위, 평의가 시작되기 전에 당해 사건에 관한 자신의 견해를 밝히거나 의논하는 행위, 재판절차 외에서 당해 사건에 관한 정보를 수집하거나 조사하는 행위, 이 법에서 정한 평의·평결 또는 토의에 관한 비밀을 누설하는 행위 등을 하여서는 안 된다.

(4) 평의 · 평결 · 토의 및 판결

배심원들은 단지 사실관계만을 파악하고 피고인의 유 · 무죄만을 결정할 뿐 형량을 결정하거나 하지는 않는다.

심리에 관여한 배심원은 공소사실의 요지와 적용법조, 피고인과 변호인 주장의 요지, 증거능력, 그 밖에 유의할 사항에 관하여 재판장의 설명을 들은 후 유 · 무죄에 관하여 평의하고, 전원의 의견이 일치하면 그에 따라 평결한다. 다만, 유 · 무죄의 평결의견이 일치하지 않은 경우에는 심리에 관여한 판사의 의견을 들어 다수결에 의한다.

평결이 유죄인 경우 배심원은 심리에 관여한 판사와 함께 양형에 관하여 토의하고 그에 관한 의견을 개진한다. 재판장은 양형에 관한 토의 전에 처벌의 범위와 양형의 조건 등을 설명하여야 한다.

그러나 배심원의 위의 평결과 의견은 법원을 기속하지 아니한다. 즉, 법원은 배심원의 평결결과와 다른 판결을 선고할 수 있으며, 양형도 다르게 판단할 수 있다.

누구든지 배심원 · 예비배심원 또는 배심원후보자인 사실을 이유로 해고하거나 그 밖의 불이익한 처우를 하여서는 안 된다. 또한 누구든지 배심원 · 예비배심원 또는 배심원후보자의 성명 · 주소와 그 밖의 개인정보를 공개하여서는 안 된다.

3. 대상사건

국민참여재판의 대상이 되는 사건은 모든 형사사건은 아니다. 국민의 형사재판 참여에 관한 법률에서 대상사건으로 정한 경우에 한하여 인정된다.

즉, 법원조직법상 형사합의부 관할 사건(사형, 무기 또는 단기 1년 이상의 징역 또는 금고에 해당하는 사건이나, 일정한 사건의 경우 제외)과 위 대상사건의 미수죄 · 교사죄 · 방조죄 · 예비죄 · 음모죄에 해당사건 및 위 대상사건과 병합하여 심리하는 사건이 이에 해당한다.

그러나 위 사건의 경우에도 피고인이 국민참여재판을 원하지 아니하거나 법원의 배제결정이 있는 경우는 국민참여재판을 하지 아니한다.

[서식 66] 배심원등 신변보호조치 요청서

○○○○검찰청
(전화번호)

제   호 　　　　　　　　　　　　　　　　　　　　　　.　　　.　　　.

수신　　　　　　　법원　　　　　발신　　　　　　　검찰청

제목 **배심원등 신변보호조치 요청**　　검사　　　　　　(인)

　귀원　　　　호 피고인　　　　　에 대한　　　　　피고사건의 배심원·예비배심원에
대하여 다음과 같은 신변안전을 위한 조치를 신청합니다.

다음

1. 필요한 조치의 내용
　　□ 보호
　　□ 격리
　　□ 숙박
　　□ 기타 (　　　　　　　　　　　　　　)

2. 요청사유

210㎜×297㎜(일반용지75g/㎡(재활용품))

제11장 기타 범죄유형

I. 경범죄

1. 경범죄의 의의

경범죄란 우리의 일상생활에서 빈번하게 발생할 수 있는 경미한 범죄행위로써 다른 사람의 생명이나 안전에 중대한 영향을 미치지 아니하는 정도의 범죄를 말한다.

2. 경범죄유형

경범죄의 범칙행위란 경범죄처벌법 제3조 제1항·제2항 규정의 어느 하나에 위반하는 행위를 말한다.

그러나 범칙행위를 한 사람이라도 범칙행위를 상습적으로 하는 사람, 죄를 지은 동기나 수단 및 결과를 헤아려볼 때 구류처분을 하는 것이 적절하다고 인정되는 사람, 피해자가 있는 행위를 한 사람, 18세 미만인 사람은 범칙자에 해당되지 않는다(동법 제6조 제2항).

범칙행위 및 범칙금액(제3조 제1항 관련 – 10만원 이하 벌금)

범칙행위	범칙금액	범칙행위	범칙금액
빈집 등에의 침입(제1호)	8만원	인근소란 등(제21호)	3만원
흉기의 은닉휴대(제2호)	8만원	위험한 불씨 사용(제22호)	8만원
폭행 등 예비(제3호)	8만원	물건 던지기 등 위험행위(제23호)	3만원
시체 현장변경 등(제5호)	8만원	인공구조물 등의 관리소홀(제24호)	5만원
도움이 필요한 사람 등의 신고 불이행(제6호)	8만원	위험한 동물의 관리소홀(제25호)	5만원
관명사칭 등(제7호)	8만원	동물 등에 의한 행패 등(제26호) – 소나 말을 달아나게 한 사람 – 동물을 시켜 타인에게 위해	5만원 8만원
물품강매 · 호객행위(제8호) – 억지로 청하는 행위 – 떠들썩하게 부른 행위	8만원 5만원	무단소등(제27호)	5만원
		공중통로 안전관리소홀(제28호)	5만원
광고물 무단부착 등(제9호) – 단순 부착, 뿌리는 행위 – 타인의 간판 등 훼손	5만원 8만원	공무원 원조불응(제29호)	5만원
		거짓 인적사항 사용(제30호)	8만원
마시는 물 사용방해(제10호)	8만원	미신요법(제31호)	2만원
쓰레기 등 투기(제11호) – 죽은 짐승, 쓰레기 등 – 담배꽁초, 껌 등	5만원 3만원	야간통행제한 위반(제32호)	3만원
노상방뇨 등(제12호) – 대소변 행위 – 침뱉는 행위	5만원 3만원	과다노출(제33호) 공개된 장소에서 성기 · 엉덩이등 신체의 주요한 부위를 노출	5만원 (효력상실)
의식방해(제13호)	8만원	지문채취 불응(제34호)	5만원
단체가입 강요(제14호)	5만원	자릿세 징수 등(제35호)	8만원
자연훼손(제15호)	5만원	행렬방해(제36호)	5만원
타인의 가축 · 기계 등 무단조작(제16호)	8만원	무단 출입(제37호)	2만원
물길의 흐름 방해(제17호)	2만원	총포 등 조작장난(제38호)	8만원
구걸행위 등(제18호) – 타인에게 구걸시켜 이익편취 – 구걸로 타인에게 불편야기	8만원 5만원	무임승차 및 무전취식(제39호)	5만원
불안감조성(제19호)	5만원	장난전화 등(제40호)	8만원
음주소란 등(제20호)	5만원	지속적 괴롭힘(제41호)	8만원
범칙행위 및 범칙금액(제3조 제2항 관련) – 20만원 이하 벌금			
출판물의 부당게재 등(제1호)	16만원	업무방해(제3호)	16만원
거짓 광고(제2호)	16만원	암표매매(제4호)	16만원
범칙행위 및 범칙금액(제3조 제3항 관련) – 60만원 이하 벌금			
관공서에서의 주취소란		거짓신고	

비고 : 통고받은 범칙금에 가산금을 더하여 납부할 경우에 최대 납부금액은 법 제3조 제1항 각 호의 행위로 인한 경우에는 10만원, 제2항은 20만원으로 한다.

3. 범칙금의 납부

경찰서장, 해양경비안전서장, 제주특별자치도지사 또는 철도특별사법경찰대장은 범칙자로 인정되는 사람에 대하여 그 이유를 명백히 나타낸 서면으로 범칙금을 부과하고 이를 납부할 것을 통고할 수 있다.

이러한 범칙금 납부통고처분서를 받은 사람은 통고처분서를 받은 날부터 10일 이내에 국민안전처장관·경찰청장 또는 철도특별사법경찰대장이 지정한 은행, 그 지점이나 대리점, 우체국 또는 제주특별자치도지사가 지정하는 금융기관이나 그 지점에 범칙금을 납부하여야 한다.

납부기간에 범칙금을 납부하지 아니한 사람은 납부기간의 마지막 날의 다음 날부터 20일 이내에 통고받은 범칙금에 그 금액의 100분의 20을 더한 금액을 납부하여야 한다.

범칙금의 납부는 범칙금 납부대행기관을 통하여 신용카드, 직불카드 등으로 낼 수 있다.

4. 즉결심판절차

경찰서장, 해양경비안전서장 및 제주특별자치도지사는 통고처분서를 거부하거나 주거 또는 신원이 확실하지 않거나 통고처분을 하기가 매우 어려운 사람 및 납부기간에 범칙금을 납부하지 아니한 사람 등에 대하여는 지체 없이 즉결심판을 청구하여야 한다.

즉결심판을 받은 피고인이 심판결과에 불복하는 경우 선고 또는 고지받은 날로부터 7일 이내에 정식재판서를 경찰서장 등에게 제출함으로써 정식재판을 청구할 수 있다. 정식재판청구서의 서식은 다음과 같다.

[서식 67] 범칙금 납부고지서(경범죄)

범칙금 납부고지서(경범죄)

(은행용)

통고서번호	-3-	회계	☐ 경찰청 소관 ☐ 국민안전처 소관 ☐ 제주특별자치도 소관 ☐ 철도특별사법경찰대 소관	세입 징수관서	경찰서 해양경비안전서 제주특별자치도 철도특별사법경찰대	
납부고지일		년 월 일	계좌번호			흰 색
(1차)납부기한		년 월 일	금액		원	
(2차)납부기한		년 월 일	가산금액		원	
성명			주민등록번호	−		

경찰서장, 해양경비안전서장
제주특별자치도지사
철도특별사법경찰대장

직인

위 금액을 영수합니다.

수납자인

년   월   일

은행(우체국)   지점

160㎜×195㎜[보존용지(1종) 34g/㎡]

[서식 68] 정식재판청구서

정 식 재 판 청 구 서

공판절차	
사건번호	
재판부	

20 . . :
공판기일 통지서를 받았음
20 . . .
영수인 ㉑

사건	20 고약 (죄명) ※ 우측 음영부분은 기재하지 마십시오
피고인	성명: 송달가능한 주소: 전화번호 : 휴대전화: 이메일 주소:
약식명령	벌금( )만원의 약식명령을 20 . . . 수령하였습니다.
신청이유	위 약식명령에 대하여 아래와 같은 이유로 정식재판을 청구합니다. (해당란에 ∨ 표시) □ 벌금액수가 너무 많다. □ 공소사실을 인정할 수 없다. □ 기타 [구체적 내용과 이유 및 기타 특별한 사정이나 재판에서 참작해 주기를 바라는 사항(분량이 많으면 별지 사용 가능)]
관련사건	□ 없음 □ 있음 [계류중인 기관(경찰, 검찰, 법원명) : 사건번호 :] ※ 관련사건은 피고인에 대한 본건 이외의 관련 형사사건, 피해자와 사이에 손해배상청구 등 민사사건, 공소사실과 관련된 인·허가처분의 취소등을 구하는 행정사건을 말함
접수인	20 . . . 청구인 ㉑ (피고인과의 관계:)

주 ① 피고인의 주소가 변경되면 법원에 신고하여야 하며, 신고하지 않을 경우에는 피고인의 출석 없이 재판이 진행될 수 있습니다.
　② 정식재판을 청구한 경우에도 나중에 이를 취하할 수 있습니다. 취하는 정식재판청구 취하서를 제출하거나 법정에서 구두로 밝히면 됩니다.
참조: 형소 453, 454, 458, 365

Ⅱ. 교통사고

1. 교통사고의 의의

교통사고란 도로상 차의 운전 등 교통으로 인하여 사람을 사상하거나 물건을 손괴한 사고를 말한다. 여기에서 '차'라 함은 자동차, 건설기계, 원동기장치자전거, 자전거, 사람 또는 가축의 힘이나 그 밖의 동력으로 도로에서 운전되는 것을 말한다. 다만, 철길이나 가설된 선을 이용하여 운전되는 것, 유모차와 행정자치부령으로 정하는 보행보조용 의자차는 제외한다.

업무상과실 또는 중대한 과실로 교통사고를 일으킨 운전자에 관한 형사처벌 등의 특례를 정함으로써 교통사고로 인한 피해의 신속한 회복을 촉진하고 국민생활의 편익을 증진함을 목적으로 한다.

2. 교통사고 발생시 대처 사항

차를 운전하던 도중에 불의의 사고를 발생하거나 사고를 당하더라도 절대 당황하여서는 안 되며 침착하게 냉정을 되찾아 행동하여야 한다. 사고는 예기치 않는 순간에 발생하는 것이기 때문에 노련한 운전자의 경우에도 사고 순간에 당황하는 것은 당연하다.

교통사고가 발생하게 되면 기본적인 대처 사항은 다음과 같다.

첫째, 사고차량의 네 바퀴 밑과 노면흔적 등에 스프레이로 현장 상황을 표시해 두어야 한다. 사고차량의 최종 정지위치와 노면흔적, 파손 잔존물의 위치는 사고 조사 과정에서 본인의 주장을 입증하는 증거자료가 된다.

둘째, 또한 피해차량의 손상부와 사고차량의 손상부분을 파악하고 사진촬영을 하여 보관하여야 한다.

셋째, 상대방 차량번호, 연착처 등의 관련 사항을 기록해 두어야 한다. 교통사고는 순간적으로 발생하는 것이므로 사후에라도 원활한 사고처리가 이루어질 수 있도록 해야 한다.

넷째, 사고장면을 목격한 목격자를 확보해야 두어야 한다. 직접 목격자의 확보가 어려운 상황이라면 주변에 있는 다른 차량의 운전자나 차량번호 등을 파악해 두면 사고조사시 유용하게 활용할 수 있다.

다섯째, 가입하고 있는 보험회사에 교통사고 접수를 하여 적절하게 처리되도록 하여야 한다. 사고가 발생하게 되면 사고차량의 차주나 운전자는 피해차량의 운전자 등에게 그 피해를 배상해야 할 법적 책임을 부담하므로 피해자에게 신속하고 적절한 수준의 피해보상을 받을 수 있도록 보험회사에 사고접수를 하여야 한다.

여섯째, 초보운전자의 경우 일방적으로 과실을 인정하거나 면허증 내지 자동차등록증을 주거나 손해배상을 약속해서는 안 되고, 보험회사에 신고하여 처리해 주겠다고 답변하는 것이 바람직한 조치이다.

3. 교통사고 발생시의 조치

교통사고가 발생하게 되면 사고차량의 운전자나 그 밖의 승무원은 즉시 정차하여 사상자를 구호하는 등 필요한 조치를 취하고, 피해자에게 가해차량 운전자의 성명·전화번호·주소 등의 인적 사항을 제공하여야 한다. 만약 당황하여 현장을 이탈하는 경우에는 뺑소니로 오해를 받을 우려가 있기 때문에 즉시 정차하여 사고현장을 확인하여야 한다.

인명피해가 발생한 경우 사상자 구호와 사상자 구호에 어려움이 있을 때에는, 사고차량의 운전자 등은 경찰공무원이 현장에 있을 때에는 경찰공무원을 통해서, 현장에 없을 때에는 사고가 일어난 곳, 사상자의 수 및 부상 정도, 손괴한 물건 및 손괴 정도, 그 밖의 조치사항 등에 대하여 가장 가까운 경찰관서에 지체 없이 신고하여야 한다. 구호에 필요한 조치는 경우에 따라서 부상자를 병원에 후송하는 것까지 포함한다.

그러나 차량만 손괴된 것이 분명한 경우에는 도로에서의 위험방지와 원활한 소통을 위하여 필요한 조치를 한 경우에는 신고의무는 없다.

4. 교통사고와 형사처벌

교통사고처리특례법은 자동차 운전이 국민생활의 기본요소로 되어 가면서 교통사고를 일으킨 운전자에 대한 형사처벌 등의 특례를 정함으로써 교통사고로 인한 피해의 신속한 회복을 촉진하고 국민생활의 편익을 증진하고자 제정된 것이다. 즉, 자동차등의 운전자가 업무상과실 또는 중대한 과실로 사람을 상해하거나 타인의 재물을 손괴한 경우에는 피해자의 명시적인 의사에 반하여 당해 운전자를 처벌할 수 없다.

그러나 이러한 사고를 유발하고도 피해자를 구호하는 등의 조치를 하지 아니하고

도주하거나 피해자를 사고 장소로부터 옮겨 유기하고 도주한 경우를 포함하여 신호위반·중앙선침범·무면허운전·주취운전 등의 12대 중과실로 인한 사고의 경우에는 피해자의 의사와는 상관없이 처벌된다.

한편 교통사고를 일으킨 자동차등의 교통사고로 인한 피해에 대한 손해배상금 전액을 보상하는 보험 또는 공제에 가입된 때에는 피해자로부터 처벌을 원하지 아니하는 의사가 있는 것으로 보아 당해 교통사고를 일으킨 운전자를 처벌하지 않도록 하고 있다.

5. 12대 중과실 교통사고

① 신호 또는 지시위반: 신호기가 표시하는 신호 또는 교통정리를 하는 경찰공무원등의 신호를 위반하거나 통행금지 또는 일시정지를 내용으로 하는 안전표지가 표시하는 지시를 위반하여 운전한 경우

② 중앙선 침범: 중앙선을 침범하거나 고속도로 등에서 횡단, 유턴 또는 후진하여 운전한 경우

③ 속도위반: 자동차 등의 도로에서 제한속도를 시속 20킬로미터 초과하여 운전한 경우

④ 앞지르기 방법 위반: 앞지르기의 방법, 앞지르기 금지시기 및 장소(교차로, 터널 안, 다리 위, 도로의 구부러진 곳 등) 또는 끼어들기의 금지를 위반하거나 고속도로에서의 앞지르기 방법을 위반하여 운전한 경우

⑤ 건널목 통과방법 위반: 철길건널목에서 일시 정지하여 안전여부를 확인한 후에 통과하여야 하는 등의 통과방법을 위반하여 운전한 경우

⑥ 횡단보도 사고: 횡단보도에서의 보행자 보호의무를 위반하여 운전한 경우

⑦ 무면허운전: 운전면허 또는 건설기계조종사면허가 없거나 국제운전면허증을 소지하지 아니하고 운전한 경우(면허정지 중 운전의 경우 포함)

⑧ 음주운전 및 약물복용운전: 술에 취한 상태에서 운전을 하거나 약물의 영향으로 정상적으로 운전하지 못할 우려가 있는 상태에서 운전한 경우

⑨ 보도침범: 보도가 설치된 도로의 보도를 침범하거나 횡단방법을 위반하여 운전한 경우

⑩ 개문발차: 모든 차의 운전자는 운전 중 타고 있는 사람 또는 타고 내리는 사람이 떨어지지 않는 등의 조치를 하여야 함에도 승객의 추락 방지의무를 위반하여 운전한 경우

⑪ 어린이 보호구역에서의 사고: 어린이 보호구역에서 어린이보호에 따른 조치를 준수하고 어린이의 안전에 유의하면서 운전하여야 할 의무를 위반하여 어린이의 신체를 상해에 이르게 한 경우

⑫ 적재방법 위반: 자동차의 화물이 떨어지지 아니하도록 필요한 조치를 하지 아니하고 운전한 경우

6. 음주운전

사례 1

甲은 자신의 승용차를 운전하여 도로의 1차로를 진행하다가 신호대기 중이던 乙의 차량 뒷부분을 충격하여 그 차량이 앞으로 밀리면서 丙과 丁의 차량 2대를 연속하여 충격하게 되었다. 사법경찰관 A가 현장에 출동하여 사고 경위를 파악한 다음 甲과 함께 경찰서로 이동하여 호흡측정기로 음주측정을 한 결과 甲의 혈중알코올농도는 0.024%로 처벌수치 미달이었다.

그러자 위 피해자들의 일부가 측정 결과를 믿을 수 없다며 A에게 혈액 채취에 의한 재측정을 요구하였으며, A는 甲에게 '피해자들이 처벌수치 미달로 나온 것을 납득하지 못하니 정확한 조사를 위하여 채혈에 동의하겠느냐? 채혈 결과가 최종 음주수치가 된다'고 말한 후 甲의 동의 하에 혈액 채취에 의한 음주측정을 하였다.

A는 이와 같이 채취된 혈액을 제출받아 국립과학수사연구원에 송부하여 그에 대한 감정을 의뢰하였는데, 甲의 혈중알코올농도가 0.239%로 측정되었다. 甲의 혈액채취에 의한 음주측정결과의 증거능력을 부정할 수 있는가?

사례 2

甲은 식당 인근 편도 2차선 도로의 갓길에 자신의 차량을 시동을 켠 채 정차하여 두고 그 앞 횡단보도 위에 누워 있다가, 음주운전을 하는 차량이 있다는 신고를 받고 출동한 사법경찰관 乙에 의해 도로 밖으로 끌려 나왔다.

乙은 甲이 술에 만취되어 말도 제대로 하지 못하며 오줌을 싸고 혼자서 걷지도 못하자 경찰관직무집행법에 따른 보호조치 대상자로 보아 순찰차 뒷자리에 태운 뒤 파출소로 데려왔다.

乙은 甲에게 3회에 걸쳐 음주측정을 요구하였으나 甲은 이에 불응하였다. 甲은 음주측정불응죄가 성립하는가?

누구든지 술에 취한 상태에서 자동차 등을 운전하여서는 안 된다.

경찰공무원은 교통의 안전과 위험방지를 위하여 필요하다고 인정하거나 술에 취한 상태에서 자동차등을 운전하였다고 인정할 만한 상당한 이유가 있는 경우에는 운전자가 술에 취하였는지를 호흡조사로 측정할 수 있으며, 운전자는 이에 응하여야 한다. 음주측정 결과에 불복하는 운전자는 혈액 채취 등의 방법으로 재측정을 요구할 수 있다.

음주운전으로 보는 기준은 혈중알코올농도가 0.03퍼센트 이상인 경우이다.

자동차의 운전자가 음주운전사고로 피해자에게 상해나 사망에 이르게 한 때에 특정범죄 가중처벌 등에 관한 법률상 위험운전치사상죄가 인정되어 중하게 처벌하고 하고 있다. 즉, 음주 또는 약물의 영향으로 정상적인 운전이 곤란한 상태에서 자동차(원동기장치자전거를 포함한다)를 운전하여 사람을 상해에 이르게 한 사람은 1년 이상 15년 이하의 징역 또는 1천만원 이상 3천만원 이하의 벌금에 처하고, 사망에 이르게 한 사람은 무기 또는 3년 이상의 징역에 처하도록 하고 있다. 또한 동승자도 운전자의 음주사실을 알면서 자동차의 열쇠를 제공하거나 음주운전을 권유하거나 말리지 않는 경우에는 음주운전죄의 교사범 또는 종범으로 처벌될 수 있다.

■ 음주운전자에 대한 행정처분

〔1〕 운전면허취소 기준
• 술에 취한 상태의 기준(혈중알코올농도 0.03퍼센트 이상)을 넘어서 운전을 하다가 교통사고로 사람을 죽게 하거나 다치게 한 때
• 술에 만취한 상태(혈중알코올농도 0.08퍼센트 이상)에서 운전한 때
• 술에 취한 상태에서 운전하거나 술에 취한 상태에서 운전하였다고 인정할 만한 상당한 이유가 있음에도 불구하고 경찰공무원의 측정 요구에 불응한 때
〔2〕 면허정지처분 기준
• 술에 취한 상태의 기준을 넘어서 운전한 때(혈중알코올농도 0.03퍼센트 이상 0.08퍼센트 미만)

사례 1의 해결

〔1〕 사법경찰관 A가 甲의 음주운전 혐의를 제대로 밝히기 위하여 甲의 자발적인 동의를 얻어(甲이 혈액 채취 동의서에 서명·무인하였고, 혈액을 채취할 때까지 이를

거부하는 의사를 표시하지 않았다) 혈액 채취에 의한 측정방법으로 다시 음주측정을
한 조치를 위법하다고 할 수 없고, 이를 통하여 획득한 혈액측정 결과가 위법한 절
차에 따라 수집한 증거라고 할 수 없으므로 그 증거능력을 부정할 수 없다.

〔2〕 위 사안에서 갑은 특정범죄가중법상 위험운전치상죄와 도로교통법상 음주운
전죄로 처벌되었다(대법원 2015. 7. 9. 선고 2014도16051 판결).

사례 2의 해결

〔1〕 경찰공무원은 교통의 안전과 위험방지를 위하여 필요하다고 인정하거나 운
전자가 술에 취한 상태에서 자동차 등을 운전하였다고 인정할 만한 상당한 이유가
있고 운전자의 음주운전 여부를 확인하기 위하여 필요한 경우에는 사후의 음주측정
에 의하여 음주운전 여부를 확인할 수 없음이 명백하지 않는 한 당해 운전자에 대하
여 음주측정을 요구할 수 있고, 당해 운전자가 이에 불응한 경우에는 음주측정불응
죄가 성립한다.

〔2〕 甲과 같이 경찰관직무집행법상 보호조치된 사람이라고 하여 달리 볼 것이 아
니므로, 경찰공무원이 보호조치된 운전자에 대하여 음주측정을 요구하였다는 이유만
으로 그 음주측정 요구가 위법하다거나 보호조치가 당연히 종료된다고 볼 수는 없다.

〔3〕 위 사안에서 갑은 도로교통법상 음주측정불응죄에 해당한다(대법원 2012. 3.
29. 선고 2011도10012 판결)

Ⅲ. 성범죄

최근 성과 관련된 범죄가 증가하면서 국민의 불안감이 고조되면서 성범죄에 대한
처벌규정의 강화와 성폭력범죄자들에 대한 보다 강력한 처벌과 사회적 통제를 요구하
고 있다. 그 결과 성범죄자 신상정보공개, 위치추적 전자장치(전자발찌), 성충동 약물치
료(화학적 거세) 등 새로운 제도들의 도입과 법정형을 높이고 있다.

성범죄란 성과 관계되는 범죄를 말하며, 개인적 법익과 사회적 법익을 보호하는
범죄이다. 강간과 추행의 죄는 개인적 법익으로 개인의 성적 자기결정권을 보호하는 것
이며, 성풍속에 관한 죄는 사회적 법익으로 사회 일반의 건전한 성도덕 내지 성풍속을
보호하기 위한 것이다.

성범죄가 발생하는 주된 이유도 개인적 요인으로 성적 욕구에 대한 충동과 순간적

충동에 대한 자제력 부족으로 성범죄가 발생하게 된다.

또한 음란비디오 등의 외설적인 방송매체의 영향과 금전만능주의에 의한 성의 상품화 및 부모의 혼인상태 등의 사회환경적 요인이 있다.

한편 많은 성폭력은 가해자와 피해자 사이의 권력관계에 의해서도 발생한다. 즉, 수직적인 상하관계가 존재하는 가족, 직장, 군대 등에서 발생하며, 이를 문제화하기도 어렵다.

성폭력범죄 전담재판부에서 담당하는 사건의 주요 관련 법률로는 성폭력범죄의 처벌 등에 관한 특례법, 성폭력방지 및 피해자보호 등에 관한 법률, 아동·청소년의 성보호에 관한 법률, 전자장치부착법, 약물치료법 등이 있다.

1. 성폭력범죄

사 례

> 甲은 피해자 乙을 비롯한 동호회 회원들과 연말 회식을 한 후 귀가하려는 乙에게 대리기사를 불러 자신의 차량으로 데려다 주겠다면서 승용차 뒷좌석에 태운 다음 실제로는 대리기사를 부르지 않았다.
> 甲은 乙을 간음하기로 결심하고 손으로 乙의 온몸을 만지며 입맞춤을 하였고, 乙이 저항하자 '억지로 하는 것이 뭔지 보여주겠다'고 하면서 양손으로 피해자의 어깨를 눌러 옆으로 눕혀 항거 불능케 한 다음 피해자의 바지와 속옷을 벗기고 1회 간음하였다. 甲은 乙에 대한 강간죄가 성립하는가?

성폭력이란 성을 매개로 하여 상대방의 의사에 반하여 이루어지는 모든 신체적·정신적 가해행위를 의미한다. 성폭력은 강간이나 강제추행뿐만 아니라 성폭행, 성희롱, 언어적 행위, 음란성 문자메세지, 몰래카메라 등에 의해 이루어지는 모든 가해행위를 포괄하는 개념이다.

성폭행은 상대방의 의사에 반하여 폭행 또는 협박에 의해 이루어지는 성관계로 일반적으로 형법상 강간과 강제추행을 의미한다.

강간 및 강제추행죄는 폭행 또는 협박으로 사람을 강간하거나 추행함으로써 성립하는 범죄이다. 본 죄의 주체는 제한이 없으며, 객체는 사람이면 모두 포함한다. 강간이란 상대방의 의사에 반하여 간음하는 것을 말하며, 추행이란 객관적으로 일반인에게 성적 수치심이나 혐오감을 일으키게 하고 선량한 성적 도덕관념에 반하는 행위이다.

사례의 해결

〔1〕甲은 乙이 집으로 돌아가려 하자 대리기사를 불러 자신의 차량으로 피해자를 데려다 주겠다면서 乙을 승용차 뒷좌석에 태운 사실, 乙은 甲을 밀치면서 억지로 껴안는 것이 싫다고 얘기한 사실, 甲은 乙의 얼굴을 잡고 억지로 키스를 하고 온몸을 만지고 乙의 어깨를 잡고 옆으로 눕힌 사실, 甲이 乙의 핫팬츠와 팬티를 내리려고 하자 울면서 하지 말라고 하였음에도 간음한 사실, 乙은 甲에 비하여 체격이 왜소하여 甲을 벗어나기 어려웠고, 새벽 추운 날씨에 乙의 하반신이 벗겨져 있는 상태에서 甲의 차량 문을 열고 뛰쳐나가기 쉽지 않은 점, 乙은 다음날 동호회 리더에게 강간을 당해 동호회를 그만두겠다는 문자메시지를 보냈고, 甲으로부터 '자신이 잘못했다'는 취지의 문자메시지를 계속 받았다는 사실 등을 종합하여 보면, 甲은 乙의 의사에 반하여 乙의 반항을 억압하거나 현저하게 곤란하게 할 정도의 유형력을 행사하여 乙을 강간하기에 이르렀다고 보기에 충분하다.

〔2〕결론

위 사안에서 갑은 형법상 강간죄가 성립한다(대법원 2012. 7. 12. 선고 2012도4031 판결).

(1) 성폭력 피해를 입었을 때 대처방법

만약 성폭력 피해를 당했다면 대처방법은 다음과 같다.

첫째, 성폭력이 발생하였다는 사실을 경찰 및 성폭력 관련상담기관에 신고하여야 한다.

신고기관	전화번호
경찰청	112
검찰청	지역번호 + 1301
여성긴급전화	지역번호 + 1366
학교·여성폭력피해자 등 긴급지원센터	117

둘째, 몸을 씻거나 옷을 갈아입지 말고 경찰서나 병원으로 가서 증거물을 확보하여야 한다. 의학적 증거는 72시간 이내에 진찰을 받아야 확보할 수 있다. 옷을 갈아입

는 경우 성폭력 당시 옷은 빨거나 털지 않고 그대로 가지고 가야 한다. 병원에서는 몸에 상처가 있거나 멍든 부위가 있는 경우 사진촬영을 해두고 전문의로부터 진단서를 발급받도록 한다.

셋째, 증거보전을 위해 피해 당시 입었던 옷이나 다른 증거물들은 모아 습기가 차지 않도록 종이봉투에 보관하도록 한다. 피해 장소가 피해자의 집이라면 가해자의 신체 일부인 지문, 모발, 정액 등과 물건인 흉기, 라이터, 담배꽁초 등이 남아 있을 수 있으므로 가능한 그대로 보존하는 것이 좋다.

넷째, 기억을 되살려 기록해 두어야 한다. 성폭력범죄의 가해자는 대부분 낯선 사람이다. 피해자의 입장에서 성폭행 당시를 떠올리는 것은 매우 고통스러운 일이지만, 성폭행 수사와 재판과정에서 많은 도움이 되기 때문에 성폭행 당했을 때의 가해자의 신체적, 언어적, 행동적 특징을 기록해 두어야 한다. 그렇지 않고 수사와 재판과정에서 피해자가 그 사실을 번복하거나 기억이 나지 않을 경우 가해자의 처벌수위가 낮아질 수 있기 때문이다.

다섯째, 가해자의 진술 내지 증인을 확보해 두어야 한다. 가해자로부터 성폭행 사실에 대해 자백을 받거나 사과문을 받으면 증거로 사용될 수 있다. 전화통화로 그 사실을 시인한 경우 가해자의 말은 녹음해 두어야 하며, 제3자가 인정하는 것은 증거로 사용될 수 없다. 이메일과 문자 등을 통한 사과의 경우에는 그 날짜와 시간이 나오도록 출력해 두고, 편집하지 않아야 한다.

(2) 성폭력범죄의 형사처벌

종래 형법상 성범죄는 피해자의 고소가 있는 경우에만 검사가 공소를 제기할 수 있도록 하는 친고죄로 규정되어 있었으나, 국가형벌권에 의한 성범죄의 단죄 및 성폭력 범죄의 불법성에 비추어 단지 피해자의 고소가 없다는 이유만으로 형사처벌이 이루어지지 않는다는 것은 형사사법의 중대한 결함이라는 점 등에 비추어 2013. 6. 19. 이후부터 친고죄 규정이 폐지되었다.

따라서 피해자의 고소가 없더라도 가해자를 처벌할 수 있게 되었다.

형법상 범죄는 자기 또는 배우자의 직계존속을 고소할 수 없지만, 성폭력범죄는 고소할 수 있다.

성폭력범죄의 객체를 '부녀'에서 '사람'으로 변경하여 남성도 객체가 될 수 있고, 특히 강간피해자로서 '성전환자', '배우자'도 포함된다.

또한 유사강간죄 규정을 신설하여 폭행 또는 협박으로 사람에 대하여 구강, 항문 등 성기를 제외한 신체의 내부에 성기를 넣거나 성기 내지 항문에 손가락 등 신체의 일부 또는 도구를 넣는 행위를 처벌하고 있다.

(3) 성추행으로 인정되는 경우

① 피고인이 엘리베이터 안에서 피해자를 칼로 위협하는 등의 방법으로 꼼짝하지 못하도록 하여 자신의 실력적인 지배하에 둔 다음 자위행위 모습을 보여준 행위가 강제추행죄의 추행에 해당한다(대법원 2010. 2. 25. 선고 2009도13716 판결).

② 피고인이 아파트 엘리베이터 내에 13세 미만인 갑과 단둘이 탄 다음 갑을 향하여 성기를 꺼내어 잡고 여러 방향으로 움직이다가 이를 보고 놀란 갑 쪽으로 가까이 다가감으로써 위력으로 갑을 추행하였다고 하여 성폭력범죄의 처벌 등에 관한 특례법 위반으로 기소된 사안에서, 피고인의 행위는 위력에 의한 추행에 해당한다(대법원 2013. 1. 16. 선고 2011도7164, 2011전도124 판결).

③ 피고인이 알고 지내던 여성인 피해자 갑이 자신의 머리채를 잡아 폭행을 가하자 보복의 의미에서 갑의 입술, 귀, 유두, 가슴 등을 입으로 깨무는 등의 행위를 한 경우는 강제추행죄의 '추행'에 해당한다(대법원 2013. 9. 26. 선고 2013도5856 판결).

④ 피고인이 밤에 술을 마시고 배회하던 중 버스에서 내려 혼자 걸어가는 피해자 갑(여, 17세)을 발견하고 마스크를 착용한 채 뒤따라가다가 인적이 없고 외진 곳에서 가까이 접근하여 껴안으려 하였으나, 갑이 뒤돌아보면서 소리치자 그 상태로 몇 초 동안 쳐다보다가 다시 오던 길로 되돌아간 경우 피고인은 아동·청소년에 대한 강제추행미수죄에 해당한다(대법원 2015. 9. 10. 선고 2015도6980, 2015모2524 판결).

⑤ 찜질방 수면실에서 옆에 누워 있던 피해자의 가슴 등을 손으로 만진 행위가 성폭력범죄의 처벌 및 피해자보호 등에 관한 법률에서 정한 공중밀집장소에서의 추행행위에 해당한다(대법원 2009. 10. 29. 선고 2009도5704 판결).

⑥ 골프장 여종업원들이 거부의사를 밝혔음에도, 골프장 사장과의 친분관계를 내세워 함께 술을 마시지 않을 경우 신분상의 불이익을 가할 것처럼 협박하여 이른바 러브샷의 방법으로 술을 마시게 한 경우 강제추행죄를 인정하였다(대법원 2008. 3. 13. 선고 2007도10050 판결).

⑦ 초등학교 4학년 담임교사(남자)가 교실에서 자신이 담당하는 반의 남학생의 성기를 만진 행위가 미성년자의제강제추행죄에서 말하는 '추행'에 해당한다(대법원 2006. 1. 13. 선고 2005도6791 판결).

⑧ 직장 상사가 등 뒤에서 피해자의 의사에 명백히 반하여 어깨를 주무른 경우,

여성에 대한 추행에 있어 신체 부위에 따라 본질적인 차이가 있다고 볼 수 없다는 이유로 추행에 해당한다(대법원 2004. 4. 16. 선고 2004도52 판결).

2. 성희롱

사 례

초등학교 3학년 담임교사들의 회식 자리에 교감인 甲은 교장인 乙, 교무부장인 丙과 함께 참석하였다.

학생지도, 기초학력평가 및 영어 선도수업 등 학습에 관한 대화를 하던 중 乙이 3학년 담임교사 중 여자교사 3명에게는 소주잔에 맥주를 따라 주었고 남자교사 3명에게는 소주잔에 소주를 따라 주었는데, 남자교사 3명은 乙에게 답례로 술을 권하고 여자교사 3명은 乙에게 술을 권하지 않자, 甲은 두 차례에 걸쳐 여자교사들에게 교장선생님께 술 한 잔씩 따라 줄 것을 권유하였다. 甲은 여자교사들에 대한 성희롱에 해당하는가?

성희롱(sexual harassment)이 대중적 용어가 된 것은 1994년 서울대 우조교사건 이지만, 여성의 사회적 진출이 증가하면서 직장, 학교 등에서 여성에 대한 성희롱 사건이 터지면서 사회문제화 되고 있다.

성희롱이란 업무, 고용 기타 관계에서 공공기관의 종사자, 사용자 또는 근로자가 그 지위를 이용하거나 업무 등과 관련하여 성적 언동 등으로 성적 굴욕감 또는 혐오감을 느끼게 하거나 그 불응을 이유로 고용상에서 불이익을 주는 등의 피해를 입히는 행위를 말한다.

그러나 성희롱은 주로 근로관계와 관련이 되어 있어서 형벌보다는 고용에서 불이익을 통해서 규제되고 있고, 관련법률들이 다양하고, 그 판단기준이 다양하다.

(1) 현행법상 성희롱의 개념

① 남녀고용평등과 일·가정 양립 지원에 관한 법률에서 "직장 내 성희롱"이란 사업주·상급자 또는 근로자가 직장 내의 지위를 이용하거나 업무와 관련하여 다른 근로자에게 성적 언동 등으로 성적 굴욕감 또는 혐오감을 느끼게 하거나 성적 언동 또는 그 밖의 요구 등에 따르지 아니하였다는 이유로 고용에서 불이익을 주는 것을 말한다. 동

법의 적용범위는 민간사업장이다.

② 양성평등법상 성희롱이란 업무, 고용, 그 밖의 관계에서 국가기관·지방자치단체 또는 대통령령으로 정하는 공공단체의 종사자, 사용자 또는 근로자가 지위를 이용하거나 업무 등과 관련하여 성적 언동 또는 성적 요구 등으로 상대방에게 성적 굴욕감이나 혐오감을 느끼게 하는 행위를 하거나 상대방이 성적 언동 또는 요구에 대한 불응을 이유로 불이익을 주거나 그에 따르는 것을 조건으로 이익 공여의 의사표시를 하는 행위를 하는 경우를 말한다. 동법의 적용범위는 국가기관 등이다.

③ 국가인권위원회법은 평등권침해의 차별행위로써 성희롱은 업무, 고용, 그 밖의 관계에서 공공기관(국가기관, 지방자치단체, 각급 학교, 공직유관단체)의 종사자, 사용자 또는 근로자가 그 직위를 이용하여 또는 업무 등과 관련하여 성적 언동 등으로 성적 굴욕감 또는 혐오감을 느끼게 하거나 성적 언동 또는 그 밖의 요구 등에 따르지 아니한다는 이유로 고용상의 불이익을 주는 것을 말한다. 동법은 민간사업장과 국가기관 등에 적용되는 것으로 그 범위가 넓다.

(2) 성희롱의 판단기준(유형)

성희롱의 유형은 그 판단기준이 명확하지 않기 때문에 법적 기준이나 요건을 정하는 것은 상당히 어렵다. 따라서 어떠한 행위가 성희롱에 해당하는지 여부를 객관적으로 판단할 수 있는 기준을 제시할 필요가 있다.

남녀고용평등과 일·가정 양립 지원에 관한 법률에서는 직장 내 성희롱을 판단하기 위한 기준으로 육체적·언어적·시각적 행위로 분류하여 성적인 언동에 대해 예시하고 있다.

한편 성희롱 여부를 판단하는 때에는 피해자의 주관적 사정을 고려하되, 사회통념상 합리적인 사람이 피해자의 입장이라면 문제가 되는 행동에 대하여 어떻게 판단하고 대응하였을 것인가를 함께 고려하여야 하며, 결과적으로 위협적·적대적인 고용환경을 형성하여 업무능률을 떨어뜨리게 되는지를 검토하여야 한다.

다음은 직장 내 성희롱을 판단하기 위한 기준의 예시이다(남녀고용평등법 시행규칙 제2조 관련 별표 1).

1. 성적인 언동의 예시

   가. 육체적 행위

      (1) 입맞춤, 포옹 또는 뒤에서 껴안는 등의 신체적 접촉행위

    (2) 가슴·엉덩이 등 특정 신체부위를 만지는 행위

    (3) 안마나 애무를 강요하는 행위

  나. 언어적 행위

    (1) 음란한 농담을 하거나 음탕하고 상스러운 이야기를 하는 행위(전화통화를 포함한다)

    (2) 외모에 대한 성적인 비유나 평가를 하는 행위

    (3) 성적인 사실 관계를 묻거나 성적인 내용의 정보를 의도적으로 퍼뜨리는 행위

    (4) 성적인 관계를 강요하거나 회유하는 행위

    (5) 회식자리 등에서 무리하게 옆에 앉혀 술을 따르도록 강요하는 행위

  다. 시각적 행위

    (1) 음란한 사진·그림·낙서·출판물 등을 게시하거나 보여주는 행위(컴퓨터 통신이나 팩시밀리 등을 이용하는 경우를 포함한다)

    (2) 성과 관련된 자신의 특정 신체부위를 고의적으로 노출하거나 만지는 행위

  라. 그 밖에 사회통념상 성적 굴욕감 또는 혐오감을 느끼게 하는 것으로 인정되는 언어나 행동

2. 고용에서 불이익을 주는 것의 예시

  채용탈락, 감봉, 승진탈락, 전직(轉職), 정직(停職), 휴직, 해고 등과 같이 채용 또는 근로조건을 일방적으로 불리하게 하는 것

※ 비고: 성희롱 여부를 판단하는 때에는 피해자의 주관적 사정을 고려하되, 사회통념상 합리적인 사람이 피해자의 입장이라면 문제가 되는 행동에 대하여 어떻게 판단하고 대응하였을 것인가를 함께 고려하여야 하며, 결과적으로 위협적·적대적인 고용환경을 형성하여 업무능률을 떨어뜨리게 되는지를 검토하여야 한다.

(3) 성희롱의 성립

1) 성희롱의 당사자

성희롱의 당사자는 남녀고용평등과 일·가정 양립 지원에 관한 법률에서는 사업주·상급자 또는 근로자로 규정하고 있기 때문에 남녀근로자 모두를 포괄하는 내용으로 동료근로자나 부하직원은 포함되지만, 거래처 직원이나 상사, 고객 또는 동성간에도 성립될 수 있느냐에 대해서는 논란이 있다.

남녀고용평등법상 근로자는 근로기준법과 달리 모집·채용 단계를 포함하여 사업주에게 고용된 자와 취업할 의사를 가진 자를 포함하므로 구직자도 성희롱의 피해자가 될 수 있다. 파견근로자에 대하여는 규정은 없지만, 성희롱 규제의 취지에 비춰볼 때 피해자가 될 수 있을 것이다.

국가인권위원회법은 모든 차별행위에 공공기관의 종사자, 사용자 또는 근로자를 주체로 규정하여 남녀고용평등법상의 적용범위보다 확대하여 그 성립요건의 범위와 적용영역이 더 넓다고 할 수 있다.

2) 업무관련성 등

피해자와 가해자 사이에 고용관계로 인한 관련성이 있어야 하는가? 국가인권위원회에서는 피해자와 가해자 사이에 업무관련성이 존재한다면 고용관계가 없더라도 인정한다. 지위의 이용과 업무와 관련성은 장소적인 개념이 아니라 출장, 회식, 퇴근 후 친목장소 등에서 이루어지는 모든 행위가 지위를 이용하거나 또는 업무와 관련성이 있으면 족하다는 뜻으로 넓게 해석된다.

남녀고용평등법은 피해자를 근로자로 한정하고 있으나, 국가인권위원회법은 피해자에 대한 제한이 없기 때문에 학생, 학부모, 학원의 수강생, 프리랜서 등도 피해자로 인정될 수 있다.

3) 고용에서 불이익을 주는 것

고용상 불이익을 주는 예시로써 채용탈락, 감봉, 승진탈락, 전직, 정직, 휴직, 해고 등과 같이 채용 또는 근로조건을 일방적으로 불리하게 하는 것과 고용환경의 악화로 위협적 환경의 형성과 성적 굴욕감으로 업무능력을 저해하는 것을 들 수 있다.

(4) 성희롱예방과 대책

1) 성희롱 예방교육의 실시

'성희롱', 특히 직장 내에서 발생하는 성희롱을 규제하는 법률들에는 성희롱예방과 적절한 조치 등을 규정하고 있다.

남녀고용평등법은 사업주는 직장 내 성희롱을 예방하고 근로자가 안전한 근로환경에서 일할 수 있는 여건을 조성하기 위하여 직장 내 성희롱의 예방을 위한 교육을 연 1회 이상 실시하여야 하고, 사업주 및 근로자는 성희롱 예방 교육을 받아야 한다.

예방 교육에는 ㉮ 직장 내 성희롱에 관한 법령, ㉯ 해당 사업장의 직장 내 성희롱 발생 시의 처리 절차와 조치 기준, ㉰ 해당 사업장의 직장 내 성희롱 피해 근로자의 고

충상담 및 구제 절차, ㉙ 그 밖에 직장 내 성희롱 예방에 필요한 사항 등의 내용이 포함되어야 한다.

성희롱 예방 교육은 사업의 규모나 특성 등을 고려하여 직원연수·조회·회의, 인터넷 등 정보통신망을 이용한 사이버 교육 등을 통하여 실시할 수 있지만, 단순히 교육 자료 등을 배포·게시하거나 전자우편을 보내거나 게시판에 공지하는 데 그치는 등 근로자에게 교육 내용이 제대로 전달되었는지 확인하기 곤란한 경우에는 예방 교육을 한 것으로 보지 않는다.

한편 사업주는 성희롱 예방 교육을 고용노동부장관이 지정하는 기관에 위탁하여 실시할 수 있다.

2) 직장 내 성희롱 예방장치

사업주는 성희롱과 관련한 고충처리기구나 절차를 마련해야 한다. 이 경우 별도의 기구를 설치하지 않고, 종래의 고충처리기관, 노사협의회, 고충처리위원제도 등을 활용할 수 있다.

직장 내 성희롱상담사 등은 상담사안에 대하여 신속, 공정하게 조사·처리하고 그 과정에서 알게 된 개인정보를 누출하여서는 안 된다. 사업주는 고객 등 업무와 밀접한 관련이 있는 자가 업무수행 과정에서 성적인 언동 등을 통하여 근로자에게 성적 굴욕감 또는 혐오감 등을 느끼게 하여 해당 근로자가 그로 인한 고충 해소를 요청할 경우 근무 장소 변경, 배치전환 등 가능한 조치를 취하도록 노력하여야 한다.

또한 사업주는 근로자가 성희롱에 따른 피해를 주장하거나 고객 등으로부터의 성적 요구 등에 불응한 것을 이유로 해고나 그 밖의 불이익한 조치를 하여서는 안된다.

3) 성희롱 행위자에 대한 징계조치

사업주는 직장 내 성희롱 발생이 확인된 경우 지체 없이 행위자에 대하여 징계나 그 밖에 이에 준하는 조치를 하여야 한다. 즉, 사업주는 성희롱 행위자에 대하여 성희롱의 정도, 지속성 등을 감안하여 부서전환이나 경고, 견책, 정직, 휴직, 전직, 대기발령, 해고 등의 적절한 징계조치를 하여야 한다.

4) 성희롱 피해자에 대한 불이익조치 금지

사업주는 직장 내 성희롱과 관련하여 피해를 입은 근로자 또는 성희롱 피해 발생을 주장하는 근로자에게 해고나 그 밖의 불리한 조치를 하여서는 안 된다. 즉, 사업주는 피해자가 상담·고충의 제기 또는 관계기관에의 진정, 고소 등을 했다는 이유로 그 피해자에 대하여 고용상의 불이익조치를 해서는 안 된다.

(5) 직장 외에서의 성희롱

대중교통이나 공연 및 집회장소와 같이 다수의 공중이 밀집하는 장소에서 다른 사람에게 성적 언동 등을 통하여 혐오감이나 성적 굴욕감을 느끼게 하는 경우도 성희롱에 해당한다. 또한 여름 바닷가의 해수욕장이나 수영장에서 상대방의 의사에 반하여 신체의 일부를 촬영하는 것도 성희롱에 해당하며, 이를 반포·판매·임대·제공·전시하는 등의 행위도 성희롱에 해당한다.

그리고 대학 내에서 비언어적 유형의 성폭력도 다수 발생하고 있다. 사회의 진보적 공간인 대학이 성희롱과 성폭력의 우범지대가 되어서는 안 된다. 대학에서는 성폭력 상담교수를 배정하고 학내 성폭력 및 성희롱에 대하여 징계를 가하는 학칙규정을 신설하는 등 적극적으로 대처하여야 한다.

사례의 해결

〔1〕성희롱의 전제요건인 '성적 언동 등'이란 남녀 간의 육체적 관계나 남성 또는 여성의 신체적 특징과 관련된 육체적, 언어적, 시각적 행위로서 사회공동체의 건전한 상식과 관행에 비추어 볼 때 객관적으로 상대방과 같은 처지에 있는 일반적이고도 평균적인 사람으로 하여금 성적 굴욕감이나 혐오감을 느끼게 할 수 있는 행위를 의미하고, 위 규정상의 성희롱이 성립하기 위해서는 행위자에게 반드시 성적 동기나 의도가 있어야 하는 것은 아니지만, 당사자의 관계, 행위가 행해진 장소 및 상황, 행위에 대한 상대방의 명시적 또는 추정적인 반응의 내용, 행위의 내용 및 정도, 행위가 일회적 또는 단기간의 것인지 아니면 계속적인 것인지 여부 등의 구체적 사정을 참작하여 볼 때, 객관적으로 상대방과 같은 처지에 있는 일반적이고도 평균적인 사람으로 하여금 성적 굴욕감이나 혐오감을 느낄 수 있게 하는 행위가 있고, 그로 인하여 행위의 상대방이 성적 굴욕감이나 혐오감을 느꼈음이 인정되어야 한다. 따라서 객관적으로 상대방과 같은 처지에 있는 일반적이고도 평균적인 사람으로 하여금 성적 굴욕감이나 혐오감을 느끼게 하는 행위가 아닌 이상 상대방이 성적 굴욕감이나 혐오감을 느꼈다는 이유만으로 성희롱이 성립할 수는 없다.

〔2〕결론

위 사안에서 甲이 성적 의도를 가지고 위와 같은 언행을 하였다기보다 직장 상사인 교장으로부터 술을 받았으면 답례로 술을 권하여야 한다는 차원에서 하였다는 점, 회식에 참석한 여교사 3명 중 2명이 甲의 언행으로 성적 굴욕감 또는 혐오감을 느끼지 않았다면 이 사건 회식의 성격, 참석자들의 관계 등의 구체적인 사정을 종합하여 보면, 甲의 언행은 우리 사회공동체의 건전한 상식과 관행에 비추어 볼 때 용인될 수 없는 선량한 풍속 또는 사회질서에 위반되는 것이라고 보기 어려우므로 성희롱이 성립되지 않는다(대법원 2007. 6. 14. 선고 2005두6461 판결).

Ⅳ. 가정폭력

최근 일어나는 사건들을 보면 부부 사이의 폭력, 부자 사이의 폭력, 시어머니와 며느리 사이의 폭력, 장인·장모와 사위 사이의 폭력, 형제 사이의 폭력 등 가정폭력 사건이 증가하면서 그대로 묵과하기 어려운 지경에 이르렀다.

그럼에도 우리 사회는 가정 내에서 일어나는 폭력에 대해서는 매우 관대하여 사회적 문제가 되고 있다. 가정폭력에 대하여 자세하게 살펴본다.

1. 가정폭력의 의의

가정폭력범죄의 처벌 등에 관한 특례법은 가정폭력을 범죄로 보아서 국가형벌권이 개입될 수 있다는 사실을 명백히 한 것이다. 가정폭력이란 가정구성원 사이의 신체적, 정신적 또는 재산상 피해를 수반하는 행위를 말한다.

가정구성원이란 배우자(사실상 배우자를 포함) 또는 배우자였던 사람, 자기 또는 배우자와 직계존비속관계(사실상 양친자관계를 포함)에 있거나 있었던 사람, 계부모와 자녀의 관계 또는 적모서자의 관계에 있거나 있었던 사람, 동거하는 친족 등이다. 따라서 가정폭력이란 가족구성원 사이의 모든 형태의 폭력을 모두 포함한다.

2. 가정폭력 신고의무 등

가정폭력범죄는 누구든지 가정폭력을 알게 될 때는 수사기관에 신고할 수 있다고 명시하고 있어서 모든 국민이 신고자가 된다. 가정폭력의 피해자가 가해자의 보복이 두

려워 고소하지 못하던 점을 감안하여 피해자를 비롯하여 누구든지 신고할 수 있도록 한 것이다.

그리고 폭력피해자를 교육, 보호, 복지, 상담하는 개인 및 기관의 장은 그 직무를 수행하면서 가정폭력범죄를 알게 된 경우에는 정당한 사유가 없으면 즉시 수사기관에 신고하여야 한다. 예컨대 ① 아동의 교육과 보호를 담당하는 기관의 종사자와 그 기관 장, ② 아동, 60세 이상의 노인, 그 밖에 정상적인 판단 능력이 결여된 사람의 치료 등을 담당하는 의료인 및 의료기관의 장, ③ 다양한 사회복지시설의 종사자와 그 장 등이다.

또한 형사소송법상 직계존속은 고소할 수 없지만, 가정폭력행위자가 자기 또는 배우자의 직계존속인 경우에도 고소할 수 있는 특례규정을 두고 있다.

3. 가정폭력 사건 처리절차

(1) 가정폭력 범죄에 대한 응급조치

진행 중인 가정폭력범죄에 대하여 신고를 받은 사법경찰관리는 즉시 현장에 출동하여 응급조치 등을 하여야 한다. 응급조치로는 가정폭력행위자의 폭력행위를 제지하고, 가정폭력행위자와 피해자를 분리하고 범죄수사를 하여야 한다. 그리고 긴급치료가 필요한 피해자의 경우에는 의료기관으로 인도하고 피해자가 동의한 경우에는 피해자를 가정폭력 관련 상담소 또는 보호시설로 인도하여야 한다. 또한 폭력행위가 재발하는 경우에는 검사 등이 임시조치를 신청할 수 있다는 사실을 통보하여야 한다.

그리고 사법경찰관은 가정폭력에 대한 응급조치를 하였음에도 불구하고 가정폭력범죄가 재발될 우려가 있고, 긴급을 요하여 법원의 임시조치 결정을 받을 수 없을 때에는 직권 또는 피해자나 그 법정대리인의 신청에 의하여 긴급임시조치를 할 수 있다.

사법경찰관은 가정폭력범죄를 신속히 수사하여 사건을 검사에게 송치하고, 검찰로 송치되면 검찰은 기소유예·불기소처분, 형사처벌을 위한 기소, 그리고 가정보호사건 등의 세 가지 처벌 중에서 결정하게 된다. 검사는 가정폭력범죄가 재발될 우려가 있다고 인정하는 경우에는 직권으로 또는 사법경찰관의 신청에 의하여 법원에 임시조치를 청구할 수 있다.

(2) 가정폭력행위자에 대한 임시조치

판사는 가정보호사건의 원활한 조사·심리 또는 피해자 보호를 위하여 필요하다고 인정하는 경우에는 결정으로 가정폭력행위자에게 ① 피해자 또는 가정구성원의 주거 또는 점유하는 방실로부터의 퇴거 등 격리, ② 피해자 또는 가정구성원의 주거, 직장 등에서 100미터 이내의 접근 금지, ③ 피해자 또는 가정구성원에 대한 「전기통신기본법」 제2조제1호의 전기통신을 이용한 접근 금지, ④ 의료기관이나 그 밖의 요양소에의 위탁, ⑤ 국가경찰관서의 유치장 또는 구치소에의 유치 등의 임시조치를 할 수 있다.

임시조치는 그 내용상 거리나 장소를 따지기보다는 피해자들이 그 결정문만으로도 정신적 안정을 충분히 갖도록 하며, 가해자에 대한 법적 방어수단으로써 아내와 아이들을 보호할 수 있게 되고, 가해행위자에게 가정폭력에 대한 의식의 변화를 유도할 수 있다는 점에서 의의가 있다.

판사는 가정보호사건을 심리할 때 사생활 보호나 가정의 평화와 안정을 위하여 필요하거나 선량한 풍속을 해칠 우려가 있다고 인정하는 경우에는 결정으로 심리를 공개하지 아니할 수 있다.

(3) 가정폭력행위자에 대한 보호처분

보호처분은 종래 가정폭력에 대하여 형사처벌이 부적절하면 불기소처분을 내릴 수밖에 없다는 사실을 시정한 것이다. 즉, 판사는 심리의 결과 보호처분이 필요하다고 인정하는 경우에는 결정으로 처분할 수 있다.

① 가정폭력행위자가 피해자 또는 가정구성원에게 접근하는 행위의 제한
② 가정폭력행위자가 피해자 또는 가정구성원에게 전기통신을 이용하여 접근하는 행위의 제한
③ 가정폭력행위자가 친권자인 경우 피해자에 대한 친권 행사의 제한
④ 보호관찰 등에 관한 법률에 따른 사회봉사·수강명령
⑤ 보호관찰 등에 관한 법률에 따른 보호관찰
⑥ 가정폭력방지 및 피해자보호 등에 관한 법률에서 정하는 보호시설에의 감호위탁
⑦ 의료기관에의 치료위탁
⑧ 상담소등에의 상담위탁

4. 아동학대

아동이란 18세 미만인 사람을 말하며, 아동학대란 보호자를 포함한 성인이 아동의 건강 또는 복지를 해치거나 정상적 발달을 저해할 수 있는 신체적·정신적·성적 폭력이나 가혹행위를 하는 것과 아동의 보호자가 아동을 유기하거나 방임하는 것을 말한다.

여기에서 보호자란 친권자, 후견인, 아동을 보호·양육·교육하거나 그러한 의무가 있는 자 또는 업무·고용 등의 관계로 사실상 아동을 보호·감독하는 자를 말한다.

누구든지 아동학대범죄를 알게 된 경우나 그 의심이 있는 경우에는 아동보호전문 기관 또는 수사기관에 신고하여야 하며, 아동복지와 관련된 업무에 종사하는 사람이 직무를 수행하면서 아동학대범죄를 알게 된 경우나 그 의심이 있는 경우에는 아동보호전문기관 또는 수사기관에 즉시 신고하여야 한다. 아동보호사건의 관할은 아동학대행위자의 행위지, 거주지 또는 현재지를 관할하는 가정법원으로 하며, 가정법원이 설치되지 아니한 지역에서는 해당 지역의 지방법원(지원을 포함)으로 한다. 그 심리와 결정은 단독판사가 한다.

아동학대범죄 신고를 접수한 사법경찰관리나 아동보호전문기관의 직원은 지체 없이 아동학대범죄의 현장에 출동하여야 한다. 출동시에 수사기관의 장이나 아동보호전문기관의 장은 서로 동행하여 줄 것을 요청할 수 있고 정당한 사유가 없으면 사법경찰관리나 그 소속 직원이 아동학대범죄 현장에 동행하도록 조치하여야 한다.

사법경찰관리나 아동보호전문기관의 직원은 신고된 현장에서 아동 또는 아동학대행위자 등 관계인에 대하여 조사를 하거나 질문을 할 수 있다.

가정폭력에 대한 응급조치와 보호조치는 피해아동의 경우에도 이루어진다.

사법경찰관리 등의 응급조치는 아동학대범죄 행위의 제지, ② 아동학대행위자를 피해아동으로부터 격리, ③ 피해아동을 아동학대 관련 보호시설로 인도, ④ 긴급치료가 필요한 피해아동을 의료기관으로 인도 등을 하여야 한다. 판사는 조사·심리 또는 필요하다고 인정하는 경우 임시조치를 할 수 있고, 심리결과 보호처분을 결정할 수 있다.

제12장 근로자 보호

I. 노동법의 의의와 체계

1. 노동법의 의의

근대 초기에 시민계급의 주도로 성립된 자본주의사회는 그 시대적 요청에 따라 시민법을 확립하였다.

민법은 모든 인간이 평등하고 자유로운 것으로 보기 때문에, 노동관계를 대등한 당사자 사이의 자유로운 계약(고용계약)관계인 것으로 파악했다.

그러나 시민법 원리가 적용되는 결과 여러 문제가 발생했다.

첫째, 근로자와 사용자의 경제력의 차이는 무시되고 고용계약의 내용으로서 성립하는 임금 기타 근로조건은 어떠한 내용이든 당사자의 자유로운 합의의 결과로서 법률상 인정되는 관계로 저임금, 장시간근로 등의 열악한 근로조건도 계약자유의 이름 아래 방치되었다.

둘째, 열악한 근로조건하에서 산업재해를 입더라도 과실책임의 원칙하에서 보상을 받기가 곤란하였다.

셋째, 사용자의 해고의 자유로 근로자는 실업상태에 빠지게 되었다.

넷째, 단결활동은 계약자유의 원칙 등과 모순된다는 이유로 금지되었다.

노동법은 시민법하에서 발생하는 위와 같은 여러 문제에 대처하도록 생성, 발전하여 왔다. 근로조건의 최저기준을 정하고 그 준수를 강제하고, 산업재해문제에 대하여는 사용자에게 고의·과실이 없더라도 보상하는 산재보상제도를 도입하였고, 사용자의 해고의 자유를 제한하는 등 입법화하였다.

집단적 노동법은 근로자의 자주적 단결체인 노동조합이 사용자 또는 사용자단체와의 관계에서 노동관계를 형성하고 결정하는 법이지만, 개별적 노동법은 노동관계에 대하여 국가의 직접적인 개입을 예정하는 법의 분야이다.

개별적 노동관계법은 근로자와 사용자의 관계에서 국가의 직접적인 개입에 의하여 근로자를 보호하는 것을 이상으로 하는 법이다. 개별적 노동관계법은 많은 법령으로 구성되어 있으나, 그 가운데 근로기준법이 가장 중요하다.

노동법은 근로자의 근로생활관계를 규율함으로써 생존권을 확보하는데 그 목적이 있다. 그러므로 근로자와 사용자간의 근로계약이 없이는 존재할 수 없으므로 개개 근로자와 사용자간에 근로계약의 체결을 통하여 성립되는 근로관계가 개별적 근로관계의 중심으로 이루어진다. 따라서 근로관계의 성립·내용 및 이전과 소멸에 관한 제반법규를 널리 개별적 근로관계법이라 한다.

2. 노동법의 정의

노동법은 규제의 대상과 규제의 이념에 따라 정의할 수 있다. 노동법을 법규제의 대상으로 본다면 자본주의사회에서의 종속노동관계에 관한 법이라고 할 수 있으며, 법이념의 측면에서 본다면 근로자의 생존권의 확보를 위한 법이라고 할 수 있다.

(1) 자본주의사회의 법

노동법은 자본주의경제질서 내지 법질서를 전제로 하는 법이다. 자본주의사회에서는 노사간의 생산수단과 노동력의 결합은 근로시장을 통한 자유의사에 의한 근로계약에 의하여 실현된다.

근로시장에서 생산수단과 노동력의 결합은 결국 일정한 대가를 위한 노동력의 공급이라는 면에서 근로의 상품성을 부정할 수 없으며, 상품이 노동력이라는 점에서 시민법에 대한 수정법으로서의 노동법의 특성을 찾아볼 수 있다.

(2) 종속노동관계를 규율하는 법

자본주의사회에 있어서는 노동력의 수급관계는 시민법상으로는 평등자간의 근로계약관계이다. 노동은 매우 다양한 형태로 제공되며, 회사의 임원, 개업의사, 변호사 등도 노동을 제공한다는 점에서는 일반 사업장의 근로자와 다를바가 없다. 그러나 노동법이 대상으로 하는 노동은 타인의 지휘와 명령을 받지 않고 자기 스스로의 계획과 방침 아래 자유롭게 수행하는 노동은 포함하지 않는다.

근로자의 사회적·경제적 지위로 인하여 근로계약은 완전한 평등관계라고 할 수 없을 뿐만 아니라 근로과정에 있어서도 근로자는 사용자의 지휘·명령에 복종하여야 하므로 근로의 주체성은 부정된다.

근로에 대한 자본의 지배, 자본가에 대한 근로자의 예속관계라는 특정조건 아래의 노동을 일반적으로 종속노동이라고 하며, 노동법은 이러한 종속노동에 관한 법률이다.

(3) 근로자의 생존의 확보를 위한 법

노동법은 노동력의 제공 내지 담당자로서 근로자의 생존의 확보, 즉 노동인격의 보호를 목적으로 하는 법이다. 근대시민사회에서 근로자의 존재가 현실적으로 승인되는 이상, 이러한 근로자의 노동인격을 보호하여야 한다는 것은 사회적 요청이라고 할 수 있다.

노동인격의 보호란 바로 근로자가 그 스스로의 '노동력의 재생산'을 확보하게 한다는 것이며, 단순한 동물적인 존재가 아닌 인간적 존재로서의 생활을 보장한다는 것이다.

3. 노동기본권

노동기본권은 경제적 민주화 실현에 그 사상적 배경을 두고 있다. 우리 헌법 제32조와 제33조에서 근로자의 기본권을 자유권과는 별도로 열거하여 보장하였으며 그 내용은 근로권과 단결권·단체교섭권·단체행동권의 근로 3권임을 명시하고 있다.

헌법 제32조의 이념 아래 제정된 노동관계법을 개별적 노동법 또는 노동보호법이라 하며, 헌법 제33조의 정신에서 제정되는 법을 집단적 노동법 또는 노동단체법이라 한다.

(1) 근로권

헌법은 모든 국민은 근로의 권리를 가진다고 선언하여 근로권을 보장하고 있다.

근로권을 자유권적 기본권으로 보는 입장에서는 근로의 자유라는 의미로 파악하여 국민은 자기가 원하는 직업에 종사하는 즉, 직업선택의 자유를 보장받는 권리라고 한다.

생존권적 기본권으로 보는 입장에서는 근로권의 성질에 대하여 "근로의 능력과 의사가 있는 자는 언제든지 국가에 대하여 근로의 기회를 제공받을 권리"가 있다는 뜻과 한정된 의미에서 "근로의 능력과 의사가 있는 자가 자기 힘으로 취업의 기회를 얻지 못할 때에는 국가에 대하여 근로기회의 제공을 요구할 수 있으며, 이것이 불가능할 때에는 일정한 생활비의 지급을 청구할 수 있는 권리"라고 해석하고 있다.

헌법상 근로권은 완전한 의미의 근로권은 아니며, 한정된 의미에서의 근로권이라도 국가는 법으로 구체적인 의무를 부담하고 있지 않다. 다만 국민의 완전고용을 실현하기 위한 사회정책 내지 경제정책에 온갖 노력을 다하며 실업자에 대한 생활보조비의 지급을 강구할 것을 정치적 채무로 한다는 일종의 "프로그램적 선언"을 하고 있는 것이라 하겠다.

(2) 근로 3권

1) 단결권

단결권(right of coalition, Koalitionsrecht)이란 근로조건의 향상을 도모하기 위하여 근로자와 그 단체에게 부여된 단결의 조직 및 활동을 위하여 노동조합을 조직하고 가입할 수 있는 자유를 보장하는 헌법상의 권리를 말한다. 노동조합이란 근로자가 주체가 되어 자주적으로 단결하여 근로조건의 유지·개선 기타 근로자의 경제적·사회적 지위의 향상을 도모함을 목적으로 조직하는 단체 또는 그 연합단체를 말한다.

우리 헌법은 제33조와 노동조합 및 노동관계조정법은 제1조 등에서 자주적인 근로 3권의 보장을 천명하고 있다.

단결권의 보장은 단순히 자유권의 하나로서 보장하는 것이 아니라 노사의 실질적인 평등을 확보하기 위한 근로자의 생존권을 확보하기 위한 수단으로 보장하는 것이다.

단결권이 보장되지 않는다면 단체교섭권과 쟁의권은 실효를 거둘 수 없으며, 국가도 헌법 제37조 제2항의 경우를 제외하고는 침해할 수 없다. 따라서 국가 또는 사용자에 의해서 근로자의 단결의 자유가 부당하게 침해되어서는 안 되며, 사용자가 단결의 자유를 제한 또는 방해하는 것은 위법행위로서 책임을 면치 못할 뿐만 아니라 나아가 그러한 약정 또한 무효이다.

2) 단체교섭권

단체교섭권(right to bargain collectively)이란 단결권에 의하여 조직된 근로자단체와 사용자 또는 사용자단체가 근로조건 기타 노사관계의 제반사항에 관하여 교섭을 할 수 있는 권리를 말한다.

계약의 자유는 근로자와 사용자가 대등한 것으로 전제하지만, 현실적으로 근로자는 경제적 약자로써 경제적 강자인 사용자에 의해 계약의 내용이 일방적으로 결정된다.

이러한 불합리한 근로계약을 시정하기 위하여 인정되는 것이 단체교섭이다.

노동조합법상 노동쟁의란 노동조합과 사용자 또는 사용자단체간에 임금·근로시간·복지·해고 기타 대우등 근로조건의 결정에 관한 주장의 불일치로 인하여 발생한 분쟁상태를 말한다.

우리나라는 단체교섭권을 법적 권리로 인정하여 적극적으로 보호하고 있다. 단결권이 노동조합의 존립에 대한 보장이라고 한다면, 단체교섭권은 노동조합의 활동의 보장이라고 할 수 있다.

단체교섭권이 헌법에 보장됨으로써 국가는 단체교섭권을 부당하게 침해하거나 제한할 수 없다. 또한 근로 3권은 국가 이외의 사인에 대해서도 효력이 미치므로 사용자도 단체교섭권을 침해할 수 없다. 따라서 사용자도 노동조합의 단체교섭의 요구에 성실히 응하지 않으면 안 된다.

3) 단체행동권

단체행동권(right to strike, Streikrecht)이란 근로자들이 단결의 목적인 단체교섭에서 근로조건 등에 관한 자신들의 주장을 관철시키기 위하여 집단적으로 행하는 제반 실력행사를 단체행동이라 한다. 즉, 사용자에 대하여 동맹파업·태업 등의 쟁의행위를 할수 있는 권리이다.

쟁의행위는 가장 대표적인 단체행동의 유형이다. 노동조합법상 쟁의행위란 파업·태업·직장폐쇄 기타 노동관계 당사자가 그 주장을 관철할 목적으로 행하는 행위와 이에 대항하는 행위로서 업무의 정상적인 운영을 저해하는 행위를 말한다.

근로조건의 유지·개선은 사용자와의 평화적인 교섭에 의하여 이루어져야 이상적이라 할 수 있다. 그러나 사용자의 강한 권력 앞에서는 평화적인 방법만으로써는 불충분한 경우가 많으므로 노동조합에 대하여 단결을 배경으로 하는 실력행사를 용인하게되는 것이다.

쟁의행위는 시민법의 입장에서 보아 민사상 채무불이행 또는 불법행위를 구성하거나 형사상의 업무방해죄나 협박죄 등의 범죄에 해당하더라도 그것이 정당하게 수행되는 한 근로자(또는 그 단결체)는 민·형사상 책임을 지지 않는다. 다만 헌법은 공무원과법률이 정하는 주요방위산업체에 종사하는 근로자에 대하여는 이를 제한하거나 또는금지하고 있다.

4) 부당노동행위와 구제

근로자의 단결권·단체교섭권·단체행동권 등은 국가나 일반 국민에 의해서도 침해될 수 있지만, 현실적으로 크게 문제가 될 수 있는 것은 사용자에 의한 침해일 것이다. 이를 고려하여 노동조합법은 부당노동행위라는 이름으로 노동조합이나 근로자에 대한 사용자의 일정한 행위를 금지하고 그에 대한 구제절차와 처벌을 강화하고 있다.

근로 3권 활동에 대한 사용자의 침해행위인 부동노동행위는 ① 근로자가 노동조합에 가입 또는 가입하려고 하였거나 노동조합을 조직하려고 하였거나 기타 노동조합의 업무를 위한 정당한 행위를 한 것을 이유로 그 근로자를 해고하거나 그 근로자에게 불이익을 주는 행위, ② 근로자가 어느 노동조합에 가입하지 아니할 것 또는 탈퇴할 것을 고용조건으로 하거나 특정한 노동조합의 조합원이 될 것을 고용조건으로 하는 행위. 다만, 노동조합이 당해 사업장에 종사하는 근로자의 3분의 2 이상을 대표하고 있을 때에는 근로자가 그 노동조합의 조합원이 될 것을 고용조건으로 하는 단체협약의 체결은 예외로 하며, 이 경우 사용자는 근로자가 그 노동조합에서 제명된 것 또는 그 노동조합을 탈퇴하여 새로 노동조합을 조직하거나 다른 노동조합에 가입한 것을 이유로 근로자에게 신분상 불이익한 행위를 할 수 없다. ③ 노동조합의 대표자 또는 노동조합으로부터 위임을 받은 자와의 단체협약체결 기타의 단체교섭을 정당한 이유없이 거부하거나 해태하는 행위, ④ 근로자가 노동조합을 조직 또는 운영하는 것을 지배하거나 이에 개입하는 행위와 노동조합의 전임자에게 급여를 지원하거나 노동조합의 운영비를 원조하는 행위. 다만, 근로자가 근로시간중에 활동을 하는 것을 사용자가 허용함은 무방하며, 또한 근로자의 후생자금 또는 경제상의 불행 기타 재액의 방지와 구제등을 위한 기금의 기부와 최소한의 규모의 노동조합사무소의 제공은 예외로 한다. ⑤ 근로자가 정당한 단체행위에 참가한 것을 이유로 하거나 또는 노동위원회에 대하여 사용자가 이 조의 규정에 위반한 것을 신고하거나 그에 관한 증언을 하거나 기타 행정관청에 증거를 제출한 것을 이유로 그 근로자를 해고하거나 그 근로자에게 불이익을 주는 행위 등이다.

노동조합법은 부당노동행위로 인하여 그 권리를 침해당한 근로자 또는 노동조합이 노동위원회를 통하여 신속하게 구제를 받을 수 있도록 하고 있다. 구제신청은 부당노동행위가 있는 날(계속하는 행위는 그 종료일)부터 3월 이내에 신청하여야 한다. 부당노동행위제도를 실제로 운영하는 기관은 노동위원회로써 구제신청을 받은 때에는 지체없이 필요한 조사와 관계 당사자의 심문을 하여야 한다. 노동위원회는 사용자의 부당노동행위를 효과적으로 배제하기 위하여 설치된 독립적·전문적 행정기관으로써, 법원과는 달리 신속하고 탄력적인 구제가 가능하다.

4. 근로자와 사용자

사 례

　甲은 사장을 포함하여 3-4인이 일하는 식당에서 월요일부터 토요일까지 9시에 출근하여 22시에 퇴근하고 있다. 甲은 1주 근로시간이 70시간 이상으로 근로기준법 상 1주일에 40시간을 초과하지 못한다는 사실을 알게 되었다. 이 경우에 사업주는 근로기준법 위반에 해당하는가?

　근로기준법은 상시 5인 이상의 근로자를 사용하는 모든 사업 또는 사업장에 적용된다. 그러나 동거하는 친족만을 사용하는 사업 또는 사업장과 가사사용인에 대해서는 적용되지 않는다.

　근로기준법상 "근로자"란 직업의 종류와 관계없이 임금을 목적으로 사업이나 사업장에 근로를 제공하는 자를 말한다.

　근로자의 직업의 종류와는 관계가 없으므로 육체노동에 종사하는 블루칼라(blue collar), 정신노동에 종사하는 화이트칼라(white collar), 서비스업에 종사하는 그레이칼라(grey collar) 등을 모두 포함하는 개념이다. 따라서 광고영업사원, 일용직 근로자, 택배배달원, 시간제근로자, 파견근로자 등도 포함된다.

　근로기준법상 근로자는 실업 중인 근로자를 포함하지 않으며, 어느 특정 사업 또는 사업장에서 사업주의 지휘·명령을 받는 종속노동관계에 있는 근로자만을 지칭한다.

　근로기준법상 "사용자"란 사업주 또는 사업경영담당자, 그 밖에 근로자에 관한 사항에 대하여 사업주를 위하여 행위하는 자를 말한다. 근로기준법은 '사용자'를 법률상의 의무자로 파악하여 이를 의무위반의 경우 처벌을 받는 책임자로 정하고 있다.

　사업주란 일반적으로 경영주체를 의미하는 것으로써 개인 기업에서는 기업주 개인, 회사 기타의 법인조직의 경우에는 법인 자체를 의미한다. 사업경영담당자란 그 사업의 경영전반에 관하여 권한과 책임을 가지는 사람으로서 사업주로부터 경영의 전부 또는 일부에 대하여 포괄적으로 위임을 받은 사람으로 주식회사의 대표이사, 합명회사의 업무집행사원 등이 이에 속한다.

　'사업주를 위하여 행위를 하는 사람'이라 함은 인사·임금 등의 근로조건의 결정이나 노무관리 또는 업무상의 명령이나 업무에 대한 지휘감독 등을 포함한 일체의 사항을 의미하는 것으로 그 사업장의 비교적 지위가 높은 공장장·부장 내지 작업현장의 감독

책임자 등이다.

사례의 해결

　〔1〕 근로기준법의 적용범위는 상시 5인 이상의 사업장이지만, 상시 4인 이하의 근로자를 사용하는 사업 또는 사업장이라도 대통령령에 따라 상시 4인 이하 사업 또는 사업장에도 적용된다.

　〔2〕 근로기준법상 1주 간의 근로시간은 휴게시간을 제외하고 40시간을 초과할 수 없고 1일의 근로시간은 휴게시간을 제외하고 8시간을 초과할 수 없으며 당사자 간의 합의가 있다 하더라도 근로기준법 제53조에 따르면 근로시간 연장을 1주에 12시간 이상을 초과할 수 없다. 따라서 1주에 52시간을 초과한 부분만큼 근로하기로 한 근로계약은 무효이다.

　〔3〕 결론

　위 사안의 경우, 사업주는 근로기준법 위반에 해당한다.

Ⅱ. 근로관계

　근로관계는 사용자와 근로자가 서로 동등한 지위에서 자유의사에 의하여 체결한 계약에 의하여 성립한다. 근로계약은 구술에 의해서도 이루어지기도 하지만 일반적으로 근로계약서 작성에 의하여 행하여지고 있다. 특히 임금, 휴게 및 근로시간, 휴가 등의 세부적인 핵심 근로조건을 구두로 체결할 경우 서로 간에 예측하지 못한 분쟁이 발생할 경우 그 해결에 어려움이 생길 수 있기 때문에 서면으로 계약내용을 명확하게 작성하는 것이 합리적이다.

1. 임 금

사 례

　甲 등은 A회사에 고용된 근로자로서 전국금속노동조합 B지회 조합원들이다. 甲

등은 A회사가 경비절감을 위해 경비업무를 외주를 맡기기로 하여, 이에 반대하는 파업을 하였다. 그러자 A회사는 甲 등이 공장에 출입하지 못하도록 막았고, 시간이 지나 甲 등은 파업을 그만두고 업무복귀를 전제로 A회사에 단체교섭을 지속적으로 요청하였다. 그러나 A회사는 끝까지 甲 등이 공장에 출입하지 못하도록 하였다. 이 경우에 甲 등은 A회사에 임금을 청구할 수 있는가?

(1) 임금의 개념

임금은 근로조건 중 가장 전형적인 것으로 열거되며, 근로자의 임금액수는 근로조건이 어느 수준인지에 대한 기준이 될 수 있다. 근로기준법상 임금이란 사용자가 근로의 대가로 근로자에게 임금, 봉급, 그 밖에 어떠한 명칭으로든지 지급하는 일체의 금품을 말한다. 따라서 사용자가 임의적이고 은혜적으로 지급하는 축의금·경조금 등은 근로의 대가가 아니므로 임금이 아니며, 호텔·식당 등의 접객업소에 종사하는 근로자가 손님으로부터 받는 팁(tip) 또한 사용자가 지급하는 것이 아니므로 임금이 아니다. 최저임금은 대한민국 전사업장에 동일하게 적용되는 것으로 근로자의 최소한의 권리이다. 최저임금 미만으로 시급을 지급하면 사용자와 근로자가 합의했더라도 처벌대상이 된다.

한편 2022년 최저임금은 시간급 9,160원이고, 8시간 일급으로 환산하면 73,280원이며, 월급으로는 1,914,440원이다(한 달 평균 근로기간 209시간 × 9,160원 = 1,914,440원).

근로기준법은 임금과 관련하여 평균임금과 통상임금이라는 두 가지 개념을 사용하고 있다. 평균임금은 특별한 사유가 발생한 근로자의 생활을 종전과 동일하게 유지시키려는 임금개념이며, 퇴직금이나 휴업수당·재해보상금 등의 산정에 사용된다. 통상임금은 기본임금개념으로서 연장근로수당이나 해고예고수당의 산정에 사용된다.

(2) 임금체불의 방지와 임금지급의 보호

사용자에 의한 임금체불을 방지하고, 임금의 충실한 지급을 보장하기 위해 보호규정을 두고 있다. 임금은 그 전액을 통화로써, 근로자에게 직접, 그리고 월 1회 이상 '정기적'으로 지급할 것이 법률상 강제되고 있다. 이에 따라 사용자는 임금을 감액하여 지급하거나 현물로써 대체지급하는 것이 원칙적으로 금지된다. 만약 근로자가 사용자로부터 임금을 지급받지 못하였다면 지방고용노동관서에 직접 방문하여 신고하거나 고용노동부 홈페이지에 신고접수할 수 있고, 또는 직접 법원에 민사소송을 제기할 수도 있다. 그리고 임금을 체불한 사업주는 3년 이하의 징역 또는 2천만원 이하의 벌금을 받을 수 있고, 체불사업주명단 공개 및 신용제제의 대상이 될 수도 있다. 그리고 근로자가 생계보장을 위해 체불임금 소송에서 승소한 경우 정부로부터 1,000만원을 한도로 체불임금을 미리 지급받을 수 있는 소액체당금지원제도를 이용할 수 있다.

또한 임금채권이 양도된 경우에도 직접지급의 원칙에 의해 양수인에게 임금이 지급될 수 없다. 임금의 수령과 그 처분은 근로를 제공한 근로자의 권한이기 때문이다. 사용자가 임금을 정기적으로 지급하지 못하고 체불하는 경우에는 처벌의 대상이 된다.

체불임금을 받기 위한 법적 절차

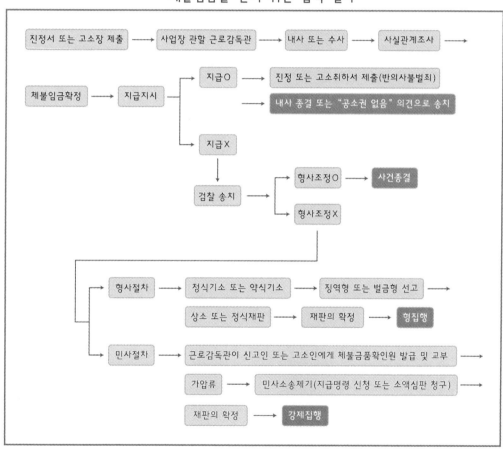

사례의 해결

〔1〕근로자의 쟁의행위 등 구체적인 사정에 비추어 직장폐쇄의 개시 자체는 정당하지만, 어느 시점 이후에 근로자가 쟁의행위를 중단하고 진정으로 업무에 복귀할 의사를 표시하였음에도 사용자가 직장폐쇄를 계속 유지하면서 근로자의 쟁의행위에 대한 방어적인 목적에서 벗어나 적극적으로 노동조합의 조직력을 약화시키기 위한 목적 등을 갖는 공격적 직장폐쇄의 성격으로 변질된 경우에는 그 이후의 직장폐쇄는 정당성을 상실하고, 이에 따라 사용자는 그 기간 동안의 임금지불의무를 면할 수 없다.

〔2〕A회사는 처음 직장폐쇄 개시 시점부터 B지회의 파업종료시점까지 이루어진 A회사의 직장폐쇄행위는 정당한 쟁의행위로서 A회사는 임금지불의무를 면하지만, B지회가 파업을 종료하고 단체교섭을 지속적으로 요청한 시점부터 계속된 직장폐쇄행위는 정당성을 상실하였다고 할 것이므로 A회사는 임금지불의무를 부담하게 된다.

〔3〕결론

이 사안에서 갑 등은 A회사를 상대로 단체교섭을 지속적으로 요청한 시점 이후부터는 임금을 청구할 수 있다(대법원 2015. 5. 24. 선고 2012다85335 판결).

2. 근로계약

근로자가 사업주에게 근로를 제공하기 위해서는 먼저 근로계약을 체결하여야 한다. "근로계약"이란 근로자가 사용자에게 근로를 제공하고 사용자는 이에 대하여 임금을 지급하는 것을 목적으로 근로자와 사용자 사이에 체결된 계약을 말한다. 근로계약서에는 임금, 근로시간, 휴일, 연차유급휴가 등의 내용을 명시하여야 하며, 고용노동부에서 배포하는 표준근로계약서를 참고하면 쉽게 작성할 수 있다.

근로계약은 계약자유의 원칙이 존중되면서도 여러 제약이 따른다. 미성년자의 근로계약은 친권자나 후견인이 대리할 수 없고, 근로계약의 내용이 미성년자에게 불리하다고 인정된 경우에는 친권자, 후견인 및 노동부장관이 해지할 수 있으며, 18세 미만인 자와의 근로계약은 근로조건을 서면으로 명시하여 교부하여야 한다.

근로계약은 임금, 근로시간, 휴게, 휴가, 여자와 소년의 취업에 관한 기준, 안전과 보건, 재해보상 및 퇴직 해고 등 각종 근로조건을 그 내용으로 하면서 근로기준법의 기준에 따르도록 하고 있다. 근로기준법상 근로조건은 최저기준이므로 근로계약의 내용이 근로기준법에서 정한 기준에 미치지 못하는 경우 근로계약은 그 부분에 한하여 무효이며, 무효로 된 부분은 근로기준법이 정한 기준에 따른다.

근로계약은 기간을 정하지 아니한 것과 일정한 사업의 완료에 필요한 기간을 정한 것 외에는 그 기간은 1년을 초과하지 못한다. 사용자는 근로계약을 체결할 때에 근로자에게 임금, 소정근로시간, 휴일, 연차유급휴가, 그 밖의 근로조건을 명시하여야 한다. 또한 사용자는 임금의 구성항목·계산방법·지급방법, 소정근로시간, 휴일 및 연차유급휴가에 관한 사항은 서면으로 명시하고 그 근로자에게 교부하여야 한다. 명시된 근로조건이 사실과 다를 경우에 근로자는 근로조건 위반을 이유로 손해의 배상을 청구할 수 있으며 즉시 근로계약을 해제할 수 있다.

[서식 69] 표준근로계약서(기간의 정함이 없는 경우)

표준근로계약서(기간의 정함이 없는 경우)

_____(이하 "사업주"라 함)과(와) _____(이하 "근로자"라 함)은 다음과 같이 근로계약을 체결한다.

1. 근로개시일 :   년   월   일부터
2. 근 무 장 소 :
3. 업무의 내용 :
4. 소정근로시간 : ___시 ___분부터 ___시 ___분까지 (휴게시간 : 시 분~ 시 분)
5. 근무일/휴일 : 매주 ___일(또는 매일단위)근무, 주휴일 매주 ___요일
6. 임 금
   - 월(일, 시간)급 : _____원
   - 상여금 : 있음 (   ) _____원, 없음 (   )
   - 기타급여(제수당 등) : 있음 (   ),   없음 (   )
     · _____원, _____원
     · _____원, _____원
   - 임금지급일 : 매월(매주 또는 매일) ___일(휴일의 경우는 전일 지급)
   - 지급방법 : 근로자에게 직접지급(   ), 근로자 명의 예금통장에 입금(   )
7. 연차유급휴가
   - 연차유급휴가는 근로기준법에서 정하는 바에 따라 부여함
8. 사회보험 적용여부(해당란에 체크)
   □ 고용보험 □ 산재보험 □ 국민연금 □ 건강보험
9. 근로계약서 교부
   - 사업주는 근로계약을 체결함과 동시에 본 계약서를 사본하여 근로자의 교부요구와 관계없이 근로자에게 교부함(근로기준법 제17조 이행)
10. 기 타
   - 이 계약에 정함이 없는 사항은 근로기준법령에 의함

                                        년   월   일

(사업주) 사업체명 :   (전화 :   )
        주   소 :
        대 표 자 :   (서명)
(근로자) 주   소 :
        연 락 처 :
        성   명 :   (서명)

[서식 70] 표준근로계약서(기간의 정함이 있는 경우)

표준근로계약서(기간의 정함이 있는 경우)

　　_____(이하 "사업주"라 함)과(와) _____(이하 "근로자"라 함)은 다음과 같이 근로계약을 체결한다.

1. 근로계약기간 :　　　년　　월　　일부터　　　년　　월　　일까지
2. 근 무 장 소 :
3. 업무의 내용 :
4. 소정근로시간 : ___시　　분부터 ___시 ___분까지 (휴게시간 :　시　분~　시　분)
5. 근무일/휴일 : 매주 ___일(또는 매일단위)근무, 주휴일 매주 ___요일
6. 임　금
　 − 월(일, 시간)급 : _____원
　 − 상여금 : 있음 (　　) _____원, 없음 (　　)
　 − 기타급여(제수당 등) : 있음 (　　), 없음 (　　)
　　· _____원, _____원
　　· _____원, _____원
　 − 임금지급일 : 매월(매주 또는 매일) _____일(휴일의 경우는 전일 지급)
　 − 지급방법 : 근로자에게 직접지급(　　), 근로자 명의 예금통장에 입금(　　)
7. 연차유급휴가
　 − 연차유급휴가는 근로기준법에서 정하는 바에 따라 부여함
8. 사회보험 적용여부(해당란에 체크)
　 □ 고용보험　□ 산재보험　□ 국민연금　□ 건강보험
9. 근로계약서 교부
　 − 사업주는 근로계약을 체결함과 동시에 본 계약서를 사본하여 근로자의 교부요구와 관계없이
　　근로자에게 교부함(근로기준법 제17조 이행)
10. 기　타
　 − 이 계약에 정함이 없는 사항은 근로기준법령에 의함

　　　　　　　　　　　　　　　　　년　　월　　일

(사업주) 사업체명 :　　　　　　　　(전화 :　　　　　　　　)
　　　　 주　　소 :
　　　　 대 표 자 :　　　　　　　(서명)
(근로자) 주　　소 :
　　　　 연 락 처 :
　　　　 성　　명 :　　　　　　　(서명)

3. 근로시간과 휴식

사 례

甲은 상시 종업원 수가 10명인 봉제공장인 A회사에 취직하여 지시하는 대로 야간 및 휴일근로는 물론 평일에도 10시간 이상의 일을 한 경우가 많았다. 근로 당시에는 몰랐으나 나중에 알고 보니 이 경우 추가수당을 받을 수 있다고 하는데, 甲은 지금이라도 청구가 가능한가?

근로기준법상의 근로시간이라 함은 근로자가 사용자의 지휘·감독 아래 근로계약상의 근로를 제공하는 시간을 의미한다. 근로시간은 통상 사용자의 지휘 아래 노동을 한 시각부터 종료하는 시간까지를 말하는데, 휴게시간이 제외된다.

근로기준법상 1주간의 근로시간은 휴게시간을 제외하고 40시간이며, 1일의 근로시간은 휴게시간을 제외하고 8시간을 초과할 수 없다. 이를 법정근로시간 또는 기준근로시간이라 한다. 탄력적 근로시간제 또는 선택적 근로시간제에 의해 법이 정하는 요건을 충족하게 되면 1주 40시간·1일 8시간의 기준을 유연하게 할 수 있다.

법정근로시간 이상의 연장근로는 당사자간에 합의하면 1주 12시간을 한도로 근로시간을 연장할 수 있고, 이러한 연장근로에 대하여 사용자는 통상임금의 100분의 50 이상을 가산하여 지급하여야 한다.

휴식에는 1일의 근로시간 도중에 잠시 사용자의 지배에서 완전히 벗어나 휴식을 취하는 휴게와 1주에 평균 1회 이상의 유급휴일, 유급연차휴가 등이 있다. 휴게의 경우 사용자는 근로시간이 4시간인 경우에는 30분 이상, 8시간인 경우에는 1시간 이상의 휴게시간을 근로시간 도중에 주어야 하며, 휴게시간은 근로자가 자유롭게 이용할 수 있다. 휴게는 장시간 계속하여 근로를 제공함으로써 야기되는 심신의 피로를 회복시키기 위하여 근로시간의 도중에 주도록 한 것이다.

주휴일은 근로자가 연속적 근로로 인한 피로를 회복할 뿐만 아니라 사용자의 지휘·명령으로부터 완전히 벗어나서 휴식을 취하면서 여가활동 등의 문화적 생활을 할 수 있도록 하고 있다. 외국의 경우와는 달리 우리나라는 주휴일이 유급이라는 특징을 가지고 있다. 주휴수당은 주 15시간 이상 근무하는 근로자가 1주일 동안 출근한 경우 주 1회 이상의 휴일을 부여하여야 하며, 이때 유급으로 수당이 지급되는 것이다. 법정근로시간 미만 근로자는 근로시간에 비례하여 지급받을 수 있다.

연차휴가제도는 근로자의 건강하고 문화적인 생활을 실현하기 위하여 유급주휴일 이외에 1년 동안 8할 이상 출근한 근로자에게 15일의 일정한 기간 휴가를 유급으로 보장해 주는 제도이다. 3년 이상 계속하여 근로한 자에게는 15일의 기본휴가일수에 최초 1년을 초과하는 계속근로연수 매 2년에 대하여 1일을 가산하여 지급된다. 즉, 연차유급휴일은 장기간 계속 근로한 근로자에게 주는 휴가로써 근무기간이 길어질수록 휴가일수도 늘어나게 된다.

사례의 해결

〔1〕상시 5인 이상의 근로자를 사용하는 사업장이므로 근로기준법상 근로시간, 연장근로의 제한, 휴게, 휴일 등의 규정이 적용된다. 근로시간은 성인 남성의 경우 휴게시간을 제하고 1일에 8시간, 1주간에 40시간을 초과할 수 없으나, 당사자간의 합의가 있는 경우에는 1주간에 12시간을 한도로 위의 근로시간을 연장할 수 있다. 사용자는 근로자가 연장근로와 야간근로(오후 10시부터 오전 6시까지 사이의 근로) 또는 휴일근로를 할 경우 그 근로부분에 대한 통상임금의 100분의 50 이상을 가산하여 지급하여야 하며, 만일 휴일근로가 연장근로 및 야간근로와 중복되는 경우 즉, 휴일에 1일 8시간을 넘는 부분에 대해서는 휴일근로와 연장근로에 대한 가산수당을 모두 지급해야 한다.

〔2〕야간근로나 휴일근로를 예정하고 있는 근로관계의 특수성으로 인하여 연장근로수당, 야간근로수당, 휴일근로수당 등의 제수당을 하나의 수당에 일괄하여 일정액을 급여에 추가하여 지급하는 포괄임금제에 의한 임금지급계약이 체결된 경우가 아니라면, 근로기준법에서 정한 부분을 초과하여 근로를 제공한 부분에 대하여는 3년의 소멸시효가 경과되지 않은 한 초과근무수당을 청구할 수 있을 것이다.

〔3〕결론

위 사안에서 갑은 A회사에 대하여 3년의 소멸시효가 경과하지 않은 초과근무수당을 청구하고, A회사가 이에 응하지 않을 경우에 관할고용노동부지방사무소에 신고하면 도움을 받을 수 있다.

Ⅲ. 직장내에서의 생활관계

1. 연소자와 여성의 보호

노동법은 연소근로자와 여성근로자에 대한 보호입법으로부터 출발하였는데, 그 취지는 인도적 측면에서 연소자와 여성을 보호해야 한다는 정책으로부터 시작한 것이다. 그러나 오늘날의 정책은 은혜적인 약자보호의 필요성에 의한 것이 아니다. 연소자의 신체특성과 여성의 모성을 감안하여 이에 알맞은 조치, 즉 특별보호를 하는 것이 국가의 책임이라는 측면에서 접근하고 있다.

(1) 연소자 보호

15세 미만의 자(중학교에 재학중인 자는 18세 미만인 자 포함)는 고용노동부장관이 발급한 취직인허증이 있는 경우를 제외하고는 그 사용(취업)이 원칙적으로 금지된다. 또한 18세 미만자는 도덕상 또는 보건상 유해·위험한 사업과 갱내근로 및 야간근로를 시킬 수 없다. 그리고 미성년자의 근로계약 체결에 대한 친권자·후견인 등의 대리권을 제한하여 본인이 직접 체결하도록 하고 있고, 임금의 청구도 독자적으로 청구할 수 있도록 하고 있다. 그러나 친권자, 후견인 또는 고용노동부장관은 근로계약이 미성년자에게 불리하다고 인정하는 경우에는 근로계약을 해지할 수 있다.

(2) 여성근로자 보호

사용자는 모성의 보호를 위하여 여성근로자가 청구하면 월 1일의 생리휴가를 주어야 한다. 종래와는 달리 생리휴가는 무급이다. 여성 근로자의 정신적·육체적인 영향을 고려하여 인정한 것으로 여성근로자라면 누구든지 자유롭게 청구할 수 있다. 그러나 생리휴가를 사전통보없이 일방적으로 사용하는 것은 허용되지 않는다.

사용자는 임신 중이거나 산후 1년이 지나지 아니한 여성을 도덕상 또는 보건상 유해·위험한 사업에 사용하지 못하며, 또한 임산부가 아닌 18세 이상의 여성을 보건상 유해·위험한 사업 중 임신 또는 출산에 관한 기능에 유해·위험한 사업에 사용하지 못한다. 또한 임산부의 야간근로와 휴일근로는 원칙적으로 금지되며, 근로자의 요구가 있는 경우에는 쉬운 종류의 근로로 전환하여야 한다. 그리고 사용자는 임신 후 12주 이내 또는 36주 이후에 있는 여성 근로자가 1일 2시간의 근로시간 단축을 신청하는 경우 이를 허용하여야 한다. 다만, 1일 근로시간이 8시간 미만인 근로자에 대하여는 1일 근로시간이 6시간이 되도록 근로시간 단축을 허용할 수 있다. 사용자는 근로시간 단축을 이유로 해당 근로자의 임금을 삭감하여서는 아니 된다.

나아가 근로기준법은 사용자는 임신 중의 여성에 대하여는 출산 전과 출산 후를 통하여 90일의 출산전후휴가를 주어야 한다. 출산휴가의 60일은 유급보호휴가이어야 한다. 이 경우 휴가기간의 배정은 출산 후에 45일 이상 확보되도록 하여야 한다. 출산휴가를 인정하고 있는 이유는 모성의 보호와 다음 세대 국민의 건강한 신체를 확보하는 데에 있다. 또한 사용자는 임신 중인 여성이 유산 또는 사산한 경우로서 여성 근로자가 청구하면 유산·사산 휴가를 주어야 한다. 다만, 인공 임신중절수술이 허용되지 아니하는 유산의 경우는 휴가가 인정되지 않는다.

2. 취업규칙

사 례

근로자 甲은 사용자 A회사와 근로계약을 체결하였는데 甲이 취업한 이후 A회사는 甲을 포함하여 사내 근로자들의 동의 없이 퇴직금 규정을 甲에게 불리하게 취업규칙을 변경하였다. 甲은 불리하게 변경된 위 취업규칙에 따라야 하는가?

취업규칙은 사용자가 다수의 근로자가 취업시에 준수해야 할 제규정과 근로자의 임금 등 근로조건을 획일적으로 적용하기 위하여 설정한 준칙이라고 할 수 있다. 즉, 효율적인 사업경영을 위해 사업장에 공평하고 통일적으로 설정하는 것이다. 취업규칙에서 정한 기준에 미달하는 근로조건을 정한 근로계약은 그 부분에 관하여 무효이며, 무효로 된 부분은 취업규칙에 정한 기준에 따른다.

취업규칙은 상시 10인 이상의 근로자를 사용하는 사용자에게 작성의무와 고용노동부장관에 신고의무를 부과하고 있다. 사용자는 취업규칙의 작성 또는 변경에 관하여 해당 사업 또는 사업장에 근로자의 과반수로 조직된 노동조합이 있는 경우에는 그 노동조합, 근로자의 과반수로 조직된 노동조합이 없는 경우에는 근로자의 과반수의 의견을 들어야 한다. 다만, 취업규칙을 근로자에게 불리하게 변경하는 경우에는 그 동의를 받아야 한다. 위와 같이 취업규칙 작성·변경시 근로자의견 청취의무와 불이익하게 변경하는 경우 근로자의 집단적 동의를 받아야 하는 의무를 주고 있는 것은 사용자가 자의적으로 취업규칙을 작성하고 변경하는 것을 금지하기 위한 것이다.

취업규칙의 필요적 기재사항은 다음과 같다.

① 업무의 시작과 종료 시각, 휴게시간, 휴일, 휴가 및 교대 근로에 관한 사항

② 임금의 결정·계산·지급 방법, 임금의 산정기간·지급시기 및 승급에 관한 사항

③ 가족수당의 계산·지급 방법에 관한 사항

④ 퇴직에 관한 사항

⑤ 「근로자퇴직급여 보장법」 제4조에 따라 설정된 퇴직 급여, 상여 및 최저임금에 관한 사항

⑥ 근로자의 식비, 작업 용품 등의 부담에 관한 사항

⑦ 근로자를 위한 교육시설에 관한 사항

⑧ 출산전후휴가·육아휴직 등 여성 근로자의 모성 보호 및 일·가정 양립 지원에 관한 사항

⑨ 안전과 보건에 관한 사항

⑨의② 근로자의 성별·연령 또는 신체적 조건 등의 특성에 따른 사업장 환경의 개선에 관한 사항

⑩ 업무상과 업무 외의 재해부조에 관한 사항

⑪ 표창과 제재에 관한 사항

⑫ 그 밖에 해당 사업 또는 사업장의 근로자 전체에 적용될 사항

사례의 해결

〔1〕 근로자의 동의 없이 근로자에게 불리하게 변경된 취업 규칙과 관련하여 대법원은 "취업규칙의 작성·변경에 관한 권한은 원칙적으로 사용자에게 있으므로 사용자는 그 의사에 따라 취업규칙을 작성·변경할 수 있으나, 다만 근로기준법 제95조의 규정에 의하여 노동조합 또는 근로자 과반수의 의견을 들어야 하고 특히 근로자에게 불이익하게 변경하는 경우에는 그 동의를 얻어야 하는 제약을 받는바, 기존의 근로조건을 근로자에게 불리하게 변경하는 경우에 필요한 근로자의 동의는 근로자의 집단적 의사결정방법에 의한 동의임을 요하고 이러한 동의를 얻지 못한 취업규칙의 변경은 효력이 없다"고 하였다(대법원 1992. 12. 22. 선고 91다45165 판결).

〔2〕결론

위 사안에서 A회가 甲을 포함한 근로자들의 동의를 얻지 못한 상태에서 불리하게 변경된 취업규칙은 효력이 없으며, 甲은 불리하게 변경된 취업규칙을 따를 필요가 없다.

3. 재해보상

근로자가 업무상 부상을 입거나 사망을 하는 등의 재해를 입은 경우 그 구제 내지 보호를 받는 것에 대하여 민법과 노동법의 접근방식이 다르다. 민법은 불법행위법리(민법 제750조)에 충실하여 과실책임의 원칙에 따라 가해자에게 고의 또는 과실이 있을 경우에만 손해배상책임을 부담하도록 하고 있다. 그러나 노동현실에서 재해를 입은 근로자가 사용자에게 고의나 과실이 있었음을 입증하기가 어렵기 때문에 결과적으로 재해를 입은 근로자가 민법에 의한 보상을 제대로 받을 수 없었다.

그러나 노동법의 원리가 발전하면서 민법상 과실책임주의도 수정되었다. 산업재해는 생산조직의 기계화, 대규모화, 위험화에 따라 빈번히 일어나는 것으로 개별 사용자의 특별한 잘못에 의해서 발생하는 것이 아니라 기업활동에 내재하는 보편적인 위험이 실현된 것이라는 점이 인식되었다. 그 결과 고의·과실의 입증책임을 사용자에게 전환시키게 되었으며, 더 나아가 무과실책임의 원칙을 도입되었고, 그것이 근로기준법의 재해보상제도이다. 재해보상제도는 사용자의 고의·과실이 없더라도 근로자의 과실유무에 상관없이 업무 중에 재해를 입었다면 보상을 받을 수 있다. 다만, 근로기준법상 재해보상액은 실질적인 모든 손해를 보상해주는 것이 아니라 최소한의 보상을 하는 것으로 법령상 규정된 재해의 유형에 따라 정액화되어 있다.

한편, 산업재해보상보험은 근로기준법상 재해보상원리를 발전시킨 것이다. 즉, 산업재해의 규모가 큰 경우에는 개별 사용자가 재해보상의 책임을 현실적으로 감당할 능력이나 의욕이 부족하면 근로자는 보상을 받기가 곤란하다. 그래서 국가가 운영하는 재해보상 책임의 위험을 가진 모든 사용자를 공공보험에 가입시키고 근로자에게 재해가 발생하면 보험사업자가 사용자를 대신하여 신속하고 확실하게 재해보상에 갈음하는 보험급여를 지급하는 제도를 도입하였다. 이것이 산업재해보상보험이며, 산업재해보상보험법에 규정되어 있다. 산업재해보험법상 지급되는 급여의 종류는 요양급여, 휴업급여, 장해급여, 간병급여, 유족급여, 상병보상연금, 장의비, 직업재활급여 등이 있다.

근로기준법은 근로자가 업무상 부상 또는 질병에 걸리면 사용자는 그 비용으로 필요한 요양을 행하거나 필요한 요양비를 부담하여야 하며, 요양 중에 있는 근로자에게 그 근로자의 요양 중 평균임금의 100분의 60의 휴업보상을 하여야 한다. 또한 보상을 받는 근로자가 요양을 시작한 지 2년이 지나도 부상 또는 질병이 완치되지 아니하는 경우에는 사용자는 그 근로자에게 평균임금 1,340일분의 일시보상을 하여 그 후의 이 법에 따른 모든 보상책임을 면할 수 있다. 그리고 부상 또는 질병에 대해 완치된 후 신체에 장해가 있으면 사용자는 그 장해 정도에 따라 평균임금에 일정한 일수를 곱한 금액의 장해보상을 하여야 한다. 근로자가 업무상 사망한 경우에는 사용자는 근로자가 사망한 후 지체 없이 그 유족에게 평균임금 1,000일분의 유족보상과 평균임금 90일분의 장의비를 지급하여야 한다. 그리고 재해를 당한 근로자를 보호하기 위하여 그 근로자의 요양기간과 그 후 30일간은 해고가 원칙적으로 금지되며, 재해보상의 효과를 담보하기 위하여 보상을 받을 권리에 대하여 양도·압류 등을 금지하면서 신속·간이한 보상심사 절차를 마련하고 있다.

Ⅳ. 노동관계의 종료와 실업

1. 해 고

노동관계는 해고, 사직, 합의해약, 계약기간의 만료, 정년의 도달, 당사자의 소멸 등에 의하여 종료된다. 근로자의 자발적 의사에 의해 노동관계가 종료되는 것은 문제를 야기하지 않지만, 근로자의 의사에 반하여 노동관계가 종료되는 해고의 경우는 문제의 소지가 많기 때문에 근로기준법은 근로자의 직장보호를 위한 여러 규정을 두고 있다.

(1) 해고의 제한

민법상 해고는 사용자에 의한 고용계약의 해지이며, 기간의 약정이 없는 경우, 기간의 약정이 있으나 묵시의 갱신이 행해진 경우 등에는 일정한 통고기간만 두면 언제든지 해지를 할 수 있다. 즉, 민법에 의한 해고는 사용자에게는 노동비용의 절감이라고 하는 이점 등에 따른 광범위한 해고의 자유를 가지지만, 경제적·사회적 약자인 근로자에게는 더 좋은 직장의 보장이 없는 한 안정된 직장상실의 위험을 의미하게 된다.

근로기준법은 근로의 기회를 보호하기 위하여 정당한 이유가 없이는 해고할 수 없

다는 기본원칙을 설정하고 해고의 시기와 절차에도 제한을 두면서 정리해고에 관하여
는 정당한 이유의 구체적 요건 등을 별도로 규정하고 있다.

　　사용자는 정당한 이유 없이 근로자를 해고하지 못한다. 그러나 해고의 사유인 정
당한 이유가 무엇인지에 대해서는 구체적으로 규정하고 있지 않다. 일반적으로 '정당한
이유'란 사회통념상 근로계약을 계속 유지할 수 없을 정도로 근로자에게 책임이 있는
사유가 있거나 부득이한 경영상의 필요가 있는 경우를 의미한다.

　　근로계약은 근로의 제공을 목적으로 하는 계약이므로 '업무수행 능력의 상실'과 근
로계약을 성실히 이행할 '적격성의 결여'는 정당한 해고사유로 볼 수 있다. 노동능력의
상실은 근로자에게 질병·부상이나 신체장애로 발생한 때가 많은데, 이러한 사유가 발
생했다는 이유만으로 해고는 허용되지 않는다. 그러나 사용자가 적절한 치료의 기회를
부여했음에도 불구하고 건강과 업무수행능력이 회복되지 않는 경우에는 비로소 해고할
수 있게 된다. 특히 질병이나 부상이 사용자의 귀책사유 또는 업무상 재해로 발생한 경
우에는 바로 해고할 수 없으며, 감당할 수 있는 쉬운 업무로 전직하도록 해야 하고 근
로자가 그 업무를 거부하거나 그 업무조차 감당할 수 없는 경우에 해고사유가 된다. 그
리고 근로자가 근무태도 불량 등의 근로계약상 의무를 위반하는 경우에도 정당한 해고
사유가 된다. 예컨대 무단결근·지각·조퇴를 반복 또는 계속함으로써 근로제공의무와
성실의무를 중대하게 위반한 경우에도 정당한 해고사유가 된다.

　　한편, 사용자의 근로기준법 및 그 시행령 위반을 근로감독관에게 통고한 것을 이
유로 하는 해고도 금지되며, 노동조합의 조직·가입, 정당한 단체행동에의 참가, 정당한
조합활동 및 부당노동행위 구제신청 등을 이유로 하는 해고는 금지된다.

(2) 해고시기의 제한

　　근로기준법은 해고의 시기에 대해서도 금지하고 있다. 사용자는 근로자가 업무상
부상 또는 질병의 요양을 위하여 휴업한 기간과 그 후 30일 동안 또는 산전·산후의 여
성이 이 법에 따라 휴업한 기간과 그 후 30일 동안은 해고하지 못한다. 육아휴직기간에
도 해고하지 못한다. 정당한 이유로 해고하는 경우라도 근로자가 노동능력을 상실한 기
간이나 효과적인 구직활동을 하기 어려운 시기에 근로자의 실직을 방지하기 위한 규정
이다. 해고금지기간에 근로자를 해고한 경우에는 사법상 무효가 된다.

　　그리고 사용자는 근로자를 해고(경영상 이유에 의한 해고를 포함)하려면 적어도 30일
전에 예고를 하여야 하고, 30일 전에 예고를 하지 아니한 경우에는 30일분 이상의 통상
임금을 지급하여야 한다. 정당한 이유가 있어 해고하는 경우에도 근로자에게 새로운 직

장을 구할 수 있는 시간적·경제적 여유를 제공하려는 취지이다. 다만, 천재·사변, 그 밖의 부득이한 사유로 사업을 계속하는 것이 불가능한 경우 또는 근로자가 고의로 사업에 막대한 지장을 초래하거나 재산상 손해를 끼친 경우에는 예고 없이 즉시 해고할 수 있다.

(3) 정리해고의 규제

정리해고란 사용자측 사정에 따른 경영상의 이유에 의한 해고를 말한다. 근로자측의 사정에 의한 해고보다 일반적으로 그 대상인원이 많고 근로자가 이를 수용하지 않는 경우도 많아서 사회문제로 비화될 우려도 크기 때문에 법적으로 규제해야 할 필요가 크다. 근로기준법은 정리해고를 ① 긴박한 경영상의 필요가 있을 것, ② 해고를 피하기 위한 노력을 다할 것, ③ 합리적이고 공정한 기준에 따라 그 대상자를 선정할 것, ④ 해고회피방법과 해고대상자의 선발기준에 관하여 근로자대표와 성실하게 협의할 것 등을 규정하고 있다.

그리고 사용자는 일정한 규모 이상의 인원을 해고하려면 고용노동부장관에게 신고하도록 의무를 부여하고 있고, 근로자를 해고한 사용자는 3년 이내에 해고된 근로자가 해고 당시 담당하였던 업무와 같은 업무를 할 근로자를 채용하려고 할 경우에 정리해고된 근로자가 원하면 그 근로자를 우선적으로 고용해야 한다는 등의 엄격한 제한을 설정하고 있다.

1) 긴박한 경영상의 필요

사용자가 경영상 이유에 의하여 근로자를 해고하려면 긴박한 경영상의 필요가 있어야 한다. '긴박한 경영상의 필요'란 반드시 기업의 도산을 회피하기 위한 경우에 한정되지 아니하고, 장래에 올 수도 있는 위기에 미리 대처하기 위하여 인원삭감이 필요한 경우도 포함되지만, 그러한 인원삭감은 객관적으로 보아 합리성이 있다고 인정되어야 하며, 정리해고를 할 당시의 사정을 기준으로 판단하여야 한다. 그리고 경영악화를 방지하기 위한 사업의 양도·인수·합병은 긴박한 경영상의 필요가 있는 것으로 본다.

2) 해고 회피 노력의무

사용자가 해고를 피하기 위한 노력을 다하여야 한다는 것은 경영방침이나 작업방식의 합리화, 신규채용의 금지, 일시휴직과 희망퇴직의 활용 및 전근 등 사용자가 해고범위를 최소화하기 위하여 가능한 모든 조치를 취하는 것을 의미하고, 그 방법과 정도는 확정적·고정적인 것이 아니라 사용자의 경영위기의 정도, 정리해고를 실시하여야 하는 경영상의 이유, 사업의 내용과 규모, 직급별 인원상황 등에 따라 달라질 수 있다. 일반적으로 해고회피의 방안은 경영비용의 절감, 경영방침이나 작업방식의 합리화, 외주·도급의 해약, 신규채용의 중단, 일시휴직, 희망퇴직자의 모집, 배치전환, 시간외근로의 단축, 고용보험법상의 고용안정지원제도의 활용 등이다.

3) 합리적이고 공정한 선정

사용자가 해고를 피하기 위한 노력을 다 하였음에도 해고가 불가피하다면, 합리적이고 공정한 해고의 기준을 정하고 그 대상자를 선정하여야 한다. 합리적이고 공정한 기준은 그 사용자가 직면한 경영위기의 강도와 정리해고를 실시하여야 하는 경영상의 이유, 정리해고를 실시한 사업 부문의 내용과 근로자의 구성, 정리해고 실시 당시의 사회경제상황 등에 따라 달라질 수 있다. 통상 해고자 선정은 성별·국적·신앙 등과 같은 불합리한 기준에 의하지 않는 한 노사가 자유로이 그 기준에 합의할 수 있다.

4) 근로자대표와의 협의

사용자는 해고를 피하기 위한 방법과 해고의 기준 등에 관하여 그 사업 또는 사업장에 근로자의 과반수로 조직된 노동조합이 있는 경우에는 그 노동조합, 노동조합이 없는 경우에는 근로자의 과반수를 대표하는 자(근로자대표)에 해고를 하려는 날의 50일 전까지 통보하고 성실하게 협의하여야 한다. 정리해고에 대한 실질적 요건의 충족을 담보함과 아울러 비록 불가피한 정리해고라 하더라도 협의 과정을 통한 쌍방의 이해 속에서 실시되는 것이 바람직하다는 취지이다. 노사는 '협의'를 하는 것이지 '합의'를 하는 것은 아니다. 협의란 자기 의견을 상대방에게 설명한 다음 상대방의 의견을 듣거나 질문에 답변하는 식의 상호간에 의견을 교환하고 논의하는 것을 말한다.

2. 부당해고의 구제

정당한 이유없이 근로자를 해고하는 것은 사법상 무효이다. 따라서 근로자와 사용자간에 근로관계는 지속되는 것이므로 근로자는 사용자에게 복직을 요구할 수 있고, 그동안 지급받지 못한 임금도 청구할 수 있다. 또한 근로자가 사용자의 부당해고로 인하여 극심한 정신적 고통을 받았다면 불법행위에 의한 손해배상도 청구할 수 있다.

사용자가 근로자를 부당해고한 때에는 노동위원회에 그 구제를 신청할 수 있다. 구제의 신청은 부당해고가 있은 날부터 3월 이내에 신청하여야 한다. 노동위원회는 부당해고된 근로자의 구제신청을 받은 때에는 지체없이 필요한 조사와 관계 당사자의 심문을 하여야 하며, 관계 당사자에 대하여 증거의 제출과 증인에 대한 반대심문을 할 수 있는 충분한 기회를 주어야 한다. 노동위원회는 근로자에 대한 해고가 정당한 해고라고 판정한 때에는 서면으로 그 구제신청을 기각하는 결정을 하여야 하고, 부당해고라고 판정한 때에는 사용자에게 구제명령을 발하여야 한다.

지방노동위원회 또는 특별노동위원회의 구제명령 또는 기각결정에 불복이 있는 관계 당사자는 그 명령서 또는 결정서의 송달을 받은 날부터 10일 이내에 중앙노동위원회에 그 재심을 신청할 수 있고, 중앙노동위원회의 재심판정에 대하여 관계 당사자는 그 재심판정서의 송달을 받은 날부터 15일 이내에 행정소송법이 정하는 바에 의하여 소를 제기할 수 있다. 그리고 노동위원회의 구제명령·기각결정 또는 재심판정은 중앙노동위원회에의 재심신청이나 행정소송의 제기에 의하여 그 효력이 정지되지 아니한다.

그리고 부당해고를 당한 근로자는 노동위원회에 의한 구제신청과는 별도로 민사소송을 통한 해고무효확인소송을 제기할 수 있다. 근로자가 신속한 구제를 원하는 경우에는 사업장에서의 근로자의 지위보전이나 임금지급을 위한 가처분신청도 가능하다.

[서식 71] 부동해고 등 구제신청서

	[ ]부당해고 등 [ ]부당노동행위	구제 신청서		
노동 조합	명 칭		대표자	
	소 재 지		(☎ :)	
근 로 자	성 명		(생년월일: , 성별:)	
	주 소		(☎ :)	
사 용 자	사업체명		대표자	
	소 재 지		(☎ :)	
	해고등 또는 부당노동행위 사 업 장	− 사업장명: − 소 재 지: − 대 표 자: 직위 및 성명 ※ 해고등 불이익처분 당시의 사업장과 본사가 다른 경우 기재		
신청 취지		1. 2.		
신청 이유 (별지 기재 가능)		1. 해고 등이나 부당노동행위 경위 2. 부당한 이유		

위 근로자 또는 노동조합은

[ ] 「근로기준법」 제28조와 「노동위원회규칙」 제39조   에   [ ]부당해고 등
[ ] 「노동조합 및 노동관계조정법」 제82조와 「노동위원회규칙」 제39조   따라   [ ]부당노동행위

구제를 위와 같이 신청합니다.

년 월 일

신청인 (서명 또는 날인)

○○지방노동위원회위원장 귀하

구비서류	없음(다만, 대리인이 신청한 경우 대리인 선임 신고서, 위임장, 직무개시등록증)

210mm×297mm(백상지 80g/㎡)

(뒤 쪽)

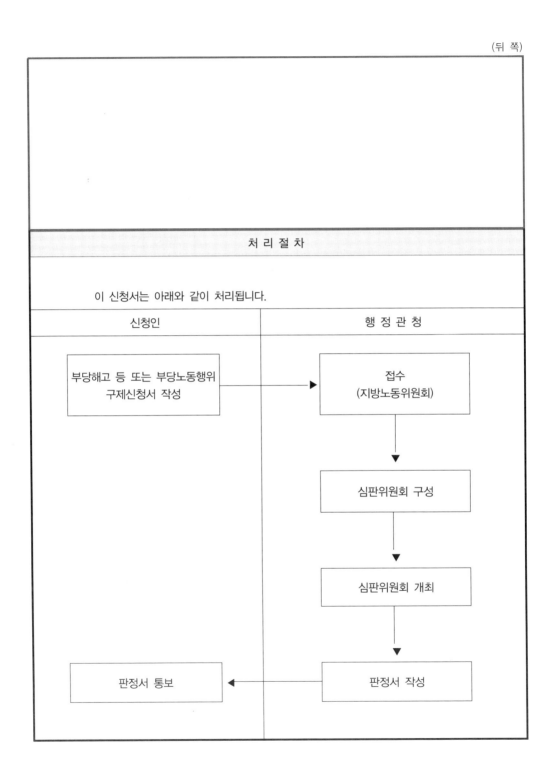

처 리 절 차

이 신청서는 아래와 같이 처리됩니다.

신청인	행정관청
부당해고 등 또는 부당노동행위 구제신청서 작성	접수 (지방노동위원회)
	심판위원회 구성
	심판위원회 개최
판정서 통보	판정서 작성

[서식 72] 부당해고 등 구제 재심 신청서

[ ]부당해고 등 [ ]부당노동행위 구제 재심 신청서			
노동 조합	명 칭		대표자
	소 재 지	(☎ :)	
근 로 자	성 명		
	주 소	(☎ :)	
사 용 자	사업체명		대표자
	소 재 지	(☎ :)	
초심사건	○○지방노동위원회 . . . 판정, 사건번호		
판정서 수령일			
재심신청 취지	1. 2. 3.		
재심신청 이유 (초심판정의 부당성)			

위 근로자 · 노동조합 · 사용자는

[ ] 「근로기준법」 제31조와 「노동위원회규칙」 제90조　　　　에　[ ]부당해고 등
[ ] 「노동조합 및 노동관계조정법」 제85조와 「노동위원회규칙」 제90조　따라　[ ]부당노동행위

구제 재심을 위와 같이 신청합니다.

년　월　일

재심신청인　　　　(서명 또는 날인)

중앙노동위원회위원장　귀하

구비서류	없음(다만, 대리인이 신청한 경우 대리인 선임 신고서, 위임장)

210mm×297mm(백상지 80g/㎡)

V. 실업급여

1. 실업급여의 의의

고용보험에 가입한 근로자가 실직하여 재취업 활동을 하는 기간에 소정의 급여를 지급함으로써 실업으로 인한 생계 불안을 극복하고 생활이 안정될 수 있도록 도와주며 재취업의 기회를 지원해주는 제도이다. 즉, 실업급여는 실업에 대한 위로금이나 보험료 납부의 대가로 지급되는 것은 아니다. 또한 실업급여 신청없이 재취업하면 실업급여를 받을 수 없으므로 퇴직 즉시 신청하여야 한다.

2. 실업급여의 청구권자

실업급여의 '실업'은 근로의 의사와 능력이 있음에도 불구하고 취업하지 못한 상태에 있는 것을 의미한다. 피보험자는 고용보험이 적용되는 사업에 고용되어 노무를 제공하고 그 대가로 임금을 받아 생활하는 근로자를 말하며, 여기에는 법인의 이사와 기타 임원도 포함된다. 그러나 65세 이후에 고용되거나 자영업을 개시한 사람, 소정 근로시간이 대통령령으로 정한 시간에 미만인 사람 등 고용보험법에서 정한 적용 제외 근로자는 해당되지 않는다. 실업급여는 크게 구직급여와 취업촉진수당으로 나누어져 있다.

3. 실업급여의 신청방법 및 조건

실업급여를 신청하기 위해서는 이직한 피보험자가 ① 이직일 이전 18개월간(기준기간) 피보험단위기간이 통산하여 180일 이상이어야 하고, ② 근로의 의사와 능력이 있음에도 불구하고 취업하지 못한 상태에 있을 것(중대한 귀책사유로 해고되거나 자발적인 이직 및 전직), ③ 이직사유가 수급자격의 제한사유에 해당하지 아니할 것, ④ 재취업을 위한 노력을 적극적으로 할 것 등의 요건을 갖추어야 한다. 예컨대, 개인 건강상의 문제로 퇴사를 하면 자발적 퇴사가 되어 실업급여 수급자격을 부여하지 않는다. 다만 정당한 이직사유(질병퇴사)에 해당할 경우 예외적으로 실업급여 수급이 가능하다. 그리고 자영업자 고용보험은 최소 1년간 가입하여 보험료를 납부해야 실업급여를 수급할 수 있으며, 매출액감소·적자지속·자연재해 등 불가피한 사유로 폐업한 경우 실업급여를 받을 수 있다.

　실업급여는 회사에서 퇴사처리를 하면서 고용지원센터에 이직확인서를 보내게 되며, 퇴직한 근로자는 거주지 관할 고용지원센터에 방문하여 실업인정신청을 하면 된다. 실업인정 신청 후 일주일간의 실업인정기간을 거쳐 실업상태에 있게 되면 그 때부터 실업급여를 지급하며, 본인이 지급받던 평균임금의 50%를 기준으로 정해지는 금액을 기준으로 지급받게 된다.

수급자격이 제한되지 아니하는 정당한 이직 사유
고용보험법 시행규칙 [별표 2]

　1. 다음 각 목의 어느 하나에 해당하는 사유가 이직일 전 1년 이내에 2개월 이상 발생한 경우
　　가. 실제 근로조건이 채용 시 제시된 근로조건이나 채용 후 일반적으로 적용받던 근로조건보다 낮아지게 된 경우
　　나. 임금체불이 있는 경우
　　다. 소정근로에 대하여 지급받은 임금이 「최저임금법」에 따른 최저임금에 미달하게 된 경우
　　라. 「근로기준법」 제53조에 따른 연장 근로의 제한을 위반한 경우
　　마. 사업장의 휴업으로 휴업 전 평균임금의 70퍼센트 미만을 지급받은 경우
　2. 사업장에서 종교, 성별, 신체장애, 노조활동 등을 이유로 불합리한 차별대우를 받은 경우
　3. 사업장에서 본인의 의사에 반하여 성희롱, 성폭력, 그 밖의 성적인 괴롭힘을 당한 경우
　3의2. 「근로기준법」 제76조의2에 따른 직장 내 괴롭힘을 당한 경우
　4. 사업장의 도산·폐업이 확실하거나 대량의 감원이 예정되어 있는 경우
　5. 다음 각 목의 어느 하나에 해당하는 사정으로 사업주로부터 퇴직을 권고받거나, 인원 감축이 불가피하여 고용조정계획에 따라 실시하는 퇴직 희망자의 모집으로 이직하는 경우
　　가. 사업의 양도·인수·합병
　　나. 일부 사업의 폐지나 업종전환
　　다. 직제개편에 따른 조직의 폐지·축소
　　라. 신기술의 도입, 기술혁신 등에 따른 작업형태의 변경
　　마. 경영의 악화, 인사 적체, 그 밖에 이에 준하는 사유가 발생한 경우

6. 다음 각 목의 어느 하나에 해당하는 사유로 통근이 곤란(통근 시 이용할 수 있는 통상의 교통수단으로는 사업장으로의 왕복에 드는 시간이 3시간 이상인 경우를 말한다)하게 된 경우

    가. 사업장의 이전

    나. 지역을 달리하는 사업장으로의 전근

    다. 배우자나 부양하여야 할 친족과의 동거를 위한 거소 이전

    라. 그 밖에 피할 수 없는 사유로 통근이 곤란한 경우

7. 부모나 동거 친족의 질병·부상 등으로 30일 이상 본인이 간호해야 하는 기간에 기업의 사정상 휴가나 휴직이 허용되지 않아 이직한 경우

8. 「산업안전보건법」 제2조제2호에 따른 "중대재해"가 발생한 사업장으로서 그 재해와 관련된 고용노동부장관의 안전보건상의 시정명령을 받고도 시정기간까지 시정하지 아니하여 같은 재해 위험에 노출된 경우

9. 체력의 부족, 심신장애, 질병, 부상, 시력·청력·촉각의 감퇴 등으로 피보험자가 주어진 업무를 수행하는 것이 곤란하고, 기업의 사정상 업무종류의 전환이나 휴직이 허용되지 않아 이직한 것이 의사의 소견서, 사업주 의견 등에 근거하여 객관적으로 인정되는 경우

10. 임신, 출산, 만 8세 이하 또는 초등학교 2학년 이하의 자녀(입양한 자녀를 포함한다)의 육아, 「병역법」에 따른 의무복무 등으로 업무를 계속적으로 수행하기 어려운 경우로서 사업주가 휴가나 휴직을 허용하지 않아 이직한 경우

11. 사업주의 사업 내용이 법령의 제정·개정으로 위법하게 되거나 취업 당시와는 달리 법령에서 금지하는 재화 또는 용역을 제조하거나 판매하게 된 경우

12. 정년의 도래나 계약기간의 만료로 회사를 계속 다닐 수 없게 된 경우

13. 그 밖에 피보험자와 사업장 등의 사정에 비추어 그러한 여건에서는 통상의 다른 근로자도 이직했을 것이라는 사실이 객관적으로 인정되는 경우

4. 실업급여의 신청절차

첫째, 회사에 이직확인서 및 고용보험 피보험자격 상실신고서처리를 요청하여 관할 고용센터에 접수되었는지 확인하여야 한다. 구직급여는 원칙적으로 퇴직한 다음날로부터 12개월이 경과하면 소정급여 일수가 남아있더라도 실업급여를 지급받을 수 없다. 따라서 퇴직 후 지체 없이 본인이 직접 워크넷(www.work.go.kr)을 통해 실업신고(구직등록은 전산망을 통해 직접신청)를 해야 한다.

둘째, 고용센터 홈페이지에서 실업급여 수급자 온라인 교육(동영상 시청, 40분 정도

소요)을 이수하여야 한다.

셋째, 온라인 교육 이수 후 14일 이내에 신분증을 지참하여 거주지 관할 고용센터를 방문하여 실업급여 수급자격 인정을 신청한다. 수급자격을 인정받게 되면 구직급여를 신청할 수 있다. 그러나 수급자격이 인정되지 않으면 실업급여를 신청할 수 없으며, 이에 대한 재심사는 90일 이내 신청하여야 한다.

넷째, 구직활동은 실업급여 수급자격 인정 후 고용센터 담당자의 설명을 듣고 할 수 있다. 그리고 수급자격이 인정되었다면 매 1~4주마다 고용센터를 방문하여 실업신청을 하여야 실업급여를 지속적으로 받을 수 있다.

찾아보기

[ㄱ]

가족 134
가석방 300
가압류신청 248
가정폭력 360
가정폭력 범죄에 대한 응급조치 361
가정폭력 사건 처리절차 361
가정폭력 신고의무 등 360
가정폭력의 의의 360
가정폭력행위자에 대한 보호처분 362
가정폭력행위자에 대한 임시조치 361
가족관계 133
가처분신청 251
강제규범 3
강제집행절차 270
강제집행정지 신청 272
강행법 16
검사 304
검찰항고 322
경범죄 339
경범죄유형 339
경범죄의 의의 339
계약 195
계약의 무효 206
계약의 무효와 취소 206
계약의 성립 196
계약의 의의 195
계약의 취소 206
계약자유의 원칙 193
계약체결 211

고발 310
고소 309
고위공직자범죄수사처 304
고유재산 153
고의범 285
공무원의 위법한 직무집행행위로 인한
　배상책임 107
공범 286
공법 14
공소제기 321
공용침해 115
과실범 285
과실책임의 원칙 194
관습법 11
관습헌법 7, 11, 305
교통사고 344
교통사고 발생시 대처 사항 344
교통사고 발생시의 조치 345
교통사고와 형사처벌 345
교통사고의 의의 344
구성요건해당성 278
구속 311
구속전 피의자심문제도(영장실질심사제도)
　314
국가배상청구절차 113
국내법 16
국민의 기본권 보장 33
국민의 의무 44
국민주권주의 31
국민참여재판 334

국제법 16
국제평화주의 33
권리 24
권력분립주의 31
권리남용금지의 원칙 195
권한쟁의심판 57
규칙 10
근대 민법의 기본원칙 193
근로계약 374
근로관계 371
근로권 366
근로 3권 367
근로시간 378
근로자 370
금전보상 115
기관소송 92
기본권 존중주의 32
기본권의 제한 35
기본권의 종류 35
기본권의 주체 33
기본권의 효력 34
기수 285
긴급피난 282
긴박한 경영상의 필요 386

[ㄴ]
노동관계의 종료와 실업 384
노동기본권 366
노동법의 의의 364
노동법의 정의 365

[ㄷ]
단결권 367
단순승인 181
단체교섭권 367

단체행동권 368
당사자소송 91
대리 203
대리모 136
대리의 의의 203
대리행위의 방식 204
대습상속 176
대한민국 헌법 28
독촉절차(지급명령) 273
동시사망의 추정 127

[ㅁ]
면접교섭권 169
명령 9
명확성의 원칙 277
무권대리 204
무효등 확인소송 90
무효등확인심판 74
무효행위의 전환 189
문화국가주의 32
미성년자 199
미수 285
민법의 기본원리 193
민법의 수정원칙 194
민사법원 및 관할 247
민사소송의 판결절차 254
민중소송 92

[ㅂ]
배상명령절차 334
배심원 335
배심원의 개념 335
배심원의 권리의무 336
배심원의 자격 및 선정 335
배임죄 295

범죄의 성립 278
범죄의 형태 284
범칙금의 납부 341
법률 9
법률관계 23
법률주의 276
법언 13
법원의 개념 8
법의 개념 2
법의 목적 3
법의 본질 2
법의 분류 14
법의 시간적 효력 17
법의 인적 효력 19
법의 장소적 효력 17
법의 적용 20
법의 정의 1
법의 존재형식 7
법의 합목적성 5
법의 효력 16
법적 안정성 4
법정재산제 153
법정후견제도 200
보석제도 317
보안처분 300
보안처분의 의의 300
보전절차 248
보통양자제도 137
보호관찰 301
보호주의 19
복지국가주의 32
부당노동행위와 구제 368
부당해고의 구제 387
부동산 매매계약 207
부동산 매매계약서 작성방법 214

부동산등기부 열람 207
부부재산계약 152
부작위위법확인소송 90
불기소처분 321
불기소처분에 대한 불복 322
불문법 11
비상구제 330
비상상고 331

[ㅅ]
사망 126
사권의 공공성의 원칙 194
사기죄 287, 296
사법 14
사법경찰관리 304
사실혼 155
사용자 370
사정변경의 원칙 195
사회권적 기본권 41
사회규범 1
사회법 14
사회봉사 301
사회적 시장경제주의 33
상고 265, 328
상소 265
상속 173
상가건물임대차보호법 234
상가건물임대차보호법상 대항력 235
상가건물임대차보호법상 임차권등기명령
    238
상가건물임대차보호법상 임차권등기명령제도
    241
상가건물임대차보호법의 권리금 238
상가건물임대차보호법의 소액보증금의
    최우선변제 237

상가건물임대차보호법의 의의 234
상가건물임대차보호법의 임대차기간 236
상가건물임대차보호법의 적용범위 234
상소의 종류 327
상속개시의 원인 173
상속개시의 장소 174
상속분 178
상속의 승인과 포기 180
상속인의 결격사유 177
상속인의 순위 174
상속포기 182
설치 또는 관리의 하자 112
성년후견 201
성문법 8
성범죄 349
성추행으로 인정되는 경우 353
성폭력 피해를 입었을 때 대처방법 351
성폭력범죄 350
성폭력범죄의 형사처벌 352
성희롱 354
성희롱예방과 대책 357
성희롱의 개념 354
성희롱의 성립 356
성희롱의 판단기준(유형) 355
소급효금지의 원칙 276
소송당사자 247
소유권이전등기신청과 취·등록세의 납부 213
소유권절대의 원칙 193
속인주의 18
속지주의 18
속행정지신청 103
수강명령 301
수사개시의 원인 309
수사기관 304

수사의 방법 310
수사의 종결 321
신용카드 범죄 289
신의성실의 원칙 194
실업급여 392
실업급여의 신청방법 및 조건 392
실업급여의 신청절차 394
실업급여의 의의 392
실업급여의 청구권자 392
실종선고 128
실체법 15
12대 중과실 교통사고 346

[ㅇ]
아동학대 362
압수·수색·검증 319
약혼 144
약식명령절차 334
약혼의 성립 145
약혼의 의의 144
약혼의 해제 145
약혼의 효과 145
연소자와 여성의 보호 380
연차휴가 379
영조물의 설치·관리의 하자로 인한 배상책임 112
예비·음모 285
예외법 15
원칙법 15
위법성 279
위헌법률심판 47
유언 186
유증 190
유권해석 21
유류분 191

유언의 방식 187
유언의 의의 186
유언의 효력 190
유추해석금지의 원칙 277
음주운전 347
의무 25
의무이행심판 74
이혼 156
이의신청 70
이의신청절차 118
이혼의 효과 168
인간의 존엄과 가치 36
인공수정자 136
인정사망 126
인지 135
일반법 15
일반사법경찰관리 304
일상가사대리권 154
임금 371
임금의 개념 372
임금지급의 보호 372
임금체불의 방지 372
임의법 16
입양 136

[ㅈ]
자구행위 283
자유권적 기본권 39
자치법규 10
작위범과 부작위범 284
잔금의 지급과 등기서류의 교부 213
재심 268, 330
재산범죄 287
재산분할청구권 170
재정신청 323

재처분 의무 86
재판상 이혼 158
재판상 이혼사유 158
재판상 이혼절차 167
재해보상 383
적정성의 원칙 277
전자금융범죄 사기 피해(보이스피싱) 291
절차법 15
정의 4
정당방위 281
정당해산심판 53
정당행위 280
정리해고의 규제 386
정범 286
제한능력자제도 199
조리 12
조약 10
죄형법정주의 275
죄형법정주의의 의의 275
죄형법정주의의 파생원칙 276
주택임대차 217
주택임대차계약서 작성방법 219
주택임대차계약서 작성시 주의사항 217
주택임대차계약서의 작성방법 217
주택임대차보호법상 대항력 222
주택임대차보호법상 보증금 중 일정액의
　보호(최우선변제권) 225
주택임대차보호법상 우선변제권 223
주택임대차보호법상 임차권등기명령 228
주택임대차보호법의 적용범위 220
주택임대차의 의의 220
주택임대차의 존속기간 227
즉결심판절차 334, 341
직장내에서의 생활관계 380
직장 외에서의 성희롱 359

집행정지신청 78, 98

[ㅊ]
참정권적 기본권 43
채권보상 115
채무명의 270
채무자의 재산 확인절차 270
책임 283
청구권적 기본권 42
체외수정자 136
체포 311
체포·구속적부심사제도 314
출생 121
출생신고 123
출생의 시기 121
취소소송 88
취소심판 74
취업규칙 381
친권 168
친생자 135
친양자제도 141
친족관계 143

[ㅋ]
컴퓨터 등 사용사기죄 288

[ㅌ]
타관송치 322
탄핵심판 51
태아 123
태아의 법적 지위 125
토지대장의 열람 210
토지수용절차 116
특별법 15
특별사법경찰관리 305

특별절차 273
특별한 희생 115
특정후견 202

[ㅍ]
파양 139
판례법 12
평등권 38
피해자의 승낙 283

[ㅎ]
학리해석 22
한정승인 181
한정후견 202
항고 329
항소 265, 327
항고소송 88
해고 384
해고시기의 제한 385
해고예고수당 386
해고의 제한 384
해고 회피 노력의무 386
행복추구권 36
행위규범 3
행정법의 의의 68
행정상 손실보상 114
행정상 손실보상액의 결정 115
행정상 손실보상의 방법 115
행정상 손실보상의 요건 115
행정상 손실보상의 의의 114
행정상 손해배상 107
행정상 손해배상의 의의 107
행정소송 87
행정소송의 의의 87
행정소송의 절차 94

행정소송의 종류   88

행정소송의 특징   92

행정소송 판결의 효력   106

행정심판   73

행정심판의 대상   73

행정심판의 의의   73

행정심판의 종류   74

행정심판전치주의   93

행정심판절차   75

행정행위   69

행정행위의 개념   69

행정행위의 내용   69

행정행위의 효력   69

허가   69

헌법   9

헌법개정   31

헌법소원   60, 325

헌법의 의의   27

헌법재판의 의의   45

협의 이혼   157

형벌   298

형벌의 의의   298

형벌의 종류   298

형사재판의 절차   325

형의 선고유예   299

형의 집행유예   299

혼인   147

혼인 외의 출생자   135

혼인의 무효   150

혼인의 요건   147

혼인의 일반적 효력   151

혼인의 재산적 효력   152

혼인의 취소   150

혼인의 효과   151

혼인 중의 출생자   135

횡령죄   294

효력정지신청   101

후견계약   202

저자 약력

조만형(趙晚衡)

전남대학교 법과대학 수석졸업
조선대학교 대학원 법학박사(학술상 수상)
한국공법학회 · 한국헌법학회 · 유럽헌법학회 · 한국부동산법학회 · 한국경찰학회
한국법학회 · 한국국가법학회 · 한국관세학회 · 입법이론실무학회 · 한국환경법학회 부회장
한국행정법학회 · 한국토지공법학회 등 이사
국가직 5급 · 7급 · 9급 각종공무원시험 출제위원
행정사 · 공인중개사 등 각종자격증시험 출제위원
전남지방노동위원회 공익위원(심판담당)
광주지방법원 민사조정위원
광주지방검찰청 형사조정위원, 범죄피해자지원센터 이사
전라남도 지방공무원소청심사위원회 위원장
광주광역시 · 전라남도 행정심판위원회 위원
광주광역시 감사위원회 비상임위원
대통령 소속 민주평화통일자문위원회의 중앙상임위원(교육분과)
대통령 소속 국가균형발전위원회 교육복지전문위원
전국시 · 도의회의장협의회 정책자문교수
국민권익위원회 소속 중앙행정심판위원회 위원
법무부 인권강사 · 교정위원
행정안전부 정책자문위원
한국법학교수회 부회장
대한민국국회 입법지원위원 · 행정심판위원
국무총리실 정부업무평가위원회 위원
국가경찰위원회 위원
현, 동신대학교 경찰행정학과 교수
현, 전라남도 자치경찰위원회 위원장

주요 저서

행정법연습, 동방문화사, 2017
경비업법, 박문각, 2016
행정법의 이해, 피앤씨미디어, 2015
행정법의 이론과 판례, 피앤씨미디어, 2015
경찰사회(공저), 박영사, 2014
법학개론(개정판), 박문각, 2013
교정학(개정판), 동방문화사, 2013
사회복지법제론(제4판), 청목출판사, 2012
경찰행정법, 경찰공제회, 2011
법과 생활(공저), 오래, 2010

개정판

현대인에게 꼭 필요한 생활속의 법

초판발행	2017년 2월 28일
개정판발행	2022년 2월 28일
중판발행	2023년 1월 30일
지은이	조만형
펴낸이	안종만·안상준
편 집	한두희
기획/마케팅	이후근
표지디자인	이수빈
제 작	고철민·조영환
펴낸곳	(주) 박영사
	서울특별시 금천구 가산디지털2로 53, 210호(가산동, 한라시그마밸리)
	등록 1959. 3. 11. 제300-1959-1호(倫)
전 화	02)733-6771
f a x	02)736-4818
e-mail	pys@pybook.co.kr
homepage	www.pybook.co.kr
ISBN	979-11-303-4138-5 93360

copyright©조만형, 2022, Printed in Korea

정 가   25,000원